Kalifornien Südwesten USA

 Eine Übersichtskarte von Kalifornien & Südwesten mit den eingezeichneten Reiseregionen finden Sie in der vorderen Umschlagklappe.

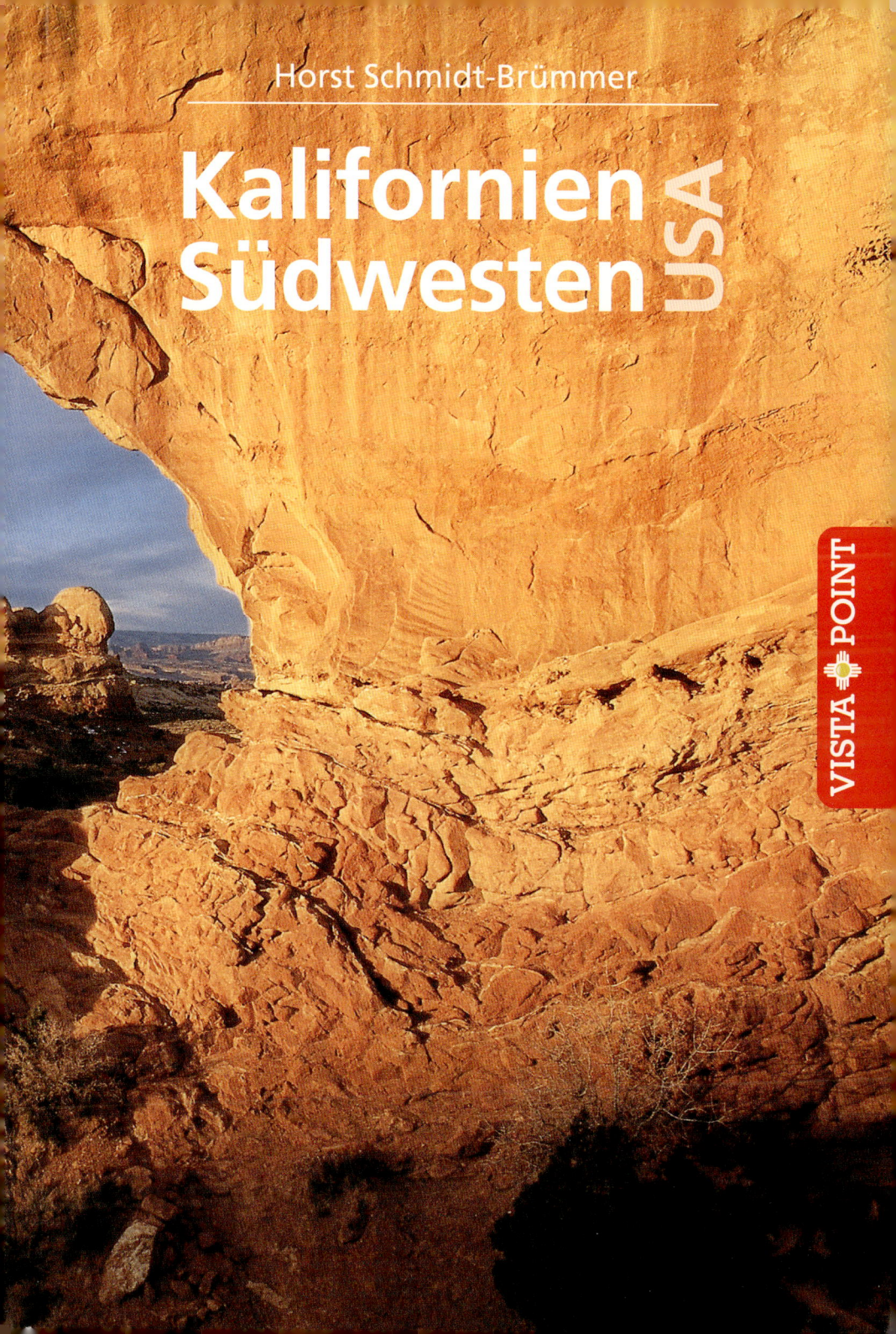

Kalifornien Südwesten USA

Horst Schmidt-Brümmer

VISTA POINT

Reisen mit Siebenmeilenstiefeln
Kalifornien und der Südwesten

»Die Mojave ist eine große und erschreckende Wüste. Man könnte meinen, die Natur erprobe die Ausdauer und Beharrlichkeit eines Menschen, ehe sie ihn für gut befindet, ihn nach Kalifornien zu lassen«, schreibt John Steinbeck in seiner »Reise mit Charley«.

Kein Landstrich Nordamerikas hat sich in den meisten Köpfen so bilderreich eingenistet wie der amerikanische Südwesten, Kalifornien eingeschlossen. Und was die Fantasie anregte, weckte zumeist auch die Neugier, den Bildern nachzureisen, um sie auf die Probe zu stellen. Stimmten sie, oder waren sie nur schöne Kulissen für Ammenmärchen?

Die Antworten fielen und fallen sehr unterschiedlich aus. Aber wie auch immer: Es hat wohl selten Reisende durch die Wüsten, Gebirge und Gewässer des südlichen Westens gegeben, die nicht von den grandiosen Naturlandschaften beeindruckt gewesen wären. Die traumhafte Pazifikküste, die urtümlichen Canyons und Steinkathedralen des Colorado Plateau, der weite offene Horizont und die betörenden Lichtspiele des Himmels tagsüber und nachts – das allein schon ist eine Reise wert.

Erst auf den zweiten Blick mag diese überwältigende Szenerie ihre Schattenseiten zeigen: eben das »Wilde« im »Westen«, seine elementaren Naturkräfte, seine gnadenlose Sonne, seine Menschenfeindlichkeit. Kakteen in kargem Geröll, so fotogen sie sich geben, sind nun mal kein Kurpark oder Stadtwald; Wassermangel, Hitze, Moskitos und Klapperschlangen lassen sich durch keinen Vers von Eichendorff romantisch verklären.

Widersprüche lauern auch anderswo. So wurden einige dieser unberührten Weiten des Westens per Gesetz zu Nationalparks erklärt, um sie vor ihrer Vernichtung durch Raubbau oder sonstiger »Erschließung« zu schützen. Das war nicht einfach. Früher wurden die wirtschaftlichen Interessen der Holz-, Erz-, Gas- oder Ölfirmen sogar noch rabiater vertreten als heute. Dennoch: Jede Reise durch den Südwestteil des Kontinents führt durch Kämpferzonen geschützter und bedrohter Natur. Die Stichworte heißen: Austrocknung des Mono Lake, Wasserorgien in Las Vegas, Uran in Utah, Ölförderung an der Pazifikküste. Ja, sogar der Tourismus gerät zunehmend ins Zwielicht, weil der Massenandrang die löbliche Naturschutzabsicht oft ins Gegenteil verkehrt. Während sich zur Hauptsaison die Leute im Yosemite-Nationalpark oder am Grand Canyon auf den Füßen stehen, gewinnen abgelegenere Gebiete an Bedeutung, die sogenannten Wildlife Refuges und Wilderness Areas, die genauso schön, aber weniger überlaufen sind.

Wie das »Wilde« zehrt stets auch das »Gezähmte« von den Traditionen des Westens, denn trotz harter Steinpanoramen und garstiger Salzwüsten gab es hier Oasen der Entspannung und des Wohllebens, die schon die Indianer schätzten, als sie sich an den zahlreichen heißen Quellen labten. Heute kann es ihnen jeder in den üppigen Badelandschaften, den Pools, Spas und Fit- und Wellnesscenters der Resorts gleichtun oder die Rituale der kalifornischen Körperkultur mitmachen. Diese bedient sich der Trainingsmaschinen in Venice Beach und der Surfbretter von Malibu ebenso wie der Mountainbikes und Kajaks in Moab (Utah), dem neuen Zentrum der Sportindustrie, die mit schwerem Gerät fürs Wochenende ausrüstet. Paradoxerweise erinnert dieser Freizeittrend ebenso an das Cowboy-Ideal von der Unabhängigkeit wie an die

Reisen mit Siebenmeilenstiefeln

Balduin Möllhausen: Mojave-Indianer (1854)

Reisen mit Siebenmeilenstiefeln

Sattelfest: »Western Girls« bei der Rancharbeit (Plakat von 1910)

Zwischen 1861 und 1905 schrieb Balduin Möllhausen zahlreiche Romane, unter anderem auch die »Geschichten aus dem Wilden Westen«, die ihm den Beinamen »deutscher Cooper« einbrachten und vor allem Karl May inspirierten.

NASA-Astronauten, die *cosmic cowboys*: glänzende Ritter im Cockpit statt im Sattel.

Doch weder Canyonwände noch Chile-Schoten, Lasso werfende *vaqueros* oder koreanische Fleißbienen machen allein und für sich den Südwesten aus. Sein innerer Zusammenhalt lebt von den Mythen – angefangen bei den frühesten Reiseberichten über Buffalo Bill und andere Schausteller bis hin zum *urban cowboy*, der in den Designerläden zur Kopie angeboten wird – von schmauchenden Friedenspfeifen bis zu »Marlboro Light«, von Karl May bis Peter Fonda, der auch schon mal Touristen auf Easy-Rider-Spuren betreute. Kurz, hinter jeder Felsnase oder Flusskrümmung, jedem Tumbleweed-Busch und jeder schwingenden Saloon-Tür lauern die alten Akteure, die bösen wie die guten. Der Wilde Westen, Ausgabe Süd: ein Patchwork bunter Legenden. Zuerst überwogen solche von verborgenen Schätzen, Geistern, Liebhabern und verwunschenen Frauen, die unversehens und verführerisch in der Einöde auftauchten. Danach folgten die Geschichten von den *gunmen* und *lawmen*: Durch die Glorifizierung der Schießerei ging die Romantik des Old West in dessen Eroberung und gewaltsame Annexion über.

Die Geschichte des inneramerikanischen Tourismus belegt, dass die Mythenfülle schon früh reisemagnetische Wirkung zeitigte. Eisenbahngesellschaften und Zitrusfarmen lockten neue Siedler und Besucher an. Weinende Indianerbabys auf kolorierten Postkarten animierten zum Ruinen-Tourismus der Pueblos und der indianischen Felsbauten. Reiche Ostküstler leisteten sich Ranchurlaube und Jagdtrips mit indianischen Scouts. Tourismusfördernd erwiesen sich auch literarische Produkte viktorianischer Fantasie im Osten der USA und in Europa, die in Hymnen die freie Liebe im freien Leben in der Wildnis feierten – reichlich unbegründet und auch vom Timing daneben, denn die Open Range war längst eingezäunt oder hatte respektablen Kleinstädten Platz gemacht.

Zu den frühen Kolporteuren des Westens gehörte übrigens der bereits von Theodor Fontane rezensierte, aber erst neuerdings wieder entdeckte Balduin Möllhausen. Der gebürtige Bonner und seines Zeichens Fallensteller, Hobby-Ethnologe, Topograph, Erzähler und Aquarellzeichner reiste um die Mitte des vorigen Jahrhunderts im Kundschaftertross der Eisenbahngesellschaft United States Pacific Railroad Expedition & Surveys durch den Südwesten und skizzierte unterwegs vor allem Landschaften und Indianerporträts.

Was Literatur, Aquarellkunst und Druckgrafik vorbereiteten, Wildwest-Shows und Cowboyheftchen popularisierten fand dann schließlich in Hollywood sein Imprint auf Zelluloid. Seit Anfang des Jahrhunderts machten unzählige Westernfilme und TV-Serien Colt und Tomahawk, *sagebrush* und *chaparral* zum festen Inventar der schönen Westernwelt.

Doch genau diese mythischen Grundlagen werden in jüngster Zeit stärker denn je angezweifelt. So scheint es zum Beispiel mit der Devise »jeder sei stets seines Glückes Schmied« und dem Mythos vom hartgesottenen Einzelgänger *(rugged individualist)* à la John Wayne ebenso wenig weit her gewesen zu sein wie mit der

Vorstellung vom ganz und gar unabhängigen *frontiersman*. Vieles spricht dafür, dass die angeblich allein auf sich gestellten Siedler meistens gejammert und bei der Bundesregierung um Unterstützung gebettelt haben. Von der Mutterbrust staatlicher Subventionen zu leben *(nursing on the government's nipple)* war ihnen eigentlich das Liebste, wenn es um Flussbegradigungen, den Bau von Eisenbahnen, Forts (der Indianerüberfälle wegen) oder Staudämmen (für die Bewässerung) ging.

Auch die Rolle der Pionierfrauen beginnt man langsam anders zu sehen. Seit eh und je figurierten in der Machowelt der Cowboys Frauen meist nur als Kontrapunkte: entweder heroisch stilisiert als *pioneer mothers* der Trecks oder eben schlampig angezogen, unfrisiert und stets zu haben. Kein Wort dagegen von den starken Naturen der Cowgirls oder jenen berufserfahrenen Frauen (Journalistinnen, Geschäftsfrauen), die in großer Zahl allein in den Westen kamen, um dort als Ärztinnen, Anwältinnen, ja selbst im Bürgerkrieg ihren Mann zu stehen. Sie entsprachen in keiner Weise dem Typ, mit dem gut Kirschen essen war. Im Gegenteil. Sie repräsentierten, was man die *frontier femininity* nannte, eine couragierte Weiblichkeit, der es in erster Linie darum ging, das gemeinsame Überleben zu sichern.

Von Ausnahmen abgesehen bevölkern meist nur Anglos das Pantheon der Western-Heroen: Sheriffs, Trapper, Siedlungsführer und jede Menge Generäle. Eine unter dem Motto »Legends of the West« erschienene Briefmarkenserie bestätigt diese ethnisch völlig unausgewogene Ausrichtung. Zwar sind unter den 20 ausgewählten Ikonen drei Indianer (American Indians) und zwei Schwarze (African Americans) abgebildet, aber kein einziger Hispanic. Prompt protestierten die Mexicanos. Mindestens drei der ihren hätten unter den führenden Köpfen auf den 29-Cent-Marken auftauchen müssen: Pio Pico, der letzte mexikanische Gouverneur von Alta California, Joaquin Murrieta, der während der Gold-Rush-Ära mexikanische Arbeiter gegen rassistische Yankees in Schutz nahm und sich den Beinamen eines kalifornischen Robin Hood erwarb, und der mexikanische General Mariano Guadalupe Vallejo, der die russischen Siedlungsabsichten in Nordkalifornien stoppte und sich später für die Staatsgründung einsetzte.

Frühes Tonfilm-Plakat von 1932

Reisen mit Siebenmeilenstiefeln

Ein Kopfgeld von 29 Cents eint diese Ikonen des Wilden Westens zu einer Briefmarkenserie

»Es gab eine Menge bedeutender Californios, Mexicanos, Texanos und spanischer Legenden, die im Westen heimisch waren, bevor die Yankees kamen«, schrieb der mexikanische Autor José Antonio Burciaga in der »Los Angeles Times«. Schließlich habe der gesamte Südwesten einmal Mexiko gehört, und auch nach 1848 hätten die Mexikaner das Land nicht verlassen, sondern hätten sich vermehrt und Englisch gelernt: »Wir haben nie die Grenze überquert, sie hat uns überquert.«

Das Problem der illegalen Einwanderer am Tortilla-Vorhang hat sich in letzter Zeit weiter verschärft und in Kalifornien zu einer

regelrechten Anti-Einwanderungshysterie geführt. Die nordamerikanische Freihandelsorganisation NAFTA, von der man sich unter anderem eine Ausdünnung des Immigrantenstroms versprach, hat diese Erwartung bisher nicht erfüllt. Der schwache Peso verzögert die Lösung der Grenzkonflikte. Seit 1999 bilden in Kalifornien die Minderheiten die Mehrheit, dasselbe wird bald in Texas passieren.

Wie den »Großkopferten« erging es den Sagen vom einfachen Cowboy. Auch hier sind neue Fakten zutage gefördert worden, unter anderem der Sachverhalt, dass unter den ersten Cowboys nicht nur Schwarze, Araber, Basken, Tataren und Kosaken waren, sondern auch viele Juden. Immerhin: Im Jahr 1545 war ein Viertel der spanischen Bevölkerung von Mexico City jüdisch, und noch rund hundert Jahre später, 1650, gab es mehr als ein Dutzend Synagogen in der Stadt. Verfolgt von der spanischen Inquisition, kamen die jüdischen Konquistadoren zunächst mit Cortez nach Mexiko, was zwar nicht verhinderte, dass man selbst dort einige von ihnen aufspürte und verbrannte, aber den meisten gelang es, sich als Vieh- und Pferdezüchter niederzulassen, gewissermaßen im stillen Versteck der Ranch, im Exil. Man tolerierte sie, denn auf der Suche nach den sagenhaften Schätzen war Fleisch ein begehrtes Nahrungsmittel.

Später, als die Inquisition von Spanien nach Mexiko vordrang, zogen die jüdischen Pioniere der Viehzucht in den heutigen amerikanischen Südwesten und brachten dabei außer Lasso und Westernsattel auch die andalusischen Vorfahren der heutigen *quarter horses* mit. Dennoch, ihre enge Verbundenheit mit der Gründungsgeschichte des Westens konnte nicht verhindern, dass sie fast völlig in Vergessenheit gerieten.

Nur einem wandernden Juden aus Bayern erging es besser: Levi Strauss, der, nachdem er seines Kolonialwarenladens in San Francisco überdrüssig geworden war, den Cowboys die richtigen Hosen verpasste. Er selbst mied das Wort »Jeans« und warb lieber mit dem kämpferischen Slogan »Pants That Won the West«. Tatsächlich stiegen die Jeans zum Outfit des Westerners schlechthin auf, zum Symbol seiner angeblichen Unabhängig- und Furchtlosigkeit, lange bevor sie Marlon Brando und James Dean im Film trugen.

Ähnlich trüb ist auch die Erinnerung an die Chinesen. Keiner der rund 13 000 »Kulis«, die die westliche Hälfte des eisernen Trails der transkontinentalen Eisenbahn bauten, erscheint jemals auf den Jubelfotos von 1869, als die Strecke vollendet wurde. Und genauso ruhmlos blieb ihre Arbeit in der aufstrebenden kalifornischen Weinindustrie. Sie wurden stets belächelt, verachtet und verfolgt.

Noch heute ist die ethnische Komposition in Kalifornien und dem Südwesten voller Kontraste. Keineswegs sind die Beziehungen zwischen den Bevölkerungsgruppen so pittoresk, wie es Fiestas, Folklore und andere ethnische Festivals suggerieren. Schon gar nicht in den großen Städten. Das gilt für den traditionellen Mix aus Indianern, Hispaniern und Anglos ebenso wie für die Schwarzen-Ghettos und die südostasiatischen Enklaven der Westküste zwischen Oakland und Koreatown in L.A.

Reisen mit Siebenmeilenstiefeln

Wandmalerei East Los Angeles

Reisen mit Siebenmeilenstiefeln

Einzelne ländliche Regionen dagegen verzeichnen bemerkenswert friedlichere Formen des Zusammenlebens, der Südosten Arizonas etwa oder das nördliche New Mexico. Andernorts führen wirtschaftliche Fragen zu neuen Spannungen – wie beim Kampf der Indianer um die Nutzung der Energiequellen in ihren Reservaten, um Kohle, Erdgas, Öl und Uran. Am auffälligsten tritt das bei den Navajo-Indianern zutage, die als Navajo Nation in der sogenannten Four Corners Region (Utah, Colorado, New Mexico und Arizona) als Halbnomaden auf einer Fläche leben, die größer ist als Belgien. Sie befürchten, dass die von der Bundesregierung garantierten Verträge, die sie gegen auswärtige Erschließungsfirmen absichern, gekündigt werden könnten.

Andererseits wirken einzelne Stämme und Pueblos bei der Vermarktung von Erholungsgebieten oder beim Thema »Glücksspiel« durchaus findig. In den Reservaten am oberen Rio Grande oder in denen der Agua-Caliente-Indianer in Palm Springs nutzen die Rothäute seit einigen Jahren ihre Chance, am Spielfieber des weißen Mannes kräftig mitzuverdienen. Schließlich ist auf ihrem Grund und Boden alles erlaubt, was nicht gegen Bundesgesetze *(federal law)* verstößt. Den Kasinobetrieb verbieten aber lediglich die Staatsgesetze *(state law)* – Nevada und New Jersey ausgenommen.

Früher und Heute unterhalten im Südwesten auch sonst verschlungene Beziehungen bzw. mehr oder weniger offenkundige Parallelen. Selbst beim Thema Lifestyle. Hier hat natürlich Kalifornien die Nase vorn. Trotz Erdbeben und Erdrutsch geschüttelter und sozial unruhiger Zeitläufe, die zunehmend auch überzeugte Kalifornier nervös machen, erweist sich L.A. immer noch als Garküche der Lebensstile und Moden, als ein Experimentierfeld der Gurus, Gags und Gimmicks. Das Ausgeflippte, das zunächst in denkbar scharfem Kontrast zum kargen und geradlinigen Siedlerimage steht, hat doch gleichwohl seine Voraussetzungen in der traditionell westwärts orientierten Suche nach Freiheit – von den Bindungen, Rücksichten und Konventionen des Ostens.

Kontrast und Verwandtschaft gleichermaßen durchwirken selbst die religiös-spirituellen Obertöne in den Weiten des Westens. Der spanische Katholizismus der alten Dorfkirchen und Missionen verträgt sich mit indianischen Riten in den unterirdischen Kivas der Pueblos, während das Arbeitsethos der Mormonen in Utah meilenweit von Okkultismus und New-Age-Schwingungen in Santa Fe oder Sedona entfernt ist.

Der Hang zur Freiheit (und sei es auch nur zu der von den kalten Wintern des Nordostens) sorgt auch für die Allgegenwart der Senioren im sonnigen Südwesten. Süd-Arizona und Süd-Kalifornien genießen den Ruf von Pensionistenparadiesen. Viele nutzen sie auf Dauer, die meisten auf Zeit: z.B. die *snowbirds* aus dem kalten Norden. Angesichts der unzähligen RVs *(recreational vehicles)* und Camper auf den Superhighways drängt sich die Ähnlichkeit mit den alten Prärieschonern und Planwagen auf, die auf den Trails nach Westen zogen. Und noch etwas haben die neuzeitlichen PS-Nomaden der Trailer Homes mit dem alten Westen gemeinsam: Damals wie heute sind Oldtimer und Newcomer ein und dieselbe Person, und zwar meistens eine, die ein gutes Gedächtnis für Dinge hat, die ihr nie passiert sind.

Auch baugeschichtlich bietet der Südwesten überraschende Reprisen. Die Entwicklung reicht von den Höhlen-, Klippen- und Pueblo-Bauten der Anasazi (Mesa Verde, Montezuma und die noch bewohnten Indianerdörfer am oberen Rio Grande und in Acoma z.B.) über die Missionskirchen, die die spanischen Konquistadoren in Kalifornien, am Rio Grande und Green River errichten ließen, über die falschen Fassaden der Anglos in den frühen *railroad towns* und *mining camps* – der verstorbenen (z.B. Bodie) oder wieder belebten (Bisbee, Madrid) – bis zu den post- und hypermodernen Konstruktionen in den Metropolen Los Angeles, Phoenix, San Francisco, San Diego, Tucson und den spektakulären Fantasy-Hotels in Las Vegas.

Manchmal aber verstecken sich die Überraschungen in Kleinigkeiten, die plötzlich mehr enthüllen, als man meint. Irgendwo liegen da unscheinbare Steine als Geröll am Berghang, die aber unter einer bestimmten Lichteinwirkung alte indianische Felszeichnungen erkennen lassen. Und einmal aufmerksam geworden, werden es mehr und mehr. Ein richtiges kleines Museum tut sich zwischen Felsbrocken auf, die ansonsten belanglos herumliegen.

Bei vielen Ruinen im Lande passiert manchmal Ähnliches. Vom fahrenden Auto übersieht man sie meistens, so sehr sind ihre Farben und Umrisse mit der Umgebung identisch. Selbst die meisten bewohnten Häuser (*hogans*, Adobebauten) unterscheiden sich kaum von der Erde, auf der sie stehen und die zugleich der Stoff ist, aus dem sie gebaut sind. Wo das eine aufhört und das andere beginnt, ist oft schwer auszumachen, erst recht bei den Tieren. Gut getarnt sind sie alle.

Das reizt zum Entziffern, zum Abenteuer des Entdeckens. Aus kleinen Anzeichen die richtigen Schlüsse zu ziehen und sie sinnvoll einzuordnen, das ist eine Kunst, die man unterwegs lernen kann, eine Fähigkeit, die an die Indianer erinnert und die sie hier von jeher praktizieren.

Ein Angloamerikaner erzählte von seinem Erlebnis mit einer befreundeten Indianerfamilie, die sehr abgelegen wohnte. Einmal im Jahr pflegte er sie zu besuchen. Doch obwohl er immer zu anderen Zeiten und stets unangemeldet auftauchte, war zu seiner Überraschung doch jedes Mal alles für ihn vorbereitet. »Wir wussten, dass du kommst« oder »Wir haben schon auf dich gewartet«, hieß es. Ganz eindeutig handelte es sich hier um einen Fall von Hellseherei, also um etwas typisch Indianisches, dachte er und war jahrelang fasziniert davon. Schließlich fasste er sich ein Herz und fragte, woher sie denn eigentlich immer von seinem Kommen wüssten. Das Lachen und die schlichte Antwort verwirrten ihn sehr: Seine meilenweite Anfahrt über die staubige Straße hinterlasse einen endlosen bräunlichen Schweif gegen den klaren Himmel und gäbe Zeit genug, sich auf den Besuch vorzubereiten.

Dem Kleinen, Unscheinbaren und Belanglosen Beachtung schenken: Das führt zum sanften Gesetz des Milden Westens. Der hat es in sich – noch im Rauch, in den Steinen, im Staub. ✧

Reisen mit Siebenmeilenstiefeln

Indian Graffiti: Felszeichnungen im San Juan Pueblo, New Mexico

Chronik

Daten zur Landesgeschichte

*von Siegfried Birle und
Horst Schmidt-Brümmer*

1510
In Sevilla erscheint ein Roman des spanischen Schriftstellers Garci Rodríguez Ordóñez Montalvo, der von einer Insel »nahe dem irdischen Paradies« berichtet, die von der Königin Califia regiert werde. Danach erhält »California« seinen Namen.

1528-36
Nach seinem Schiffbruch im Golf von Mexiko irrt Núñez Cabeza de Vaca zu Fuß durch den Südwesten des Kontinents, bis er sich nach Mexiko durchschlägt. Seine Berichte von »vielerlei Hinweisen auf Gold« locken die Spanier nach Norden.

1539
Der Franziskanermönch Marcos de Niza folgt Cabezas Kunde und dringt von Mexiko her den Rio Grande aufwärts vor. Er kehrt mit fabelhaften Geschichten von den »Sieben Goldenen Städten von Cíbola« zurück.

1540 42
Francisco Vásquez de Coronado führt eine Expedition ins Gebiet der Pueblo-Indianer, um die »Goldenen Städte« zu suchen. Ein Offizier Coronados entdeckt bei einem Abstecher – als erster Weißer – den Grand Canyon.

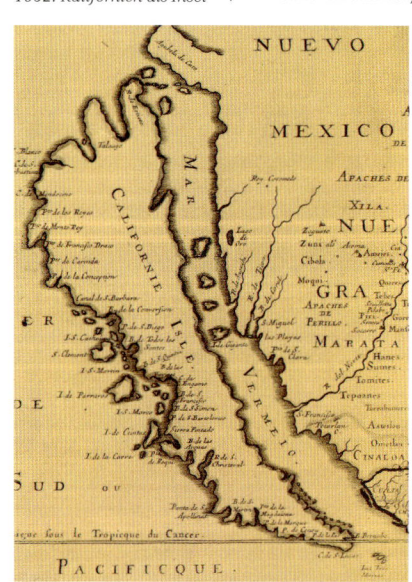

1652: Kalifornien als Insel

1542
Auf der Suche nach der Nordwestpassage berührt der spanische Seefahrer Juan Rodríguez Cabrillo die Küste Kaliforniens. Er landet als erster Europäer bei San Diego und begründet damit den Anspruch Spaniens auf Kalifornien.

1579
Der britische Seeheld Sir Francis Drake umsegelt die Welt und geht in Kalifornien, das er als »Nova Albion« für Königin Elisabeth I. von England in Besitz nimmt, an Land. Eine erst 1936 gefundene, umstrittene »alte« Messingtafel weist auf das heutige San Francisco als Landeplatz hin.

1598
Don Juan de Oñate zieht mit Siedlern, Soldaten und Missionaren den »Rio Bravo del Norte« hinauf. Die Kolonisten bringen Saatgetreide, Rin-

der und Schafe, Ackergeräte und die Insignien des Christentums mit. Die Spanier nennen ihre erste Kolonie im Südwesten »Nuevo México« (daher heute: New Mexico); viel später folgen Arizona (ab 1691) und Kalifornien (ab 1769). Verbunden ist die Kolonie mit dem mexikanischen Herzland, dem Vizekönigtum Nueva España, durch einen Königsweg (Camino Real).

Chronik Daten zur Landesgeschichte

1610
Die Spanier gründen ihre »Villa Real de la Santa Fé de San Francisco« als Verwaltungszentrum für Nuevo México. Santa Fe ist damit der älteste Regierungssitz und die älteste Provinzhauptstadt der USA. Um 1630 zählt Santa Fe 1000 Einwohner – 250 Spanier, 700 Indios und 50 »Übrige«. Die Kolonie am Rio Grande wird durch Karawanen aus Chihuahua mit Manufakturwaren versorgt; sie selber produziert Häute, Wolle und Salz. Santa Fe wird Umschlagplatz für den Handel zwischen den Plains- und Pueblo-Indianern.

1680
Die Pueblo-Stämme rebellieren gegen die spanische Kolonialmacht, töten über 400 Siedler und Missionare und vertreiben die Übrigen. Dies ist der einzige siegreiche Indianeraufstand in der Geschichte Nordamerikas.

1691
Jesuitenpater Eusebio Kino beginnt mit der Missionierung Arizonas.

1692
Diego de Vargas erobert die Pueblos am Rio Grande zurück. Nach einer weiteren Revolte 1698 erhalten die Pueblos eine gewisse Selbstständigkeit.

1769
Spanische Franziskaner unter Junípero Serra, dem »Apostel von Kalifornien«, gründen bei San Diego die erste Mission in Alta California. Bis 1823 entstehen zwischen San Diego und Sonoma im Norden 20 weitere Missionen, dazu vier Forts und drei Siedlungen – San José (1777), Los Angeles (1781) und Santa Cruz (1797).

1776
Über dem Golden Gate gründen die Spanier das Presidio San Francisco de Asís, doch erst 1835 entsteht bei der Mission Dolores die Siedlung Yerba Buena, aus der dann im Goldrausch von 1849 San Francisco erwachsen wird.

1781
Eine Gruppe von 44 Siedlern gründet Los Angeles als spanischen Pueblo. Richtig aufwärts geht es erst hundert Jahre später, als die Santa Fe Railroad 1885 Los Angeles über Albuquerque mit Chicago verbindet.

1803
Die USA unter Präsident Thomas Jefferson kaufen das Louisiana Territory zwischen dem Mississippi River und den Rocky Mountains für

Die Mönche legen ihre Missionen bevorzugt bei indianischen Siedlungen (Rancherias) an, um die Bewohner zu bekehren und sie Handwerk, Viehhaltung und Ackerbau zu lehren. Außerdem unterweisen die Padres ihre Zöglinge im bewässerten Anbau heimischer und importierter Früchte (Trauben, Oliven, Zitrus, Feigen) und Gemüse und schaffen so Keimzellen für die heutigen Spezialkulturen Kaliforniens. Die Missionen finden sich im Abstand von Tagesreisen aufgereiht an der Fernstraße des Camino Real.

Junípero Serra, der Apostel

**Chronik
Daten zur Landesgeschichte**

15 Millionen Dollar von Napoleon; dadurch verdoppelt sich das Territorium der USA.

1812
Die Russen gründen an der Küste Kaliforniens nördlich von San Francisco Fort Ross als Vorposten der Russisch-Amerikanischen Pelzkompanie. Von hier aus sollen Seeotter gejagt werden. Als die Seeotter ausgerottet sind, verkaufen die Russen das Fort 1841 an den Großgrundbesitzer Johann August Sutter.

1819
Die Außenminister der USA und Spaniens verhandeln die Grenze zwischen den USA und den spanischen Kolonien in Nordamerika. Diese Grenze umreißt den Nordsaum des spanischen Einflusses in Nordamerika und definiert den Südwesten der heutigen USA als Kulturregion, in der sich indianische, spanische und angloamerikanische Einflüsse überschneiden.

1821
Mexiko löst sich von Spanien, doch kann die schwache neue Zentralregierung das weite Land von Texas bis Kalifornien kaum verwalten. Angloamerikanische Pelzjäger, Händler und Militärs stoßen daher in dieses Vakuum vor. Die mexikanische Regierung säkularisiert die Missionen und vergibt deren Land als Grants oder Ranchos an Privatleute, um Besiedlung und Erschließung zu fördern.

William Becknell wird zum Pionier des Santa Fe Trail zwischen Independence, Missouri, und Santa Fe. Auf voll bepackten Frachtwagen *(prarie schooner)* schaffen amerikanische Händler knappe Industriewaren, vor allem Haushaltsartikel und Stoffe, zu den 30 000 Siedlern am Rio Grande und nach Chihuahua. Sie kehren mit gewebten Teppichen und Decken sowie robusten Hochland-Eseln – und oft fünffachem Gewinn in Silberdollars und Goldbarren – aus New Mexico zurück.

Transportprobleme im Wilden Westen: Beispiel aus »Frank Leslie's Illustrirter Zeitung«, New York

**Chronik
Daten zur Landesgeschichte**

Wandmalerei im Capitol von Salt Lake City: Mormonenpioniere bauen das erste Haus in Utah (1847)

1839
Der Schweizer Einwanderer Johann August Sutter wird mexikanischer Staatsbürger und erhält einen 20 000 Hektar großen Land Grant am Zusammenfluss von American und Sacramento River. Hier gründet er seine private Kolonie Neu-Helvetien. Auf seinem Land wird 1848 die Hauptstadt von Kalifornien – Sacramento – vermessen.

1846
Eine von George Donner geführte Gruppe von Auswanderern nach Kalifornien scheitert dramatisch am frühen Wintereinbruch in der Sierra Nevada. Von den 87 Teilnehmern der »Donner Party« überleben 47, zum Teil durch Kannibalismus.

1846–48
Nachdem die USA 1845 Texas annektiert haben, bricht der Amerikanisch-Mexikanische Krieg aus. Der Siegeszug der amerikanischen Truppen führt diese durch dünn besiedeltes und schwach verteidigtes Gebiet bis nach Mexico City. Im Vertrag von Guadalupe Hidalgo diktieren die USA ihren Frieden: Mexiko muss gegen eine Entschädigungssumme den gesamten Südwesten zwischen Texas und Kalifornien abtreten.

1847
Nachdem die Mormonen oder Heiligen der Letzten Tage in New York, Missouri und Illinois verfolgt wurden, wandern sie unter Führung von Brigham Young in das unbesiedelte Utah-Territorium aus. Am Great Salt Lake gründen sie ihren Gottesstaat Deseret und legen ihre Hauptstadt Salt Lake City an. In diesem ariden und winterkalten Teil des Great Basin sichern sie sich durch künstliche Bewässerung Überleben und wirtschaftlichen Erfolg. In den nächsten Jahren gründen sie neue Siedlungen im ganzen Südwesten. Mit den Indianern gehen sie nachbarschaftlich um. Doch kann Utah erst Staat der Union werden (1896), nachdem die Polygamie offiziell abgeschafft worden ist (1890).

1848
James Marshall, Vorarbeiter des Großgrundbesitzers Sutter, entdeckt im American River Gold. Ein Jahr später beginnt der Gold-

Kalifornisches Siegel

**Chronik
Daten zur Landesgeschichte**

rausch der *Forty-Niners*, durch den sich die Bevölkerung Kaliforniens in nur sechs Monaten verdoppelt und die San Franciscos auf 25 000 anwächst.

1850
Kalifornien wird Staat der USA.

1853
Mit dem Gadsden Purchase arrondieren die USA ihren Besitz im Südwesten, indem sie für zehn Millionen Dollar den Süden Arizonas und New Mexicos von Mexiko dazukaufen.

1858
Die Butterfield Stage, auch Southern Overland Mail genannt, versieht einen halbwöchentlichen Post- und Passagierdienst zwischen Missouri und San Francisco (über Fort Smith, Arkansas; El Paso; Tucson). Nach Ausbruch des Bürgerkriegs 1861 wird die Strecke auf die zentrale Route über Salt Lake City verlegt; diese wird auch vom Pony Express (1860/61) bedient. Mit Fertigstellung der ersten transkontinentalen Eisenbahn 1869 wird der Dienst eingestellt.

1859
Gold- und Silberfunde im Comstock Lode in Nevada – eine der reichsten Lagerstätten, die je entdeckt wurden – lösen einen Bergbauboom aus, der bis 1879 andauert. Mark Twain beschreibt das Leben in Virginia City in seinem Roman »Roughing It« (1872). Die Millionäre der »Big Bonanza« von 1873 bauen in San Francisco prächtige Villen.

1864
Nachdem der Nordstaaten-General Carleton nach fünf Monaten Kampf die Mescalero-Apachen in New Mexico »befriedet« hat (1862), verfolgen seine Truppen nun gnadenlos die Navajo, verbrennen ihre Obstgärten und Felder und töten ihre Tiere. Die Navajo fliehen von Felsversteck zu Felsversteck, bis sie von 375 Soldaten unter Kit Carson im Canyon de Chelly, ihrem letzten Zufluchtsort, gestellt werden.

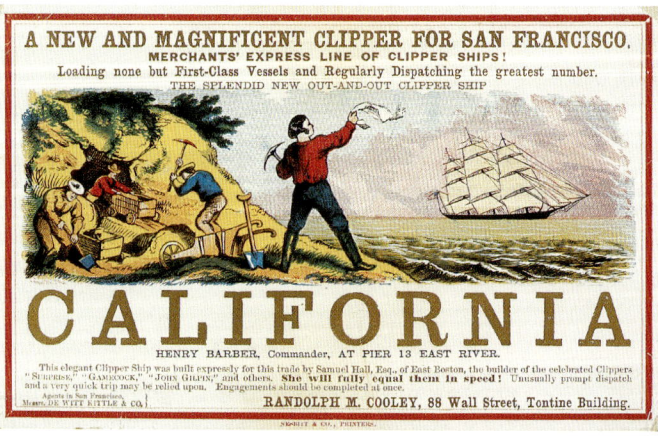

Rund 8000 Navajo gehen auf den Langen Marsch nach Fort Sumner im Osten New Mexicos; viele kommen dabei um. 1868 dürfen sie in ihre Heimat auf dem Colorado Plateau zurückkehren, wo sie sich seitdem behaupten. Nevada wird Staat der USA.

Chronik
Daten zur Landesgeschichte

1869
Nach einem Wettlauf der Eisenbahngesellschaften Union und Central Pacific wird bei Promontory in Utah der letzte Nagel ins Gleis der ersten transkontinentalen Eisenbahn geschlagen. Im Westen bauen die Magnaten Stanford, Huntington, Hopkins und Crocker mit Hilfe Tausender »importierter« chinesischer Kulis, staatlicher Gelder und Landschenkungen. Viele der Chinesen bleiben im Land und legen den Grundstock für San Franciscos Chinatown.

1876
Colorado wird Staat der USA.

1878
John Wesley Powell unterbreitet dem Kongress seinen »Report on the Lands of the Arid Regions of the United States«. Damit beginnt die Debatte über Sinn und Zweck von Staudammprojekten im Westen, die 1902 in den Reclamation Act mündet.

1881
Die Southern Pacific, die Texas über El Paso und Tucson mit Kalifornien verbindet, weckt Süd-Kalifornien aus seinem Dornröschenschlaf. Spekulanten werben mit dem milden Klima und lösen einen Landrausch aus, der die Blüte Kaliforniens als Freizeitparadies einleitet.

1886
Mit 36 Getreuen wird Geronimo, der letzte Anführer der Chiricahua-Apachen, gefangen, nachdem er 20 Jahre lang Siedler im Grenzraum zwischen Arizona und Mexiko terrorisiert hatte und den Truppen der US-Armee immer wieder ins unwirtliche Bergland von Süd-Arizona entkommen war. Damit ist der letzte Indianerkrieg im Südwesten beendet.

1890
Auf Initiative von John Muir, dem Gründer des Sierra Club, und anderer Naturschützer werden die Nationalparks Yosemite und Sequoia in Kalifornien gegründet.

1902
Der Reclamation Act soll nach den Vorstellungen von Präsident Theodore Roosevelt »den Naturschutz, die Landerschließung und die Bewässerung« fördern. Nach dem Gesetz werden speziell Bewässerungsprojekte in den 16 Staaten des Westens gefördert und vor allem durch Landverkauf in diesen Staaten finanziert.

1906
Ein katastrophales Erdbeben und ein dreitägiger Feuersturm verwüsten San Francisco. Drei Viertel der Stadt (28 000 Gebäude) wer-

Chinesische Kulis beim Eisenbahnbau

Zu den spektakulärsten Projekten gehören Boulder/Hoover Dam mit Lake Mead am Colorado (genehmigt 1928), das Central Valley Project in Kalifornien (1935); Glen Canyon Dam mit Lake Powell (1956) am Colorado sowie die Staudämme und -seen am Rio Grande und Salt River. Heute sind die Flüsse des Südwestens fast völlig ausgeschöpft.

Mit der Hand am Abzug seines berühmten Colts: Apachenhäuptling Geronimo

Chronik
Daten zur Landesgeschichte

Einsturz: Am 18. April 1906 bebte in San Francisco die Erde

den zerstört, 250 000 Bewohner obdachlos. Die geologische Ursache sind tektonische Spannungen entlang der San-Andreas-Spalte.

1908
In Hollywood formiert sich die Filmindustrie, die der Region wichtige wirtschaftliche Impulse gibt. Los Angeles überholt San Francisco um 1920 als bevölkerungsreichste Stadt Kaliforniens. Bewässerter Plantagenbau und Ölfunde machen Südkalifornien zum bedeutenden Wirtschaftsraum.

1912
Arizona und New Mexico werden Staaten der USA.

1913
Ein Aquädukt versorgt Los Angeles mit Wasser aus dem Owens Valley. In den 1920er Jahren muss der Aquädukt verlängert werden und 1940 reicht er bis Mono Lake. Zwischen Los Angeles und den Ranchern im Owens Valley bricht 1924 ein »Kleiner Bürgerkrieg« aus. Der ständig steigende Wasserbedarf der Städte in Süd-Kaliforniens macht weitere Wasserimportprojekte nötig: den Colorado River Aqueduct, der Wasser des Colorado River ableitet (1941), und den California Aqueduct, der Süßwasser aus dem Mündungsdelta des Sacramento und San Joaquin River heranschafft (1973).

1915
Mit der Panama Pacific Exposition feiert San Francisco die Eröffnung des Panamakanals, der die Reise von New York nach San Francisco um 6000 Meilen verkürzt, und den Wiederaufbau der Stadt nach dem Erdbeben von 1906.

1916
Der National Park Service wird als Bundesbehörde gegründet, nachdem bereits 14 Nationalparks bestehen. Die Parks sind besonders im Südwesten dicht gesät und bilden eine Attraktion und einen Wirtschaftsfaktor für die Region.

1919
Der Grand Canyon National Park in Arizona wird gegründet.

**Chronik
Daten zur Landesgeschichte**

1921
Am Signal Hill in Los Angeles wird das bis dahin größte Ölfeld erbohrt und Süd-Kalifornien zu einem Zentrum der Ölindustrie. In den 1950er Jahren werden weitere Ölfelder vor der Küste erschlossen.

1928
Walt Disney kreiert in Hollywood die Filmfigur Mickey Mouse.

1931
Der Staat Nevada legalisiert das Glücksspiel, und an einer Biegung des Colorado River wird mit dem Bau des Boulder-/Hoover-Staudamms begonnen: Dies sind die Startschüsse für den Aufschwung von Las Vegas, Nevada, zum Touristenzentrum erster Güte – mit heute über 40 Millionen Besuchern pro Jahr.

1933
Eine Reihe von Dürrejahren löst in den Großen Ebenen Staubstürme aus, die bis 1939 andauern. Eine Welle von *Arkies* und *Okies* ergießt sich aus der *Dust Bowl* von Arkansas und Oklahoma nach Westen, besonders nach Kalifornien. Für die großen Farmbetriebe mit ihren Spezialkulturen stellen sie billige Arbeitskräfte dar. John Steinbeck beschreibt ihr Schicksal in »Früchte des Zorns« (1939).

Die Zahl der illegal in den USA lebenden und arbeitenden Mexikaner und anderen »Latinos« wird auf sechs Millionen geschätzt, die der illegalen Grenzübertritte auf zwei Millionen pro Jahr. Viele »Illegale« werden mehrfach gefasst und immer wieder abgeschoben.

1941
Nach der Bombardierung von Pearl Harbor, Hawai'i, wird San Francisco Kommandozentrale für den pazifischen Raum und wichtiger Kriegshafen.

1942–64
Mit dem Bracero-Programm wirbt die US-Regierung mexikanische Landarbeiter an, um dem kriegsbedingten Arbeitskräftemangel in der Landwirtschaft abzuhelfen. Die meisten dieser Landarbeiter gehen nach Texas und Kalifornien. Viele von ihnen bleiben nach Ablauf des Programms im Lande und bilden den Grundstock der Mexican Americans oder Chicanos von heute, die mit 13,5 Millionen die größte Volksgruppe der Hispanics ausmachen.

1945
In New Mexico wird die erste Atombombe gezündet, an der man seit

Die Geburt des neuen Las Vegas: das legendäre »Flamingo« von 1946

Chronik
Daten zur Landesgeschichte

1942 in den Labors von Los Alamos gearbeitet hat. Bald danach fallen die Bomben auf Hiroshima und Nagasaki.

1947
Kalifornien rückt zum Agrarstaat Nummer eins der USA auf. Klima, Bewässerung, billige Arbeitskräfte und Kühlwaggons ermöglichen den Anbau frischer Produkte für den nationalen Markt.

1955
Disneyland wird in Anaheim bei Los Angeles eröffnet.

1956
Der Kongress schafft die gesetzliche Grundlage für ein Netz von Interstate Highways von 41 000 Meilen Länge. Daraufhin werden im Südwesten die Interstates 80, 15, 40, 10 und 8 gebaut.

1962
Cesar Chavez beginnt die Landarbeiter in Kalifornien zu organisieren. Die von ihm gegründete Gewerkschaft United Farm Workers Union erstarkt im Streik gegen die kalifornischen Traubenfarmer 1965–70.

1965
Der US-Handel mit Asien übertrifft an Volumen erstmals den mit Europa – ein Zeichen für die wachsende Bedeutung des pazifischen Raums und der Westküste der USA. In den folgenden Jahrzehnten nimmt die Einwanderung von Chinesen, Japanern, Koreanern, Filipinos usw. entsprechend zu, bis Asiaten in den 1980ern 47 Prozent der Einwanderer stellen – mehr als die Hispanics.

1967
Das Monterey Pop Festival und der Summer of Love in San Francisco bilden Höhepunkte der Hippie-Bewegung. An der Universität von Berkeley formiert sich der Protest gegen den Vietnamkrieg.

1970er Jahre
Das Silicon Valley zwischen Palo Alto und San Jose in Kalifornien entwickelt sich zu einem Weltzentrum der Computer-Industrie.

1983
Sun City West wird in Arizona gegründet – die kleinere Schwester der erfolgreichen Seniorensiedlung Sun City bei Phoenix. Sun City hat heute 48 000, Sun City West 30 000 Einwohner.

1994
Kalifornien billigt mit 59 zu 41 Prozent der Stimmen die »Proposition 187«, nach der staatliche Leistungen für illegale Einwanderer gekürzt und deren Kindern der Besuch staatlicher Schulen verboten wird.

Los Angeles: 1923 wird das Schild zur Immobilienwerbung aufgestellt, 1949 fällt das »LAND« ab

Chronik
Daten zur Landesgeschichte

1996
Eine Serie von Naturkatastrophen sucht Süd-Kalifornien heim: Erdbeben, Buschfeuer und Schlammlawinen. Der O.-J.-Simpson-Prozess entwickelt sich zum Medienspektakel des Jahres.

2001
Am 11. September erleiden die USA den größten Schock ihrer Geschichte. Terroristen entführen vier Passagierflugzeuge, zerstören das World Trade Center in New York und beschädigen das Pentagon in Washington, D.C. Über 3000 Menschen sterben.

2004
Arnold Schwarzenegger wird Gouverneur von Kalifornien, sein Parteifreund George W. Bush zum zweiten Mal US-Präsident.

2007
Der 11. September hat auch die Spannungen zwischen den USA und Mexiko verschärft. Ein 700 Meilen langer Grenzzaun soll illegale Einwanderung verhindern. – Im Frühsommer lösen von den Banken vergebene Subprime-Kredite eine Immobilienkrise in den USA aus.

2008
Am 4. November wird der Demokrat, der 47-Jährige Afro-Amerikaner Barack Obama, zum ersten schwarzen US-Präsidenten gewählt.

2009
Die Finanzkrise in Kalifornien spitzt sich zu. Im Juli erklärt Gouverneur Arnold Schwarzenegger den Finanznotstand.

2011
Nach zwei Amtszeiten endet Arnold Schwarzeneggers politisches Engagement als Gouverneur von Kalifornien.

2012
Nach dem Wirtschaftscrash, unter dem vor allem Kalifornien und Las Vegas leiden, beginnt sich der Grundstücksmarkt wieder zögerlich zu erholen.

Ein 20-jähriger Attentäter tötet an einer Schule in Newtown, Connecticut, 27 Menschen, darunter 20 Kinder. Das Massaker sorgt weltweit für Entsetzen und löst in den USA eine Diskussion über das Waffenrecht aus.

2013
Ende Juni leidet der Südwesten der USA unter Temperaturen von bis zu 48 Grad, im Death Valley zeigte das Thermometer sogar 53 Grad. In Arizona kommen 19 Feuerwehrleute im Einsatz ums Leben.

Motto-Architektur: Bürogebäude im Silicon Valley

California – riesige Weinfässer und überquellender Früchtekorb: Bleibt der »Golden State« auch weiterhin das Land der Verheißung? 36,5 Millionen Einwohner hoffen es.

Die schönsten Reiseregionen Kaliforniens und des Südwestens

REGION 1
San Francisco und die Bay Area

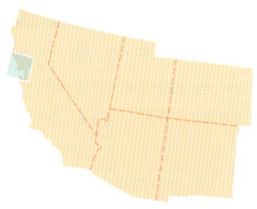

Surfing in San Francisco

Golden Gate Bridge und Skyline

West-östliche Diva

San Francisco und die Bay Area

Goldene Brücken bauen und rote Teppiche zur Begrüßung ausrollen – das kann San Francisco wie keine andere amerikanische Stadt. Schon ihr erster Anblick fasziniert: die hügelige Traumlage über den Wassern, die Skyline und die berühmten Brücken. Kein Wunder, dass San Francisco von allen wie ein Lieblingskind verhätschelt wird. Und die Stadt selbst, die sich stolz »The City« nennt, genießt es, *everybody's favorite* zu sein.

Dabei ist sie alles andere als typisch amerikanisch. Die tägliche Gangart wirkt eher europäisch und der asiatische Einfluss wächst. San Francisco: eine west-östliche Diva mit 43 Hügeln und täglich rund 805 000 Bewunderern, sprich: Einwohnern (Bay Area: 7,3 Millionen).

Entsprechend hoch rangiert die Stadtkultur in den diversen ethnischen Vierteln. Statt der üblichen autogerechten Trennung von Downtown und Suburbia überrascht San Francisco durch die Palette seiner Plätze, Parks und Perspektiven, durch Cafés und Eckkneipen – bunt und jeden Tag neu bevölkert von gestriegelten Yuppies und verknautschten Flippies, Bankern und Spaßvögeln, Locals und Touristen. Wie sagte Rudyard Kipling? San Francisco habe nur einen Nachteil: »Man kann sich schwer davon trennen.«

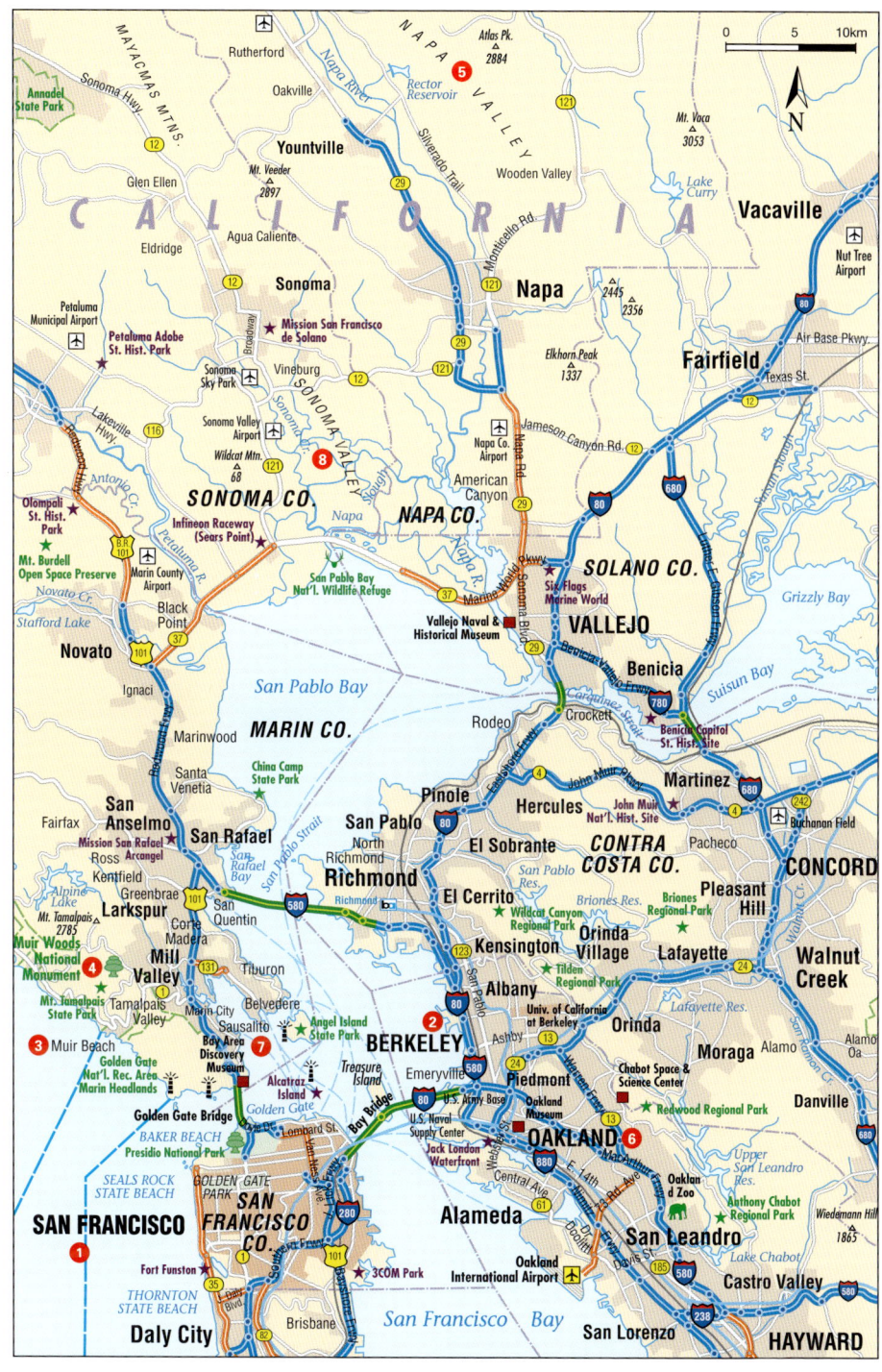

REGION 1
San Francisco und die Bay Area

❶ San Francisco – zu Fuß

San Francisco ist eine der fußgängerfreundlichsten US-Großstädte. Am besten, man startet am **Union Square**. Der Blick, der über das statuen- und palmenbekrönte Karree schweift, macht sich unweigerlich fest am mächtigen Bau des St. Francis Hotels. Neben der Eleganz der Schaufenster fällt an der südöstlichen Platzecke der gläserne Eingang zum Kaufhaus Neiman Marcus ins Auge, dem renommierten Department Store, der wie ein Pariser Kaufhaus aussehen möchte.

Weiter geht es durch **Maiden Lane**, die hohle Gasse, die eine Reihe hübscher Läden vorweisen kann. Und auch ein von Frank Lloyd Wright entworfenes Gebäude (Nr. 140). Im Sommer sitzen die Leute an kleinen Tischen auf der Straße. Geschäftige und Flaneure bevölkern auch die **Crocker Galleria**, eine dreistöckige Glaspassage in akzeptablen Proportionen mit eleganten Läden am Ende von Post Street. Angrenzend die Market Street, die quer zum Rastertrend der meisten Straßen vom Schiffsanleger (Ferry Building) schnurstracks auf die Twin Peaks zuführt. An Montgomery Street geht es links ab, hin zu den Büroriesen des **Financial Center**, die jedem Erdbebenrisiko trotzig ins Auge schauen.

REGION 1
San Francisco und die Bay Area

Financial Center

Montgomery Street, der wichtigste finanzielle Nervenstrang der Westküste, war seinerzeit, als der Goldstaub hierher wehte, die matschigste Meile der Stadt. Doch der Weg vom Gold zum Geld hat für Abhilfe gesorgt. Wo sich früher Kaninchen und Flöhe tummelten, residieren heute alle Finanzinstitutionen von Rang und Namen. Zur Lunchzeit hasten seriöse Herren in gedeckten Anzügen und meist zu kurzen Hosen und hochhackige Damen zum Lunch.

Hinter der Kreuzung von California Street befindet sich auf der rechten Straßenseite das **Wells Fargo History Museum** (Nr. 420). Hier kann sich jeder durch allerlei Anschauungsmaterial in die Zeit der Postkutschen und des raffgierigen Ol' West versetzen lassen. Den herausragenden Schlusspunkt des Lehrpfads durch die architektonischen Errungenschaften der Finanzwelt setzt die **Transamerica Pyramid**, das einzige Hochhaus der Welt, das einen Redwoodhain an seiner Seite stehen hat: ein grünes Tannenwäldchen mit Springbrunnen und Sitzbänken.

San Francisco Museum of Modern Art

Themenwechsel: Nach einem Linksabbieger auf Washington Avenue geht es nach **Chinatown**. Statt der festgemauerten Welt der Anglos nun plötzlich nur noch Chinesen! Asien liegt in San Francisco direkt um die Ecke.

Portsmouth Square war schon während der spanischen Kolonialzeit ein Mittelpunkt. Im Pueblo Yerba Buena, wie San Francisco damals hieß, lag hier die Plaza. Später wurde sie zum beliebten Herzstück von Chinatown, die heute mit ihren

**REGION 1
San Francisco und die Bay Area**

rund 80 000 Einwohnern die größte chinesische Gemeinde in den USA ist. Auf der unteren Ebene des Platzes sitzen die Mütter und passen auf die Kinder auf, während oben die alten Männer dem Schach-, Karten- und Mah-Jongg-Spiel frönen. Vorbei am Pagodenbau der United Commercial Bank (Nr. 743) führt Washington Street weiter zur Lebensader von Chinatown: **Grant Avenue**. Man sieht ihr an, wie fest sie in der Hand der Souvenirindustrie von Taiwan und Hongkong ist – billiger, manchmal aber auch kurioser Klimbim.

Waverly ist eine exotische Bilderbuchstraße mit schönen, durch schwungvolle und bemalte Balkone gegliederten Fassaden einst mächtiger Familienresidenzen. Längst hat sich **Stockton Street** zum authentischen Gegenstück von Grant Avenue entwickelt – mit überquellenden Gemüseläden, Lieferwagen, Gewürzstübchen und baumelnden Hähnchen. Chinatown ist immer noch der am dichtesten besiedelte Stadtteil von San Francisco, wo die Menschen auf engstem Raum wohnen und arbeiten – in Hinterhöfen und engen Gassen, in Miniwerkstätten, Nähstuben, Nudelfabriken und Bäckereien (Lunchvorschlag: Dim Sum).

Nur einen Block entfernt wartet wieder ein anderes Stück San Francisco. Nicht als Stadtviertel, sondern als Transportmittel: die allseits bekannte **Cable Car**. Die Fahrt mit dem Ratterding bis zum Wasser serviert nicht nur Touristen wechselnde Ausblicke und Perspektiven der faszinierenden Stadt, denn auch bei den San Franciscans selbst ist die unter Denkmalschutz stehende Bahn beliebt.

Unten am Pier gibt's oft Gedrängel. Verständlich, denn die ehemalige Schokoladenfabrik **Ghirardelli Square** ist ein Touristenmagnet – ihre vielen Geschäfte ebenso wie die Kleinkünstler, die das ganze Jahr hindurch das Publikum bei Laune halten. Einst lag hier Italy Harbor, der Fischereihafen ganz in italienischer Hand. Die alten bocciaspielenden Italiener beim **Maritime Museum** retten fast als einzige die lebendige Vergangenheit des Hafens. Schritt für Schritt wandelte er sich vom Arbeitsplatz zum Abziehbild für Hafenromantik und Seeabenteuer. Ausnahme: die Seelöwen, die sich bei den Kuttern und Pfahlbauten lümmeln.

Am Embarcadero entlang führt der Weg wieder Richtung Stadt. Draußen in der Bay liegt **Alcatraz**. Auch die ruinösen Reste des ehemals berühmt berüchtigten Zuchthauses haben ein Recycling erfahren – besonders für nervenschwache Ausflügler, die das Gruseln lernen wollen.

In Höhe von Levi's Plaza (Pier 23) geht es aufwärts über die **Filbert Steps**. Für ein paar Minuten glaubt man gar nicht in San Francisco zu sein – so wild begrünt sind die Stufen mit den schläfrigen Katzen und hübschen Holzhäus-

»Der Telegrafenhügel ist ein kleines Montmatre mit Modeateliers, Cafés und winzigen Villen«, schreibt Simone de Beauvoir in ihrem Reisetagebuch.

Telegraph Hill mit Coit Memorial Tower

chen, die hängenden Gärten, durch die man am Ende den **Coit Memorial Tower** erreicht. Die Kletterpartie wird mit einer erstrangigen Aussicht belohnt: auf die Stadt, die Bucht, die Brücken. Sichtbar wird aber auch die unerbittlich regelmäßige Straßenführung, die die natürliche Topographie der Stadt quasi unter sich begräbt. Auch heute noch gelten die Hänge von Telegraph Hill als begehrte Wohngegend, der Ruhe und der tollen Bay Views wegen.

Zurück und abwärts führt wieder eine kleine Treppe, und nach wenigen Minuten rundet sich der Tageslauf am **Washington Square**, der grünen Piazza von **North Beach**. Dominiert wird er von der Church of St. Peter and Paul, die meist so aussieht, als sei sie aus Marzipan. Ihre Messen werden hintereinander gelesen: in Englisch, Italienisch und Chinesisch. Hier und rund um den Platz bekommt man die sehr europäische Stadtkultur San Franciscos zu spüren. Italiener und Chinesen, zerflauste Beatniks und glatte Yuppies geben sich rund um die Uhr ein Stelldichein. Die kulturelle Melange reicht bis in die Kochtöpfe – wenn sich zum Beispiel in der Minestrone plötzlich viel Reis findet: So einfach greift China auf Italia über.

Trotz moderner Geschäftsmäßigkeit, steigender Mieten und nüchterner vietnamesischer Wäschereien weht noch ein Hauch von altmodischer Boheme durch die Cafés, Bars und Buchläden. Ob im »Trieste«, »Puccini« oder »Vesuvio« – nirgendwo sonst in den USA sieht man so viele Menschen lesend, redend, kritzelnd oder sich einfach der Musik hingebend, sei es Rock, Jazz oder Verdi.

Jäh endet allerdings die sanfte Verklärung an der Ecke von **Columbus Avenue** und **Broadway**. Hier geht's immer noch mit Peep, Punk und Porno zur Sache: eine Spätfolge der einst berüchtigten *barbary coast*, des verwegenen Hafenmilieus aus der Zeit, als das Wasser der Bucht noch bis hierhin reichte und in der Bay Hunderte von Schiffen ankerten. Deren Besatzungen waren auf und davon, um ihr Glück in den Goldminen zu suchen. Aus den verlassenen Schiffen baute man Warenlager oder Unterkünfte, oder sie wurden einfach versenkt, um zusätzliches Bauland am Wasser zu schaffen. Auf diese Art entstand in etwas mehr als hundert Jahren neues Land für San Francisco – ein Wackelpeter aus Schiffsfriedhöfen und Geisterflotten. Daher auch der Name North Beach, obwohl längst kein Strand mehr in Sicht ist, dafür aber ein kontrastreicher Stadtteil.

Schräg gegenüber dem Honky-Tonk-Rummel und den Porno-Magazinen liegt **City Lights**, *die* Buchhandlung und *der* Mittelpunkt der literarischen Szene seit den Tagen von Jack Kerouac, Allen Ginsberg, Laurence Ferlinghetti und anderer Beatniks, die in den 1950er Jahren international Furore machten. Wer mag, der kann hier bis Mitternacht im Keller in den neuesten Lyrikbänden stöbern.

San Francisco alpin: California Street ▷

REGION 1
San Francisco und die Bay Area

ⓘ **San Francisco Visitor Information Center**
900 Market St.
San Francisco, CA 94102
✆ (415) 391-2000
www.sanfrancisco.travel
Im Sommer Mo–Fr 9–17, Sa/So 9–15, im Winter Mo–Fr 9–17, Sa 9–15 Uhr, So geschl.
Infos und Karten. Tel. Auskünfte auch auf Deutsch: ✆ (415) 391-2004.

Chinatown

Service & Tipps:

🚌 **Öffentliche Verkehrsmittel**
San Francisco lässt sich gut mit öffentlichen Verkehrsmitteln erkunden. Es gibt Busse und Straßenbahnen (**MUNI**, $ 2, www.sfmta.com), **Golden Gate Transit**, **Cable Cars** ($ 5, www.sfcablecar.com) und **BART** (Bay Area Rapid Transit, ✆ 510-989-2278, www.bart.gov).
BART empfiehlt sich, um zumindest einige Attraktionen schnell, bequem und preiswert zu erreichen: Ferry Building, Chinatown, Cartoon Art Museum, Museum of Modern Art, Union Square, City Hall, Theater District, California Academy of Science, San Francisco Visitor Information Center, Asian Art Museum, Mission Dolores, San Francisco Airport.

ⓘ **CityPass**
Gewährt verbilligte Eintrittskarten ($ 84 und 9 Tage gültig) für Museum of Modern Art, Blue & Gold Fleet Bay Cruise, Exploratorium, California Academy of Sciences, Aquarium of the Bay, de Young Museum und Legion of Honor, einschließlich Benutzung von MUNI und Cable Car. Verkauf bei allen beteiligten Attraktionen oder online: www.citypass.com.

🏛 **Asian Art Museum**
200 Larkin St. (Civic Center)
San Francisco, CA 94102
✆ (415) 581-3500
www.asianart.org
Tägl. außer Mo 10–17, Do bis 21 Uhr
Eintritt $ 12/8
Größte Sammlung asiatischer Kunst außerhalb Asiens. Museumscafé.

🏛 **California Academy of Science**
55 Music Concourse Dr.
Im Golden Gate Park
San Francisco, CA 94118
✆ (415) 379-8000
www.calacademy.org
Mo–Sa 9.30–17, So 11–17 Uhr
Preise saisonabhängig, im Sommer $ 35/25
Nicht nur eine Akademie der Wissenschaften, sondern auch ein faszinierendes Museum für Naturgeschichte: Planetarium, künstlicher Regenwald, Aquarium und vieles mehr.
  Sehr gutes Restaurant **Moss Room**, tägl. 11–15 Uhr, ✆ (415) 876-6121, www.themossroom.com. $$–$$$

🏛 **Exploratorium**
Pier 15 (Embarcadero & Green St.), San Francisco, CA 94121
✆ (415) 528-4444
www.exploratorium.edu

REGION 1
San Francisco und die Bay Area

Tägl. außer Mo 10–17, Do auch 18–22 Uhr (über 18 Jahre) Eintritt $ 25/19
Vergnügungspark und Versuchslabor in einem großartigen neuen Zuhause direkt am Ufer der Bay: unterhaltsames, interaktives Museum für Wissenschaft, Kunst und menschliche Wahrnehmung. Eine spannende Kombo für Kinder und Nobelpreisträger.

San Francisco Museum of Modern Art (SFMOMA)
151 3rd St. (Yerba Buena Gardens)
San Francisco, CA 94103
✆ (415) 357-4000, www.sfmoma.org
Das Museum ist bis 2016 für eine aufwändige Erweiterung geschl. Auf der Webseite findet man Informationen zu zahlreichen Sonderausstellungen an verschiedenen Orten der Stadt.
Der bisherige, 1995 eröffnete Neubau des Schweizer Architekten Mario Botta zeigt sich als eine stufig zurückgesetzte Backsteinfassade mit einem zylindrischen Skylight. Er hat die Ausstellungsfläche des renommierten Hauses für seine Kunstsammlung des 20. Jh. (u. a. Matisse, Klee, Beckmann, Schwitters, Grosz, Ernst, Kandinsky) verdoppelt. Fotokollektion und West Coast Artists (etwa Mark Rothko und Richard Diebenkorn).

Alcatraz Island
Golden Gate National Recreation Area, San Francisco, CA 94123
✆ (415) 981-7625 (Tickets)
www.nps.gov/alca, Tour $ 30/18.25
Legendäre Gefängnisinsel, Domizil u.a. für Al Capone. Für Tickets lange Wartezeiten, deshalb telefonische Vorbestellung ein paar Tage vorher ratsam. Abfahrt vom Pier 33, Fisherman's Wharf. Weitere Info: www.alcatrazcruises.com.

Coit Memorial Tower
1Telegraph Hill Blvd. (über Lombard St.), San Francisco, CA 94133
✆ (415) 362-0808
Tägl. 10–17.30 Uhr, Eintritt $ 7/2
Wahrzeichen San Franciscos an der Stelle einer ehemaligen Morsestation – 1933 als Anerkennung der Leistungen der freiwilligen Feuerwehr errichtet. Innen sehenswerte Freskomalereien *(murals)* zur Stadt- und Landesgeschichte.

Golden Gate Bridge
US 101/Hwy. 1
Weltberühmte Hängebrücke (Pfeilerhöhe 227 m), 1937 eröffnet. Länge: 2,7 km. Im Jubiläumsjahr 1987 fuhren rund 41 Mill. Autos durchs Goldene Tor. Mautgebühr (in Richtung San Francisco): $ 6.

Gray Line San Francisco Sightseeing
Pier 41 (Embarcadero)
San Francisco, CA 94133
✆ (415) 434-8687 und 1-888-428-6937
www.sanfranciscosightseeing.com
Ganz-, Halbtags- und Abendtouren durch San Francisco, ins Wine Country, nach Monterey oder zum Yosemite National Park.

Mission San Francisco de Asis (Mission Dolores)
3321 16th & Dolores Sts. (Mission District)
San Francisco, CA 94114
✆ (415) 621-8203
http://missiondolores.org
Tägl. Mai–Okt. 9–16.30, Nov.–April 9–16 Uhr, Eintritt $ 5/3
Nach der Gründung des spanischen Presidio (1776) wurde südlich davon 1782 die Kirche gebaut; 1791 wurde sie an ihren heutigen Standort transloziert und überlebte seither alle Erdbeben. Bemerkenswert: der Indianerfriedhof.

Blue & Gold Fleet
Pier 39, San Francisco, CA 94133
✆ (415) 705-8200
www.blueandgoldfleet.com
Tägl. ab 9.30 Uhr
Bootstouren in der Bay Area: nach Alcatraz, Angels Island, zur Bay und Golden Gate Bridge; Fährdienst nach Sausalito, Tiburon, Marine World/Africa USA und Oakland.

Red & White Fleet
Pier 43 ½ (Embarcadero)
San Francisco, CA 94133
✆ (415) 673-2900
www.redandwhite.com
Knapp einstündige Cruisingfahrten zum Golden Gate, nach Sausalito; nach Tiburon (ruhigere Alternative zu Sausalito); zum nostalgischen Wine Train (zwischen Napa und St. Helena) in Napa Valley (Tagestour): Zu den

Freskomalerei (Detail) im Coit Memorial Tower

REGION 1
San Francisco und die Bay Area

Die empfohlenen Restaurants sind nach folgenden Preiskategorien für einen Hauptgang (ohne Getränke, Vorspeisen, Desserts, Steuer und Trinkgeld) gestaffelt:

$ - bis 15 Dollar
$$ - 15 bis 25 Dollar
$$$ - über 25 Dollar

Geschenkpackung auf Nob Hill

dicken Redwoodbäumen von Muir Woods.

City Lights Bookstore
261 Columbus Ave.
San Francisco, CA 94133
✆ (415) 362-8193
www.citylights.com
Legendäre Buchhandlung seit den Beatnik-Tagen.

Ferry Building
One Ferry Building
San Francisco, CA 94111
✆ (415) 983-8030
www.ferrybuildingmarketplace.com
Mo–Fr 10–18, Sa 9–18, So 11–17 Uhr
Fähranleger am Fluchtpunkt von Market Street. Früher, vor dem Bau der Brücken, als der Personenverkehr über die Bay ausschließlich per Schiff erfolgte, strömten einmal 50 000 Menschen durch dieses Eingangstor zur Stadt. Später verfiel das elegante Sandsteingebäude mit seinem markanten Turmbau in spanischer Manier. Inzwischen ist es prächtig restauriert worden mit schönen Fußbodenmosaiken, Feinkostläden und Restaurants, Boutiquen und einem quirligen Naschmarkt, dem **Farmer's Market** (Di und Do 10–14, Sa ab 8 Uhr). Inzwischen fahren auch wieder Fähren, und ihr Betrieb soll ausgeweitet werden.

Ghirardelli Square
900 North Point (beim Aquatic Park), San Francisco, CA 94109
www.ghirardellisq.com
Shopping- und Restaurantkomplex (1962–67) in einer ehemaligen Schokoladenfabrik.

Westfield San Francisco Centre
865 Market & Fifth Sts.
San Francisco, CA 94103
✆ (415) 495-5656
Kaufhaus auf 9 Ebenen: Boutiquen, namhafte Warenhäuser, Restaurants und Cafés.

Kabuki Springs & Spa
1750 Geary Blvd. (Fillmore St. & Japan Center), San Francisco, CA 94115
✆ (415) 922-6000
www.kabukisprings.com

Tägl. 10–21.45 Uhr
Gourmet bathing: Dampfbäder, Sauna und Shiatsu-Massage. Fein dekoriertes Interieur. Massage $ 65–130, Baden $ 20–25. Frauen So, Mi und Fr, Männer Mo, Do und Sa. Vorher reservieren!

Caffè Trieste
601 Vallejo St. & Grant Ave.
San Francisco, CA 94133
✆ (415) 392-6739
www.caffetrieste.com
Tägl. 6.30 Uhr bis in die Nacht
Erstklassiger Cappuccino, am Samstagnachmittag mit italienischen Opernarien.

Buena Vista Cafe
2765 Hyde St. (Aquatic Park)
San Francisco, CA 94109
✆ (415) 474-5044
www.thebuenavista.com
Gestandenes Café rund um den Irish Coffee; Kleinigkeiten zum Frühstück, Lunch und frühes Dinner. $-$$

Butterfly
Pier 33 (Embarcadero & Bay St.)
San Francisco, CA 94111
✆ (415) 864-8999
www.butterflysf.com, Mo geschl.
Die ehemalige Lagerhalle am Wasser ist in einen schicken offenen Raum umgewandelt worden – für fernöstlich dominierte Fusion-Küche und Ausblicke auf die Bay. Lunch $, Dinner $$-$$$

Dol Ho Restaurant
808 Pacific Ave. (Chinatown)
San Francisco, CA 94133
✆ (415) 392-2828, Mi geschl.
Empfehlenswert für Dim Sum. $

Elite Café
2049 Fillmore St.
San Francisco, CA 94115
✆ (415) 673-5483
www.theelitecafe.com
Bistromäßig, laut und freundlich. Geschmackvolles mit Südstaateneinschlag *(gumbo, jambalaya)*. Spitze: Rippchen mit warmem Kartoffelsalat und einem Traum von *cole slaw*.
$$-$$$

Fino
624 Post St. (One Cosmo Place)

REGION 1
San Francisco und die Bay Area

Swinging San Francisco

San Francisco, CA 94109
✆ (415) 928-2080
www.finoristorante.com
Angenehmes Restaurant und nette kleine Bar. Pasta mit viel Geschmack (z. B. *Vongole*). $$

Greens Restaurant
Fort Mason Building A (Marina District), San Francisco, CA 94123
✆ (415) 771-6222
www.greensrestaurant.com
Unbestritten bestes vegetarisches Restaurant in der Stadt, geführt von Zen Buddhisten – hell, luftig und mit tollem Bay-Bridge-Blick. Reservierung unerlässlich. $$–$$$

Rose Pistola
532 Columbus Ave.
San Francisco, CA 94133
✆ (415) 399-0499
www.rosepistolasf.com
Sehr gefragt: exzellente Gerichte für Pasta- und Fischfreunde. Reservierung empfohlen. $$–$$$

Sociale
3665 Sacramento St. (zwischen Locust & Spruce Sts.)
San Francisco, CA 94118
✆ (415) 921-3200, www.sfsociale.com
Di–Sa 11.30–14.30, Mo–Sa 17.30–22 Uhr
Authentische, italienische Küche. Sehr netter, kleiner Innenhof zum draußen Sitzen im Stadtteil Pacific Heights. $$–$$$

Zuni
1658 Market St. (Nähe Civic Center), San Francisco, CA 94102
✆ (415) 552-2522
www.zunicafe.com, Mo geschl.
Hervorragend zu jeder Tageszeit: Küche, Weine, Ambiente. $$–$$$

Vesuvio
255 Columbus Ave. (North Beach), San Francisco, CA 94133
✆ (415) 362-3370, www.vesuvio.com
Genießer, *literati*, und andere Schöngeister bevölkern dieses traditionsreiche North-Beach-Lokal seit den Tagen Eisenhowers und der Beatniks.

Crown Room
950 Mason St. (Fairmont Hotel, 29. Stock), San Francisco, CA 94108
✆ (415) 772-5131
Gala-Inszenierung für einen Drink: Von oben zeigt sich San Francisco im imponierenden Lichterglanz von seiner besten Seite. (Unbedingt mit dem Außenaufzug hochfahren!)

Club Fugazi
678 Beach Blanket Babylon Blvd. & Green St.
San Francisco, CA 94133
✆ (415) 421-4222
www.beachblanketbabylon.com
Mi–Fr 20, Sa 18.30 und 21.30, So 14 und 17 Uhr, $ 25–130
Hier läuft seit über 30 Jahren die Show »Beach Blanket Babylon«. Möglichst früh Karten vorbestellen!

DNA Lounge
375 11th St.
San Francisco, CA 94103
✆ (415) 626-1409
www.dnalounge.com
Nächtlich 20–2 Uhr, Fr länger
Trendy und doch gemütlich, Tanzlokal und gute Livebands.

The Slanted Door
1 Ferry Building # 3 (Embarcadero)
San Francisco, CA 94111
✆ (415) 861-8032
www.slanteddoor.com
Munter, offene Küche mit vietnamesischen Gerichten auf hohem Niveau. Chinesische Tees, europäische Weine. Blick auf die Bay. $$

Schokoladenseite: Blick über die Bay Bridge auf San Francisco

REGION 1
San Francisco und die Bay Area

🎵 **The Great American Music Hall**
859 O'Farrell St. & Van Ness Ave.
San Francisco, CA 94109
✆ (415) 885-0750
www.slimspresents.com
Nachtclub mit Jahrhundertwende-Charme: Rock, R & B, Pop, Punk, Bluegrass etc. Tickets: www.gamht-tickets.com, ✆ 1-888-233-0449.

ⓘ **Berkeley Convention & Visitors Bureau**
2030 Addison St.
Berkeley, CA 94704
✆ (510) 549-7040 und
1-800-847-4823
www.visitberkeley.com
Mo–Fr 9–17 Uhr

❷ Berkeley

Studenten und Lehrkörper der Universität stellen mehr als ein Viertel der gut 100 000 Einwohner. Sie blicken auf eine politisch bewegte Geschichte zurück. Kein Straßenname ist dafür sprechender als Telegraph Avenue, *die* Adresse in den 1960er Jahren schlechthin, als Berkeley die amerikanische Hauptstadt der Radikalen war, die politisches Bewusstsein und sexuelle Befreiung in einer von Drogen und Mystizismus durchsetzten *Counter Culture* suchten. Neben einigen bärtigen Rudimenten aus den wilden Tagen bietet die Straße heute immer noch Alternatives: viel Vinyl, Coffee Bars und einige schräge Läden. Es wirkt hier gar nicht so, als wäre ein Elitecampus gleich um die Ecke. Dieser präsentiert sich als ein idyllisches Gelände, von dem europäische Hochschulen nur träumen können. Minderheiten stellen fünf Prozent der Kommilitonen; dafür liegt der Anteil der Amerikaner asiatischer Abstammung schon bei über 20 Prozent. Sie gelten als die fleißigsten. Mit einem Wort: Der Ruf von »Berserkeley« ist längst dem von »Berkelium« gewichen, dem Namen eines Trans-Uran-Elements, das in den nahen Lawrence-Laboratorien entdeckt wurde.

Service & Tipps:

🏛 **UC Berkeley Art Museum and Pacific Film Archive**

2626 Bancroft Way
Berkeley, CA 94720
✆ (510) 642-0808
www.bampfa.berkeley.edu
Mi–So 11–17 Uhr, Eintritt $ 10/7
Markanter Bau mit moderner Kunstsammlung, Buchhandlung, Cafeteria.

👁 **University of California at Berkeley (UCB)**
101 Sproul Hall, nahe Bancroft Way & Telegraph Ave., Berkeley, CA 94720
✆ (510) 642-5215
http://visitors.berkeley.edu/
1 ½-stündige Führungen Mo–Sa 10 und So 13 Uhr
1868 gegründet erstreckt sich der landschaftlich schöne Campus heute über 480 ha mit ca. 30 000 Studenten. Der Ruf der Hochschule beruht unter anderem auf einem Dutzend Nobelpreisträgern im Lehrkörper.

🍴 **Moe's Books**

2476 Telegraph Ave.
Berkeley CA 94704
(510) 849-2087, www.moesbooks.com
Kunst- und antiquarische Bücher.

🍴 **Chez Panisse Restaurant & Café**

1517 Shattuck Ave.
Berkeley, CA 94709
✆ (510) 548-5525 (Restaurant)
✆ (510) 548-5049 (Café)
www.chezpanisse.com
Mo–Sa 11.30–14.45 und 17–22.30,
Fr/Sa bis 23.30 Uhr
Eine der besten Adressen rund um die Bay und angeblich der Geburtsort der California Cuisine. Im hübschen, grün überwucherten Holzhaus serviert man auf zwei Etagen raffinierte Kreationen in ansprechendem Ambiente. Reservierung für das Restaurant unumgänglich, für das Café im 1. Stock ($$) empfohlen. $$$

🍴 **Lalime's**
1329 Gilman St.
Berkeley, CA 94706
✆ (510) 527-9838, www.lalimes.com
Mi–So ab 17 Uhr, Mo/Di geschl.
Kalifornisch-mediterane Küche. $$–$$$

🎵 **Ashkenaz**
1317 San Pablo Ave.
Berkeley, CA 94702
✆ (510) 525-5054, www.ashkenaz.com
Legendärer Musikclub Salsa, Reggae.

❸ Muir Beach

Die Locals lieben die kleine Strandbucht nördlich von San Francisco (am Hwy. 1) als Strand und Picknickplatz. Wer die Felsen der *headlands* hinaufkrabbelt, bekommt zur Belohnung eine schöne Aussicht. Die bietet auch der **Muir Beach Overlook**, wenn man ein Stückchen den Hwy. 1 nach Norden weiterfährt. Zwischen der Bolinas-Lagune und Tomales Bay folgt er an der optimistischen Oberfläche genau der San Andreas fault, der berüchtigten Knautschfalte zwischen tektonischen Platten (der pazifischen und der kontinental-amerikanischen), die sich rund 1000 Kilometer durch Kalifornien zieht und es zu einem der erdbebenreichsten Länder der Welt macht.

REGION 1
San Francisco und
die Bay Area

Ausblicke: California Highway One beim Muir Beach Overlook

❹ Muir Woods

In der Nähe liegt auch das **Muir Woods National Monument**, ein duftender, feucht-kühler Hochwald aus teils über 80 Meter langen Baumriesen, von denen manche schon mehr als vier Jahrhunderte auf dem Buckel haben.

Service & Tipps:

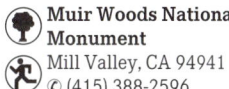
Muir Woods National Monument
Mill Valley, CA 94941
℡ (415) 388-2596
www.nps.gov/muwo

Tägl. 8 Uhr bis Sonnenuntergang, Visitor Center bis 19.30 Uhr
Eintritt $ 7/0
Windgeschützter Redwoodhain am Westrand von Mount Tamalpais. Visitor Center, Tourenprogramm, Wanderweg.

REGION 1
San Francisco und die Bay Area

»Wein ist Poesie – auf Flaschen gezogen.«
Robert Louis Stevenson

⑤ Napa Valley (Wine Country)

Begleitet von renommierten Weingütern (u.a. Mondavi, Beringer, Sterling und Clos Pegase) reihen sich hübsche Kleinstädte (z.B. St. Helena und Calistoga) und Spitzenrestaurants am Highway durch das Tal.

Service & Tipps:

Bistro Don Giovanni
4100 Howard Lane (S 29)
Napa, CA 94558, ✆ (707) 224-3300
www.bistrodongiovanni.com
Italienische Küche in luftigem Speiseraum mit Blick auf die Weinberge. Auch zum draußen Sitzen. (Anfahrt: nördlich von Napa auf der S 29, 100 m nach der Ampel an Salvador Ave. rechts abbiegen.) $$–$$$

The French Laundry
6640 Washington St. (Creek St.)
Yountville, CA 94599-1301
✆ (707) 944-2380
www.frenchlaundry.com
Mo-Do nur Dinner, sonst auch Lunch
Ausgezeichnete Haute Cuisine in einer ehemaligen Wäscherei: täglich wechselnde 4-9-Gänge-Menüs. Küchenchef Thomas Keller wurde 2001 zum weltbesten Koch gekürt. Sein Erfolgsrezept: »Meine Küche ist amerikanisch und zeitgenössisch, begründet auf französischen Klassikern.« Französische und kalifornische Weinkarte. Reservierung dringend empfohlen. $$$

Robert Mondavi Winery
7801 St. Helena Hwy. (SR 29)
Oakville, CA 94562
✆ 1-888-766-6328, www.robertmondaviwinery.com, tägl. 10–17 Uhr
Weingut im Missionsstil. Führungen mit Probe. Telefonische Anmeldung nützlich.

Tra Vigne
1050 Charter Oak Ave.
Saint Helena, CA 94574
✆ (707) 963-4444
www.travignerestaurant.com
Ein Hauch von Toskana: exzellente Trattoria im schönen Innenhof, italienisches Restaurant Lunch und Dinner (abends reservieren!). $–$$

JoLe: Farm to Table
1457 Lincoln Ave. (im Mount View Hotel), Calistoga, CA 94515
✆ (707) 942-5938
www.jolerestaurant.com
Tägl. außer Mo 17–22, Fr/Sa bis 23 Uhr
Das Ehepaar Spector bereitet seine modernen mediterranen Speisen so weit wie möglich mit lokalen Zutaten, die ausgesuchte Weinkarte berücksichtigt kleine Güter. $$–$$$

Gut abgefüllt: Clos Pegase Winery bei Calistoga im Napa Valley

Lasso-Akrobaten auf dem Cinco de Mayo Festival im Wine Country

6 Oakland

Über die Bay Bridge gelangt man von San Francisco nach Oakland, das sich von jeher brav mit der Rolle einer Stiefschwester zufrieden gibt. Auf den ersten Blick sieht man denn auch wenig außer Hafenkränen und Containern, Eisenbahnschienen und Betonschneisen von Stadtautobahnen. Weder das alte Chinesenviertel noch der hübsche Lake Merritt oder das wirklich erstklassige, architektonisch bemerkenswerte **Oakland Museum of California** haben am Mauerblümchen-Image der Stadt etwas ändern können. Schon die hier gebürtige Gertrude Stein meinte »There is no there there«. Dennoch befindet sich die 420 000-Einwohner-Stadt – knapp die Hälfte davon Schwarze – seit einiger Zeit im wirtschaftlichen Aufwind. Die Nähe zum Silicon Valley macht sich bemerkbar und die Kriminalitätsrate sinkt.

REGION 1
San Francisco und die Bay Area

ⓘ **Oakland Convention & Visitors Bureau**
463 11th St.
Oakland, CA 94607
℡ (510) 839-9000
www.visitoakland.org

Paramount Theatre in Oakland

Service & Tipps:

The Oakland Museum of California
1000 Oak & 10th Sts.
Oakland, CA 94607
℡ (510) 318-8400
www.museumca.org
Mi/Do, Sa/So 11–17, Fr 11–21 Uhr, Mo/Di geschl., Eintritt $ 12/6
Museum der Kunst, Geschichte und Ökologie Kaliforniens. Der Abriss der Geschichte Kaliforniens ist ungewöhnlich differenziert und sehenswert.

Jack London Square
Am Fuß von Broadway St.
Oakland, CA 94607
℡ (510) 654-9292
www.jacklondonsquare.com
Touristische, aber geschichtsträchtige und muntere Hafengegend, in der Jack London aufwuchs: AMTRAK-Bahnhof, Museen, Shops (übersteuerte), Restaurants, Bars (etwa **Heinold's First and Last Chance Saloon**). Schöner Ausblick auf den Hafen.

Paramount Theatre
2025 Broadway
Oakland, CA 94612-2303
℡ (510) 465-6400
www.paramounttheatre.com
Der prächtige Art-déco-Bau dient dem Oakland Ballett als Hausbühne, außerdem Konzerten und besonderen Filmen.

Bay Wolf Restaurant
3853 Piedmont Ave. (Rio Vista)
Oakland, CA 94611
℡ (510) 655-6004
www.baywolf.com
Hübsches Ambiente, edle kalifornische Küche mit Mittelmeer-Touch. Exzellente Weinauswahl. Lunch und Dinner. $$

REGION 1
San Francisco und die Bay Area

❼ Sausalito

Sausalito (7300 Einwohner) zählt seit Langem zu den beliebtesten Ausflugszielen von San Francisco – mit schickem Yachthafen und bunter Hausbootkolonie. Wand an Wand locken Bars und Boutiquen, Bay und Brandung. Im Sommer wirkt der Ort wie die amerikanische Variante der italienischen Riviera.

ⓘ **Sausalito Visitor Center**
780 Bridgeway, im Ice House
Sausalito, CA 94965
✆ (415) 332-0505
www.sausalito.org
Tägl. außer Mo 11.30–16 Uhr

Service & Tipps:

✕ **Fish**
350 Harbor Dr. (Bridgeway)
Sausalito, CA 94965
✆ (415) 331-3473, www.331fish.com
Gleich am Wasser: frische Meeresfrüchte, raffiniert und delikat komponiert; luftiges Cafeteria-Restaurant. Keine Kreditkarten. $–$$

✕ **The Trident**
558 Bridgeway
Sausalito, CA 94965
✆ (415) 331-3232
www.thetridentsausalito.com
Gute Küche (Meeresfrüchte und Salate); attraktiver Platz über dem Wasser mit Blick auf San Francisco. Populäre Bar. Lunch, Brunch, Dinner. $$–$$$

❽ Sonoma Valley (Wine Country)

Wer einen Tag Zeit hat, sollte einen Ausflug ins weinselige Hinterland von San Francisco machen, ins California Wine Country. Geschichtsunterricht und Weingenuss lassen sich zum Beispiel in Sonoma (9100 Einwohner) im gleichnamigen Tal zwanglos kombinieren. Sehenswert: die Missionskirche, die alte Plaza und zwei der ältesten Weingüter des Landes, deren Rebstöcke noch aus der Zeit der Franziskanermönche stammen (Buena Vista und Sebastiani), liegen praktisch um die Ecke und eigenen sich für ein Picknick unter schattigen Bäumen.

ⓘ **Sonoma Valley Visitors Bureau**
453 E. 1st St., Sonoma, CA 95476, ✆ (707) 996-1090 und 1-866-996-1090, www.sonomavalley.com, tägl. 9–17 Uhr

Arbeit im Wine Country

Service & Tipps:

👁 **Sonoma State Historic Park**
20 E. Spain St. (Plaza)
Sonoma, CA 95476
✆ (707) 938-1519, tägl. 10–17 Uhr
Sonoma Plaza: In einem Bubenstück rief hier am 18. Juni 1846 John Fremont mit 40 Mann eine eigene »California Republic« aus und hisste eine Fahne mit braunem Grizzly-Bär und rotem Stern auf weißem Grund.
   Diese *Bear Flag Revolt* zielte auf einen von Mexiko unabhängigen Staat für die Californios, und sie geschah am Vorabend des Ausbruchs des Amerikanisch-Mexikanischen Krieges. Bereits 14 Tage später wurde die Flagge durch die Stars and Stripes ersetzt.

👁 **Mission San Francisco Solano de Sonoma**
114 E. Spain St., Sonoma, CA 95476
✆ (707) 938-1519
Tägl. 10–17 Uhr
Letzte und deshalb kurzlebigste der kalifornischen Missionskirchen, die einzige übrigens im Auftrag von Mexiko. 1823 wurde sie von Pater José Altimira als Schlussstein des El Camino Real errichtet, Rebstöcke wurden gepflanzt, Indianer getauft – bis 1834 aus Mexiko die Nachricht von der Säkularisierung eintraf.
   Danach ereilte die Sonoma Mission dasselbe Schicksal wie das ihrer

REGION 1
San Francisco und die Bay Area

Verwandten. Sie verfiel, wurde verkauft, diente als Scheune, Winzerei und Schmiede. Erst Anfang des vorigen Jh. wurde ihr Denkmalwert entdeckt und die Restaurierung eingeleitet.

👁 Sonoma Cheese Factory
2 W. Spain St. (Plaza)
Sonoma, CA 95476
✆ (707) 996-1931
Reichhaltige Quelle fürs Picknick: Käse, Sandwiches, Wein.

👁 Buena Vista Carneros Winery
18000 Old Winery Rd.
Sonoma, CA 95476
✆ 1-800-926-1266
http://buenavistawinery.com
Tägl. 10–17 Uhr
Kaliforniens ältestes Weingut; Kostproben und Picknicktische unter schattigen Eukalyptusbäumen. Gegründet 1857 vom ungarischen Grafen Agoston Haraszthy, der, nachdem er sich in Sonoma als Nachbar des Generals Vallejo niedergelassen und mit diesem um die Erzeugung des besten Weins gewetteifert hatte, zum Gründervater der kalifornischen Winzer avancierte.

👁 Sebastiani Vineyards and Winery
389 E. 4th St. East (Nähe Plaza)
Sonoma, CA 95476
✆ (707) 933-3230
www.sebastiani.com, tägl. 11–17 Uhr
Führungen, Weinproben, Picknicktische. Einige Rebstöcke stammen noch aus der Zeit der Franziskanermönche. Schöne alte Weinkisten.

✕ La Casa
121 E. Spain St. (Nähe Plaza, gegenüber der Mission)
Sonoma, CA 95476
✆ (707) 996-3406
www.lacasarestaurant.com
Mexikanische Cantina für Lunch und Dinner. Cocktail Lounge. $–$$

Goldtröpfchen: Weinhänge im Napa Valley

REGION 2
Pacific Coast Highway

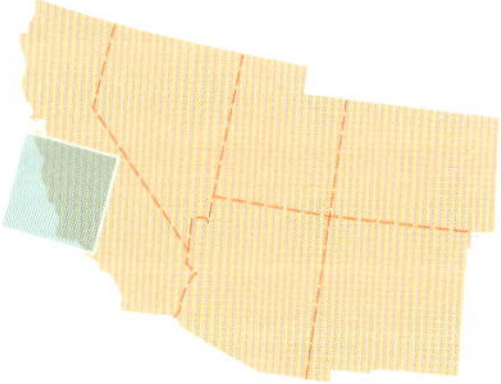

Kaliforniens Zentralküste

Pacific Coast Highway

Keine Frage, der Highway One am pazifischen Saum, eingekeilt zwischen Brandung und Küstengebirge, zählt zu den schönsten Straßen Nordamerikas. Viele halten ihn sogar für das Nonplusultra schlechthin, für eine touristische Wundertüte. Atemberaubende Steilufer und sonnendurchglühte Dünen und Strände, Surfer und Rentner, Flippies und Chicanos – es gibt nichts wirklich Kalifornisches, was dieser kurvenreiche (und fragile) Parcours nicht zum Leben erwecken würde.

Im Hinterland bilden die alten spanischen Missionskirchen wohltuende Oasen der Ruhe. Sie entstanden entlang dem Camino Real, der heutigen US 101, in Tagesrittweite voneinander entfernt. Monterey, Carmel, San Luis Obispo und Santa Barbara machen die städtischen Höhepunkte aus. Dazwischen gedeihen Artischocken, Knoblauch, Fenchel und – mehr und mehr Wein.

❶ Big Sur

»DON'T YELLOWSTONE BIG SUR.«

Wo Big Sur eigentlich beginnt, lässt sich nicht so leicht sagen. Ein zusammenhängender Ort existiert nicht, noch nicht mal ein Schild. Mehr oder weniger genau erstreckt sich die Küstenregion von Carmel bis San Simeon. Redwoodholz und Felsenstein, Salzluft und Nebelschwaden definieren den Ort und seine leicht esoterische Aura erheblich besser: eine stille und doch wilde Küste – ohne Badebetrieb, Kreuzschiffe, Bohrinseln und Powerboot-Radau. Nur ab und an Grauwale.

Die Spanier waren topographisch auch nicht sehr präzise, denn mit der Bezeichnung *Río Grande del Sur* war lediglich »der große Fluss südlich« (von Monterey) gemeint. Lange blieb die Gegend unzugänglich, bis ins frühe 19. Jahrhundert allein von den Esalen-Indianern bewohnt. Ab 1860 tauchten sporadisch Siedler auf, die man für Eskapisten hielt. Erst ab 1920, als Sträflingskolonnen aus dem St.-Quentin-Gefängnis bei San Francisco damit begannen, den Highway anzulegen, belebte sich die Küste. Zunächst durch eine bunte Boheme aus Schriftstellern, Malern und Künstlern, die sich in den 1930er und 1940er Jahren zu der landschaftlich großartigen Region hingezogen fühlten.

Später drohte aus dem Refugium der sanften Pioniere ein Touristen-Strip zu werden. Doch trotz der jährlich drei Millionen Besucher schlägt sich Big Sur noch ganz tapfer. Die Bewohner sind gleichwohl auf der Hut. Viele dieser 2000 Seelen leben ohne Elektrizität und Telefon, dafür mit Kerosinlampen und Nebelhörnern. Auf keinen Fall, sagen sie, soll sich hier wiederholen, was durch Bauwut an den Ufern von Lake Tahoe passierte. Aber man ist sich letztlich uneins, wie dies verhindert werden soll. Kann man die Dinge in den Griff bekommen und die Entwicklung neuer Motels und Privathäuser stoppen, oder muss der Staat helfen, indem er Big Sur zum Nationalpark macht? Letzteres nur ja nicht, sagen die meisten Locals dickköpfig.

Ab und zu taucht in der Traumlandschaft auch Handfestes auf, das schön gelegene Restaurant **Nepenthe** zum Beispiel oder die hübschen Hexenhäuschen des **Deetjen's Big Sur Inn**. Ansonsten aber dringen Spuren der Zivilisation nur gelinde in die urwüchsige Schönheit dieser Welt.

Tausendfach versuchen die buschigen Lampenputzer an den Hängen die *land slides* zu verhindern, die hier immer wieder vorkommen. Schilder warnen davor: SLIDE AREA. Manchmal kommt es so heftig, dass der Highway gesperrt werden muss.

> **REGION 2**
> *Pacific Coast Highway*

Über dem Pazifik liegt die Terrasse des Restaurants »Nepenthe«

REGION 2
Pacific Coast Highway

Die Küste von Big Sur gehört zum Schönsten, was Kalifornien zu bieten hat

Service & Tipps:

🍴 **Nepenthe**
Hwy. 1, Big Sur, CA 93920
✆ (831) 667-2345
www.nepenthebigsur.com
Auf dieser Terrasse sitzt man immer in der ersten Reihe: für den Genuss des Pazifikpanoramas. Hier lässt sich's gut ausruhen. Romantische Vorgeschichte: Orson Welles ließ den verwegenen Klippenbau in den 1940er Jahren von einem Schüler Frank Lloyd Wrights bauen – als Honeymoon-Cottage für Rita Hayworth! $–$$

👁 **Henry Miller Memorial Library**
48603 Hwy. 1, Big Sur, CA 93920
✆ (831) 667-2574
www.henrymiller.org
Tägl. außer Di 11–18 Uhr
Ein Stopp für Henry-Miller-Fans.

🌳 **Julia Pfeiffer Burns State Park**
4755 Hwy. 1, Big Sur, CA 93920
✆ (831) 667-2315, ¹/₂ Std. vor Sonnenauf- bis ¹/₂ Std. nach Sonnenuntergang, Parkgebühr $ 40
Wanderfreunde werden den **Ewoldsen Trail** zu schätzen wissen, einen rund 7 km langen, nur teilweise an-

strengenden Rundkurs durch Redwood-Regenwälder und offenes Grasland (Anstieg: über 500 m) zu herrlichen Aussichten auf Küste und Meer. Im Winter guter *Vista Point* zur Beobachtung der wandernden Grauwale.

> **REGION 2**
> *Pacific Coast Highway*

Cambria

Mit Charme und hübschen Holzhäuschen zieht das kleine Cambria (6200 Einwohner, nah am Hwy. 1) viele stadtgestresste Landsleute in seinen Bann. Vor mehr als 1000 Jahren lebten hier die Chumash-Indianer. Mitte des 19. Jahrhunderts waren sie im Wesentlichen vertrieben – durch die Rancher, die überwiegend aus Norditalien und der südlichen Schweiz anrückten. Seine Hafenfunktion verlor der Ort 1894 durch die Ankunft der Southern Pacific Railway. Außer einem Bummel durch den Ort, der sich gern als »Künstlerkolonie« verkauft, lohnt ein Abstecher via Main Street zum Wasser und zum sogenannten **Moonstone Beach**, denn dort kann man durchsichtige Mondsteine finden, die wie Halbedelsteine aussehen.

Service & Tipps:

Cambria Chamber of Commerce
767 Main St., Cambria, CA 93428
℅ (805) 927-3624
www.cambriachamber.org
Mo-Fr 9-17, Sa/So 12-16 Uhr

Moonstone Beach Bar & Grill
6550 Moonstone Beach Dr.
Cambria, CA 93428
℅ (805) 927-3859, keine Reservierung, www.moonstonebeach.com
Tägl. 11-21, So ab 9 Uhr
Ideal für einen Lunch auf der Terrasse direkt am Moonstone Beach. Fisch, Salate und Sandwiches. $$-$$$

Robin's
4095 Burton Dr., Cambria, CA 93428, ℅ (805) 927-5007
www.robinsrestaurant.com
Netter Speiseraum (plus Patio) mit Multikulti-Küchenzettel: mexikanisch, Thai, italienisch und vegetarisch. Lunch ($) und Dinner. $$

The Sow's Ear Cafe
2248 Main St.
Cambria, CA 93428
℅ (805) 927-4851
www.thesowsear.com
Klein und gemütlich: Geflügel, Rippchen und frische Meeresfrüchte. Selbst gebackenes Brot, hausgemachte Desserts! Gute Weinauswahl. Nur Dinner. Besser reservieren. $$-$$$

Missionsglocke am El Camino Real

Point Lobos
Das Reservat erhielt seinen Namen von den Seelöwen, die hier seit alters das zerklüftete und mit windzerzausten Monterey-Zypressen bewachsene Terrain bevölkern, zusammen mit Pelikanen, Möwen, Kormoranen und Seeottern sowie Wild und Hasen. Es heißt, die wildromantische Szenerie hätte Robert Louis Stevenson zu seinen Landschaftsdarstellungen der »Schatzinsel« inspiriert.

> **REGION 2**
> **Pacific Coast Highway**

❸ Carmel

Wer sich eine Vorstellung vom *California living de luxe* verschaffen möchte, der sollte nach Carmel (4100 Einwohner) fahren und sich die Crème Carmel des Wohnens hinter Kiefern und Zypressen vor Augen führen. Passend dazu: Beach Avenue, die elegante Geschäftsstraße der Galerien, Boutiquen und Gasthöfe im Tudor-Stil. Hausnummern kennt man hier nicht. Clint Eastwood spielte einst den Bürgermeister.

Der gepflegte Lebensstil lässt kaum noch ahnen, dass Carmel in den ersten beiden Jahrzehnten des 20. Jahrhunderts Kaliforniens berühmtester Boheme-Treff war. Zum literarischen Zirkel gehörten Mary Austin und George Sterling; Upton Sinclair und Jack London zählten zu den Gästen.

Vom schneeweißen Strand aus gesehen liegt die Einfahrt zum **17-Mile Drive** praktisch um die Ecke. Für ein paar Dollar kann man hier den ästhetischen Mehrwert Kaliforniens in Reinkultur Revue passieren lassen – mit schönen Aussichten auf schäumende Buchten, prächtige Farben und manikürte Golfplätze. Was die einen schätzen, wurmt jene, die die gebührenpflichtige Strecke für modernes Raubrittertum halten. Sie sagen, der Rundkurs ist weder ein State Park noch ein Naturschutzgebiet, sondern die Geschäftsidee betuchter Anlieger, die sich den Besucherblick auf ihr Anwesen auch noch vergüten lassen.

Carmel Mission: Junípero Serra liegt hier begraben

»Carmel, das von hungrigen Schriftstellern und unerwünschten Malern gegründet worden war, ist jetzt eine Gemeinde der Wohlhabenden und Pensionierten. Wenn die Gründer wiederkämen, könnten sie es sich nicht leisten, hier zu leben. Aber so weit käme es gar nicht. Man würde sie sofort als verdächtige Elemente aufgreifen und über die Stadtgrenzen abschieben«, schrieb John Steinbeck 1961.

Service & Tipps:

ⓘ Carmel Visitor Center
San Carlos zwischen 5th & 6th Sts.
Carmel, CA 93921
✆ (831) 624-2522
www.carmelcalifornia.org

👁 San Carlos Borroméo de Carmelo Mission
3080 Rio Rd.
Carmel, CA 93923-9144
✆ (831) 624-1271
www.carmelmission.org
Mo–Sa 9.30–17, So 10.30–17 Uhr
Eintritt $ 6.50/2
Bilderbuchkirche von 1771 mit asymmetrischen Kirchtürmen und schönen Gärten voller Bougainvilleen, Kakteen und Lilien. Gründerpater Junípero Serra (gestorben 1774) liegt hier begraben.

👁 17-Mile Drive
Zwischen Monterey/Pacific Grove und Carmel, CA 93950
www.pebblebeach.com, Maut $ 9.50
Perfektes Vorzeige-Kalifornien: Pebble Beach, Seal Rock (schöner Platz zum Picknick), Cypress Point, Lone Cypress (die Ikone des Parcours) und diverse Golfplätze. Motorradfahrer unerwünscht, Radler willkommen.

🏃 Point Lobos State Reserve
10 km auf Hwy. 1 südl. von Carmel, CA 93923
✆ (831) 624-4909
www.pointlobos.org
Tägl. 8 Uhr bis ½ Stunde nach Sonnenuntergang
Eintritt $ 10 pro Auto
Die reizvolle Öko-Oase zählt zu den schönsten Küstenpartien Kaliforniens, die man auf den Wanderwegen an den Klippen am Meer durchstreifen muss. Für Campmobile ist die Zufahrt gesperrt! Führungen.

✗ Casanova
5th Ave. (zwischen Mission & San Carlos Sts.)
Carmel, CA 93921
✆ (831) 625-0501
www.casanovarestaurant.com
Traumhafter Platz, sehr herzlicher Service, exzellente Küche mit mal italienischem, mal französischem Einschlag. $$–$$$

✗ Flying Fish Grill
Mission St. zwischen Ocean & 7th Aves. (Carmel Plaza)
Carmel, CA 93923
✆ (831) 625-1962
http://flyingfishgrill.com
Köstliche Fischkreationen, west-östlich zubereitet. Nur Dinner. $$

❹ Lompoc/Mission Purísima

Der Küstenvorsprung zwischen dem Gaviota Pass (westlich von Santa Barbara) und Pismo Beach zählt zu den wenigen, an deren Saum keine Straße vorbeiführt. Zum Genuss schöner Meeresblicke muss man ausnahmsweise mit dem Zug fahren, denn die AMTRAK-Schienen verlaufen dicht am Wasser entlang. Dennoch gibt es einige Stichstraßen, die punktuell zum Pazifik führen: eine endet bei den Guadalupe-Nipomo Dunes, eine andere am Jalama Beach.

> **REGION 2**
> *Pacific Coast Highway*

Doch auch das Hinterland rund um den Luftwaffenstützpunkt Vandenberg bietet einige Highlights, die meist links liegen gelassen werden, weil die Eiligen die US 101 dem Highway 1 vorziehen. Dieser führt (zwischen Oceano und Orcutt) durch Guadalupe, und das bedeutet stapelweise Gemüsekisten, schwere Landmaschinen, ein adrett sanierter AMTRAK-Bahnhof, ansonsten aber tiefstes Mexiko. Wenn bei allem Sonnenschein ein kalter Wind weht, klappen die Feldarbeiter ihre Kapuzen hoch. Von den Dünen her pustet es in die Salatfelder und wirbelt die Krumen über den Äckern auf. Vom Ort aus reichen ein paar Fahrminuten zu den **Guadalupe-Nipomo Dunes**, den höchsten Sanddünen an der amerikanischen Westküste. Nicht weit von hier liegt friedlich die schöne Missionsanlage **La Purísima**.

Mission La Purísima

Service & Tipps:

The Guadalupe-Nipomo Dunes Preserve
1055 Guadalupe St. (Hwy. 1)
Guadalupe, CA 93434
℃ (805) 343-2455
www.dunescenter.org
Dünen tägl. 6 Uhr bis Sonnenuntergang
Visitor Center Do–So 10–16 Uhr
Eintritt $ 5
Sehenswerter weißer Dünen- und Strandabschnitt, ein lieblicher Flusslauf, ein See, wo sich seltene Vögel ungestört tummeln können, wenige Minuten westlich von Guadalupe. Infozentrum in Guadalupe; von hier aus werden auch zahlreiche geführte Touren durch das Vogelschutzgebiet angeboten.
Anfahrt von US 101: Exit 166 West in Santa Maria und Main St. durch den Ort folgen, weiter SR 166 durch die Äcker und über die Kreuzung mit dem Hwy. 1 hinaus; Fahrzeit: 30 Min.
Anfahrt vom Hwy. 1: Am südlichen Ortsanfang von Guadalupe die Verlängerung der SR 166 Richtung Meer fahren.

Jalama Beach County Park
Jalama Rd. (off S 1, Exit Jalama Rd.), 6 km südl. von Lompoc
℃ (805) 736-3504
www.countyofsb.org
Eintritt $ 10
22 km vom Hwy. 1 entfernt über die szenische Jalama Road durch Wald- und Ranchland zum einsamen Strand, 110 Camping- und Picknickplätze, Windsurfing, Baden (auf Strömung achten!) und Imbissbude. Der schöne Batzen Land wurde dem County von der Richfield Oil Company geschenkt.

La Purísima Mission State Historic Park
2295 Purísima Rd. (Nähe SR 246)
Lompoc, CA 93436
℃ (805) 733-3713
www.lapurisimamission.org
Tägl. 9–17 Uhr, Eintritt $ 6 pro Auto
1787 gegründet, aber schon 1812 durch Erdbeben zerstört und an der jetzigen Stelle wieder aufgebaut.

Nipomo Dunes
Auf eigene Faust kann man am Strand vor den gewaltigen Sanddünen wandern, auf denen einst (1923) die »City of the Pharaoh« errichtet wurde, die Kulisse für den Hollywoodfilm »Die zehn Gebote« von Cecil B. DeMille. 1500 Handwerker arbeiteten daran mit Holz und Gips zwei Monate lang. Nach Abschluss der Dreharbeiten ließ DeMille die Mega-Requisite (230 Meter breit, 40 Meter hoch) wieder in ihre Einzelteile zerlegen und unter die Dünen vergraben. Seither heißen die Dünen auch »Lost City of Cecil B. DeMille«.

REGION 2
Pacific Coast Highway

»Die Fischkonservenfabriken, die früher ekelhaft stanken, gibt es nicht mehr. An ihrer Stelle stehen Restaurants, Antiquitätenläden und dergleichen. Sie fangen Touristen ein, nicht Sardinen, und diese Gattung ist nicht so leicht auszurotten.« John Steinbeck

❺ Monterey/Pacific Grove

»The Old Pacific Capital« nannte Robert Louis Stevenson die einstige Landeshauptstadt nach seinem kurzen Besuch am Ende des 19. Jahrhunderts, obwohl sie es zu diesem Zeitpunkt schon lange nicht mehr war. Sie muss ihm sehr geschichtsträchtig vorgekommen sein. Im alten Stadtkern lässt sich das noch stellenweise nachempfinden, bei genauerem Hinsehen erweist er sich als Fundgrube kolonialspanischer Architektur.

Die bekannteste Adresse in Monterey (rund 30 000 Einwohner) heißt dagegen **Cannery Row**, einst wirklich die »Straße der Ölsardinen«. John Steinbeck, mit seiner gleichnamigen Erzählung der Erfinder ihrer literarischen Aura, hat deren Niedergang selbst beschrieben. Tatsächlich: rund zwei Millionen besuchen jährlich die Cannery und den nahe gelegenen **Fisherman's Wharf** mit Fischlokalen, Kuttern und jaulenden Seelöwen.

Wer den **Ocean View Boulevard** entlang in Richtung Pacific Grove (15 500 Einwohner) fährt, den wird früher oder später nichts mehr im Auto halten, denn den Weg am Wasser macht man am besten zu Fuß – vorbei an Gischt umspülten Felsbuchten, bunten Eisblumen und den feuerroten Kerzenblüten der Aloe vera. Der Friedhof beim **Point Pinos Lighthouse** wandelt sich spätnachmittags zu einem friedlichen Wildpark, wo Dutzende Rehe und Hirsche neben den Gräbern grasen und Tausende von Monarch-Faltern in den Bäumen hocken.

Monterey ist eine Fundgrube für Liebhaber spanischer Kolonialarchitektur: Vasquez Adobe (546 Dutra St.)

ⓘ **Monterey County Convention & Visitors Bureau**
401 Camino El Estero
Monterey, CA 93940
✆ 1-877-MONTEREY
www.seemonterey.com

Service & Tipps:

👁 **Monterey State Historic Park**
20 Custom House Plaza
Monterey, CA 93940
✆ (831) 649-7118, www.parks.ca.gov
Reservierung von Gruppenführungen unter ✆ (831) 649-7172, Gärten tägl. 9–17 Uhr
Highlights des architektonischen Erbes von Monterey: **Casa Soberanes and Garden**, 1842 erbaut mit blauem Eingangstor (336 Pacific St.); **Colton Hall** von 1849, in der im selben Jahr die kalifornische Verfassung geschrieben wurde (Civic Center, Pacific St., im Sommer tägl. 10–16 Uhr, ✆ 831-646-5640); **Cooper-Molera Adobe**, restauriertes viktorianisches Haus eines Kapitäns (525 Polk St., tägl. 10–16 Uhr);

Custom House, 1827 erbaut und damit Kaliforniens ältestes Regierungsgebäude (Nähe Fisherman's Wharf, Fr–Mo 10–16 Uhr); **First Theatre and Garden** von 1846, einer der ersten Theaterbauten im Staat, der derzeit nicht bespielt wird (Pacific und Scott Sts.); **Larkin House and Garden** von 1835, eine Mischung aus neuenglischen und mexikanischen Bauformen (Calle Principal und Jefferson St.); **Stevenson House and Garden**, wo der Schriftsteller im Herbst 1879 wohnte (530 Houston St., Sa 13–16 Uhr).

🐟 **Monterey Bay Aquarium**
886 Cannery Row
Monterey, CA 93940-1085
✆ (831) 648-4800/-4888
www.montereybayaquarium.org

Quallenballett: Im Monterey Bay Aquarium

Tägl. im Sommer ab 9.30–18, im Winter 10–17 Uhr, Eintritt $ 35/32
Eindrucksvolle Präsentation der Bay-Bewohner. An Wochenenden reservieren.

✕ Passionfish
701 Lighthouse & Congress Aves.
Pacific Grove, CA 93950
✆ (831) 655-3311
www.passionfish.net
Tägl. ab 17 Uhr Dinner
Der Platz für Liebhaber von Fisch & Meeresfrüchten. $$–$$$

✕ Red House Cafe
662 Lighthouse Ave.
Pacific Grove, CA 93950
✆ (831) 643-1060
www.redhousecafe.com
In einer wunderschönen viktorianischen Villa wird Frühstück (tägl.), Lunch und Dinner (außer Mo) serviert. New American Cuisine mit französischem Einschlag. $$

✕ Montrio
414 Calle Principal
Monterey, CA 93940
✆ (831) 648-8880
www.montrio.com
Freundliches offenes Bistro, mit ordentlicher Küche. Lunch Mo–Sa, tägl. Dinner. $$

> **REGION 2**
> *Pacific Coast Highway*

❻ Pismo Beach

Pismo Beach zählt zu Kaliforniens beliebtesten Seebädern. Die Gemeinde mit heute rund 8600 Einwohnern hat ihren Namen von der Pismo-Muschel, jedoch der Appetit menschlicher Gourmets und der Seeottern gleichermaßen haben die Muschelbänke leergefegt. Heute gelten strenge Erntequoten, um die Existenz der Schalentiere zu sichern. Vor allem Camper fühlen sich in Pismo Beach zu Hause. Dafür sprechen die vielen RV Parks und Verkaufsflächen für Campmobile. Auch die Monarchfalter scheinen es hier besonders zu mögen, denn jedes Jahr zwischen November und März bevölkern sie aufs Neue Kiefern und Eukalyptusbäume. Viele von ihnen kommen aus Kanada, angelockt von den milden Wintern Kaliforniens.

Am bekanntesten aber ist Pismo für die Rennen verrückter *dune buggies*, die hier ausnahmsweise am Strand und durch die Dünen knattern dürfen. An Wochenenden treffen sich dazu mitunter wilde Gesellen. Das spektakuläre und naturgeschützte Pismo Dunes Preserve ist für Umwelt-Rowdies dagegen tabu.

Off-Road-Freuden in Pismo Beach

Service & Tipps:

✕ Giuseppe's Cucina Italiana
891 Price St.
Pismo Beach, CA 93449
✆ (805) 773-2870
www.giuseppesrestaurant.com
Beliebtes Familienrestaurant, freundliche Atmosphäre. Fisch und andere Meeresfrüchte sind Trumpf. Lunch ($) und Dinner. $–$$

✕ F. McLintock's Saloon & Dining House
750 Mattie Rd. (US 101, Shell Beach Exit)
Pismo Beach, CA 93449
✆ (805) 773-1892
www.mclintocks.com
Altbekannt für gute Steaks und Rippchen, reichliche Portionen, lockerer Ranch-Ton. Nur Dinner. $$–$$$$

ⓘ Pismo Beach Chamber of Commerce
581 Dolliver St.
Pismo Beach, CA 93449
✆ (805) 773-4382 und
1-800-443-7778
www.pismochamber.com

**REGION 2
Pacific Coast Highway**

Steinbeck Center

Viele Steinbeck-Erzählungen haben Salinas und Umgebung zum Schauplatz: »East of Eden« ebenso wie »Of Mice and Men« oder »The Red Pony«; auch »Cannery Row«, »The Grapes of Wrath« und »The Harvest Gypsies«, »The Pearl«, »The Forgotten Village« und »Viva Zapata«. Da viele Titel verfilmt wurden, ergaben sich natürlich Vorteile für die visuelle Präsentation. Außer dem Camper »Rosinante«, in dem er und sein Hund Charley durch Amerika reisten, fällt ein witziges Detail am Rande auf: eine Maschine, die die Aussortierung von Sardinen simuliert. Im Gegensatz zu denen aus der Cannery Row sind diese hier aus Gummi.

ⓘ Salinas Valley Chamber of Commerce
119 E. Alisal St.
Salinas, CA 93901
📞 (831) 751-7725
www.salinaschamber.com

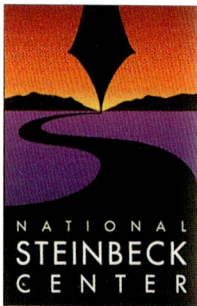

❼ Salinas

Bunte Pappkameraden stehen auf den Feldern an einer der Zufahrtsstraßen nach Salinas. Die überlebensgroßen Figuren von mexikanischen Landarbeitern und ihren Aufsehern wirken wie plakative Reverenzen an die namenlosen Helden dieser Region, die die Erzählwerke John Steinbecks bevölkern. Seine Geburtsstadt Salinas macht auf den ersten Blick einen sympathischen Eindruck, jedenfalls die Downtown-Kulisse an der Main Street. *Steinbeck Travel*, *Steinbeck Real Estate* ... Schilder dieser Art häufen sich hier. Freilich, nicht immer war der Name des Schriftstellers so werbewirksam. Seine Bücher waren lange verpönt und reif, verbrannt zu werden. Kein Zufall also, dass es lange gedauert hat, bis das Steinbeck Center eingerichtet wurde, unweit seines Geburtshauses übrigens.

John Steinbeck (1902–68)

Service & Tipps:

🏛 **The National Steinbeck Center**
 1 Main St., Salinas, CA 93901
📞 (831) 775-4721
 www.steinbeck.org
Tägl. 10–17 Uhr, Eintritt $ 15/8
Das privat finanzierte Museum, 1998 in der Altstadt eröffnet, zeigt Dokumente, Illustrationen und interaktive Multimedia-Einrichtungen zum Leben und Werk des Nobel- und Pulitzerpreisträgers, der 1902 hier zwei Blocks entfernt geboren wurde. Im angegliederten Archiv lagern über 30 000 Briefe und Manuskripte. Seminare, Lesungen, Führungen. Ansprechendes Café mit lokalen Leckereien, Museumsshop.

👁 **Steinbeck House**
132 Central Ave., Salinas, CA 93901, 📞 (831) 424 2735
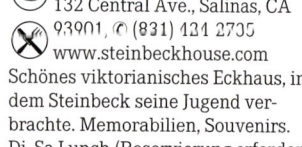 www.steinbeckhouse.com
Schönes viktorianisches Eckhaus, in dem Steinbeck seine Jugend verbrachte. Memorabilien, Souvenirs. Di-Sa Lunch (Reservierung erforderlich). Führungen.

Steinbeck Center in Salinas

8 San Luis Obispo

Lange begehrt wegen seines gemächlichen Gangs, wirkt San Luis Obispo seit einigen Jahren deutlich voller und hektischer. Die Expansion geht vor allem auf das Konto der California Polytechnic State University. Außerdem hat sich die Weinindustrie breitgemacht. Am unmittelbarsten spürt man den Reiz der Kleinstadt (44 200 Einwohner) zu Füßen der Santa-Lucia-Berge im Bereich der **Mission Plaza** bei der Kirche. Auf Wegen und Holzstegen kann man von hier am lauschigen Creek entlanglaufen – ein stilles Vergnügen, das verständlich macht, warum viele gestresste Intellektuelle in den Metropolen Südkaliforniens gerade mit diesem Ort liebäugelten.

REGION 2
Pacific Coast Highway

Mission San Luis Obispo
Wie bei der Mission La Purísima kam es auch hier zu Auseinandersetzungen mit den Indianern, nicht mit den Neophyten, sondern mit rivalisierenden Stämmen außerhalb der Mission. Diese beschossen u.a. die Holzbalken des Kirchendaches mit brennenden Pfeilen. Die Padres reagierten und fertigten feuerresistente Ziegel für das neue Dach – mit dem Nebeneffekt, dass das Wasser so ablief, dass die Adobewände geschützt blieben.

Service & Tipps:

San Luis Obispo Chamber of Commerce
895 Monterey St.
San Luis Obispo, CA 93401
✆ (805) 781-2777
www.visitslo.com
So–Mi 10–17, Do–Sa 10–19 Uhr

Mission San Luis Obispo de Tolosa
751 Palm St.
San Luis Obispo, CA 93401
✆ (805) 781-8220
www.missionsanluisobispo.org
Im Sommer tägl. 9–17, sonst 9–16 Uhr, kein Eintritt
Die Mission wurde 1772 von Pater Junípero Serra gegründet. Heute dient sie als Gemeindekirche.

Buona Tavola
1037 Monterey St. (Downtown)
San Luis Obispo, CA 93401
✆ (805) 545-8000
www.btslo.com
Klein, drinnen und draußen mit schmackhafter Auswahl an Pasta, Fisch und Geflügel. Lunch ($) Mo–Fr, tägl. Dinner. $$

Cafe Roma
1020 Railroad Ave.
San Luis Obispo, CA 93401
✆ (805) 541-6800
www.caferomaslo.com
Beliebte Adresse. Der Chef italienischer Herkunft ist Winzer im nahen Edna Valley und kennt sich mit den dortigen Weinen aus. Lunch ($) und Dinner. $–$$

Ausflugsziel:

Madonna Inn
100 Madonna Rd. (US 101, Exit Madonna Rd.)
San Luis Obispo, CA 93405
✆ (805) 543-3000 und 1-800-543-9666
www.madonnainn.com
Knallbonbon in Pink und ein Hit für Flitterwöchner mit 109 Zimmern und Restaurant. Man sollte sich wenigstens einen Kaffee gönnen – aus Hutschenreuther-Tassen, auch wenn man nicht hier übernachtet.

Mission San Luis Obispo

»Wine is big money now.«
Winzer in San Luis Obispo

---

9 San Simeon/Hearst Castle

Wie ein kalifornisches Neuschwanstein thront das **Hearst Castle** auf den Bergen – ein pompöses Unikum, das amerikanische Touristen geradezu magisch anzieht, denn alle haben den Film »Citizen Kane« gesehen und von Patty Hearst gehört, der Enkeltochter des einstigen Pressezaren William Randolph Hearst, die seinerzeit unter mysteriösen Umständen entführt wurde. Der Großvater setzte sich mit diesem Zauberbergschloss ein

**REGION 2
Pacific Coast Highway**

Denkmal – ein Bau- und Stilmix aus Villen, Wasserbecken, Terrassen und Tempeln. Bauzeit: 28 Jahre, Fertigstellung 1947. Nach Hearsts Tod fiel der Palast 1951 an den Staat. Geschmack hin, Geschmack her – die Aussicht von hier oben und der Superpool sind eine Wucht!

Der Superpool von Hearst Castle in San Simeon

Service & Tipps:

👁 **Hearst San Simeon State Historical Monument**
750 Hearst Castle Rd. (ab Hwy. 1)
San Simeon, CA 93452
✆ 1-800-444-4445 (Reservierungen)
www.hearstcastle.org
Führungen ganzjährig tägl. 9–17 Uhr, im Sommer länger und manchmal auch abends
Eintritt $ 25–36/12–18
Unbedingt reservieren.

🔟 Santa Barbara

Am späten Nachmittag, wenn die Hänge der Santa Ynez Mountains langsam lila zu schimmern beginnen, taucht die Sonne die Strände in betörendes Licht. Das lässt sich am besten am East Beach beim Cabrillo Bathhouse genießen, wo man an der frischen Luft sitzen, Kaffee trinken und den Volleyballspielern zusehen kann, wenn man nicht am Wasser entlang Richtung Steilküste laufen möchte. Je nach Tageszeit und Wasserstand schafft man es trockenen Fußes um die Felsnase herum bis zum Butterfly Beach in Montecito. Auch in umgekehrter Richtung lockt meernahe Entspannung: zwischen Stern's Wharf und dem Jachthafen, wo es zur Happy Hour meist munter zugeht.

Viele halten Santa Barbara für die kalifornischste Stadt. Tatsächlich bringt sie durch Größe, Topographie und Stadtbild spanisch-mediterrane Kultur und arkadische Gestalt auf einen Nenner. Alles »Amerikanische« ist ihr weitgehend fremd: Wolkenkratzer, aufdringliche Reklameschilder und Freewaykreuzungen. Statt dessen prägt der gefällige Santa-Barbara-Look das Straßenbild, eine Mischung aus nachgebauter spanischer Kolonialarchitektur und mexikanischen und maurischen Einflüssen.

Was sie ästhetisch zusammenhält, sind die roten Terrakottaziegel und die getünchten Putzwände, deren warme Erdtöne je nach Sonnenstand die Farbe wechseln und eine beruhigende Wirkung ausstrahlen.

Das war nicht immer so. Denn bis zum Ende des 19. Jahrhunderts war das 1782 als spanisches Presidio gegründete Santa Barbara den diversen Zeiteinflüssen keineswegs verschlossen. Erst nach dem Erdbeben von 1925 kam die städtebauliche Wende. Die ruinierte Altstadt stellte die Stadtväter vor die Wahl, Santa Barbara entweder im Stil der Neuzeit aufzubauen oder so, wie es seinem spanischen Erbe entsprach. Man entschied sich für den konservatorischen Weg.

Das war nicht einfach. Strenge Bauauflagen und Wachstumslimits mussten politisch und finanziell durchgesetzt, die Ansprüche von Ölindustrie, Eisenbahn und anderer Wirtschaftsbereiche in Schach gehalten werden. Wie gut, dass Santa Barbara eine finanzkräftige Gemeinde war und außerdem oft das Glück hatte, reiche Mäzene dazu zu motivieren, Geld für sanierungsbedürftige Bauten lockerzumachen. Das ist bis heute so geblieben: Das sehenswerte Arlington Theatre mit seinem minarettähnlichen Spitzturm erlebte durch Privatspenden ein glanzvolles Comeback, und die Wiederherstellung des 1782 gegründeten **El Presidio** zählt zu den zur Zeit aufwendigsten Restaurierungsprojekten Kaliforniens.

Die gediegene Ausstrahlung, ganzjährig gefördert von mildsonnigem Klima, reichem Kulturangebot und akademischem Niveau (durch die Universität in Isla Vista), hat zu einem gepflegten Lebensstil beigetragen, der lange für Santa Barbara typisch war. Doch das Umfeld der rund 92 000 Einwohner wurde einer kräftigen Verjüngungskur unterzogen. Zahlreiche neue Hotels und Bed & Breakfast Inns, Szene-Restaurants, Kaffeehäuser und Bäckereien sprechen dafür. Vom Patio zum Straßencafé: Dieser Trend deutet an, dass sich die mittlere Generation und die der Pensionisten mehr und mehr aus der Stadt zurückgezogen haben, um ihren Erben ebenso wie den meist gutdotierten Studenten das Dolce vita zu überlassen.

REGION 2
Pacific Coast Highway

Wenn man über den **Cabrillo Boulevard** in die Stadt kommt, liegt es nahe, sich zunächst auf **Stern's Wharf** die Beine zu vertreten. Der Pier, 1872 erbaut, war lange Zeit der dienstälteste an der Westküste, bis ein verheerender Brand vor ein paar Jahren seine heutige Neufassung erzwang. Die Holzplanken ebnen einen bequemen Spaziergang ins Meer hinaus, flankiert von Shops und Restaurants und mit einem Rundumblick auf Strand, Stadt und Berghänge.

Noch eindrucksvoller zeigt sich die Stadt der roten Dächer vom Turm ihres berühmtesten profanen Bauwerks, des **County Court House**. In diesem neospanischen, mit maurischen Stilelementen dekorierten Schmuckstück verbinden Treppenhäuser und Gänge die Räume des elegant ausgestatteten Interieurs aus Wandfresken, bemalten Decken, eisernen Leuchtern, Fliesenkunst und geschnitzten Türen. Auch die Natur nimmt an dieser Inszenierung teil – die üppig-tropischen Gärten ebenso wie die penibel manikürten Rasenflächen, die zur Lunchzeit von schwatzenden, mümmelnden und nuckelnden Mittagspäuslern in Beschlag genommen werden.

Vielerorts wirkt Santa Barbara wie ein mediterranes Paradies auf Erden

Da das Parken in der Innenstadt einfach und weitgehend kostenlos ist, sollte man den Wagen in der Nähe von State Street abstellen und sich zu Fuß auf dieser eigentlichen Hauptstraße des Ortes umsehen. Ab und zu zweigen gefällige Seitenausläufer in Form kleiner Arkadengänge und Innenhöfe ab: **La Arcada** oder die beiden Paseos (**El Paseo** und **Paseo Nuevo**) etwa, mit kleinen Läden, Blumenständen, Cafés und Restaurants. Plätschernde Brunnen und Vogelgezwitscher vereinen sich zu kalifornischen Wohlklängen, bei denen man leicht die Zeit vergisst.

Farmers Market auf der State Street

In der zweiten Reihe sozusagen liegen einige bauliche Oldies der Stadt. **Lugo Adobe** (116 E. De La Guerra St.) versteckt sich hinter einer eisernen Eingangspforte rund um einen malerischen Innenhof und dient heute als Unterkunft für verschiedene Künstlerstudios und Büros – ein Ort der Ruhe. Gleich an der nächsten Ecke versammelt sich hinter dem Historischen Museum ein Ensemble alter Baudenkmäler: die **Casa de Covarrubias** von 1817 (715 Santa Barbara St.), angrenzend an einen beschaulichen Innenhof und neben der **Historic Adobe** (1836). Am Komplex des **Presidio State Historic Park** und dem **Lobero Theatre** (33 E. Canon Perdido St.) vorbei gelangt man zurück zur State Street.

REGION 2
Pacific Coast Highway

ⓘ Santa Barbara Visitors Center
1 Garden St.
Santa Barbara, CA 93101
✆ (805) 965-3021
www.santabarbaraca.com
Feb.-Okt. Mo-Sa 9-17, So 10-17, Nov.-Jan. Mo-Sa 9-16, So 10-16 Uhr
Stadtpläne, Broschüren, Infos.

Presidio Santa Barbara

Service & Tipps:

🚌 Downtown Waterfront Electric
Elektrobus, der in kurzen Abständen für ein paar Cents die State Street auf und ab fährt.

🏛 Santa Barbara Museum of Art
1130 State & Anapamu Sts.
Santa Barbara, CA 93101-2746
✆ (805) 963-4364
www.sbmuseart.org
Tägl. außer Mo 11-17 Uhr
Eintritt
$ 10/6, Do 17-20 Uhr Eintritt frei
Kleines, überschaubares Kunstmuseum. Schwerpunkte: französische Impressionisten und zeitgenössische amerikanische Maler, Einzelstücke der klassischen Antike und der asiatischen Kunst. Kunstbibliothek, Shop.

👁 County Courthouse & Sunken Gardens
1100 Anacapa & Anapamu Sts.
Santa Barbara, CA 93101
✆ (805) 962-6464
www.santabarbaracourthouse.org
Mo-Fr 8-17, Sa/So 10-16.30 Uhr
Kostenlose einstündige Führungen Mo-Sa 14, Mo/Di, Fr 10.30 Uhr
Fotogenes Gerichtsgebäude von 1929.

👁 Mission Santa Barbara
2201 Laguna St.
Santa Barbara, CA 93105
✆ (805) 682-4713
www.santabarbaramission.org
Tägl. 9-17 Uhr, Führungen $ 5/1
Die 10. Mission der Franziskaner von 1786 wurde 1812 und 1925 durch Erdbeben schwer beschädigt, danach restauriert. Messen So 7.30, 9 und 11, Sa 16 Uhr.

👁 El Presidio de Santa Barbara State Historic Park
123 E. Canon Perdido St.
Santa Barbara, CA 93101-2250
✆ (805) 965-0093
Tägl. 10.30-16.30 Uhr, Eintritt $ 5, auch Führungen (nach Vereinbarung)
Spanische Festungsanlage von 1782, die letzte, die in Alta California gebaut wurde. Archäologie und Denkmalpflege haben die Originalgrundmauern und einen Teil der durch Erdbeben zerstörten Gebäude wieder hergestellt, allen voran der schönen Innenraum der **Presidio Chapel**. Ebenso in neuem Glanz: **El Cuartel**, die Wachstube von 1788.

🛍 Paseo Nuevo
State & De La Guerra Sts.
Santa Barbara, CA 93101
✆ (805) 963-7147

52

Mo–Fr 10–21, Sa 10–20, So 11–18 Uhr
Brunnen, Passagen und Innenhöfe: Shops, Cafés, Restaurants und Kaufhäuser.

 Fahrradverleih (Wheel Fun Rentals)
22 State St., Santa Barbara, CA 93101
✆ (805) 966-2282
Nähe Stern's Wharf.

 Cabrillo Bathhouse
1118 E. Cabrillo Blvd.
Santa Barbara, CA 93103
✆ (805) 897-2680
Mo–Fr 8–17, Sa/So 11–16 Uhr
Fitnesseinrichtung (nichts für Yuppies), Umkleidekabinen, Duschen, Verleih von Liegestühlen, Surfbrettern und Sonnenschirmen. Snacks.

Arigato Sushi
1225 State St.
Santa Barbara, CA 93101
✆ (805) 965-6074
www.arigatosantabarbara.com
Liebling der Locals, denn nicht nur das *Halibut carpaccio* und die *Arigato rolls* sind Spitze. Beste Sushi Bar in Santa Barbara. $$–$$$

Boathouse at Hendry's Beach
2981 Cliff Dr.
Santa Barbara, CA 93950
✆ (805) 898-2628
www.sbfishhouse.com/boathouse/
Mo–Fr Frühstück, Lunch und Dinner, Sa/So nur Brunch und Lunch
Direkt am schönsten Strand von Santa Barbara. Ideal für Frühstück und Lunch auf der Terrasse mit anschließendem ausgiebigem Strandspaziergang. Lunch $$, Dinner $$$

Brophy Bros. Clam Bar & Restaurant
119 Harbor Way (At the Breakwater), Santa Barbara, CA 93109
✆ (805) 966-4418
www.brophybros.com
Fangfrisches aus dem Meer. Cocktail- und Austern-Bar. Probieren Sie *cioppino – a California fish stew* oder eine *New England clam showder*. $–$$

Coffee Cat
1201 Anacapa St.
Santa Barbara, CA 93101
✆ (805) 962-7164, tägl. bis 19 Uhr
Der Frühstückplatz der Locals. Perfekte Kaffeespezialitäten und Kleinigkeiten zum Essen.

La Super-Rica Taqueria
622 N. Milpas St., Santa Barbara, CA 93103, ✆ (805) 963-4940
Mexicatessen – in einem unscheinbaren Schuppen an der vitalen Arterie der Latino-Arbeiter in Santa Barbara. $

Olio e Limone Ristorante
17 W. Victoria St.
Santa Barbara, CA 93101
✆ (805) 899-2699
www.olioelimone.com
Der sizilianische Koch geht mit viel Geschmack zu Werke und nicht so, wie es viele Amerikaner bei Italienern lieben. Besonders die Pasta-Gerichte sind attraktiv, etwa die Lamm-Lasagne. Reiche Auswahl an italienischen Weinen. $$–$$$

Soho Restaurant & Music Club
1221 State St. (1. Stock)
Santa Barbara, CA 93101-2648
✆ (805) 962-7776
www.sohosb.com
Appetizers, Drinks, Live-Entertainment – bunt gemischt: u. a. R & B, Latin-Funk-Soul, Blues, Rock, Afro-Cuban Salsa, Mo Jazz.

REGION 2
Pacific Coast Highway

Blumen, Brunnen und Arkaden begleiten das Dolce vita in Santa Barbara

Santa Barbara County Court House

**REGION 2
Pacific Coast
Highway**

🔴 Santa Cruz

Erst ein Pueblo rund um die Plaza der Missionskirche (1791), dann ein wichtiges Handelszentrum für die umliegenden *ranchos* und ein Seehafen für den Holztransport, schließlich eine abwechslungsreiche, in ihren Ausmaßen wohltuend übersehbare Universitätsstadt mit heute 56 100 Einwohnern – so liest sich der Werdegang von Santa Cruz.

Ansprechend und vielseitig bringt die Garden Mall Shops und Straßencafés, Skateboard fahrende Studenten und ruhige Rentner auf die bunte Reihe, während es am **Boardwalk** hoch hergeht. Er zählt zu den ältesten seiner Art an der Westküste, seine Anfänge – eine Reihe mietbarer Badehäuschen – reichen ins Jahr 1868 zurück. Der Pier gehört den Anglern, die an den Waschtischen gleich ihren Fang aufbereiten. Babyhaie gelten hier als Delikatesse. Die Innereien verschwinden im Schlund der im Wasser herumlungernden Seelöwen.

Service & Tipps:

ⓘ **Santa Cruz County Conference & Visitors Council**
303 Water St.
Santa Cruz, CA 95060
✆ (831) 425-1234 und 1-800-833-3494
www.santacruzca.org

🏛 **Surfing Museum**
701 W. Cliff Dr. (Lighthouse Point), Santa Cruz, CA 95060
✆ (831) 420-6289
www.santacruzsurfingmuseum.org
Juli–Sept. tägl. außer Di 10–17, sonst Do–Mo 12–16 Uhr, Eintritt frei
Santa Cruz, das Mekka der Surfer –

*Butterfly Beach in Montecito
(Santa Barbara)*

das Museum im alten Leuchtturmhaus erzählt seine 100-jährige Geschichte.

Natural Bridges State Beach
2531 W. Cliff Dr.
Santa Cruz, CA 95060
Schöner Strand, um neben Vögeln die Meeresbewohner (Wale, Robben, Krabben etc.) zu beobachten.

Santa Cruz Boardwalk
400 Beach St.
Santa Cruz, CA 95060
✆ (831) 423-5790
www.beachboardwalk.com
Entertainment mit altmodischer Achterbahn (der hölzerne »Dipper«), Gänsehaut erzeugendem »Fright Walk« (gegenüber dem Piratenschiff; Mindestalter 13 Jahre) und Kasino.

Sea Cloud Restaurant
49 B Municipal Wharf (1. Stock)
Santa Cruz, CA 95060
✆ (831) 458-9393
Frisches aus dem Meer, kalifornische Küche. Schöne Aussichten. Cocktailbar. Lunch (Di–Sa, $), Dinner. $$–$$$

Sawasdee by the Sea
101 Main & Beach Sts.
Santa Cruz, CA 95062
✆ (831) 466-9009
www.sawasdeesoquel.com
So–Do 11–21, Fr/Sa bis 22 Uhr
Das 2013 eröffnete Thai-Restaurant im Casablanca Inn liegt direkt am Boardwalk.

The Catalyst
1011 Pacific Ave. (Nähe Garden Mall), Santa Cruz, CA 95060
✆ (831) 423-1338
www.catalystclub.com
Musikclub und Szene-Cafeteria mit einfachen Gerichten, Bar, abends Livemusik. $

REGION 2
Pacific Coast Highway

55

> **REGION 2**
> *Pacific Coast Highway*

⑫ Santa Ynez Valley: Solvang, Los Olivos

Das idyllische **Santa Ynez Valley** schmücken Eichen und Obstgärten, Windräder und grasende Pferde, Ranchos, Scheunen und weiße Zäune. Ja, und Weingüter! Genau wie die Klosterkirchen sind sie den Franziskanermönchen zu verdanken, die schon im 18. Jahrhundert den lokalen Weinbau betrieben; aber spätestens seit der Prohibition (1919-33) ging es damit abwärts.

Heute zählt man um die 50 Wineries im Tal, und Santa Barbara County ist auf dem besten Weg ein Napa Valley II zu werden. Die wichtigsten Traubensorten sind Chardonnay, Sauvignon Blanc, Pinot Noir und Cabernet Sauvignon. Besonders beliebt ist zur Zeit der »Firestone Riesling«, der leicht, blumig und fruchtig schmeckt.

Qualitätsfördernd gilt neben günstigen Boden- und Temperaturverhältnissen der für die Westküste hier einmalige Ost-West-Verlauf des Küstengebirges, der eine optimale Südausrichtung mit sich bringt.

1911 von dänischen Immigranten gegründet, wirkt **Solvang** mit seinen Fachwerkhäusern und Windmühlen wie ein dänisches Disneyland, das vielen Amerikanern eine Europareise erspart. Hier ist man außerdem unter sich, ungestört von fremden Sprachen und Sitten, und kann sich – während am Hans Christian Andersen Shop das Mühlrad rauscht – mit Souvenirs und Süßigkeiten voll stopfen.

Das kleine **Los Olivos** hat gerade mal 1000 Einwohner hinter frisch getünchten Westernfassaden, in Antiquitätenläden und Weinprobierstuben – eine niedliche *artsy craftsy town*.

Oscar-reife Weine

Kaum einer kannte das kleine Santa Ynez Valley nahe Santa Barbara und seine Weine, bis Regisseur Alexander Payne die verschlafene Gegend mit seinem Film »Sideways« auf die Leinwand brachte. Er erzählt die Geschichte des Englischlehrers und verhinderten Autors Miles, der seinem alten Collegekumpel Jack die Liebe zum Wein näher bringen möchte und mit ihm auf Sightseeingtour durch das kalifornische Weinland geht. Die Hauptrolle spielt »Pino Noir«, der Wein, den Miles liebt und von dem Jack keine Ahnung hat.

Bald hatten findige Tourismusexperten das Werbepotenzial der Hollywoodproduktion entdeckt, sie vermarkteten die Weine und die Originalschauplätze wie den Days Inn in Buellton, ein Billigmotel, in dem Miles und Jack übernachtet haben – eine Zeit lang war es heillos ausverkauft.

Service & Tipps:

🎵 **Restaurant At Mattei's Tavern**
2350 Railway Ave.
Los Olivos, CA 93441
✆ (805) 688-4820
www.matteistavern.com
Alte, weiß getünchte Postkutschenstation (seit 1886). Amerikanische Küche: Steaks, Meeresfrüchte. Schöne alte Bar. Dinner tägl. ab 17 Uhr, Reservierung empfohlen. $$$

ℹ **Solvang Visitor Information Center**
1639 Copenhagen Dr.
Solvang, CA 93463
✆ (805) 688-6144 und 1-800-468-6765
www.solvangusa.com, tägl. 9-17 Uhr

👁 **Old Mission Santa Inés**
1760 Mission Dr.
🏛 Solvang, CA 93464
✆ (805) 688-4815
www.missionsantaines.org
Tägl. 9-16.30 Uhr, Eintritt $ 5
1804 von den Spaniern gegründet, die Neunzehnte im Kranz der 21 kalifornischen Missionskirchen. Durch Erdbeben und Feuer oft zerstört. Vom Original ist wenig übrig, der Nachbau umso perfekter. Mit Klostergarten und kleinem Museum.

🎵 **Bit 'O Denmark**
473 Alisal Rd.
Solvang, CA 93463
✆ (805) 688-5426
Frühstück, Lunch ($) und Dinner auf Dänisch (*smorgasbord* im Stil von *all-you-can-eat*), bei schönem Wetter auch draußen. $-$$

🎵 **Cafe Angelica**
490 First St.
Solvang, CA 93463
✆ (805) 686-9970
Nettes Bistro: frische Salate und Pasta. Hauptgerichte à la California Cuisine. Gute Weinkarte. Auch zum draußen Sitzen. Lunch $, Dinner $$

⑬ Ventura

Am Hafen von Ventura, abgekürzt so genannt nach der lokalen Missionskirche San Buenaventura, starten die Boote in Richtung Channel Islands National Park, wo Ranger Touren durch das karge und oft nebelumwobene Terrain führen, in dem sich Seelöwen und Robben ungestört tummeln können. Die Stadt selbst verfügt gleich über drei schöne Strände: der am Channel Island Visitor Center am Ventura Harbor ist für alle da, Emma Wood, San Buenaventura und (ein bisschen weiter südlich) McGrath State Beach sind eher gute Adressen für Camper.

REGION 2
Pacific Coast Highway

Der Santa Barbara Channel ist eine beliebte Region für Whale Watchers

Service & Tipps:

Ventura Visitors Center
101 S. California St.
Ventura, CA 93001
℡ 1-800-483-6214
www.ventura-usa.com
Mo-Fr 8.30-17, Sa 9-17, So 10-16 Uhr

Mission San Buenaventura
211 E. Main St.
Ventura, CA 93001-2691
℡ (805) 643-4318
www.sanbuenaventuramission.org
Mo-Fr 10-17, Sa 9-17, So 10-16 Uhr
Eintritt $ 4/1
Restaurierte Missionskirche (Bauzeit: 1782–1809) und kleines Museum mit Kunsthandwerk der Chumash-Indianer.

Cafe Fiore
66 S. California St.
Ventura, CA 93001
℡ (805) 653-1266
www.cafefioreventura.com
Beliebte Trattoria und Martini Bar mit traditioneller italienischer Küche, guten offenen Weinen und manchmal Live-Jazz. Lunch und Dinner. $$

Watermark on Main
598 E. Main St.
Ventura, CA 93001
℡ (805) 643-6800
www.watermarkonmain.com
Tägl. außer Mo Lunch und Dinner
Untergebracht in einem historischen und sorgfältig sanierten Art-déco-Gebäude wird im Watermark New American Cuisine serviert. Außerdem Livemusik und W2O Rooftop Lounge. $$-$$$

Island Packers, Inc.
1691 Spinnaker Dr. (Hafen)
Ventura, CA 93001
℡ (805) 642-1393
www.islandpackers.com
Bootstouren zu den Inseln des Channel Islands National Park.
  Beispiel: Tagestour **Anacapa Island** hin und zurück: ca. $ 59; auch Camping- und Whale-Watching-Touren.

Anacapa Island beheimatet die größte Seelöwenkolonie der Welt und ist ein Taucherparadies, u. a. für Seesterne.

57

**REGION 3
Los Angeles**

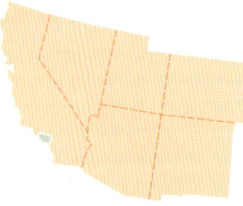

»Big Orange«
Los Angeles

von Feelie Lee und Horst Schmidt-Brümmer

El Pueblo de la Reina de Los Angeles sobre el Río de la Porciuncula – so hieß die Stadt am Anfang. Am Ende dann L. A. Kurz und bündig? Nein, im Gegenteil. Los Angeles ist aufgegangen wie ein gigantischer Hefekuchen.

In den 1930er Jahren beschrieb die Schriftstellerin Dorothy Parker Los Angeles noch als »72 Vororte auf der Suche nach einer Stadt«. Heute ist Los Angeles eine Megacity, die zweitgrößte der USA – 13 Millionen Menschen leben hier. Rund 100 Gemeinden gehen im Großraum L. A. County fließend ineinander über, verbunden durch ein Gitternetz von 23 Freeways.

»Los Angeles? Nein, danke!«, hört man deshalb oft, nicht nur von Europäern, auch von Amerikanern. Sie fühlen sich überfordert von den monströsen Ausmaßen des Siedlungsraums, den vielen Autos, der ethnischen Vielfalt und den vielen Selbstdarstellern.

L. A. hat immer schon die Gemüter erregt und polarisiert. Die Fans feiern La-La-Land als Metropole der Massenkultur, als goldene Beach-Boys-Welt, verwöhnt von ewiger Sonne, Sand und Surf. Und Hollywood sorgt für den magischen Zauber. Kurzum: L. A. als Inbegriff des kalifornischen Traums. Kritische Geister dagegen geißeln die Stadt als energiefressende Stadtmaschine, als einen Moloch aus Freeways und Smog, aus verstopften Verkehrs- und Atemwegen. Realisten mögen's lapidar: Millionen Angelenos können nicht irren, sagen sie.

In der Tat, Los Angeles ist heute ein Patchwork von Wohnvierteln, jedes mit seiner eigenen Identität. Aber das Zusam-

Die Raumsonde »Viking II« brauchte fast ein Jahr für ihre 142 000 000-Meilen-Reise zum Mars. Die Einwohner von Los Angeles fahren diese Strecke jeden Tag.

»Coming into L. A.«: Downtown Los Angeles

REGION 3
Los Angeles

Downtown Los Angeles vor den Schneegipfeln der San Gabriel Mountains

menspiel der Einzelteile macht daraus eine der abwechslungsreichsten Metropolen der USA. Die Stadt bietet eine unglaubliche Bandbreite an Unterhaltungsmöglichkeiten mit Kinos, Shows, spektakulären Museen, Theatern oder Konzerten. Und erst die Fülle an Sportmöglichkeiten: Inlineskaten, Skateboarden, Surfen, Baseball, Football, ja sogar Polo. Entsprechend prägt die ungezwungene Freizeitkultur das Leben in L. A.

An kaum einem Ort in den USA verschmelzen Aromen und kulinarische Einflüsse aus den verschiedensten Teilen der Welt besser als hier. Egal ob ethnische Küchen, kreative Cross-over-Gerichte, Gourmet-Food-Trucks oder die hochangesehene California Cuisine – das Mantra in L. A. lautet »Think globally, eat locally«. Man setzt auf frische und lokale Nahrungsmittel. Das Ergebnis ist *Fusion food*: *Korean Tacos, Thai Pizzas, California Pretzels* oder *Asian Tapas*.

Und schließlich die Kunst: Lange stand L. A. im Schatten von New York. Das ist aber spätestens seit der spektakulären Ausstellung »Pacific Standard Time« vorbei. Als Kunstmetropole ist L. A. inzwischen ohne Zweifel auf Augenhöhe mit New York, das attestieren selbst renommierte Kunstkritiker von der Ostküste.

Wie auch immer. Fest steht: Die Stadt rollt ihren Besuchern keinen roten Teppich aus. In den »Big Apple«, New York, kann man trotz seiner Größe gleich reinbeißen. In die »Big Orange«, wie L. A. sich nennt, keineswegs. Man muss sie vorher schälen. Erst dann besteht die Chance, dass sich nicht nur Vorurteile lösen, sondern auch Energien, Innovationen und jene Kreativität, mit der man hier von jeher Althergebrachtes ad acta legte.

In der jüngsten Ausgabe des Oxford English Dictionary heißt es: »La-La Land is a fanciful state or dreamworld.«

»Kippe die Welt auf eine Seite, dann wird alles, was lose ist, in L. A. landen.«
Frank Lloyd Wright

Straßenmusiker in Los Angeles

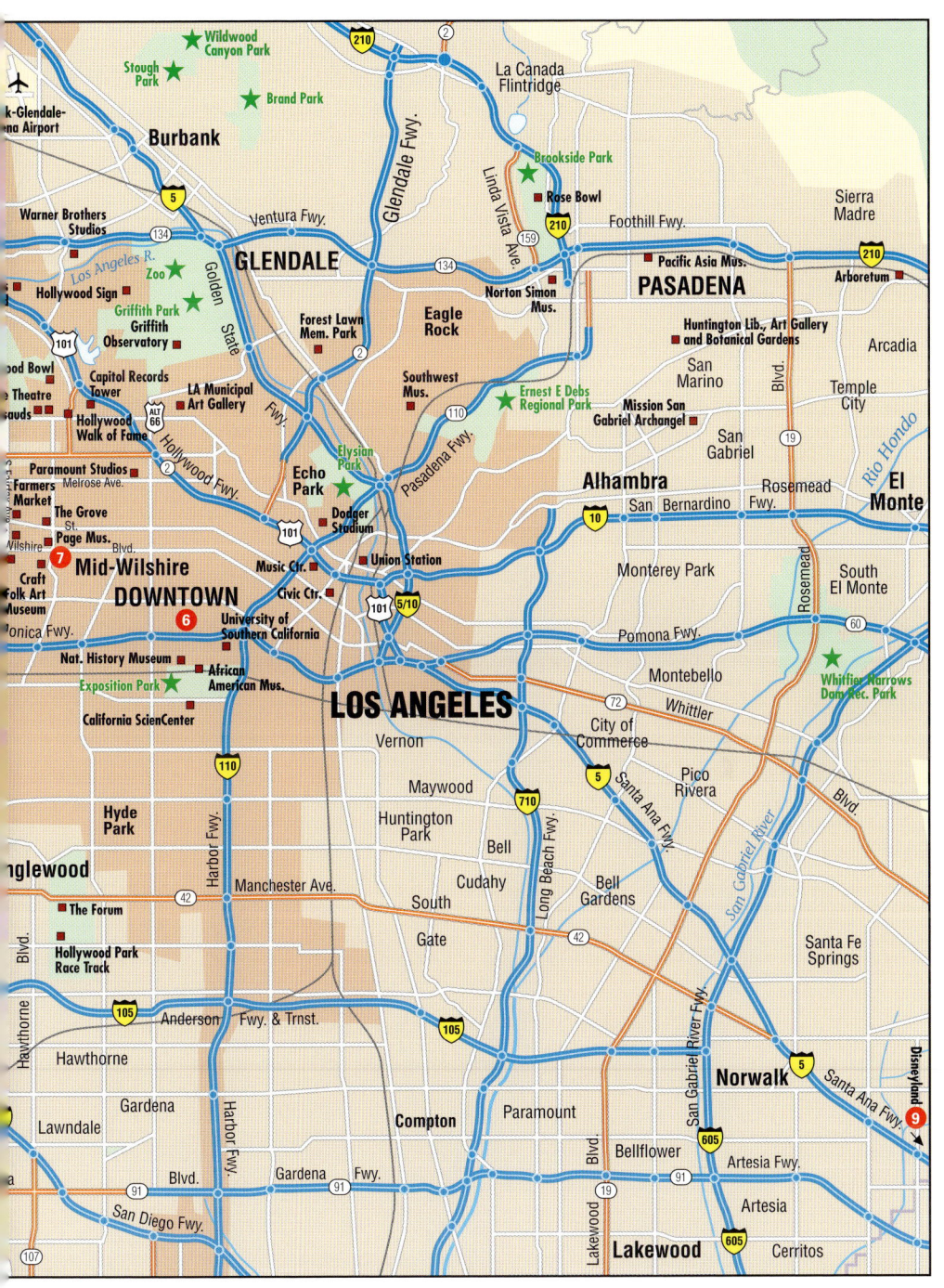

**REGION 3
Los Angeles**

Beach Communities und Getty Center
❶ Santa Monica, ❷ Venice, ❸ Pacific Palisades und ❹ Malibu

In wenigen Stunden Los Angeles kennenlernen, eine Stadt, die zu den unzugänglichsten der Welt gehört? Nicht möglich. Aber ein paar Stücke von der Big Orange probieren, das geht.

Den ersten Tag in L. A. sollte man im westlichen Garten Eden verbringen mit seinen Strandgemeinden Santa Monica, Venice, Pacific Palisades und Malibu.

Entgegen der landläufigen Vorstellung war L. A. anfangs kein Synonym für Beach Culture. Die Küstenregion wurde bis in die 1860er Jahre als Ranchland genutzt. Erst dann zog es die Angelenos nach ❶ **Santa Monica**, um der stickigen Sommerhitze der Stadt zu entfliehen. Seitdem haben immer mehr Menschen, die es sich leisten können, ihren Lebensmittelpunkt hierher verlegt. Das elitäre Seebad mit seinen rund 90 000 Einwohnern setzt seine Tradition als Naherholungsziel für Millionen Angelenos auch heute noch erfolgreich fort: Sonne, Strand, extravagante Häuser, ein buntes kulinarisches Angebot und gehobene Hotels machen Santa Monica zum Inbegriff kalifornischer Lebensart mit einem geruhsamen Park oberhalb der Klippen (Palisades Park), einem munteren Pier und dem Farmers Market (Mi und Sa).

Außerdem bietet Santa Monica familienfreundliche Strände, Einkaufen nach Herzenslust und eine große kulinarische Vielfalt vom Gourmet-Hamburgers mit Sweet Potato Fries, authentischer Thaiküche, über Asian Fusion bis hin zur ausgefallenen California Cusine mit frischem Seafood. Und schließlich eine Fülle erstklassiger Hotels. Santa Monica ist daher auch ein idealer Standort für einen L. A.-Aufenthalt.

Am Südende von Santa Monica liegt Venice, der hippe, bei Künstlern beliebte Nachbar. Im Norden folgt das wohlhabende Pacific Palisades und schließlich Malibu mit seinen ausgefallenen Strandhäusern und den Berühmtheiten aus Film und Fernsehen.

Am besten beginnt man den Tag mit einem Spaziergang oder einer Radtour vom **Santa Monica Pier** in südlicher Richtung entlang dem Fahrrad- bzw. Fußweg (Santa Monica Bike Path) zum **Ocean Front Walk** in ❷ **Venice**, dem

Sport wird an Kaliforniens Stränden großgeschrieben: Tae Bo am Santa Monica Beach

Strandhäuser in Santa Monica

Dorado der Ausgeflippten, das sich an manchen Wochenenden zur Hauptstraße von *California crazy* steigert. Der tägliche Auftrieb der Feuerschlucker, Wahrsager, fliegenden Händler und Voyeure ist inzwischen via Postkarten, TV-Sendungen und Filmen um die halbe Welt gegangen. Alles bewegt sich hier – zu Fuß und auf Händen, auf Inlinern, Brettern und Rädern, gestylt und geföhnt, zerzaust und halbnackt. Venice, das Himmelreich für Hedonisten, aber auch für solche, die sich schinden wie die Muskelmänner in **Muscle Beach**, wo schon Arnold Schwarzenegger trainiert hat. Sie verraten, dass Körperkult hoch im Kurs steht. Fit zu sein, das ist schon was, fit auszusehen ist aber besser.

Weiter geht es nach dem People Watching über Washington Boulevard auf Grand Canal zum stilleren Teil von Venice. Die **Venice Canals** sind das Werk des Zigarettenfabrikanten Abbot Kinney. Er setzte 1905 an dieser Stelle seine Vision von einer amerikanischen Renaissance um und brachte Venedig nach Amerika: Mit künstlich angelegten Kanälen, importierten Gondeln und Gondolieri sowie Entertainment in Meeresnähe. Von den ehemals 16 beschaulichen Kanälen haben immerhin sechs überlebt und sind heute gesäumt von Ferienhäusern und moderner Architektur *California Style*. Das Wahrwerden eines amerikanischen Traums in einer Stadt, die für ihre Fähigkeit, sich immer wieder neu zu erfinden, bekannt ist.

Nur ein paar Blocks entfernt gelangt man über Venice Boulevard auf **Abbot Kinney Boulevard**. Im Abschnitt zwischen Venice Boulevard und Brooks Avenue erwartet den Besucher der Gegenentwurf zur amerikanischen Kettenkultur: Funkige Boutiquen, Vintage Clothing, Galerien, Lofts und natürlich ausgefallene Cafés und Restaurants reihen sich Tür an Tür. Wer in Santa Monica seinen Wagen geparkt hat, fährt mit dem Rad dorthin zurück, ansonsten nimmt man in Venice ein Taxi.

Nach einer Mittagspause steht das kulturelle Highlight von L. A. auf dem Programm, das **Getty Center**. Schon bei der Fahrt

Der legendäre Ocean Front Walk von Venice

Muskelarbeit am Muscle Beach in Venice

REGION 3
Los Angeles

von Venice nach **Brentwood** leuchtet der Marmorpalast von Weitem links als Trutzburg der schönen Künste hoch oben auf einem Hügel am Sepulveda Pass über dem San Diego Freeway.

Das größte und teuerste (1,2 Milliarden Dollar) Kunstmuseum der Welt, gebaut vom New Yorker Star-Architekten Richard Meier, wartet mit einem 270-Grad-Panorama auf: Pazifik, Downtown und die Berge liegen dem Besucher zu Füßen. Zwei bis drei Stunden sollte man für ein erstes Kennenlernen des Museums einplanen, das vor allem für seine Architektur und die Gärten bewundert wird. Aber auch die ausgestellte Kunst kann sich sehen lassen: Gezeigt werden kostbare mittelalterliche Handschriften, Prachtstücke angewandter Kunst und Malerei bis zu van Goghs »Irisfeld«. Sehenswert ist vor allem das **Photography Center** (South Pavilion), das als eines der besten in den USA gilt.

Die »Schwertlilien« (1889) von Vincent van Gogh im Getty Museum

Am Nachmittag fährt man über den Sunset Boulevard zurück Richtung Pazifik nach ❸ **Pacific Palisades:** Ein sehr wohlhabendes Wohngebiet, das im Süden in Höhe des San Vicente Boulevard an Santa Monica grenzt. Hier lag während des Naziregimes das Weimar der Westküste, das Refugium deutschsprachiger Exilanten mit den Häusern von Lion Feuchtwanger, Thomas Mann und Arnold Schönberg. Heute wird hier gefaulenzt, geschwommen, gesurft oder zugeschaut.

Weiter in nördlicher Richtung tauchen verwegene Pfahlbauten auf, hölzerne Heimstätten für die elitäre Gemeinde der Media People, und Traumstrände

Richard Meiers Getty Center in Brentwood

Der Pazifikstrand liegt genau vor der Tür: Malibu

– das ist ❹ **Malibu**. Hier lebten noch bis zum Anfang des 20. Jahrhunderts die Chumash-Indianer als Korbmacher, Töpfer und Kanubauer. Ab etwa 1920 wurde die von ihnen bewohnte Rancheria parzelliert und an die Stars des aufblühenden Hollywood verkauft. Im Laufe der Zeit entwickelte sich Malibu zu einer der berühmtesten Gemeinden der Westküste, die früher nicht mal ein Ortsschild nötig hatte. Lange stritt man darüber, ob der immerhin 43 Kilometer lange Küstenstreifen überhaupt zu einer richtigen Stadt gemacht werden sollte. 1991 war es dann doch so weit.

Und auch Strandliebhaber kommen hier auf Ihre Kosten: Surfrider, Zuma, Leo Carillo State Beach oder Paradise Cove bieten tolle Strände zum Schwimmen, Surfen oder Spazieren.

Wer kalifornische Keramikfliesen liebt, sollte auf jeden Fall einen Stopp im **Adamson House** einlegen, einer prächtigen, im spanischen Kolonialstil erbauten Villa oberhalb von Surfrider Beach, auch »Taj Mahal of Tile« genannt.

Über den Pacific Coast Highway nach Süden erreicht man wieder ❶ **Santa Monica**. Bei genügend Zeit sollte man noch einen Spaziergang einplanen. Von Ocean Avenue aus geht es am Nordende (in Höhe des Alaskan Totem Pole) in den **Palisades Park**, der sich entlang von Ocean Avenue bis zum Santa Monica Pier schlängelt: Manikürte Rasenflächen, rauschende Palmen und ein atemberaubender Blick auf den Ozean erwarten den Besucher. In der Höhe von **Montana Avenue** kann man links abbiegen zum Schlendern, Einkaufen oder Kaffeetrinken. Über zehn Blocks bietet dieses Viertel einen abwechslungsreichen Mix aus Geschäften nach europäischem Vorbild.

Rastende Pelikane in Malibu

Ein paar Blocks weiter in Höhe von Wilshire Boulevard beginnt die **Third Street Promenade**, eine der belebtesten Straßen der West Side. Ganz nach europäischem Geschmack schlendert man an Boutiquen und Cafés vorbei und genießt die bunte Straßenunterhaltung der Musiker, Gaukler und Tänzer. Das Südende der Fußgängerzone bildet **Santa Monica Place**, die Open-Air-Mall wartet als eine der besten Shoppingadressen in L. A. mit einer Vielzahl an Geschäften und einer Gourmetmarkthalle auf. Auch hier lässt Los Angeles keine kulinarischen Wünsche offen.

REGION 3
Los Angeles

Service & Tipps:

🚍 **MTA Metro Rail/Los Angeles**
☎ 1-800-266-6883
www.metro.net

Lifeguard Tower am Santa Monica Beach; im Hintergrund die Santa Monica Mountains

Einfache Fahrt $ 1.50, Tageskarte $ 5, 7-Tage-Pass $ 20
Die jüngste Metro in den USA muss sich nicht verstecken: Sie ist schnell, sauber, sicher und billig. Es lohnt durchaus, z.B. ein Stück auf der **Metro Red Line** (zwischen Wilshire Blvd./Western Ave. und Union Station) zu fahren – etwa zwischen Union Station und Pershing Square. Außerdem gibt es Verbindungen zwischen Downtown (7th St./ Metro Center) und Long Beach (Fahrzeit 55 Min.), South Beach, dem San Fernando Valley (über Hollywood) und Pasadena.

Rummel am Pazifik: Santa Monica Pier

Neben Pershing Square ist das Design der Haltestelle von Hollywood & Highland besonders originell: ein riesiger Walfischbauch aus Stahlrippen.

❶ Santa Monica und Getty Center

ℹ **Santa Monica Walk-In Visitor Information Center**
1920 Main St., Suite B (zwischen Pico Blvd. & Bay St.)
Santa Monica, CA 90405
☎ (310) 393-7593
www.santamonica.com
Mo–Fr 9–17.30, Sa/So bis 17 Uhr
Im Palisades Park, 1400 Ocean Ave., gibt es einen Infokiosk.

🚶 **Spazieren und Radfahren**
Am besten erschließt man Santa Monica zu Fuß oder auf dem Rad. Man kann auch eine geführte Tour unternehmen: **Downtown Walking Tours of Santa Monica** (www.smconservancy.org). Die zweistündige Tour startet Sa 10 Uhr ($ 10) am SM International Hostel, 1436 2nd St., ☎ (310) 496-3146. Oder man mietet sich ein Rad am Ocean Blvd., wo es zahlreiche Anbieter gibt, z. B. **Spokes N' Stuff**, 1700 Ocean Ave. (hinter dem Loews Hotel), ☎ (310) 395-4748, www.spokes-n-stuff.com, oder **Sea Mist Rentals**, 1619 Ocean Front Walk, ☎ (310) 395-7076.

Memorial Day am Strand von Santa Monica – sonst geht es beschaulicher zu

🌳 Palisades Park
Santa Monica
Erstreckt sich entlang Ocean Ave. zwischen dem Santa Monica Pier (Colorado Ave.) und Adelaide Dr. Egal ob zu Fuß, mit Hund oder auf dem Fahrrad – der Park oberhalb der Klippen ist bei Einheimischen und Touristen vor allem wegen seiner spektakulären Ausblicke gleichermaßen beliebt.

Santa Monica Pier
200 Santa Monica Pier, Suite A
Santa Monica, CA 90401
✆ (310) 450-8901
www.santamonicapier.org
Der 1909 eröffnete Vergnügungspark liegt in Höhe der Kreuzung Colorado & Ocean Aves. und lockt auch heute noch Jung und Alt mit Riesenrad, Karussell, Livemusik (Do abends) und Angelplätzen.

Santa Monica Stairs
Vom Nordende des Palisades Park biegt man rechts auf Adelaide Dr. ab, der sich östlich entlang dem Santa Monica Canyon erstreckt. Hier gibt es zwei steile Treppen, am besten nimmt man die in Höhe 4th St. & Adelaide Dr. Sie verbindet den Santa Monica Canyon über 189 Stufen mit den Klippen und ist eines der beliebtesten Workout-Ziele der Locals.

👜 Designer Resale Stores
L. A. wartet mit einer Fülle an Secondhandläden auf, wo sich Prominente, Starlets und betuchte Damen ihrer neuen oder kaum getragenen Designer-Garderobe entledigen, die man dann für einem Bruchteil des ursprünglichen Preises erstehen kann. Beispielsweise bei:
– Wasteland
1338 4th St., Santa Monica, CA 90401
✆ (310) 395-2620
www.shopwasteland.com
–The AdDress Boutique
1116 Wilshire Blvd.
Santa Monica, CA 90401
✆ (310) 394-1406
www.theaddressboutique.com
–Great Labels
1126 Wilshire Blvd., Santa Monica, CA 90401
✆(310) 451-2277, www.greatlabels.com

👜 Hennessey + Ingalls
214 Wilshire Blvd., zwischen 3rd & 2nd Sts.

Achtung beim Telefonieren: in L. A. werden die diversen Area Codes (z.B. 213 oder 310) stets mitgewählt!

REGION 3
Los Angeles

Santa Monica, CA 90401
✆ (310) 458-9074
www.hennesseyingalls.com
Tägl. 10–20 Uhr
Die führende Kunst- und Architektur-buchhandlung in West-L. A. in der Third Street Promenade.

 Montana Avenue Shopping
Rodeo Dr., zwischen 7th & 17th Sts., Santa Monica, CA 90403
http://montanaave.com
Hier findet man vor allem Boutiquen nach europäischem Vorbild, Restaurants und Cafés (z.B. Café Luxxe, Sweet Lady Jane oder Marmalade).

Santa Monica Place
395 Santa Monica Place
Santa Monica, CA 90401
✆ (310) 260-8333
www.santamonicaplace.com
Mo-Sa 10–21, So 11–20 Uhr
Wegen ihrer offenen Architektur und tollen Lichtführung gehört die Mall zu den Top-Adressen in L. A. Die Schlemmermeile in der 3. Etage bietet eine Fülle an Essenangeboten und tolle Blicke auf den Ozean.

Third Street Promenade
3rd St., zwischen Wilshire Blvd. & Broadway
Santa Monica, CA 90401
www.downtownsm.com
Im autofreien Abschnitt der 3rd St. liegt eine der erfolgreichsten Open-Air-Malls in den USA. Eine gelungene Mischung aus renommierten Franchise Stores, individuellen Boutiquen, Cafés und Buchhandlungen (s.u.). Und einfach zum People Watching oder um den Auftritten der Straßenkünstler zuzusehen.

Am Südende der Promenade trifft man auf die 2010 nach dreijährigem Umbau in neuem Glanz wieder eröffnete Shoppinggalerie.

 The Lobster
1602 Ocean Ave.
Santa Monica, CA 90401
✆ (310) 458-9294
www.thelobster.com
Tägl. 11.30–21.30, Fr/Sa bis 22.30 Uhr
Gleich am Pier – mit schönen Ocean Vistas: vorzügliche Fischgerichte zum Lunch und Dinner. Die Bar lädt zu Drinks und Sunset. Lunch $$, Dinner $$$

 Michael's Restaurant
1147 3rd St.
Santa Monica, CA 90403
✆ (310) 451-0843
www.michaelssantamonica.com
Lunch Mo-Fr 12–14.30, Dinner Mo-Sa 18–22 Uhr
Südkalifornische Küche mit französischem Einschlag – und der schönste Gartenplatz weit und breit. Lunch $$, Dinner $$$

 Border Grill
1445 4th St.
Santa Monica, CA 90401
✆ (310) 451-1655
www.bordergrill.com
Verfeinerte, moderne lateinamerikanische Küche in verwegen-buntem Design. Populär und munter. Lunch $-$$, Dinner $$

 Father's Office
1018 Montana Ave.
Santa Monica, CA 90403
✆ (310) 736-2224
www.fathersoffice.com
Täglich Dinner, Sa/So auch Lunch
Der Gastropub mit perfekten Hamburgern (mit Sweet Potato Fries und Tempura Onion Rings) und feiner Bierauswahl (Microbrewery). Kleines Lokal, oft laut und voll. $$

 Bangkok West Thai
606 Santa Monica Blvd.
Santa Monica, CA 90401
✆ (310) 395-9658
www.bangkokwestthaicuisine.com
Mo-Fr 11–15, tägl. 17–22 Uhr
Differenzierte Thaiküche in gehobener und ruhiger Atmosphäre. Bei den Lokals besonders beliebt. Lunch $, Dinner $-$$

 Bhudda's Belly
205 Broadway & 2nd St.
Santa Monica, CA 90401
✆ (310) 458-2500
www.bbfood.com
Tägl. 11.30–22, Sa/So bis 23 Uhr
Asian Fusion: Köstliche und erschwingliche Gerichte aus Japan, China, Korea und Vietnam. Modernes Dekor, fußläufig zur Third Street Promenade. Lunch $, Dinner $-$$

REGION 3
Los Angeles

 Umami Burger
500 Broadway
Santa Monica, CA 90401
✆ (310) 451-1300
www.umamiburger.com
Einer der besten Plätze für Gourmet-Hamburger, z. B. Ahi Tuna, Trüffel und Shiitake Mushroom Burgers. Schlichte Einrichtung und immer voll. $

Ausflugsziel:

 The Getty Center
 1200 Getty Center Dr. (Ausfahrt vom San Diego Fwy./I-405)
Los Angeles, CA 90049
✆ (310) 440-7300
www.getty.edu
Tägl. außer Mo 10–17.30, Sa bis 21, Ende Mai–Aug. auch Fr bis 21 Uhr, Mo geschl.
Eintritt kostenlos
Parkgebühr $ 15
Oberhalb des San Diego Fwy. zwischen L. A. und dem San Fernando Valley. Am Fuß des Berges fährt ein Luftkissenbähnchen nach oben. Dort warten neben der Kunst wunderschöne Gärten, ein Museumsshop, eine Cafeteria und imposante Ausblicke auf Los Angeles, den Pazifik und die Berge.

❷ **Venice**

 Abbot Kinney Boulevard
 Zwischen Venice Blvd. & Brooks Ave.
Venice, CA, 90291
Hier erinnern funkige Geschäfte (z.B. Minnie T's, Tortoise General Store oder Koko's), ausgefallene Restaurants und Cafés an die Boheme-Wurzeln des Stadtteils.

 Joe's
1023 Abbot Kinney Blvd.
Venice, CA 90291
✆ (310) 399-5811
www.joesrestaurant.com
Mo geschl.
Das Restaurant bietet innovative amerikanische Küche. Besonders beliebt ist mittags das Dreigängemenü zum Festpreis. Lunch $$, Dinner $$–$$$

 Gjelina
1429 Abbot Kinney Blvd.
Venice, CA 90291
✆ (310) 450-1429, www.gjelina.com
Mo–Fr 11.30–24, Sa/So 9–24 Uhr
New American Cuisine, mediterrane Küche, gute Pizzen. Aber ziemlich laut. Lunch und Dinner, am Wochenende Brunch. $$

Patriotisches Rollerskating am Ocean Front Walk in Venice

Freiluft-Shopping am Venice Beach Boardwalk

REGION 3
Los Angeles

🍴 **The Rose Café & Market**
220 Rose Ave. & Main St.
Venice, CA 90291
✆ (310) 399-0711, www.rosecafe.com
Mo–Fr 7–17, Sa/So 8–17 Uhr

🍴 **Sidewalk Café**
1401 Ocean Front Walk (Nähe Windward Ave.)
Venice, CA 90291
✆ (310) 399-5747
www.thesidewalkcafe.com
Frühstück, Lunch und Dinner, abends Livemusik
Hangout der Beautiful People und Logenplatz fürs Straßentheater in Venice. Pasta, Omlettes, Burritos und Salate. $

🍴 **Square Café**
1121 Abbot Kinney Blvd.
Venice, CA 90291
✆ (310) 399-6404
www.rockenwagner.com
Mo–Fr 8–22 Uhr Frühstück, Lunch und Dinner, Sa/So 8–16 Uhr Brunch
Hans Röckenwagner ist einer der renommiertesten Köche in L.A. Er hat deutsche Backkunst nach Los Angeles gebracht (z.B. Bretzeln und Apfelpfannkuchen). $

☕ **Intelligentsia Coffee & Tea**
1331 Abbot Kinney Blvd.
Venice, CA 90291
✆ (310) 399-1233
www.intelligentsiacoffee.com
Mo–Mi 6–20, Do/Fr bis 23, Sa 7–23, So 7–20 Uhr
Anspruchsvolle Kaffeebar für Genießer.

»Waiting for the next Wave«: Bodyboarding und ...

Edelkantine in schlichter Lagerhalle: köstliche Salate, Pasta, Quiches. Self Service oder Bedienung draußen auf der schönen Terrasse im Schatten (Parken hinterm Haus). $–$$

🍴 **Lemonade**
1661 Abbot Kinney Blvd.
Venice, CA 90291
✆ (310) 452-6200
www.lemonadela.com
Tägl. 11–21 Uhr
Gehobene Cafeteria einer lokalen Kette mit tollen Salaten, Suppen, Pasta, Eintöpfen und Desserts. $

❸ **Pacific Palisades und** ❹ **Malibu**

🏛 **The Getty Villa**
17985 Pacific Coast Hwy.
Pacific Palisades, CA 90272
✆ (310) 440-7300, www.getty.edu
Tägl. außer Di 10–17 Uhr
Eintritt kostenlos, aber $ 15 Parkgebühr, Parkplatzreservierung nötig
Antike am Pazifik: In dem vor allem im Stil einer römischen Villa erbauten Museum gibt es vor allem griechische, römische und etruskische Kunstwerke bzw. Antiquitäten zu sehen.

🍴 **Gladstones**
17300 Pacific Coast Hwy.
Pacific Palisades, CA 90272
✆ (310) 454-3474
www.sbe.com/gladstones
Tägl. 11–21, Sa/So ab 9, Fr/Sa bis 22 Uhr

... Kayaking an Malibus Stränden

Dort, wo der Sunset Boulevard auf den Pacific Coast Highway trifft, sitzt auf einer Klippe das legendäre Seafood-Restaurant. Raw Bar, Lounge, Terrasse. Familienfreundlich. Lunch und Dinner. $$–$$$

ⓘ Malibu Chamber of Commerce
23805 Stuart Ranch Rd., Suite 105, Malibu, CA 90265
✆ (310) 456-9025
www.malibu.org

◉ Adamson House
23200 Pacific Coast Hwy.
Malibu, CA 90265
✆ (310) 456-8432
www.adamsonhouse.org
Mi-Sa 11–15 Uhr (letzte Tour startet um 14 Uhr), Eintritt $ 7/2
Die prächtige Villa oberhalb von Surfrider Beach wurde 1930 im spanischen Kolonialstil erbaut und wird wegen ihrer prächtigen Keramikfliesen auch »Taj Mahal of Tile« genannt. Auch die Möbel stammen noch aus der Zeit, als die Familie Adamson selbst hier gelebt hat.

🏖 Strände
Lieblingsstrand der Surfer ist  **Surfrider Beach** (23050 Pacific Coast Hwy., gleich neben dem Malibu Pier), im Slang schlicht »The Bu« genannt. Die Wellen sind hier besonders im August und September gefragt.
Beliebt bei Familien ist **Zuma State Beach** (30000 Pacific Coast Hwy.). Die Bucht von **Paradise Cove** (28128 Pacific Coast Hwy.) bietet ebenfalls sehr schöne Badestrände, allerdings wird an dem Privatstrand beim Parken ein Mindestverzehr von $ 25 im Strandrestaurant Beach Cafe erwartet (vgl. www.paradisecovemalibu.com).
Schließlich bietet **Leo Carillo State Beach** (35000 Pacific Coast Hwy.) über rund 1,5 Meilen einen abwechslungsreichen Strand.

✕ Geoffrey's
27400 Pacific Coast Hwy.
Malibu, CA 90265
✆ (310) 457-1519
www.geoffreysmalibu.com
Tägl. 16–21, Fr/Sa bis 22, Mo-Fr 11.30–15.30, Sa/So ab 10 Uhr
Das wohl romantischste Restaurant direkt am Strand mit einem 180-Grad-Blick über den Ozean. Erstklassige Küche. Traumhafte Terrasse. $$$

REGION 3
Los Angeles

Zuma State Beach am Pacific Coast Highway in Malibu

**REGION 3
Los Angeles**

»Muss man für die Universal Studios wirklich einen ganzen Tag rechnen?« – »Na klar, in L. A. musst Du für alles einen Tag rechnen. Auch wenn Du Dir bloß ein Paar Socken kaufst.«

Exotik am Bau: TCL Chinese Theatre am Hollywood Boulevard

❺ Hollywood und die Studios

Wer mehr Zeit in L. A. verbringt, sollte den zweiten Tag Hollywood widmen, eher ein *State of Mind* als ein magischer und glamouröser Platz, an dem man Marilyn Monroe (besser, ihr Double), Tom Cruise (vielleicht im Wax Museum) oder Angelina Jolie trifft. Der Mythos von Hollywood ist allgegenwärtig und Big Orange zieht immer noch Abertausende aufstrebende und ambitionierte Schauspieler, Models, Drehbuchautoren und Filmproduzenten an. Alle mit großen Erwartungen, einige wenige mit Chancen, sich im harten Filmgeschäft auch durchzusetzen.

Am besten fährt man nach Burbank und startet mit der **Warner Brothers Studios Tour**, die einen hinter die Kulissen und in die Tonstudios führt, in denen Kino- und Fernsehfilme produziert werden. Zwei bis drei Stunden muss man für den Besuch einplanen. Vor allem, wer mit Kindern reist, sollte unbedingt die **Universal Studios** ganz in der Nähe besuchen. Hier kann man den Nervenkitzel von Filmen hautnah erleben, wenn man dem prähistorischen Tyrannosaurus Rex in Jurassic Park begegnet oder zusammen mit Homer und der Simpson Family unterwegs ist.

Im Anschluss bietet sich ein Spaziergang auf dem **Hollywood Boulevard** an. Am besten parkt man sein Auto unter dem ehemaligen Kodak Theatre, seit 2012 **Dolby Theatre**, im Komplex Hollywood & Highland (6801 Hollywood Blvd., Zufahrten zum Parkhaus von Highland Ave. und Orange Dr.).

An der Straßenkreuzung Hollywood Boulevard & Vine Street nahm der Ruhm der Traumfabrik seinen Anfang, als Cecil B. DeMille 1914 in einer Scheune den ersten Kinofilm – »The Squaw Man« drehte. Heute liegen hier der gute alte **Capitol Records Tower**, der einem Haufen gestapelter Vinyl-Schallplatten ähnelt, und einige andere Reminiszenzen des alten Hollywood: der unverwüstliche Künstlertreff **Musso & Frank**, das einst berühmte Premierentheater **Egyptian Theatre**, der **Walk of Fame** mit seinen Messingsternen auf dem Bürgersteig, ja, und das berühmte **TCL Chinese Theatre**. Und das **HOLLYWOOD-**Zeichen oben auf dem Mount Lee darf natürlich nicht fehlen.

Erschöpft? Wenn nicht, dann ist ein Klassik-, Opern- oder Jazzabend in der **Hollywood Bowl** unter freiem Himmel ein gelungener Abschluss. Oder man lässt den Tag mit einem Abendessen an der Theke bei Musso & Frank ausklingen.

Service & Tipps:

ⓘ **Los Angeles Visitors Information Center** (Hollywood & Highland)
6801 Hollywood Blvd.
Hollywood, CA 90028
✆ (323) 467-6412
www.discoverlosangeles.com
Mo–Sa 10–22, So 10–19 Uhr

TCL Chinese Theatre
6925 Hollywood Blvd. (zwischen Highland & La Brea Aves.) Hollywood, CA 90028
✆ (323) 463-9576, tägl. Führungen
www.tclchinesetheatres.com
Exotik am Bau betreibt der von Sid Grauman 1927 entworfene und inzwischen legendäre Kinopalast. Im Eingangsbereich des Kinos wurden die Hand- und Schuhabdrücke zahlreicher Filmstars in Zement verewigt.

Hollywood Sign
Oben auf dem Mount Lee in den Hollywood Hills steht das bekannte Wahrzeichen, 1923 als spektakuläre Werbung für das noble Immobilienprojekt von H-O-L-L-Y-W-O-O-D-L-A-N-D errichtet. Es wurde mehrfach restauriert und bereits 1973 zum Kulturdenkmal erklärt. Heute sind die neun verbliebenen, rund 15 m hohen Buchstaben immer noch fester Teil der Traumfabrik Hollywood.

Hollywood Walk of Fame
Hollywood Blvd. im Abschnitt zwischen Gower St. & La Brea Ave. und Vine St. zwischen Sunset Blvd. & Yucca St.
Über mehr als zwei Meilen und 18 Blocks werden mehr als 2500 Berühmtheiten der amerikanischen Unterhaltungsindustrie geehrt, von Mickey Mouse über Godzilla und sogar der Fernsehhund Lassie. Jedem Star ist ein eigener Stern im Bürgersteig gewidmet. Jennifer Lopez bekam im Juni 2013 den 2500. Stern.

Madame Tussauds
6933 Hollywood Blvd.
Los Angeles, CA 90028
✆ 1-866-841-3315
www.madametussauds.com/hollywood
Tägl. 10–18, Sa/So bis 22 Uhr, verschiedene Ticketpreise, etwa $ 28/21
Hier kann man den einen oder anderen Hollywood-Star (z.B. Johnny Depp und Jennifer Lopez) zumindest in Wachs bewundern.

Universal Studios
100 Universal City Plaza, vom Hollywood Fwy. (US 101) die Abfahrt Universal Studios Blvd. wählen, Universal City, CA 91608
✆ (818) 622-3801
www.universalstudioshollywood.com
Wechselnde Öffnungszeiten, Parken $ 15
Eintritt beginnend ab $ 77, diverse Tickettypen

Tour zu einem der größten und ältesten US-Filmstudios, zugleich Themenpark mit spektakulären Attraktionen wie King Kong 360 3-D, Simpsons Ride, Backdraft und Jurassic Park River Ride.

Warner Brothers Studios
3400 Riverside Dr.
Burbank, CA 91505
✆ (818) 972-8687 und 1-877-492-8687
http://vipstudiotour.warnerbros.com
Mo–Fr 8.15–16 Uhr, Parken $ 7
Verschiedene Tourangebote, z.B. zwei Stunden VIP-Tour $ 52
Ein Muss für diejenigen, die einmal einen Blick hinter die Kulissen aktueller Film- und Fernsehproduktionen werfen wollen.

Historic Hollywood Boulevard Walking Tour
✆ (323) 465-6716
www.hollywoodheritage.org
Sa 9 Uhr, $ 10, telefonische Reservierung ist erforderlich
Hollywood Heritage zeigt auf einem rund 3,5-stündigen Spaziergang die historischen Höhepunkte von Hollywood. Ausgangspunkt ist Ecke Selma Ave. & Vine St., die Tour endet am Roosevelt Hotel.

Hollywood Forever Cemetery Tour
6000 Santa Monica Blvd.
Hollywood, CA 90038
✆ (818) 517-5988
www.cemeterytour.com

> **REGION 3**
> **Los Angeles**

Weithin sichtbar: die einstige Werbung für ein nobles Immobilienprojekt

»Die Hälfte aller Verrückten lebt in einem Umkreis von 50 Meilen um Los Angeles.«
Henry Truman

»Día de los Muertos«
(Tag der Toten) auf dem
Hollywood Forever
Cemetery

Termine telefonisch erfragen, $ 15
Bei der Tour über den Friedhof erfährt man Geschichten, Skandale und Geheimnisse über einige der hier begrabenen Hollywoodgrößen.

AMMO
1155 N. Highland Ave.
Los Angeles, CA 90038
✆ (323) 871-2666, www.ammocafe.com
Mo–Fr 11.30–14.30, Sa/So ab 10,
Mo–Do 18–22, Fr/Sa 17.30–23, So 17–21 Uhr
Die California Cuisine von Küchenchef Daniel Mattern legt Wert auf saisonale Gerichte und lokale Zutaten.
$$-$$$

Musso & Frank Grill
6667 Hollywood Blvd. & Cherokee Ave.
Los Angeles, CA 90028
✆ (323) 467-7788
www.mussoandfrank.com
Di–Sa 11–23 Uhr, So/Mo geschl.
Seit 1919 eine Institution in Hollywood, lange Treff von Autoren, Schauspielern und Musikgurus. Exzellentes vom Grill. Lunch und Dinner. $$-$$$

L'Oteria! Grill Hollywood
6627 Hollywood Blvd.
Los Angeles, CA 90028
✆ (323) 465-2500
http://loteriagrill.com
Tägl. 11–23, Fr/Sa bis 24, Sa/So ab 9 Uhr
Mexikanische Gourmetküche. Täglich Frühstück, Lunch und Dinner.
$-$$

Hollywood Bowl
2301 N. Highland Ave.
Los Angeles, CA 90068
✆ (323) 850-2000
www.hollywoodbowl.com
Veranstaltungskalender, Tickets und Preise online
Ein riesiges, natürliches Amphitheater für rund 18 000 Menschen. Geboten wird eine große Bandbreite an Musik, vor allem Klassik und Jazz. Im Sommer auch Sitz des Los Angeles Philharmonic Orchestra. Abends kann man unter freiem Himmel die Musik, sein Picknick (das Mitbringen von Essen ist ausdrücklich erwünscht!) und die Sterne genießen.

The Roxy Theatre
9009 W. Sunset Blvd. (West Hollywood)
Los Angeles, CA 90069
✆ (310) 278-9457
www.theroxyonsunset.com
Seit der Eröffnungsnacht 1973 mit Neil Young nah am Geschehen – mit Musik- und Lightshows, David Bowie und Bon Jovi eingeschlossen. Namhafte Gruppen: Rock, Pop, Jazz. Telefonisch Anfangszeiten und Programm erfragen.

Whisky A Go-Go
8901 W. Sunset Blvd. (West Hollywood)
Los Angeles, CA 90069
✆ (310) 652-4202 www.whiskya-gogo.com
Beliebter Musikclub. Live-Rock und Tanz. Hier erlebten »The Doors« ihren Durchbruch.

Weitere Routenvorschläge
Wer noch mehr Stücke von Big Orange kosten möchte, kann sich auch die beiden nachfolgenden Routen vornehmen, die je nach Vorlieben einen halben bis ganzen Tag in Anspruch nehmen.

6 Downtown Los Angeles

Aus der Ferne zeichnet sich die Kontur von Downtown meist matt und dunstig ab, erst durch Annäherung gewinnt sie an Schärfe. Trotz jahrzehntelanger Bemühungen, Downtown zum urbanen Zentrum des Siedlungsteppichs L. A. zu machen, sind die Erfolge bis heute allenfalls bruchstückhaft. Daran konnte auch die Disney Concert Hall wenig ändern, die ausdrücklich den Nebeneffekt haben sollte, Downtown aus dem kulturellen Dornröschenschlaf wachzuküssen. Aber das werden auch in Zukunft die Zentrifugalkräfte dieser Stadtanlage verhindern.

Am besten parkt man das Auto an der Ecke 3rd & Hill Streets, gegenüber dem **Grand Central Market**; danach kann man mit der **Angel's Flight Railway**, einer wiedererbauten Eisenbahn mit nicht einmal 100 Metern Länge und damit der kürzesten Eisenbahn der Welt, aufwärts zur S. Olive Street fahren und von dort zur South Grand Avenue laufen. An der Kreuzung zur 1st Street liegt die **Walt Disney Concert Hall**, ein gewaltiger Konzertsaal aus rostfreiem Stahl, der an ein Segelschiff erinnert – ein architektonischer und akustischer Geniestreich des kalifornischen Starachitekten Frank O. Gehry.

An der Ecke 3rd Street präsentiert das **Museum of Contemporary Art** (MOCA) von Arata Isozaki (1986) eine bedeutende Sammlung zeitgenössischer Kunst ab den 1940er Jahren. Der farbige, 23 Millionen Dollar teure Sandsteinbau mit mattweißen Oberlichtern über den unterirdischen Ausstellungsräumen ist komplett privat finanziert und verwaltet.

Zur Mittagzeit empfiehlt sich eine Pause bei **Bottega Louie** in Höhe der 7th Street.

Für Architektur- und Geschichtsinteressierte lohnt sich ein Besuch von **Union Station**, dem letzten großen Bahnhof in den USA, der 1939 in Downtown eröffnet wurde. Ein eigenwilliger Stilmix aus spanischer Missionsarchitektur, später Art déco und maurischen Anklängen, mit üppiger Kassettendecke, Marmorboden und schönen Wandkacheln. Eine Art Museum des Eisenbahnzeitalters, denn trotz der AMTRAK-Züge (www.amtrak.com) und der darunter liegenden U-Bahn ist das Menschengewusel der frühen Jahre abgeflaut. Dafür ist im Untergrund der Metrostation mehr los.

Nur ein paar Schritte entfernt liegt **El Pueblo de Los Angeles** (Olvera Street), die Keimzelle der Stadt. Am 4. September 1781 brachten hier die mexikanischen Siedler Los Angeles auf die Landkarte. Heute ist Olvera Street

REGION 3
Los Angeles

Als Frank O. Gehry, inzwischen weltweit gefeierter Stararchitekt, in den 1970er Jahren sein kleines Eigenheim in Santa Monica mit Maschendraht und schrägen Eisenstangen mutig verfremdete, wollten ihn die Nachbarn am liebsten aus der Stadt jagen.

Die Zeiten haben sich geändert. Heute blickt die ganze Welt bewundernd auf seine Architektur wie die schimmernde Stil- und Stahlblüte der Walt Disney Concert Hall.

Walt Disney Concert Hall, Los Angeles (Architekt: Frank O. Gehry)

REGION 3
Los Angeles

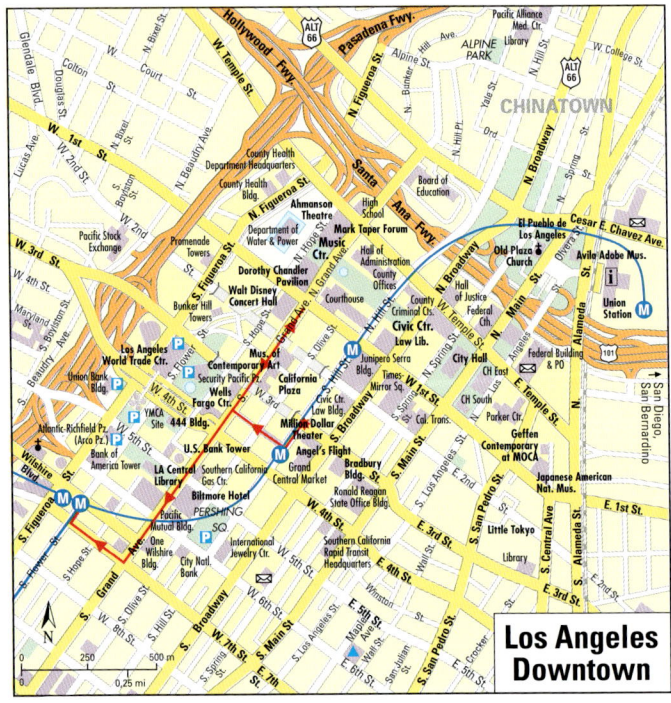

Los Angeles Downtown

ein kulinarischer und kunstgewerblicher Straßenzug im Stil von Old Mexico. So wünscht man sich hier das spanisch-mexikanische Erbe: gut gelaunt, unterhaltsam, schmackhaft und preiswert. Schließlich, ebenfalls ganz in der Nähe: **Chinatown**.

Die erste chinesische Siedlung musste Union Station weichen und zog ein paar Blocks nach Norden. Heute dominieren allerdings Vietnamesen das Viertel, während die meisten Chinesen östlich nach Monterey Park, Alhambra und nach San Gabriel gezogen sind.

Service & Tipps:

ⓘ Los Angeles Visitors Information Center
900 Exposition Blvd., Downtown
Los Angeles, CA 90007
℘ (213) 763-3466
Tägl. 9.30–17 Uhr

🚌 Angel's Flight Railway
351 S. Hill St.
Los Angeles, CA 90013
℘ (213) 626-1901
www.angelsflight.com
Tägl. 6.45–22 Uhr
Fahrpreis $ 0.50
Gleich gegenüber vom Grand Central Market kann man die kürzeste Eisenbahn (91 m Länge) der Welt nutzen, um zur California Plaza hochzufahren.

🚌 StarLine CitySightseeing Hop-On, Hop-Off
℘ (323) 463-3333 und 1-800-959-3131
www.starlinetours.com
24-Stunden-Ticket $ 44/25, 48 Stunden (mit freiem Eintritt bei Madame Tussauds) $ 59/35
Bietet drei kommentierte, jeweils zweistündige Hop-On, Hop-Off-Touren im Open-Air-Doppeldeckerbus: Downtown Los Angeles, Beverly Hills & Santa Monica und Hollywood & Beverly Hills. Die Touren haben 50 Haltestellen, an denen man innerhalb der Ticketzeit beliebig oft ein- und aussteigen kann.

REGION 3
Los Angeles

The Museum of Contemporary Art (MOCA)
250 S. Grand Ave. (California Plaza), Los Angeles, CA 90012
✆ (213) 626-6222, www.moca.org
Do–Mo 11–17, Do bis 20, Sa/So bis 18 Uhr, Di/Mi geschl., Eintritt $ 10/0 (Do 17–20 Uhr Eintritt frei)
Lemonade at MOCA gut für ein *lunch al fresco*.

Chinatown
943 N. Broadway (Old Chinatown Central Plaza)
Los Angeles, CA 90012
www.chinatownla.com
Wenn man die I-110 (Pasadena Fwy.) an der Ausfahrt Hill St. verlässt, kommt man zur ältesten Siedlung chinesischer Immigranten in den USA. In dem Viertel zwischen Hill St. & N. Broadway bzw. College & Bernard Sts. haben heute allerdings vietnamesische Geschäftsleute (Restaurants, Geschäfte und Galerien) das Sagen.

El Pueblo de Los Angeles
10 E. Olvera St.
Los Angeles, CA 90012
✆ (213) 628-1274
www.lasangelitas.org
http://elpueblo.lacity.org
Führungen Di–Sa 10, 11, 12 Uhr
1930 restaurierter Gründungsbezirk der Stadt mit historischen Bauten, mexikanischen Restaurants und Kunstgewerbeshops an der Olvera St. Sehenswert: die **Old Plaza Church**, **Avila-Adobe**, das älteste Haus in L. A. (1818), **Pico House** (der ehemalige Gouverneurspalast von 1870, 430 N. Main St.), **Merced Theatre** (420 N. Main St.) und der Backsteinbau des **Old Plaza Firehouse** (1884).

Union Station
800 N. Alameda St.
Los Angeles, CA 90012
✆ (213) 683-6875
Bahnhof von 1939, der letztgebaute der Union Stations in den USA.

Walt Disney Concert Hall
111 S. Grand Ave.
Los Angeles, CA 90012
✆ (323) 850-2000, www.laphil.com
Architektonischer und akustischer Geniestreich des Stararchitekten Frank O. Gehry auf dem Hügel von Bunker Hill: Die schimmernde Stil- und Stahlblüte dient den Heimspielen des Los Angeles Philharmonic Orchestra im Winter. Touren werden i.d.R. täglich angeboten. Sehenswert ist auch die Dachterrasse.

Grand Central Market
317 S. Broadway & 3rd. St.
Los Angeles, CA 90013
✆ (213) 624-2378
www.grandcentralsquare.com
Tägl. 9–18 Uhr
Der quirlige Lebensmittel- und Imbissmarkt, der die Angelenos schon seit 1917 versorgt, ist nach seiner Renovierung noch schöner geworden.

Bottega Louie
700 S. Grand Ave.
Los Angeles, CA 90017
✆ (213) 802-1470
www.bottegalouie.com
Tägl. Frühstück, Lunch und Dinner
Das selbstgemachte Baguette und die Patisserie erinnern an Paris, während die Küche bestes italienisches Essen serviert. Schöner offener Raum mit hohen Decken und sehr gutem Service. Leider manchmal etwas laut. $$

Blick auf den Turm der Historic Union Station in Downtown Los Angeles

**REGION 3
Los Angeles**

Vgl. Karte S. 60/61.

❼ Mid-Wilshire
Museen und Shoppingtour

Mid-Wilshire ist ein ethnisch und ökonomisch diverses Viertel entlang von Wilshire Boulevard zwischen Fairfax und La Brea Avenue – ein Mix aus teilweise gut erhaltener historischer Bausubstanz und Neubaukomplexen. Sehenswert ist Mid-Wilshire aber vor allem wegen seiner außergewöhnlichen Museen an der **Museum Row**, denn Los Angeles' Kunstszene hat natürlich vieles mehr zu bieten als das Getty Center.

Beginnen sollte man am besten zu Fuß an der Kreuzung Wilshire und Fairfax mit dem **LA County Museum of Art** (LACMA), einem enzyklopädischen Museum, in dem man leicht einen ganzen Tag verbringen kann. Bemerkenswert ist u.a. eine der weltweit wichtigsten Sammlungen islamischer Kunst.

Nebenan liegt das **Page Museum** mit spektakulären Fossilien aus den benachbarten Teergruben der La Brea Tar Pits.

Auf der anderen Straßenseite wartet dann noch ein kleines Juwel des Kunsthandwerks, das kleine, volkskundliche **Craft and Folk Art Museum**. Für Liebhaber amerikanischer Autokultur ist schließlich das **Petersen Automotive Museum** ein Leckerbissen.

Wer nach so viel Kunst noch genug Energie für einen Einkaufsbummel hat, kann im Anschluss ein paar Blocks weiter den im Jahre 1934 erbauten **Farmers Market** besuchen, der heute Dutzende von Minimärkten, Essständen, Restaurants und Cafés beherbergt. In der Nachbarschaft liegt **The Grove**, neben der Santa Monica Mall eine der wichtigsten Shoppingadressen in L. A., und präsentiert in eklektischer, europäischer Architektur unter freiem Himmel Springbrunnen, Flagship-Stores, edle Boutiquen und Restaurants.

Mid-Wilshire: der MacArthur Park im Vordergrund, rechts der Wilshire Boulevard, im Hintergrund die Skyscraper von Downtown Los Angeles

Service & Tipps:

 Craft and Folk Art Museum (CAFAM)
5841 Wilshire Blvd.
Los Angeles, CA 90036
℡ (323) 937-4230, www.cafam.org

Di–Fr 11–17, Sa/So 12–18 Uhr
Eintritt $ 7/0
Zeigt Kunsthandwerk aus aller Welt, z.B. japanische Papierkunst, Keramikarbeiten der Zulus oder palästinensische Stickereien. Wechselnde Ausstellungen.

🏛 La Brea Tar Pits & Page Museum
5801 Wilshire Blvd.
Los Angeles, CA 90036
✆ (323) 934-7243, www.tarpits.org
Tägl. 9.30-17 Uhr, Eintritt $ 12/5
La Brea Tar Pits ist eine Ansammlung natürlicher Teergruben im Hancock Park. Die asphaltreichen Sedimente des rund 40 000 Jahre alten Teerpools sind eine spektakuläre Fossilfundstelle. Das benachbarte Page Museum zeigt die besten der dort gefundenen Wirbeltierarten, z. B. Mammuts und Säbelzahnkatzen.

🏛 Los Angeles County Museum of Art (LACMA)
5905 Wilshire Blvd.
Los Angeles, CA 90036
✆ (323) 857-6000, www.lacma.org
Mo/Di, Do 11-17, Fr 11-20, Sa/So 10-19 Uhr, Mi geschl., Eintritt $ 15/0
1964 von William Pereira erbaut; seit 1986 sind verschiedene Gebäude hinzugekommen, zuletzt das **Broad Contemporary Art Museum** (2008) und der **Lynda & Stewart Resnick Exhibition Pavilion** (2010), beide von Renzo Piano entworfen. Das enzyklopädische Museum umfasst heute mehr als 100 000 Werke aus allen Teilen der Welt und reicht von der Antike bis zur Moderne. LACMA bietet vor allem herausragende Sammlungen lateinamerikanischer, islamischer und asiatischer Kunst.

🏛 Petersen Automotive Museum
6060 Wilshire Blvd.
Los Angeles, CA 90036
✆ (323) 964-6356, 930-2277
www.petersen.org
Museum tägl. außer Mo 10-18 Uhr
Discovery Center Di-Fr 10-16, Sa/So bis 17 Uhr, Eintritt $ 12/3
Traumhafte Oldtimer und ein Discovery Center, das Lehrgänge durch die Autokultur vermittelt, die L. A. von jeher mehr geprägt hat als jede andere Stadt der Welt.

🎭 Farmers Market
6333 W. Third St. (Fairfax Ave.)
Los Angeles, CA 90036
✆ (323) 933-9211
www.farmersmarketla.com
Mo-Fr 9-21, Sa 9-20, So 10-19 Uhr
Eine Institution seit 1934. Heute Tischlein-Deck-Dich mit Kulinaria aus aller Welt: Markt, Restaurants, Geschäfte. 2 Std. kostenloses Parken für Kunden.

🎭 The Grove
189 The Grove Dr.
Los Angeles, CA 90036
✆ (323) 900-8080
www.thegrovela.com
Mo-Do 10-21, Fr/Sa 10-22, So 10-20 Uhr
Gleich neben dem Farmers Market lässt die aufwendig gestaltete Outdoor Mall mit Springbrunnen, Geschäften, Restaurants und Kinos kaum einen Konsumwunsch offen.

🧘 Aroma Wilshire Center
3680 Wilshire Blvd.
Los Angeles, CA 90010
✆ (213) 387-2111
www.aromaresort.com
Erschöpft? Regeneration erforderlich? Dann sollte man in jedem Fall zwei Stunden einplanen für Fitness, Sauna, Massage, Schwimmen und vieles mehr.

Outdoor Mall The Grove

**REGION 3
Los Angeles**

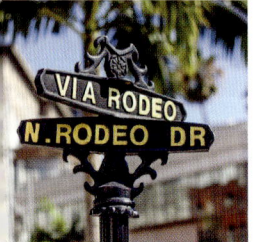

❽ Beverly Hills

Beverly Hills ist eine Stadt für sich, die mit der territorialen Umarmung durch L. A. nichts zu tun haben will: Ein Shangri-La der Superreichen mit rund 35 000 Einwohnern, 33 000 Bäumen und den meisten Gärtnern pro Kopf in den gesamten USA. Wie sagte Jean Cocteau? »Ein Mensch zu Fuß ist suspekt.« Tatsächlich, so manch gutgläubiger Tourist, der sich hier nur mal die Beine vertreten wollte, endete in polizeilichem Gewahrsam.

Krankenhäuser, Friedhöfe und Beerdigungsinstitute sind nicht erlaubt – ebenso wenig wie Zigarettenkippen, Reklametafeln und McDonalds-Läden. Die Wohnhäuser ziehen sich in die Santa-Monica-Berge hinein, je höher, je teurer. Im Süden liegt das Mekka des Materialismus: Luxusboutiquen entlang dem Rodeo Drive, Dutzende Plastikchirurgen. Hier kauft man sich neue Schuhe und ein neues Gesicht. Gut aussehen ist ein hartes Geschäft in Beverly Hills, gepflegte Haut, volles Haar und feine Klamotten sind Pflicht.

Eingerahmt von L. A. hat man stets auf Eigenständigkeit Wert gelegt. Früher plante man sogar, eine Mauer um die Stadt ziehen zu lassen. Viele Anwohner sind auf die vielen Tourbusse sauer, mit denen Touristen durch die Enklave geschleust werden. Die Superreichen verkriechen sich deshalb mehr und mehr und ziehen sich hinter Security-Gitter zurück.

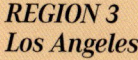

REGION 3
Los Angeles

Service & Tipps:

The Paley Center for Media
465 N. Beverly Dr. & S. Santa Monica Blvd.
Beverly Hills, CA 90210-4601
✆ (310) 786-1000
www.paleycenter.org
Mi–So 12–17 Uhr
Eintritt $ 10/5
Das weiße und schlicht-elegante Museum, von Richard Meier durch den Umbau einer ehemaligen Bank geschaffen, beheimatet ein Archiv von über 100 000 Radio- und TV-Programmen und Werbesendungen *(commercials)*, die sich der Besucher anhören oder -sehen kann. Historisch bedeutsame Medienereignisse werden in kleinen Theaterräumen präsentiert.

Rodeo Collection
421 N. Rodeo Dr.
Beverly Hills, CA 90210
✆ (310) 276-9600
Elegantes Einkaufszentrum mit luxuriösen Geschäften bekannter Designer, Restaurant und ansprechendem Innenhof.

Disneyland in Anaheim

Disneyland

Der weltberühmte, 1955 eröffnete Themenpark ist in acht »Lands« eingeteilt – Main Street U.S.A., Tomorrowland, Fantasyland, Mickey's Toontown, Frontierland, Critter Country, New Orleans Square and Adventureland. Heute verfügt er über 60 Attraktionen und mehrere Resorthotels.

Mit dem **Disney California Adventure Park** wurde der Park 2001 erweitert (Baukosten: $ 1,1 Mrd.). Er stellt die Highlights des Golden State zu einer dreidimensionalen Postkartensammlung zusammen, durchmischt mit Achterbahnen, Monorail-Shuttle, Schlauchbootrutschen, Kinoprogrammen und zwei Dutzend Shows. Außerdem gehört **Downtown Disney** zum Fun-Angebot (zwischen Disneyland und Adventure California): ein Komplex aus Shops, Restaurants und Musikclubs.

Service & Tipps:

 Disneyland
1313 S. Disneyland Dr.
 Anaheim, CA 92802
✆ (714) 781-4565
 www.disneyland.com, Mo–Do 10–20, Fr 9–24, Sa/So 8–24 Uhr,
 im Sommer und an Feiertagen länger
Parkgebühr $ 16, Tagesticket für alle Attraktionen $ 92, Kinder (3–9 Jahre) $ 86

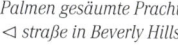

Palmen gesäumte Prachtstraße in Beverly Hills ◁

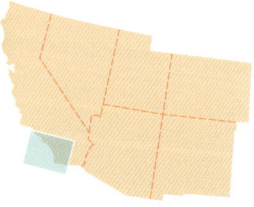

**REGION 4
Southern California**

Beach Boys & Car Culture

Southern California

Seit immerhin 1850 will sich das nördliche Kalifornien am liebsten vom Süden abspalten. Der war schon immer unsympathisch – wegen dessen Politik, die die Interessen des Nordens missachtete, seines wirtschaftlichen Expansionsdrangs *(urban sprawl)* und seiner Gier nach Energiequellen. Überhaupt gilt der Norden als insgesamt umweltbewusster als der zersiedelte Süden.

Wo genau die Grenze zwischen beiden Welten verläuft, darüber gibt es unterschiedliche Auffassungen. Die meisten sagen: bei Santa Barbara, andere sagen: spätestens bei Los Angeles. Egal, wenn die Sonne scheint, dann sind im Süden alle auf den Beinen, die Surfer und Wasserratten, die Picknickgruppen und Volleyballer. Southern California: das Synonym für strandnahe Sport-, Körper- und Autokultur! In den frühen 1960er Jahren sah der Rest Amerikas diese Kultur zuerst im Fernsehen: die flotten Teenies in schick lackierten Vans und die Beach Boys. Heute hat sich die Szene perfektioniert. Die Autos sind teurer geworden, der Machokult der *beach bumps* größer und der Transistorensound aggressiver. Auch der Gerätepark hat an technischer Raffinesse zugelegt – fürs Sky

San Diego County - ein echtes Paradies für Surfer

Diving, Dünen-Buggies und *hang glider*. Nur die Surfer sind sich ziemlich treu geblieben – und mit ihnen die sie scharenweise bewundernden Girls, allesamt so ebenmäßig gebräunt, als hätte man ihnen Gold per Airbrush aufgetragen. Das gilt immer schon als spezifisch kalifornisch. Wie man seine Haut zu Markte trägt, davon versteht man hier was. Lieber ein *health nut* sein als ein *couch potato*.

REGION 4
Southern California

»Surfers Dog«

Südkalifornien

Mexiko liegt um die Ecke, und an den Grenzzäunen von Tijuana, spätestens, wird die Variation des kalifornischen Themas »Mexican-American« akut. Hier am sogenannten Tortilla-Vorhang lebt die Dritte Welt Wand an Wand mit einem der reichsten Länder der Erde. Der Import von billigen Arbeitskräften hat hier wie überhaupt im Südwesten der USA Tradition. Statt kleiner Familienbetriebe gab es im Wesentlichen nur riesige *Ranchos*, die schon immer auf Hilfs- und Wanderarbeiter angewiesen waren. Zur Zeit der Missionen arbeiteten die Indianer in dieser Rolle, dann, nach Vollendung des Eisenbahnbaus, die Chinesen und schließlich, nach der Mexikanischen Revolution (1910–15), die Mexikaner. Neben den *braceros*, die eine offizielle Arbeitserlaubnis hatten, waren es illegale Einwanderer, die sogenannten *wetbacks*. Die Letzteren hatten sich mit den geringsten Löhnen abzufinden und in überfüllten *Barrios* zu leben.

Die Lage ist heute zwar insgesamt entspannter, aber keineswegs grundlegend anders. Weiterhin strömen die *wetbacks* über die grüne Grenze und Kontrollen nützen nichts, weil die territoriale Nachbarschaft symbiotischer Natur ist. Mexiko lindert auf diese Weise sein Arbeitslosenproblem, und Kalifornien profitiert von ebenso billigen wie willigen Arbeitskräften. Wie sich die Zeiten verändert haben! Jene, die vor Ankunft der Gringos die Herren im Land waren, kehren als abhängige *farm hands* zurück. Aufs Ganze gesehen zählen die Landarbeiter zu den letzten gesellschaftlichen Gruppen, die sich in Kalifornien gewerkschaftlich organisiert haben. Erst in den 1960er Jahren gelang es dem 1993 verstorbenen Arbeiterführer Cesar Chavez durch Streiks und politische Kampagnen, die United Farm Workers zu organisieren, was allerdings den Trend zu maschinellen Ernteverfahren beschleunigte.

Seither verbesserte sich jedoch die Lage der mexikanischen Immigranten. Man erleichterte ihnen den Zugang zu besserer Ausbildung und höherer Bildung. Einen Teil dieser Erfolge verdanken sie ihrer militanten Organisation, den Chicanos, die mit ihrem kämpferischen Solidaritätsappell »Viva la Raza« ein neues Selbstbewusstsein der Mexiko-Amerikaner schufen.

Bemalter Autobahnpfeiler in San Diego

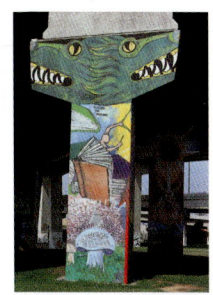

**REGION 4
Southern California**

❶ Carlsbad

Der Name klingt nach böhmischen Dörfern, und das nicht ohne Grund. Ende des 19. Jahrhunderts fand man, dass zwei hiesige Mineralquellen denen im (damals) berühmten Karlsbad in Böhmen glichen. An Alt-Karlsbad erinnert heute ein romantisches Pfefferkuchenhaus an der Straße.

Service & Tipps:

Carlsbad Chamber of Commerce
5934 Priestly Dr.
Carlsbad, CA 92008
✆ (760) 931-8400
www.carlsbad.org

 Legoland California
1 LEGO Dr. (Exit Cannon Rd. ab I-5)
Carlsbad, CA 92008
✆ (760) 918-5346
www.legoland.com
Im Sommer tägl. 10–17, im Sommer bis 21 Uhr, sonst Di/Mi geschl.
Parken $ 15 (Camper $ 20)
Eintritt $ 78/68
Vergnügungspark für die ganze Familie: berühmte amerikanische Bauten aus Legosteinen im Miniformat, Kirmesattraktionen.

Torrey Pines State Reserve
12600 N. Torrey Pines Rd.
Carlsbad, CA 92037
✆ (858) 755-2063
www.torreypine.org
www.parks.ca.gov
Tägl. 8 Uhr bis Sonnenuntergang, Visitor Center und Museum im Sommer 9–18, im Winter 10–16 Uhr
Eintritt $ 10 pro Auto, Fr–So $ 12–15
Die landschaftlich schönen Strand-Enklaven sind besonders bei Familien gefragt; Surf-Kids sieht man nur ab und zu. Aber wenn, dann schweben sie oft mit den Delfinen über die Wellen und werden von deren Freudensprüngen begleitet.
Oberhalb des Strandes kann man auf den Trails wandern (reiche Flora, tolle Ausblicke) und zu den verschiedenen Stränden hinunterklettern. (Alternativ: es gibt auch einen unteren Parkplatz für den Strand.) Am Wochenende geführte Wanderungen um 10 und 14 Uhr. Beste Besuchszeit April/Anfang Mai.

 Batiquitos Lagoon Ecological Reserve
7380 Gabbiano Lane
Carlsbad, CA 92011
✆ (760) 931-0800
www.batiquitosfoundation.org
Stille Wasserlandschaft mit blauer Lagune und sandigem Boden, seltener Flora und reicher Fauna, darunter Falken, Enten, Wattvögel, Eulen, Schmetterlinge, Kormorane und Pelikane. Jogging- und Wanderweg, toller Golfplatz.
Anfahrt: I-5, Exit Poinsettia Lane East, South on Batiquitos Dr., rechts an Gabbiano Dr.

 Norte
3003 Carlsbad Blvd.
Carlsbad, CA 92107
✆ (760) 729-0903
Mexikanische Gerichte – drinnen und draußen. Cocktail Lounge. Lunch und Dinner. $

Pfefferkuchenstil: Alt-Karlsbad in Carlsbad

❷ Huntington Beach

An Sommerwochenenden tummelt sich an dieser beliebten Surf-Adresse die südkalifornische Beachszene: chromblitzende Vans, donnernde Harleys, muskulöse Blondschöpfe und quietschende Girls.

> **REGION 4**
> *Southern California*

Service & Tipps:

🏛 **International Surfing Museum**
411 Olive Ave. (Nähe Pier)
Huntington Beach, CA 92648
✆ (714) 960-3483
www.surfingmuseum.org
So/Mo 12–17, Di 12–21, Mi–Fr 12–19, Sa 11–19 Uhr
Ein kleines, aber feines Museum zur Surfkultur der Westküste – Surfing Hall of Fame mit Surf Pioneers und Champions, Bretter, Videos, Musik.

ⓘ **Visitor Information Kiosk**
325 Pacific Coast Hwy.
Pier Plaza
Huntington Beach, CA 92648
✆ (714) 969-3492 und
1-800-729-6232
www.surfcityusa.com
Mo–Fr 12–17, Sa/So 11–17 Uhr

❸ Julian

Die guten Stuben liegen an der Main Street, wo es so ziemlich alles gibt, was nach einem Wüstentrip gefragt ist. Hier steht auch das berühmte Julian Hotel, fast der einzige Zeuge der glanzvollen Gold-Rush-Tage des Städtchens. Erst verhältnismäßig spät (1870) wurde man hier fündig, und die Kunde davon verwandelte den Ort über Nacht in eine Stadt aus Zelten und Bretterbuden.

Nach dem Ende des Booms besann man sich auf die Apfelzucht, und seither lebt Julian gut vom Obst, weil es auch den Fremdenverkehr beflügelt. Besonders zur Erntezeit im Herbst kreist alles um den Apfel, den *cider*, den Kuchen und vor allem den schon sprichwörtlich gewordenen *Julian apple pie*, einen köstlichen heißen Strudel wie aus Großmutters Zeiten. Ob duftender Strudel, goldene Vergangenheit oder beides – an den Wochenenden bekommt Julian so viel Besuch, dass man sich auf den wenigen Straßen ringsum wie auf dem Freeway in Los Angeles fühlt.

Immer noch erzählen die Julianer gern, dass seinerzeit nur ein paar Stimmen gefehlt hätten, um Julian zur Provinzhauptstadt zu machen – und eben nicht San Diego. Man munkelt, die aus dem Flachland hätten damals die Bergbewohner hinterhältig mit billigem Fusel vollgekippt, um sie vom Urnengang abzuhalten.

Service & Tipps:

☕ **Julian Drug Store and Candy Mine**
2134 Main & Washington Sts.
Julian, CA 92036
Freundlicher Drugstore seit 1886 mit *soda fountain*: freundlich, sauber, gut und preiswert. $

☕ **Julian Cafe & Bakery**
2112 Main St., Julian, CA 92036

✆ (760) 765-2712
Seit 1872 Herzhaftes und Süßes (Bäckerei!) einschließlich des *Julian apple pie*. Frühstück, Lunch und Dinner. $

👕 **Julian Hardware & Mercantile**
2111 Main St., Julian, CA 92036
✆ (760) 765-0123
Karierte Hemden, Jeans und Nützliches für die rauen Berge.

ⓘ **Julian Chamber of Commerce**
2129 Main & Washington Sts.
Julian, CA 92036
✆ (760) 765-1857
www.julianca.com

❹ Laguna Beach

Laguna Beach hält so viel auf sich, dass hier (für Kalifornien) ausnahmsweise einige der schönsten Strände privat sind. Man tut also gut daran, die Hinweisschilder für öffentliche Zugänge zum Strand genau zu beachten. Im Ort passieren Galerien und das pinkfarbene Kunstmuseum Revue – Laguna Beach präsentiert sich gern als Künstlerkolonie. Vernissagen, Ausstellungen und Festivals halten diesen Kunstmarktplatz und seine rund 25 000 Einwohner wirtschaftlich auf Trab. Bei den beluchten Zweihäuslern aus Los Angeles und

**REGION 4
Southern
California**

Orange County steht der Ort hoch im Kurs. Der lukrative Trend des Strandstädtchens wurde durch das Pageant of the Masters-Spektakel ausgelöst, eine Kunst-Show, bei der Schauspieler Sujets berühmter Tafelbilder aus der Geschichte der Malerei nachstellen, Stillleben mit Figuren und Requisiten.

Service & Tipps:

Laguna Beach Visitors & Convention Bureau
381 Forest Ave.
Laguna Beach, CA 92651
(949) 497-9229 und 1-800-877-1115
www.lagunabeachinfo.com

Las Brisas
361 Cliff Dr.
Laguna Beach, CA 92651
(949) 497-5434
www.lasbrisaslagunabeach.com
Mo-Sa 8-23, So 9-22 Uhr
Anspruchsvolle mexikanische Küche mit toller Lage am Meer. $$-$$$

The Beach House
619 Sleepy Hollow Lane, Laguna

Hase beim Strandgang: in Laguna Beach

Beach, CA 92651, (949) 494-9707
www.thebeachhouse.com
Nettes Lokal am Strand – Hauptsache: Meeresfrüchte. Cocktail Lounge.
Lunch ($) und Dinner. $-$$

The Greeter's Corner
329 S. Coast Hwy.
Laguna Beach, CA 92651
(949) 494-0361
Guter Platz zur Stärkung – auf der Terrasse, dem Strand gegenüber. $-$$

Ausflugsziele:

Crystal Cove State Beach
8471 Pacific Coast Hwy. zwischen Corona del Mar und Laguna Beach, CA 92651
(949) 494-3539
www.crystalcovestatepark.com
Tägl. 6 Uhr bis Sonnenuntergang
Parken $ 15 pro Tag
Schöner Strand mit Wanderwegen.
Am besten parkt man am Reef Point.

Salt Creek Beach Park
33333 S. Pacific Coast Hwy.
(ab Hwy. 1 südl. von Laguna Beach)
Dana Point, CA 92629
(949) 923-2280, www.ocparks.com
Tägl. 5-24 Uhr, Parken $ 1 pro Stunde
Eingang: Ecke Pacific Coast Hwy. & Ritz Carlton Dr. und die Stufen zum Strand hinunter, der sich bis Dana Point an einem Steilufer hinzieht.

❺ Oceanside

Wegen der Nähe zum Militärcamp Pendelton beziehen hier überwiegend Soldaten mit ihren Familien Quartier am Strand. Ganz in der Nähe liegt die **Mission San Luis Rey de Francia**. Der strahlend weiße Baukörper mit seinen luftigen Holzdecken ist einer der größten im ehemaligen Alta California, 1798 gegründet und nach dem französischen König Louis IX. benannt.

Oceanside Chamber of Commerce
928 N. Coast Hwy.
Oceanside, CA 92054
(760) 722-1534
www.oceansidechamber.com

Service & Tipps:

Love Boat Sushi
125 Old Grove Rd. # 5

Oceanside, CA 92057
(760) 721-3737
www.loveboatsushi.com
Tägl. 11.30-21.30, Fr/Sa bis 22 Uhr

Japanische Sushi-Bar und Seafood-Restaurant. $

🏛 Mission San Luis Rey de Francia
4050 Mission Ave., ein paar Minuten östl. von Oceanside, CA 92057
☎ (760) 757-3651
www.sanluisrey.org
Tägl. 7–17 Uhr, Museum Mo–Fr 9.30–17, Sa/So 10–17 Uhr
Eintritt Museum $ 5/3

> REGION 4
> *Southern California*

❻ San Diego

Bunt und munter: das Shoppingparadies der Horton Plaza in San Diego

Verwöhnt von Sonne und sanften Brisen, gut situiert zwischen Küste und Wüste, dem Meer und Mexiko, hat San Diego, die Geburtsstadt Kaliforniens und heute dessen zweitgrößte, in den letzten Jahren Punkte gesammelt. Rund 13 Millionen Besucher wollen sich davon jährlich ein eigenes Bild machen: Nach Industrie und Militär besetzt der Tourismus Rang drei auf der Wirtschaftsskala.

Großstädtische Probleme scheinen hier besser im Griff als in anderen kalifornischen Metropolen: Smogbelastung, Kriminalität, Stadt- und Regionalplanung. »San Diego wird immer schöner«, schwärmen nicht nur Lokalpatrioten, sondern längst auch Gäste, die früher die Stadt für den Alterssitz wohlhabender Rentner und Marineoffiziere a.D. hielten und deshalb lieber links liegen ließen. Vorbei. Eine leichte Lebensart durchweht die Hafenstadt, die mit ihren 1,3 Millionen Einwohnern (San Diego County knapp fünf Millionen) mit urbanen Qualitäten ebenso aufwartet wie mit viel Auslauf und Entspannung.

Besonders in Downtown, lange ein Sorgenkind, hat San Diego Hausputz gehalten. Bei ihrem Herzstück, der **Horton Plaza**, haben italienische Renaissance, Art déco und die nautische Formensprache gemeinsam Pate gestanden: so verspielt mixt der Shoppingkomplex Bullaugen, Kommandobrücken, Bögen und Pfeiler, Neon und Metall. Umgeben ist die muntere Mall von dem gefällig sanierten **Gaslamp Quarter**, ein paar Straßenblocks mit viktorianischen Fassaden, hinter denen gemütliche Cafés, schicke Restaurants und Läden nisten. Extratupfer bringt der Frühling mit den Jacarandas, den lilablühenden Trompetenbäumen. Abends kommen noch ein paar *adult video shops* ans Licht: Relikte des ehemaligen *red light district*, dem in erster Linie die Seemänner beim Landgang zugetan waren.

Von der stadterneuerten Konsumszene zur grünen Bühne für den Freizeitspaß: zum **Balboa Park**. Vor allem an Sonntagen ziehen die San Diegans in Scharen in diesen weitläufigen Volksgarten, um es sich gut gehen zu lassen – mit Kind und Kegel, Fahrrad und Grillwürstchen. Mitten in der Großstadt vereint der Balboa Park Museen, Theater, Gewächshäuser und einen Weltklasse-Zoo. Die meisten Dekorbauten sind Überbleibsel der Panama-California-Welt-

In scharfem Kontrast zum gepflegten Coronado steht das Milieu, in das man, kurz nachdem man die Halbinsel verlassen hat, zunächst eintaucht, wenn man die erste mögliche Abfahrt wählt. Unter den Auffahrtsrampen der ebenso fragilen wie schwungvoll geführten Brücke wächst nämlich auf der Stadtseite ein ungewöhnlicher Wald aus Riesenbildern – die Wandmalereien des Chicano Park, eines Wohnviertels der Mexiko-Amerikaner.

Ursprünglich als ästhetische Protestaktion gegen den Bau der Betonstelzen entstanden, erzählen die großflächigen Bilder von der glorreichen Geschichte, den gegenwärtigen Problemen im Barrio und den Zukunftsvisionen dieser Minderheit. Erstaunlich, dass trotz der engen Nachbarschaft zu Mexiko der hispanische Bevölkerungsanteil in San Diego kaum mehr als 15 Prozent beträgt.

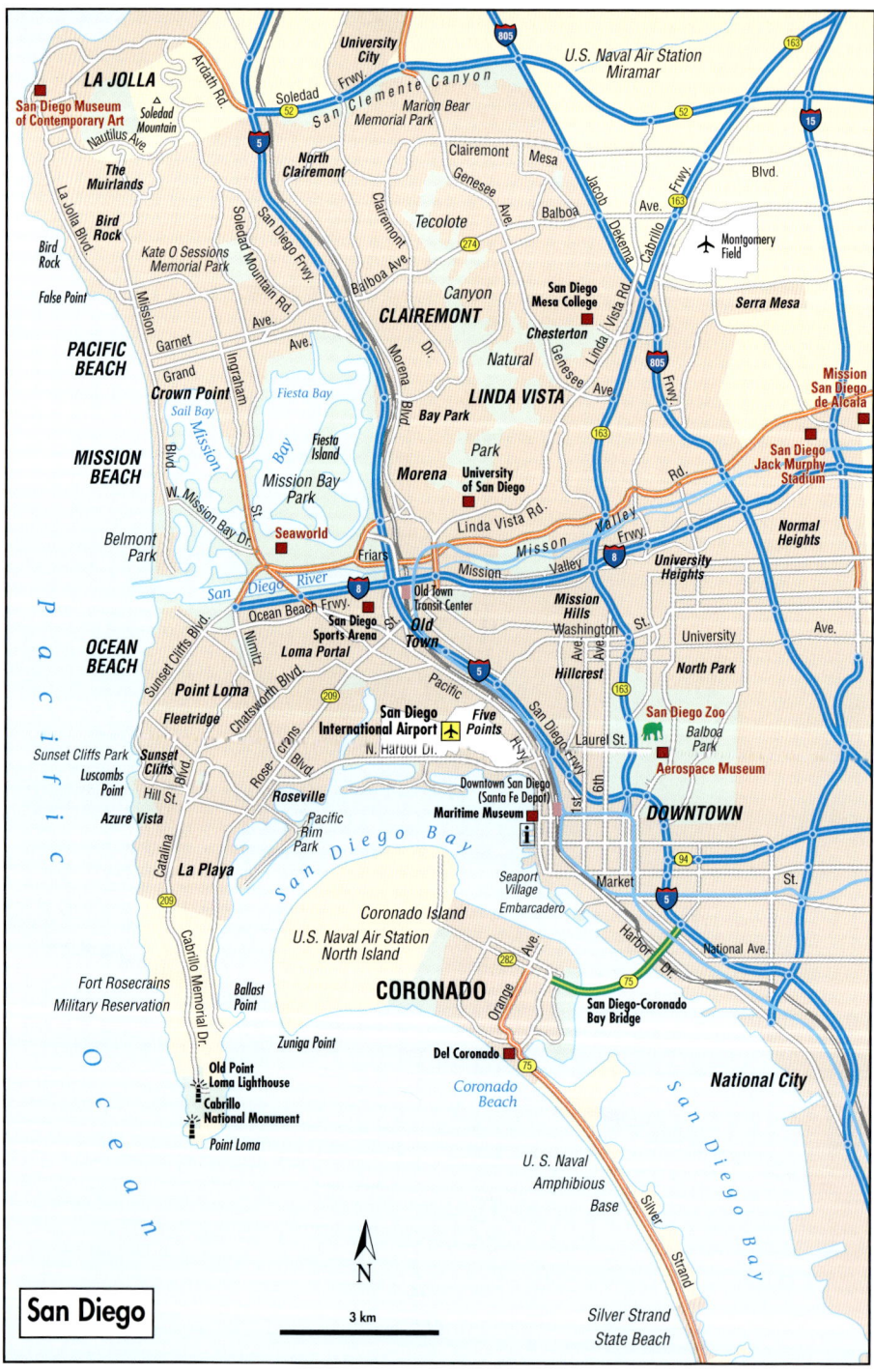

> **REGION 4**
> ***Southern California***

ausstellung (1915/16) oder stammen noch aus den 1930er Jahren von der California Pacific Exposition.

Wer später ernsthaft behaupten will, in San Diego gewesen zu sein, der muss ganz einfach **SeaWorld** gesehen haben, das lebende Wassergesamtkunstwerk aus und mit dressiertem Meeresgetier, dessen ausgefeilte Kunststücke im Zusammenspiel mit der Akrobatik der Wasserskitruppe alle Zweifel über die Berechtigung der happigen Eintrittspreise zerstreut.

Weniger sensationell als beschaulich verläuft in der Regel ein Spaziergang am **Embarcadero**. Unbehelligt vom Straßenlärm kann man hier endlos am Wasser der San Diego Bay entlanglaufen (oder -radeln), vorbei am Maritime Museum mit seinen alten Pötten zum **Seaport Village**, dem Ensemble hübscher Holzbauten, teils an Land und teils auf Stelzen im Wasser, mit Restaurants, Läden und Bänken für den Genuss des Sonnenuntergangs.

Natürlich lockt San Diego mit höchst vielseitigen Küstenpartien: steilen und steinigen, (z.B. Sunset Cliffs) flachen und sandigen (z.B. Mission, Pacific und Coronado Beach) oder mit Buchten. Für letztere ist der Ortsteil **La Jolla**, der Standort der Universität von Kalifornien in San Diego, ein gutes Beispiel. Hier ist erst mal die große, palmenumstellte Picknickwiese bei den meerumspülten Felsbuchten attraktiv, von denen der Ort auch seinen Namen hat: »La Jolla«, spanisch für Höhle, Grube, Flussbett. Hier vorne räkeln sich die Robben in der Sonne, während die Möwen die Picknickreste durchforsten. In den naturgeschützten Unterwasser-Canyons vor den handtuchgroßen Sandstränden sind Taucher und Schnorchler Seeanemonen und Einsiedlerkrebsen auf der Spur. In der Brandung tummeln sich die *boogie boarders* (Surfer auf halbhohen Schaumstoffbrettern) und *body surfer*. Weil die Sandsteinbrocken und Strömungen keinen idealen Kinderspielplatz ausmachen, hat man einen Children's Beach geschaffen. Populärer Familientreff und Sportschau – das macht den Reiz des Küstenstücks aus. La Jolla selbst bietet eine Shopping- und Restaurantauswahl vom Feinsten. Nicht zuletzt wegen seiner Ozeannähe zählt das **Museum of Contemporary Art** zu den baulichen Schmuckstücken – mit einer sehenswerten Sammlung, Eingangshalle und Lichtführung.

Entschließt man sich zum Besuch der **Coronado-Halbinsel**, wird man früher oder später auf das **Hotel Del Coronado** stoßen. Dieses Flaggschiff der kalifornischen Hotelbranche verdankt seine Entstehung (1880) dem Wunsch eines Eisenbahnmagnaten, der sich ein Lustschloss im europäischen Stil in die Neue Welt holen wollte.

San Diego Bay bei Nacht; im Vordergrund der San Diego Yacht Club

REGION 4
Southern California

ⓘ **International Visitor Information Center**
1140 N. Harbor Dr. (Downtown)
San Diego, CA 92101
✆ (619) 236-1212
www.sandiego.org
Im Sommer tägl. 9–17, sonst 9–16 Uhr

Entertainment im Balboa Park, San Diego

Service & Tipps:

 Museum of Contemporary Art San Diego (La Jolla)
700 Prospect St.
La Jolla, CA 92037-4291
✆ (858) 454-3541
www.mcasd.org, tägl. außer Mi 11–17, 3. Do im Monat 11–19 Uhr
Eintritt $ 10/0, 3. Do im Monat Eintritt frei
Ehemalige, von Robert Venturi beeindruckend um- und ausgestaltete Villa am Meer mit kleiner, aber sehenswerter Sammlung: Fenster zur Kunst und zum Pazifik. Nettes **Museumscafé** (✆ 858-456-6427, Lunch) und gut sortierte Kunstbuchhandlung.

 **San Diego Maritime Museum**
1492 N. Harbor Dr.
San Diego, CA 92101
✆ (619) 234-9153
www.sdmaritime.com
Tägl. 9–20, im Sommer bis 21 Uhr
Eintritt $ 16/8
Museumsschiffe, u. a. die »Star of India« (1863), die »Berkeley« (1898), »The Medea« (1904).

 San Diego Museum of Art
1450 El Prado, Balboa Park
San Diego, CA 92101
✆ (619) 232-7931, www.sdmart.org
Tägl. außer Mi 10–17, So 12–17 Uhr
Eintritt $ 12/4.50
Renaissance-, Barock- und europäische Malerei des 19. Jh.

 Mission Basilica San Diego de Alcalà
10818 San Diego Mission Rd.
San Diego, CA 92108-2429
✆ (619) 283-7319
www.missionsandiego.com
Tägl. 9–16.45 Uhr, Eintritt $ 3/1
Sehenswerte Missionskirche von 1769, die erste im Verbund der 21 in Kalifornien gebauten spanischen Glaubensstationen. Ursprünglich von Junípero Serra auf dem Presidio Hill errichtet, fünf Jahre später an diese Stelle transloziert, von Indianern 1775 niedergebrannt und 1781 (mit Hilfe der Indianer!) wieder aufgebaut.
Anfahrt: I-8 nach Osten bis Ausfahrt Mission Gorge Rd. und Schildern folgen.

 Old Town San Diego State Historic Park
Wallace, Juan, Twiggs & Congress Sts.
San Diego, CA 92110
✆ (619) 220-5422
www.parks.ca.gov, tägl. 10–17 Uhr
Historischer Stadtkern mit restaurierten Resten der ersten europäischen Siedlung in Kalifornien. Kunstgewerbe, Souvenirs, mexikanische Restaurants.

 Balboa Park
1549 El Prado, von Downtown: 12th St., dann Park Blvd.
San Diego, CA 92101
✆ (619) 239-0512
www.balboapark.org
Kulturelles Zentrum von San Diego und zugleich erholsamer Stadtpark. Insgesamt 17 Museen (u. a. San Diego Museum of Art, s.u., und San Diego Natural History Museum). **Visitor**

**REGION 4
Southern
California**

*Show in »Sea World«
San Diego*

Center: 1549 El Prado, Balboa Park, San Diego, CA, 92101, tägl. 9.30–16.30 Uhr, ✆ (619) 239-0512. Man kann hier leicht einen ganzen Tag verbringen. Verschiedene Lunchplätze für jeden Geschmack, u.a. **Restaurant The Prado at Balboa Park** (✆ 619-557-9441, www.cohnrestaurants.com, Mo–Fr 11.30–15, Sa/So 11–15, Dinner Di–Sa ab 17 Uhr).

 San Diego Zoo
2920 Zoo Dr. (Balboa Park)
San Diego, CA 92101
✆ (619) 231-1515
www.sandiegozoo.org
Im Sommer tägl. 9–21 Uhr, sonst kürzer, Eintritt $ 44/34
Einer der besten Zoos der USA.

SeaWorld San Diego
500 SeaWorld Dr. (Mission Bay)
San Diego, CA 92109
✆ (619) 226-3901 und
1-800-257-4268
www.seaworldparks.com
Ganzjährig Mo–Fr 10–18, Sa/So 9–20 Uhr, im Sommer und an Feiertagen länger, Eintritt $ 79/71
Abenteuerpark mit maritimen Unterhaltungsprogrammen für die ganze Familie. Zu den Highlights zählen u.a.: *Shamu*, der Killerwal, Seeotter, Delfine, Haie, Seelöwen, Eisbären und Pinguine; *Cirque de la Mer*, ein akrobatischer Zirkus mit Erdenmenschen und Meerestieren; der 4-D-Film *Lights, Camera, Imagination* und *Journey to Atlantis* – eine Reise durch illuminierte Wasserwelten mit Abstürzen in brodelnde Wasserstrudel. – Mehr als 4 Mill. Besucher pro Jahr.

 Georges at the Cove, Ocean Terrace
1250 Prospect St., La Jolla, CA 92037
✆ (858) 454 4244
www.georgesatthecove.com
Tägl. Lunch und Dinner
Immer noch ein der besten Restaurant-Adressen von San Diego mit tollen Ausblicken von der Terrasse auf die La Jolla Cove. $$–$$$

 Searsucker
611 5th Ave.
San Diego, CA 92101
✆ (619) 233-7327
www.searsucker.com
Tägl. 17.30–22, Fr/Sa bis 23, Mo–Fr 11.30–14, So 10–14 Uhr
Im Gaslamp Quarter, Neu-amerikanische Küche. Auch raffinierte Kleinigkeiten. Lunch $–$$, Dinner $$–$$$

 Bencotto
750 W. Fir St.
San Diego, CA 92101
✆ (619) 450-4786
www.lovebencotto.com
Tägl. Lunch & Dinner (je nach Saison Mo abends geschl.)
Authentische italienische Küche in Little Italy, vor allem frisch zubereitete Pasta. $$

 Crab Catcher
1298 Prospect St.
La Jolla, CA 92037, ✆ (858) 454-9587
www.crabcatcher.com

REGION 4
Southern California

Folklore im Postkartenformat

Seelöwen und Seehunde am The Children's Pool in La Jolla

Luftiges, verwinkeltes Holzlabyrinth mit *mediterranean view* aufs Meer bei gutem kalifornischen Seafood und gut gefülltem Weinkeller. $$

Rhinoceros Cafe & Grille
1166 Orange Ave.
San Diego, CA 92118
© (619) 435-2121
www.rhinocafe.com
Frühstück tägl. außer Di 7.30–11, Dinner tägl. ab 17 Uhr
Freundliches, helles Lokal vor allem mit Salaten und frischen Pastagerichten. $$

World Famous
711 Pacific Beach Dr. (Pacific Beach), San Diego, CA 92109
© (858) 272-3100
www.worldfamouspb.com
Rustikales Lokal für Fisch oder Steaks und Bar gleich am Wasser (Boardwalk). Frühstück, Lunch und Dinner. $$

Karl Strauss Brewery & Grill
1157 Columbia St. (bei B St., Downtown)
San Diego, CA 92101
© (619) 234-2739
www.karlstrauss.com
Lunchtipp. $–$$

Tadashi Sushi
1277 Prospect St.
La Jolla, CA 92037
© (858) 456-7118
www.tadashisushi.com
Helles, freundliches Sushi-Lokal. Sehr gute Qualität zu vernünftigen Preisen. Lunchspecials. Auch Dinner.
$–$$

Seaport Village
849 W. Harbor Dr. & Kettner Blvd., San Diego, CA 92101
© (619) 235-4014
www.seaportvillage.com
Tägl. 10–22 Uhr
Beschaulicher Restaurant- und Shoppingkomplex am Wasser – nach dem Motto: *landscaped dining and shopping*.

Westfield Shoppingtown, Horton Plaza
Zwischen Broadway, G St., 1st & 4th Aves. (Gaslamp Quarter)

San Diego, CA 92101
✆ (619) 239-8180
www.westfield.com
Mo–Fr 10–21, Sa bis 20, So 11–18 Uhr

Munteres Konsum-Labyrinth: Restaurants, Kinos, Shops. Mit einem Kassenzettel kann man 3 Std. frei parken.

> **REGION 4**
> **Southern California**

Eingangshalle des Museum of Contemporary Art in La Jolla

REGION 4
Southern California

Drehpause bei »Manche mögen's heiß«: Jack Lemmon und Marilyn Monroe

Hotel Del Coronado

Ausflugsziel:

Tijuana

Nachmittags kann man sich aber auch zu einem Abstecher nach Mexiko entschließen und Tijuana besuchen. Verglichen mit den Border Towns in Arizona und Texas gilt Tijuana weithin als sicher. Dennoch sollte man auf jeden Fall auf das eigene Auto verzichten und am besten den Trolleybus bis zur Grenze nehmen und dann zu Fuß nach Mexiko gehen.

Auf dem Rückweg muss man wegen der umfangreichen Sicherheitschecks mindestens eine Stunde an der Grenze einplanen (vgl. auch Sicherheitshinweise im Service von A bis Z).

Gerade am Nachmittag entfaltet die Fast-Zweimillionenstadt peu à peu ihr Doppelgesicht: zuerst ihr farbig-grelles Geschäftsleben und dann, bei Einbruch der Dämmerung und der Dunkelheit, ihr Nachtleben der Cantinas und Neons, Mariachi-Musik und Mädchen.

Der Grenzübertritt hat Sofortwirkung. Gerüche, Abgase und Straßenlärm, aber auch reihenweise Zahnärzte (weil sie erheblich billiger sind als die US-Kollegen) machen schlagartig klar, dass dies hier Mexiko ist. Kein Land auf Rädern, sondern eines zu Fuß. Mit gelegentlichen Problemen, versteht sich, denn man muss schon ab und zu ein Auge auf die Bordsteine und Straßen werfen, sind sie doch voller Tücken, haben Löcher und Brüche – ein Krater- und Absturzterrain für hohe Absätze und schwache Knöchel.

Das Leben im Zentrum der Stadt, die Auslagen und Angebote zeigen unmissverständlich, wie weitgehend Tijuana vom großen Nachbarn lebt, von dessen Touristen, die sich ab und an mal einen Katzensprung in diese Klischeewelt der *burros* und *sombreros* leisten. Das geht nicht ohne Obolus an die zahllosen Bettler: Gitarre spielende Kinder, Frauen mit Säuglingen, Greise. Alle entlarven den Besucher sofort als Geldquelle für die Kurtaxe der Dritten Welt.

**REGION 4
Southern California**

ⓘ **San Juan Capistrano Chamber of Commerce**
31421 La Matanza St.
San Juan Capistrano,
CA 92673-1878
✆ (949) 493-4700
www.sanjuanchamber.
com

Tijuana, Mexiko

❼ San Juan Capistrano

In der **Missionskirche** errichtete 1776 Junípero Serra, der unermüdliche Kirchengründer und »Apostel« Kaliforniens, das erste Kreuz. Beim großen Erdbeben von 1812 stürzte der Bau ein und blieb seither eine Ruine. Schön restauriert sind aber die Unterkünfte, Workshops und die Küche der Gottesmänner und Soldaten. Dahinter steht die Kapelle des Padre Serra – auffallend schmal, weil längere Holzbalken für die Deckenkonstruktion nicht zur Verfügung standen. Der hintere Klostergarten, beim Brunnen der vier Evangelisten, lädt zum besinnlichen Verweilen. Am Ausgang steht *vaya con dios.*

San Juan Capistrano ist berühmt wegen der Schwalben, die hier zwischen März und Oktober Quartier beziehen, um dann im Winter nach Argentinien zu reisen.

Service & Tipps:

👁 **Mission San Juan Capistrano**
26801 Ortega Hwy. & Camino Capistrano (2 Blocks westl. der Kreuzung SR 74 & I-5)
San Juan Capistrano, CA 92675
✆ (949) 234-1300, www.missionsjc.com
Tägl. 9–17 Uhr, Eintritt $ 9/6
1776 von Junípero Serra gegründet.

🍴 **El Adobe de Capistrano**
31891 Camino Capistrano (Nähe Mission)
San Juan Capistrano, CA 92675
✆ (949) 493-1163
www.eladobedecapistrano.com
Angenehmes mexikanisches Restaurant, drinnen und bei schönem Wetter auch draußen. Cocktail Lounge. Lunch ($) und Dinner. $-$$

🍴 **Ciao Pasta Trattoria**
31661 Camino Capistrano
San Juan Capistrano, CA 92675
✆ (949) 496-5002
www.ciaopasta.net
Nette Trattoria gegenüber der Mission, drinnen und draußen. Lunch und Dinner. $-$$

Mission San Juan Capistrano

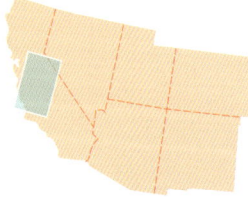

**REGION 5
Central Valley**

Vitamine ohne Ende

Das Central Valley

Das Tal zwischen Sacramento und Bakersfield, den Sierras und dem Küstengebirge, bildet das landwirtschaftliche Herzland Kaliforniens, das Zentrum des *agribusiness* – ein reichhaltiger Gemüse- und Obstkorb, der große Teile der USA mit Vitaminen versorgt. Der Talboden, brettgerade und ohne Gefälle, ist für die künstliche Bewässerung wie geschaffen.

Bewässert vom Sacramento im Norden und dem San Joaquin River im Süden lassen rund 640 Kilometer Landwirtschaft im Verbund von Kapital, Hightech und billigen Arbeitskräften alles gedeihen, was die US- und Weltmärkte zu schätzen wissen: Baumwolle, Broccoli, Trauben und Tomaten, Milch und Mandeln, Geflügel und Alfalfa, Pfirsiche, Melonen, Nüsse und Apfelsinen. Es waren diese Obst- und Gemüseplantagen, auf denen die »Okies« und »Arkies« (durch Steinbecks Roman »Früchte des Zorns« verewigt) Anfang der 1930er Jahre ihr Glück suchten – und nicht fanden. Sie waren aus der *Dustbowl* Oklahoma und Arkansas in den angeblich so Goldenen Westen gekommen. Heute gibt es deshalb auch nicht nur Großbetriebe. Das wirtschaftliche Rückgrat bilden eher die vielen *minority farmers*, z.B. viele kleine Bauern asiatischer, besonders japanischer Herkunft, die in Handarbeit inmitten einer Hightech- und Chemieintensiven Umgebung zu Werke gehen. Tausende Farmen gehören hispanischen Familien.

Die älteste Siedlung im Central Valley heißt **Visalia**, die größte **Fresno**, beides sind Markt- und Umschlagplätze für Obst und Gemüse. So weit das Auge reicht dehnen sich perfekt gepflegte Felder, Haine und Gärten. Und natürlich Rosinenfarmen. Nahezu alle Rosinen der USA stammen aus dieser Region.

Pappkameraden: Street Art zum Thema »Mexikanische Landarbeiter«

Schon 1873 setzte man hier auf das Geschäft mit den Runzelfrüchten. Über allem Vitaminreichtum lastet meist bis in den späten Nachmittag hinein die diesig-grelle Hitze, die alle Oberflächen zum Flimmern bringt. Auch die meisten Puter, die zu Thanksgiving röstfrisch dem Grill entsteigen, stammen aus der Gegend um Fresno. Frühling heißt Blütezeit: Dann wird eine Fahrt durch die Obstgärten zu einem farbenfrohen Vergnügen.

Trotzdem zählt, touristisch gesehen, das weiträumige Tal nicht gerade zu den Rennern – wenn man vom Bedürfnis nach einem Obsttag einmal absieht. Eher liegen hier die Zwischenstationen für lange Kalifornien-querbeet-Reisen bzw. Startpositionen *(gateways)* für die beiden Nationalparks Yosemite und Sequoia.

REGION 5
Central Valley

Auf großem Fuß: Schuster in Bakersfield

REGION 5
Central Valley

ⓘ Greater Bakersfield Chamber of Commerce
1725 Eye St., Bakersfield, CA 93301
✆ (661) 327-4421
www.bakersfieldchamber.org

Frühstück im Fenchel – mexikanische Landarbeiter

❶ Bakersfield

Wie Fresno ist auch Bakersfield (Gründung 1873, 330 000 Einwohner) ein bedeutendes Handelszentrum für Farmprodukte, in erster Linie aber spielen Erdöl und Erdgas eine wirtschaftliche Rolle. Bemerkenswert: dass Bakersfield sich einen Namen als Country & Western-Metropole gemacht hat und – die vielen baskischen Restaurants in der Stadt, Nachfahren der baskischen Hirten, die seit dem Gold Rush aus den Pyrenäen auswanderten, vor allem nach Kalifornien und Nevada. Man schätzt, dass heute noch ca. 3500 Basken in Bakersfield leben.

Service & Tipps:

Fox Theater
2001 H St., Bakersfield, CA 93301
✆ (661) 324-1369
www.foxtheateronline.com
Sehenswerter Kinopalast im kalifornischen Missionsstil von 1930.

Wool Growers Restaurant
620 E. 19th St., Bakersfield, CA 93305, ✆ (661) 327-9584, So geschl.
www.woolgrowers.net
Sehr beliebte Adresse, baskische (Lamm-orientierte) Küche, schmackhafte und reichliche Portionen. Bar. Lunch und Dinner. $–$$

Buck Owens' Crystal Palace
2800 Buck Owens Blvd.
Bakersfield, CA 93308
✆ (661) 328-7560
www.buckowens.com, Dinner Di–Sa ab 17, Brunch So 9.30–14 Uhr
Lokaler Honky-Tonk: Live-C & W-Music, Drinks, Tanz und Dinner (deftige amerikanische Küche). $$–$$$

Happy Jack's Pie & Burger
1800 20th St., Bakersfield, CA 93301, ✆ (661) 323-1661
Das volle amerikanische Essprogramm! Viele behaupten, hier gäbe es die besten Hamburger des Central Valley. *Cash only.* $–$$

❷ Fresno

> **REGION 5**
> **Central Valley**

Eine der wichtigsten Branchen Kaliforniens, die Obst- und Gemüseproduktion (Truthähne nicht zu vergessen!), hat in Fresno ihren zentralen Marktplatz. 1872 zur Wasserversorgung der Eisenbahn gegründet und heute mit 480 000 Einwohnern ist die Stadt das Drehkreuz des *agribusiness* und Verladestation des Tals. Schon die ersten Eindrücke in der Geburtsstadt William Saroyans zeigen den hohen Anteil an mexikanischen Landarbeitern, Cantinas und spanischen Werbetexten.

Die im Wesentlichen flach gebaute Stadt wirkt wie ein Sammelbecken für Kettenbetriebe, also Filialen nahezu aller Shop- und Restaurantketten. Auch Downtown kann dem wenig entgegensetzen. Außer einem imposanten Wasserturm, ein paar Gründerzeitvillen (Kearny Mansion Museum oder Meux Home Museum) bietet lediglich der **Tower District** mit dem aufwendig erneuerten Tower Theatre Abwechslung durch Restaurants, Bars, Buchhandlungen und Theater.

Kanne und Turm bei Fresno

Trockenobst

Service & Tipps:

ⓘ Fresno Convention & Visitors Bureau
1550 E. Shaw Ave., Fresno, CA 93710
✆ (559) 981-5500 und 1-800-788-0836
www.playfresno.org, Mo–Fr 8–17 Uhr

🌳 Forestiere Underground Gardens
5021 W. Shaw Ave., Fresno, CA 93722
✆ (559) 271-0430
www.undergroundgardens.com
Öffnungszeiten saisonal sehr unterschiedlich, am besten vorher erfragen, Eintritt $ 15/7
Ein idealer Ausflug, um der glühenden Hitze zu entkommen: Zwischen 1906 und 1946 schaffte der sizilianische Einwanderer Baldasare Forestiere nach dem Vorbild antiker Katakomben ein unterirdisches System von Patios, Grotten, Kapellen und Obstgärten. Die Gärten sind in Familienbesitz und können in kleinen Gruppen besichtigt werden.

👁 Tower Theatre
815 E. Olive Ave.
Fresno, CA 93728, ✆ (559) 485-9050
www.towertheatrefresno.com
Theaterkasse: Mo–Fr 10–17 Uhr
Ästhetischer Genuss: Das ehemalige Art-déco-Kino von 1939 dient heute als Bühne für Konzerte, Theateraufführungen u.a.

🍴 Yosemite Ranch
1520 E. Champlain Dr.
Fresno, CA 93728
✆ (559) 434-4203
Tägl. Dinner
www.yosemiteranchssrh.com
Beliebter Platz für Steak and Seafood.
$$

🍴 Zen Wok Fusion
609 E. Olive Ave.
Fresno, CA 93728, ✆ (559) 442-1277
www.zenwokfusion.com
Gutes Asia-Lokal im Tower District. Sehr lecker: Thai-Curries, Pho-Suppe und die Honig-Walnuss-Krabben. $

**REGION 5
Central Valley**

❸ Merced

Merced (80 600 Einwohner) lebt von der Landwirtschaft und vom Stolz auf sein prächtiges Gerichtsgebäude von 1875 und sein jährliches Farmer's Market Festival, das den ganzen Sommer über einmal abends in der Woche die im Umkreis verstreuten Seelen zusammenbringt.

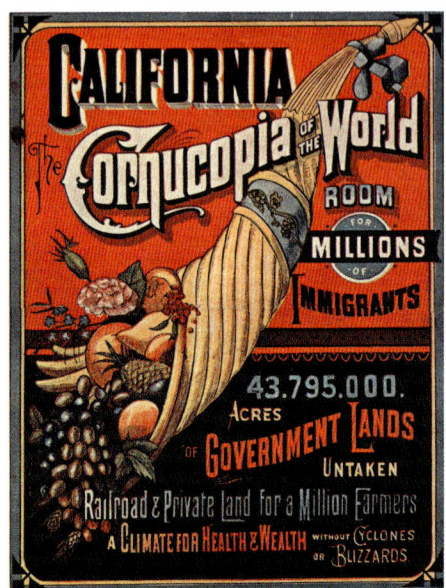

Service & Tipps:

ⓘ **California Welcome Center**
710 W. 16th St.
🚌 Merced, CA 95340
✆ (209) 724-8104 und 1-800-446-5353
www.yosemite-gateway.org
Hier gibt es auch Tickets für den **Shuttlebus zum Yosemite Valley.** Die Busse starten am Transportation Center (16th St. zwischen N & O Sts.), an der AMTRAK-Station (K & 23rd Sts.), am Merced Airport am Passenger Terminal, an der Merced Mall (M St. zwischen Loughborough St. & Fairfield Dr.), am Merced Courthouse (22nd & M Sts. vor dem Gericht).

✗ **The Branding Iron**
640 W. 16th St. (Nähe SR 99)
Merced, CA 95340
✆ (209) 722-1792
www.thebrandingiron-merced.com
Beliebt: amerikanische Küche im Westerndekor. Auch zum draußen Sitzen. Cocktail Lounge. Lunch $, Dinner $–$$

100

❹ Modesto

> **REGION 5**
> *Central Valley*

Modesto (rund 200 000 Einwohner) liegt ziemlich genau im geographischen Zentrum Kaliforniens und verdankt seine Gründung der Pacific Railroad Company. Als diese 1870 nach einem Namen für die Stadt suchte, kam man auf die Idee, die Neugründung nach einem Bankier aus San Francisco zu benennen. Diese Ehre erschien ihm jedoch zu hoch und er lehnte ab. Die Bescheidenheit des Bankiers *(modesty)* erleichterte die Namensfindung für die Stadt.

Modesto ist der Handelssitz der inzwischen auch in Europa bekannten Winzerfamilie Gallo, die jährlich so viele Gallonen Wein produziert, dass damit allein ein Drittel der Menge des in den USA getrunkenen Weins abgedeckt wird. Wer dagegen eine Führung durch **Stan's Brewery** mitmacht, bekommt Gelegenheit, auch das lokale Bier zu probieren. Außergewöhnliche Gaumenfreuden beschert das alljährlich am vierten Wochenende im September stattfindende **Greek Food Festival**.

Service & Tipps:

Modesto Convention & Visitors Bureau
1150 Ninth St., Modesto CA 95354
✆ (209) 526-5588 und
1-888-640-8467
www.visitmodesto.com

Great Valley Museum of Natural History
1100 Stoddard Ave.
Modesto, CA 95350
✆ (209) 575-6196
Di-Sa 9.30-15.30 Uhr (nur jeden 2. und 4. Sa im Monat geöffnet), Aug. geschl., Eintritt $ 1

Exponate zur Erläuterung der regionalen Flora und Fauna.

Saint Stan's Brewery & Pub
821 L St., Modesto, CA 95354
✆ (209) 527-7826
www.ststans.com
Motto: »Im Himmel erfunden, in Kalifornien gebraut«. Brauereibesichtigung, Bierprobe und herzhafte Kost. $-$$

La Morenita
1667 E. Hatch Rd.
Modesto, CA 95351
✆ (209) 537-7900
Serviert gute mexikanische Gerichte. $

❺ Sacramento

In Old Sacramento, dem historischen und deshalb gründlich sanierten Viertel der kalifornischen Hauptstadt (467 000 Einwohner), sorgen Kopfsteinpflaster und Gehsteige aus Holzplanken für Western-Atmosphäre. Wer sein Nostalgiebedürfnis an den hübschen Holzveranden, facettenreichen Häuserfronten, den ungezählten Souvenirs oder am Denkmal des Pony-Express-Reiters noch nicht gestillt hat, der kann mit dem Dampfer auf den Sacramento River hinausfahren und von den »Blue boys blow...« träumen. Der Fluss allein hat Sacramento allerdings nie zu einer wichtigen Hafenstadt gemacht, das schaffte erst 1963 der Seekanal.

Die **Capitol Mall**, Sacramentos repräsentative Avenue, hat durch ihre axiale Ausrichtung auf den kühlen Klassizismus des Kapitols eine gewisse Klasse, der auch die umliegende Architektur nicht nachsteht. Gepflegte viktorianische Wohnkultur, umsäumt von Parks und Palmen, verbreiten Hauptstadt-Look.

Wie Sacramento einmal anfing, zeigt **Sutter's Fort**, die Heimstatt des Gründervaters einer eidgenössischen Version der Neuen Welt. Man kann in John

REGION 5
Central Valley

Sutters Hauptquartier praktisch einen Vorläufer des heutigen Supermarkts sehen, denn er diente zur Ausstattung und Versorgung der Goldsucher. Die Stadt Sacramento setzte dann im Grunde diese Funktion im großen Stil fort – während Sutter, der als »Kaiser von Kalifornien« im gleichnamigen Film von Louis Trenker noch 1935 gefeiert wurde, selbst als armer Mann starb.

Ausrangiert: Eisenbahn-Museum in Sacramento

Service & Tipps:

Sacramento Visitors Center
1002 2nd St.
Old Sacramento, CA 95814
✆ (916) 442-7644
www.discovergold.org
Tägl. 10–17 Uhr

California Museum
1020 O St., Sacramento, CA 95814
✆ (916) 653-7524
www.californiamuseum.org
Di-Sa 10–17, So 12–17 Uhr
Eintritt $ 8.50/6
Hervorragend präsentiert: multimediale Aufbereitung der kalifornischen Geschichte.

California State Railroad Museum
125 I St. (Old Town)
Sacramento, CA 95814
✆ (916) 445-6645, www.csrmf.org
Tägl. 10–17 Uhr, Eintritt $ 10/5
Ein Muss für Eisenbahn-Nostalgiker: prächtige alte Loks, Waggons, Fotos, Dioramen und Filme erläutern die Geschichte der amerikanischen Schienenwege zwischen 1860 und 1960.

The Firehouse
1112 2nd St. (Old Town)
Sacramento, CA 95814
✆ (916) 442-4772
www.firehouseoldsac.com
Internationale Küche in historischen Räumen der ehemaligen Feuerwehr. Lunch draußen im Innenhof ($) und Dinner. $$–$$$

Sutter's Fort State Historic Park
2701 L St. (27th St.)
Sacramento, CA 95816
✆ (916) 445-4422, www.parks.ca.gov
und www.suttersfort.org
Tägl. außer Mo 10–17 Uhr
Eintritt $ 5/3
Im restaurierten Adobebau des Gründervaters von 1839 sind Memorabilien aus der Pionierzeit Kaliforniens untergebracht.

Waterboy
2000 Capitol Ave.
Sacramento, CA 95811
✆ (916) 498-9891
www.waterboyrestaurant.com
Tägl. Dinner, Mo-Fr Lunch
Europäisch-mediterrane Küche in Midtown. $$

Flussromantik auf dem Sacramento River

❻ Visalia

Visalia (123 000 Einwohner), das sogenannte *Gateway to Sequoia*, ist eine der ältesten, wenn nicht überhaupt *die* älteste Stadt zwischen Stockton und Los Angeles, gegründet 1852. Im historischen Viertel verrät noch das eine oder andere opulente Anwesen den Reichtum der einstigen Betreiber der Ranches und Farmen. Leider schneidet der Highway 198 die Stadt in zwei Hälften, aber es lohnt, in die eine oder andere abzubiegen und sich umzusehen. Neben dem sehenswerten **Visalia Fox Theatre** (Main & Encina Sts.) und Antiquitätenshops überraschen vor allem einige Restaurants durch ihr kulinarisches Niveau.

REGION 5
Central Valley

Service & Tipps:

ⓘ **Visalia Chamber of Commerce**
220 N. Santa Fe St.
Visalia, CA 93292
✆ (559) 734-5876
www.visaliachamber.com

The Vintage Press Restaurant
216 N. Willis St. (Downtown)
Visalia, CA 93291
✆ (559) 733-3033
www.thevintagepress.com
Mo-Fr 11.30-22, Sa 16-22 Uhr
Beliebte Adresse, ansprechende Speiseräume und Gartenlokal: exzeptionelle kalifornische Küche, frische Zutaten aus der Umgebung, reicher Weinkeller. Lunch $, Dinner $$-$$$

Southern Pacific Depot Restaurant
207 E. Oak St., Visalia, CA 93291
✆ (559) 732-8611
www.depotvisalia.com
Amerikanische Küche in einem alten, spanisch dekorierten Bahnhof (1897). Cocktail Lounge. Lunch $, Dinner $$

Von den Feldern ins Regal: amerikanische Supermärkte sind gut sortiert

REGION 6
Sierra Nevada

Das Rückgrat Kaliforniens – Sierra Nevada

Gold Country, Lake Tahoe, Yosemite, Sequoia und Kings Canyon National Parks, US 395

»Ein kalifornischer Mineur«: Hydraulische Abbaumethode

»So wie man Holland durch die Bilder seiner Meister sieht – hier ein Baum von Ruysdael, dort eine Mühle von Hobbema dann wieder eine Mauer von Vermeer –, so entdeckt man Kalifornien durch seine Kinobilder: Cowboys, Polizisten, Büffelherden, galoppierende Pferde, wilde Engpässe, Dörfer aus Holz haben mich so entzückt, weil ich sie wiedererkannte.«
Simone de Beauvoir

Der erste Goldfund von 1848 beim American River im heutigen Coloma löste den *California Gold Rush* aus, den Ansturm der raubeinigen *Forty-Niners*, der die Bevölkerung Nordkaliforniens explodieren ließ. Als der Schreiner James Marshall fündig wurde, lebten ganze 14 000 Amerikaner im Land; vier Jahre später waren es 250 000. Der Treck ins goldene Schlaraffenland – nach *El Dorado* – hatte weltweite Motive: Hungersnöte in Irland, Aufstände in China oder die deutsche 1848er Revolution. Die Yankees waren also nicht allein.

Die San Francisco Bay wimmelte von ankernden Schiffen, deren Besatzungen sich in die Goldminen der sogenannten *Mother Lode* in den westlichen Ausläufern der Sierra Nevada schlugen. Die *Digger* krempelten den Boden um, bohrten, hackten und beschossen schließlich die Gesteinshänge mit Wasserkanonen. Reihenweise entstanden Camps, zum Teil mit kuriosen Namen wie *Fiddletown, Humbug Hill, Whiskey Flat, Hangtown* oder *Greenhorn Bar*.

Die Größenordnung der Funde: rund zehn Millionen Dollar in Gold 1848, aber schon 80 Millionen in 1852. In San Francisco zog derweil der damals (1849) 20-jährige Levi Strauss aus Bayern den Goldjungs die richtigen Hosen an: Jeans. Kalifornien trat der Union bei und der Westküstenstaat verlor seine Provinzialität. Mehr noch, der folgende Goldexport integrierte die USA zum ersten Mal in die Weltwirtschaft.

Reichtümer und Pleiten zogen rasch vorbei, die poetische Verewigung der wilden Jahren blieb. So ließ sich Samuel Clemens, alias Mark Twain zu seiner Story vom »Berühmten Springfrosch von Calaveras County« inspirieren.

P.S.: Seit Beginn dieses Jahrhunderts erlebt das California Gold Country eine Renaissance als Weinanbaugebiet.

Ein wenig abseits, aber durchaus in den Sierras liegt **Lake Tahoe**, der gemeinhin als einer der schönsten Bergseen der USA gilt. Uferzugänge gibt an vielen Orten, z.B. im Nevada State Park, Sand Harbor oder im Incline Village. Kings Beach bietet am Ufer weiter nördlich einen Platz zum Picknick an. Bei den dicken Steinen am Wasser kann man schön sitzen und auf das in der Nachmittagssonne leuchtende Westufer blicken. Überhaupt ist die Nevada-Seite des Sees weniger erschlossen als ihr kalifornisches Vis-à-vis, nicht zuletzt deshalb, weil ein großer Teil davon als State Park die kommerzielle Erschließung bremst.

REGION 6
Sierra Nevada

REGION 6
Sierra Nevada

Ohne Frage gelten der **Sequoia** und **Kings Canyon** sowie **Yosemite** als die absoluten Highlights der Sierras. Der Yosemite National Park liegt mitten im Urgestein des Goldrauschs, in der höchsten und längsten Bergkette der USA, gebildet von einem riesigen Granitblock von rund 600 Kilometern Länge und bis zu 130 Kilometern Breite.

Gemächlich zieht die **US 395** am Osthang der hohen Berge entlang und entfaltet dabei unterwegs eine zwischen alpinen Gipfeln, lieblichen Weiden und bizarren Seen wechselnde Landschaft, eine Art kalifornische Schweiz, die häufig als Kulisse für Wildwestfilme diente. Wen wundert's, das Wiedersehen von Verfilmtem ist ohnehin eine typisch kalifornische Erfahrung.

❶ Auburn

ⓘ **The California Welcome Center Auburn**
1103 High St.
Auburn, CA 95603
✆ (530) 887-2111 und
1-866-752-2371
www.visitplacer.com

Geschickt haben die Stadtväter von Auburn eine Augenfalle für den Transitverkehr auf der Interstate aufgestellt: die überlebensgroße Plastik eines Goldwäschers. Im historischen Kern des Ortes (12 500 Einwohner), überragt vom pompösen Gerichtsgebäude, kann man gemütlich herumschlendern.

Service & Tipps:

✕ **Awful Annie's**
160 Sacramento St.
Auburn, CA 95603-5019
✆ (530) 888-9857
www.awfulannies.com
Tägl. 8–15 Uhr (Frühstück und Lunch)
Freundliches Lokal zum drinnen und draußen Sitzen. $–$$

❷ Bodie

Touristen statt Geister bevölkern heute Bodie

Die alte Minenstadt **Bodie** ist die berühmteste Ghost Town in Kalifornien. In den 1870er Jahren war hier der Teufel los, denn Bodie galt als eine der rup-

pigsten Boomstädte im Wilden Westen. 1932 verließen endgültig die letzten das Nest. Danach konservierte der Denkmalschutz die windschiefen Schuppen, den Friedhof und die Mine. Die nur zum Teil asphaltierte Straße ist gut befahrbar.

REGION 6
Sierra Nevada

Service & Tipps:

👁 **Bodie State Historic Park**
SR 270
✆ (760) 647-6445, www.parks.ca.gov
Tägl. im Sommer 9-18, sonst 9-15 Uhr, Eintritt $ 7/5
Attraktive Geisterstadt in 2789 m Höhe. Goldcamp von 1859, heute State Park. Geraucht werden darf nur auf dem Parkplatz. Im Winter ist die Zufahrtsstraße oft gesperrt.

❸ Coloma

Bei der **Sägemühle am American River** nahm alles seinen Anfang. Im Wassergraben, der zum Mühlrad führte, fand der Schreiner James Marshall zwei winzige Bröckchen, die er seinem Chef Sutter zeigte. Beide identifizierten den Fund als Gold und verabredeten, die Sache geheim zu halten. Das klappte aber nicht. Sutters Traum von einer heilen Neuen Welt zerbröselte, Marshall verfiel dem Alkohol. Beide starben pleite.

Im Frühling und Herbst schläft Coloma friedlich vor sich hin, und die wilden Geschichten Kaliforniens wehen nur noch zart durch die Akazien. Dann fällt es schwer, sich den Ort als raubeinige Zeltstadt vorzustellen – mit *rowdies, bartenders* und *Fandango ladies*.

James Marshall

Service & Tipps:

🏛 **Marshall Gold Discovery State Historic Park**
310 Back St. (Nähe Hwy. 49, gegenüber Sutters Mühle)
Coloma, CA 95613
✆ (530) 622-3470, www.parks.ca.gov
Tägl. Juni-Aug. 8-19, Sept.-Mai bis 17 Uhr, Museum tägl. April-Okt. 10-16, Nov.-März bis 15 Uhr
Historische Ausstellungen und aktuelle Infos.

👁 **Sutter's Mill**
Hwy. 49 in Coloma
Nachbau (1968) der alten Sägemühle (1848) am Ufer des American River nach Skizzen von James Marshall und alten Fotos.

City Hotel in Columbia

❹ Columbia

Mit Columbia ist eine ganze Stadt (2400 Einwohner) zum State Park geworden. Zwischen alten Holz- und Backsteinbauten des Themenparks zwischen Main Street und Broadway wuseln Damen im *granny look*, Fiddler, Kutscher, Banjospieler, Schmiede und zünftige Cowboys, die Crashkurse im Goldwaschen geben buntes *show biz* mit Darstellern in historischen Kostümen.

REGION 6
Sierra Nevada

»17 Jahre hab' ich Teppiche verlegt, bevor ich hierher kam. Auf dem Land ist es halt gesünder. Und kinderfreundlicher.«
Chuck, Columbia

Columbia: Unterricht im Goldwaschen

Highway 49
Durchreisende werden gepäppelt, liebevoll restaurierte Hotels und Saloons halten die Erinnerungen an die alten Tage wach. Wer würde nicht gern ins Messingbett schlüpfen wollen, in dem einst Lola Montez schlummerte?
Nicht nur gepflegte Nostalgie, auch Sportliches liegt im Trend. Ausrüster ermuntern mit Schaufeln und Pfannen zu zünftigen Schürftouren. Oft arbeitet man mit geschwärzten Stahlpfannen, damit man die begehrten Metallkrümelchen besser sehen kann. In der Regel bleibt es bei zwecklosem Planschen, doch manchmal spült die Suche ein paar Unzen in die Reisekasse.

The William Cavalier Museum
Main & State Sts., Columbia, CA 95310
Memorabilien aus den goldenen Tagen.

Columbia State Historic Park
11255 Jackson St.
Columbia, CA 95310
℘ (209) 588-9128
www.parks.ca.gov
Park: 24 Std., Museen und Läden tägl. im Sommer 9–16.30, im Winter 10–16 Uhr
Museumsdorf und Freilichtbühne der Goldgräberzeit. Theateraufführungen, Ausritte und Postkutschenfahrten, Goldwaschen und Goldminentour.

City Hotel
22768 Main St.
Columbia, CA 95310
℘ (209) 532-1479
Historisches Haus (1856) mit anerkanntem Restaurant (Mo geschl.) und urigem What Cheer Saloon. $$

Lickskillet Cafe
11256 State St.
Columbia, CA 95310
℘ (209) 536-9599
Sa/So Lunch, Do–So Dinner
Nettes kleines Restaurant in altem Landhaus, drinnen und draußen, je nach Wetterlage. Geflügel, Fisch und Vegetarisches. $–$$

Saint Charles Saloon
Main & Jackson Sts.
Columbia, CA 95310
℘ (209) 533-4656
Zünftiger Saloon.

❺ Highway 49

Der Highway 49 beginnt im Süden in Oakhurst und endet nördlich von Nevada City. Gute Einstiegsmöglichkeiten bieten die I-80 bei Auburn (zwischen Sacramento und Lake Tahoe), die US 50 bei Placerville, die SR 120 bei Chinese Camp, die SR 140 bei Mariposa sowie die SR 41 bei Oakhurst. – Beste Reisezeit: Frühjahr.

Goldgräbermythen am laufenden Band – so ließe sich der kalifornische Highway 49 definieren. Mehr als 500 Kilometer windet sich die ehemalige Hauptstraße der Argonauten durch die Ausläufer der Sierras. Seit einigen Jahren regt sich neues Leben in den hübschen Städtchen. So mancher Aussteiger lässt sich inkognito als Barkeeper nieder und genießt seine neue Rolle als *local hero*. Zufriedenes Hinterweltlertum scheint im Gold Country angesagt.

6 Jamestown

Jimtown heißt der Ort (3400 Einwohner) im Volksmund. Nach einem Hoch in der Zeit des Gold Rush, war der Ort bis in die 1950er Jahre bekannt als Rotlichtviertel. Heute zehrt er vor allem von seiner Filmgeschichte, denn die fotogenen Fassaden standen als Kulissen in Hollywood hoch im Kurs – beispielsweise für »High Noon« und »Butch Cassidy and the Sundace Kid«.

Service & Tipps:

Wood Creek Cafe
18256 Hwy. 108
Jamestown, CA 95267

✆ (209) 984-4001
Tägl. 6– 14 Uhr
Rustikaler, aber guter Platz für Burger und Sandwiches. Frühstück und Lunch. $

REGION 6
Sierra Nevada

7 Lake Tahoe

Der erste Blick auf den See ist stets eine spektakuläre Überraschung: ein Bergsee im XXL-Format! Doch Heiratskapellen, Snowmobil-Verleihe, Pisten und strikte Parkverbote deuten an, dass man nicht gerade in einen entlegenen Bergwinkel verschlagen wurde, sondern ins populärste Skigebiet Kaliforniens. Der Ort **South Lake Tahoe** (24 000 Einwohner) bringt meist die erste Berührung mit dem See. Im Winter rutschen hier die Kids auf roten runden Schüsseln zum Ufer runter, und der Rest der Familie freut sich.

Viel Deutsch-Schweizerisches grüßt entlang dem südlichen Ufer des Sees, der seinen Namen den Washoe-Indianern (*da án* = See) verdankt. Da grüßen »Heidi's Restaurant«, das »Matterhorn Hotel« oder das »Alpenhaus«. Die schneeträchtigen Chalets mit ihren Eiszapfen erinnern an weihnachtliche Pfefferkuchenhäuser. Schlittenfahrten passen dazu. Langläufer begleiten die Fahrt durch die Nadelwälder mit wechselnden Ausblicken auf den Silbersee. Am *Vista Point* bei der **Emerald Bay** stellt er sich in seiner ganzen Pracht zur Schau.

Dennoch: eine jahrelang ungehemmte Bebauung hat große Umweltschäden verursacht. Viele Bäume sind eingegangen, und durch die Wasserverschmutzung haben sich die Algen dramatisch vermehrt, so dass das Wasser insbesondere auf der Südseite allmählich seine typische blaue Farbe verliert und sich grünlich zu färben beginnt.

Zu den renommiertesten Skiadressen zählen das olympiaerfahrene **Squaw Valley, Alpine Meadows** und **Heavenly**. In **Stateline**, auf der Nevada-Seite, kann man sein Glück in den Kasinos versuchen.

Lake Tahoe
Mark Twain sprach ihm enorme Kräfte zu: »Warum ist die Menschheit so langweilig und macht Wasserkuren, Laufkuren und lange Erholungsreisen ins Ausland? Drei Monate Lagerleben am Tahoesee würden sogar einer ägyptischen Mumie die einstige Frische wiederbringen und ihr Appetit verschaffen wie einem Krokodil.«

Heute auch noch? Sieht man sich um, so dürfte heute ein Lagerleben schwerfallen, denn Immobilienfirmen vermarkten inzwischen jeden Quadratzentimeter am Ufer.

Emerald Bay, Lake Tahoe

**REGION 6
Sierra Nevada**

Service & Tipps:

 South Lake Tahoe Visitor Center
3066 Lake Tahoe Blvd.
South Lake Tahoe, CA 96150
℡ (530) 544-5050
http://tahoesouth.com, tägl. 9–17 Uhr

Nepheles Restaurant
1169 Ski Run Blvd. & Tamarack
South Lake Tahoe, CA 96150
℡ (530) 544-8130
http://nepheles.com
Kreative kalifornische Küche. Außerdem: private Whirlpools (einschließlich Cocktail-Service).
$$$

Cafe Fiore
1169 Ski Run Blvd.
South Lake Tahoe, CA 96150
℡ (530) 541-2908
www.cafefiore.com
Bistro-Café mit guter Küche.
$$–$$$

❽ Mono Lake

Mit seinen geschätzten 700 000 Jahren einer der ältesten der Welt, gilt er als friedlicher Greis unter den Seen. Im **Mono Lake Tufa State Reserve** kann man herumlaufen und die Ausblicke genießen: Spiegelglatt und tiefblau ist die Salzlauge, in der die Tufasteine wie Klunker liegen, »malerisch getürmte Felsmassen aus weißlichem, grobkörnigem Gestein«, wie Mark Twain es ausdrückte. Ihre Entstehung verdanken die weißen Türmchen dem durch Verdunstung gesteigerten Mineralgehalt des Sees, der ohne natürlichen Abfluss ist und deshalb doppelt so salzig wie der Ozean. Fische können hier nicht leben, nur ein paar winzige Krabben tummeln sich im Wasser.

Umso kontroverser wird daher seit Jahren die Rolle des Los Angeles Department of Water and Power diskutiert, jenes Energieunternehmens, das praktisch das gesamte Wasser der Osthänge der Sierras sammelt, kanalisiert und abführt – in die durstigste Stadt Südkaliforniens.

In Zukunft darf so lange kein Wasser mehr aus den Zubringerflüssen abgeleitet werden, bis der Wasserspiegel so weit gestiegen ist, dass sich die Forellen wieder vermehren und die Vögel wieder nisten. Inzwischen wird das ganze Owens Valley im Sinne des sogenannten Bioregionalismus schon langsam zurück gestaut.

Die Fliegen und Krabben, die sich in der trüben Salzbrühe äußerst wohl fühlen und entsprechend vermehren, sind die Nahrung für die Zugvögel, die alljährlich auf dem Weg von Kanada nach Südamerika hier eine Pause einlegen. Auch die nistenden Möwen ziehen sich das Futter für die Jungen aus dem See.

Salzstangen im Abendlicht: Mono Lake

> REGION 6
> Sierra Nevada

Service & Tipps:

Mono Lake Tufa State Reserve
Ab SR 120 5 Meilen östl. US 395
Nähe von Lee Vining
✆ (760) 647-6331
www.parks.ca.gov
www.monolake.org
Tägl. 24 Std.
Bizarres Tufa-Gestein.

Mono Lake Committee Information Center & Bookstore
US 395 & 3rd St.
Lee Vining, CA 93541
✆ (760) 647-6595
Tägl. 9–17 Uhr

❾ Oakhurst

Oakhurst (knapp 3000 Einwohner) markiert, je nach Blickrichtung, Start oder Ziel des 49er Highway. Eine kleine Gedenktafel am Supermarkt erinnert an die rauen Zeiten. Viel mehr ist nicht. Dafür hat der nahe Bass Lake mehr auf Lager: für Schwimmer, Angler und Bootsfreunde.

Service & Tipps:

Erna's Elderberry House
(Chateau du Sureau)
48688 Victoria Lane
Oakhurst, CA 93644
✆ (559) 683-6800
www.chateausureau.com
Gourmetrestaurant mit California Cuisine. Frisches aus dem Küchengarten. Tolle Desserts. Reservierung empfohlen. Lunch $$, Dinner $$$

❿ Placerville

Über dem Saloon »Hangman's Tree« an der Hauptstraße baumelte einst eine Puppe am Galgen – eine Warnung, an jene Leute, die bei den Claims nicht zwischen Mein und Dein zu unterscheiden wussten. Der Hang zur Selbstjustiz brachte dem Ort (knapp 10 000 Einwohner) dann auch den Spitznamen »Hangtown« ein. Mit der Stadt wuchs aber die Seriosität, aus Hangtown wurde Placerville, kein Grund zur Sorge also. Leider hat auch die legendäre Bar nicht überlebt.

Service & Tipps:

El Dorado County Chamber of Commerce
542 Main St., Placerville, CA 95667
✆ (530) 621-5885
www.eldoradocounty.org
Mo–Fr 9–17 Uhr

Cascada
384 Main St.
Placerville, CA 95667
✆ (530) 344-7757
www.cascadaonmainstreet.com
Mitten im historischen Ortskern wird anspruchsvolle mexikanische Küche geboten. Täglich Lunch und Dinner. $$

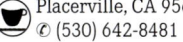**Cozmic Café**
594 Main St.
Placerville, CA 95667
✆ (530) 642-8481
www.ourcoz.com
Hangout für die Locals, tendenziell vegetarische Gerichte zum Frühstück, Lunch und Dinner. Fr/Sa Live-Entertainment. Ein alter Minenschacht erinnert an die Zeit des California Gold Rush. $

REGION 6
Sierra Nevada

Im Nationalpark lernt man eine Menge: z.B. dass die Bäume eine rötliche Chemikalie produzieren, die sie vor Befall und Krankheiten schützt – ebenso vor den Termiten, deren Appetit auf Holz gefürchtet ist. Und als besonders feuerresistent gelten die Big Trees auch.

Apropos Feuer: Da ihre Keimlinge nur bei direkter Sonneneinstrahlung gedeihen, im Umkreis der Riesen aber meist nur wenig Licht durchdringt, haben wahrscheinlich Waldbrände das lange Überleben dieser Spezies überhaupt erst gesichert. Um möglichst günstige Lichtverhältnisse für die Jungpflanzen zu schaffen, brennt man deshalb heute das Unterholz regelmäßig ab.

⓫ Sequoia und Kings Canyon National Park

Vom Auto aus bekommt man diesen Riesenbereich der High Sierra nur bruchstückhaft zu Gesicht; das bei Weitem größte Terrain der beiden Nationalpark ist *backcountry*. Schon die Zufahrten sind begrenzt: Entweder man wählt die nördliche (von Fresno via SR 180 über Centerville zum Big-Stump-Parkeingang und zum Grant Grove Village/Visitor Center) oder die südliche (von Visalia via SR 198 über Three Rivers zum Ash Mountain Parkeingang und dem Foothills Visitor Center).

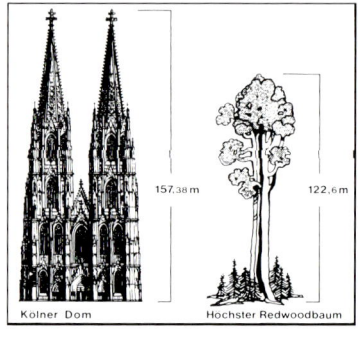

Sollte der **Kings Canyon National Park** zuerst auf dem Programm stehen, wählt man am besten den Nordeingang. In der Nähe des Big-Stump-Parkplatzes liegen zunächst die »Tanzböden«, jene umfangreichen Baumstümpfe, auf die die Holzarbeiter in den 1880er Jahren die Sequoias reduzierten. Es gab damals regelrechte Landpartien zu den Gefällten, und die Stümpfe dienten als Tanzflächen.

Die Hochwaldstraße Richtung **Grant Grove Visitor Center** durchstreift eine durch und durch urige Landschaft mit blankgeschliffenen Granitplatten und Steinklötzen, die zwischen den dicken Hölzern liegen, als hätten Riesen sie dorthin geworfen.

Großes ist hier rundum überhaupt gefragt, auch bei der Wahl der militärischen Ehrennamen für die höchsten der Sequoias. Man hat sie einfach in den Generalsrang befördert und zum General Lee oder General Grant gemacht, die unweit vom Highway in einem Hain beisammenstehen, treu umgeben von hölzernen Heerscharen. Übrigens taufte ein österreichischer Wissenschaftler den Baumtyp 1847 nach Sequoyah, dem Schöpfer des Cherokee-Alphabets.

Die Fahrt nach Cedar Grove im Kings Canyon hat es in sich. Zahlreiche Aussichtspunkte (Junction View u. a.) erlauben eindrucksvolle Blicke in den schäumenden Canyon des Kings River, einen der tiefsten in den USA überhaupt. Die steilen Granitwände, von den Ärmchen des Flusses abgesäbelt, sind von Gletschern erweitert worden. Der tiefste Punkt der Schlucht liegt bei 2630 Metern, gemessen vom Gipfel des Spanish Mountain mit 3350 Meter Höhe.

Beim Ort **Cedar Grove** liegt die **Zumwalt Meadow**, wo der gurgelnde Fluss zum Picknick und die stillen Almwiesen zur Wanderung durch duftendes Holz einladen.

Bäume kümmern sich nicht um Grenzen. Deshalb geht auch der Kings Canyon unmerklich in den **Sequoia National Park** über – via Generals Highway nach Süden. Der enge Korridor der Straße blättert weitere grüne Bilderbuchseiten auf, bei denen dichter dunkler Urwald und Durchblicke auf leuchtende Bergwiesen wechseln. Im Dunst wirken die Stämme und Steine besonders knorrig. Und wenn der Nebel so richtig quillt, dann wirken die halbverbrannten Stümpfe wie Gnome und Gespenster. Also auch das sonnige Kalifornien hat seine Hexenküchen. Aber bitte, ohne Nebel halt keine Redwoods, denn was sie vom Regen nicht kriegen, das holen sie sich aus dem Nebel.

Beim größten der stämmigen Burschen, dem General Sherman im **Giant Forest**, beginnt ein Lehrgang (Congress Trail) durch die Dinos der Holzszene. Die fleißigen Ranger haben die Scheibe eines Baums freigestellt und an seinen Jahresringen Stationen der Menschheitsgeschichte eingetragen.

REGION 6
Sierra Nevada

Riesig und grün: im Sequoia National Park

Service & Tipps:

Sequoia & Kings Canyon National Parks
47050 Generals Hwy. (Superintendent)
Three Rivers, CA 93271-9700
✆ (559) 565-3341
www.nps.gov/seki
Eintritt $ 20 pro Auto oder $ 10 pro Person

Giant Forest Museum
Generals Hwy.
Sequoia National Park, CA 93271
✆ (559) 565-4480
Mitte Mai-Mitte Okt. tägl. 9–18 Uhr, ab Okt. geschl., Eintritt kostenlos
Im historischen Gebäude von 1928 erwarten den Besucher Ausstellungen, Filme und Infos rund um die dicken Bäume. Buchhandlung, Lehrpfad.

Giant Forest
Sequoia National Park, CA 93271
Jede Menge Holz. Mit 1484 m² ist der **General Sherman Tree** Spitze. Alter: um die 2500 Jahre, Durchmesser: 11 m.

Grant Grove Visitor Center
Grant Grove Village
Kings Canyon National Park
✆ (559) 565-4307
Tägl. im Sommer 8–17, im Winter 9–16.30 Uhr
Infos und Kartenmaterial.

REGION 6
Sierra Nevada

⓬ Sonora

Die Stadt (4500 Einwohner) galt um 1850 einmal als die »Königin der südlichen Minen«. Kurz zuvor von mexikanischen Minenarbeitern gegründet, hielt ihr Ruf so lange, bis die *placer* nichts mehr hergaben und die Gringos abzogen.

Episkopalkirche in Sonora

Sonora, CA 95370
✆ (209) 288-2277 und 1-800-446-1333
http://yosemitegoldcountry.com

ⓘ **Tuolumne County Chamber of Commerce**
222 S. Sheperd St., Sonora, CA 95370
✆ (209) 532-4212 und 1-877-532-4212
www.tcchamber.com

👁 **Saint James Episcopal Church and Museum**
N. Washington & Snell Sts.
Sonora, CA 95370
1850 von einem *carpetect* (Wortschöpfung aus *carpenter* und *architect*) gebaute Holzkirche, wobei der rote Anstrich möglicherweise vortäuschen sollte, die Kirche sei ein solider Ziegelbau.

🍴 **Diamondback Grill**
93 S. Washington St.
Sonora, CA 95370
✆ (209) 532-6661
www.thediamondbackgrill.com
Mo–Sa 17–21.30, So 11–20 Uhr
Nettes Café mit guten Sandwiches, Hamburgern und Salaten. Zahlreiche Biersorten und offene Weine. $

🍴 **Hemingway's Cafe Restaurant**
362 S. Stewart St., Sonora, CA 95370
✆ (209) 532-4900
Kalifornische Küche in unterkühltem Dekor. $$–$$$

Service & Tipps:

ⓘ **Tuolumne County Visitors Bureau**
385 S. Washington St.

⓭ US 395: Bishop/Lone Pine

Bishop, Big Pine, Independence, **Lone Pine:** wie Kandiszuckerstücke reiht der Highway ein Nest ans andere. Die Main Streets ähneln sich ebenso wie ihr jeweiliges Umfeld – Haine, Weiden und schmucke Holzhäuschen. Über allem schließlich thront der Mount Whitney, mit 4418 Metern Kaliforniens höchster Berg.

Service & Tipps:

Paiute-Shoshone Indian Cultural Center
2300 W. Line St. (Hwy. 168)
Bishop, CA 93514
✆ (760) 873-8844
www.bishoppaiutetribe.com
Mo–Fr 8–17 Uhr, Eintritt frei
Im Reservat der Paiute-Indianer: Die Sammlungen geben Auskunft über Baukunst, Kleidung, Werkzeuge und Ernährung der regionalen Indianerstämme. Im Museumsshop gibt es u.a. indianische Flechtkörbe.

Erick Schat's Bakkery
763 N. Main St.
Bishop, CA 93514
✆ (760) 873-7156
www.erickschatsbakery.com
Ab 7 Uhr morgens ein guter Frühstücksplatz. $

Bar-B-Q Bill's-Oney's
187 S. Main St., Bishop, CA 93514
✆ (760) 872-5435, www.barbqbills.com
Western style: BBQ und andere amerikanische Gerichte. $$

Whiskey Creek at Bishop
524 N. Main St.
Bishop, CA 93514
✆ (760) 873-7174
www.whiskeycreekbishop.com
Tägl. 11–21, Fr/Sa bis 22, Sa/So ab 8 Uhr
Solide amerikanische Kost in gemütlicher Atmosphäre: BBQ, Steaks, Meeresfrüchte, Geflügel und Pasta. Bei schönem Wetter wird auch draußen gedeckt. Cocktail Lounge. $–$$

Lone Pine Chamber of Commerce
120 S. Main St.
Lone Pine, CA 93545
✆ (760) 876-4444
www.lonepinechamber.org
Mo–Fr 8.30–16.30 Uhr

Seasons Restaurant
206 S. Main St. (US 395)
Lone Pine, CA 93545
✆ (760) 876-8927
Im Sommer tägl. 17–22 Uhr, im Winter So geschl.
Lamm, Geflügel, Steaks, *Seafood*, Pasta. *Dinner only*. $$–$$$

REGION 6
Sierra Nevada

Bishop Area Chamber of Commerce and Visitors Bureau
690 N. Main St.
Bishop, CA 93514
✆ (760) 873-8405 und
1-888-395-3952
www.bishopvisitor.com
Mo–Fr 10–17, Sa/So 10–16 Uhr

»Half Dome« vom Glacier Point aus gesehen

⑭ Yosemite National Park

Jahrein, jahraus strömen mehr als vier Millionen Menschen nach Yosemite, um dort ihr Naturwunder zu erleben. Klar, »Yosemite« klingt schön. Vielen hält ihn sogar für den eindrucksvollsten US-Nationalpark. Aber genau deswegen ist es nicht leicht, sich ihm anzunähern, denn wo niemand oder kaum jemand ist, kommt man schwer hin, und wo man leicht hinkommt, ist es meist voll. »Die Amerikaner lieben ihre Naturparks zu Tode«, klagt ein Parkranger. Und beim Spitzenreiter unter den Parks kennt die Liebe erst recht keinen Numerus clausus. Höchstens in Notfällen. Dann wird das Tal wegen Überfüllung geschlossen.

Am Anfang ging es hier gemächlicher zu. Bevor die ersten Weißen auftauchten, verbrachten die Indianer mehr als 2000 Jahre lang ihre Sommer in Rancherias und Camps, lebten als Sammler, Fischer, Jäger und Korbflechter, wohnten in *teepees* aus zeltartig aufgestellten und mit Borke bedeckten Baumhölzern. Sie nannten sich Ahwahneechees, »Bewohner des tiefen grasigen Tals«, und gehörten zum Stamm der Miwok-Indianer. Goldgier machte der Idylle bald den Garaus. Denn als die *Forty-Niners* (Diggers und Prospektoren) die Indianer aus ihrem Land in den Ausläufern der Sierras *(foothills)* vertrieben, rächten die sich mit Überfällen. Im Gegenzug verfolgte man die Indianer bis in die Berge hinein.

Die eigentliche Entdeckung der Region fiel ins Jahr 1855, als ein englischer Zeitungsverleger hier mit ein paar Begleitern herumreiste, um Stoff für seine Zeitschrift zu sammeln. Mit von der Par-

**REGION 6
Sierra Nevada**

tie war ein Zeichner, dessen Skizzen die landschaftliche Schönheit von Yosemite weltweit bekannt machten. Die Kalifornisierung von Yosemite schien ihren Lauf zu nehmen. Gottlob kam es anders. Naturschützern gelang es 1890, diesen besonderen Teil der Sierras zum Nationalpark erklären zu lassen. John Muir, Kaliforniens prominentester Naturforscher, kämpfte an ihrer Seite.

Schon der erste Blick auf den mächtigen **El Capitan** hat es in sich. Seine kahl polierten Granitwände stürzen senkrecht ins Tal des **Merced River** ab, als wollten sie das Lot fällen. Die Formation des silbrigen Urgesteins kam schon John Muir einst wie ein »Gebirge des Lichts« vor und inspirierte bekanntlich den Lichtbildner Ansel Adams zu seinen klassischen Schwarzweißfotos.

Das **Yosemite Village** bildet das touristische und daher meist überlaufene Zentrum des Parks, obwohl es noch nicht einmal ein Prozent seiner Gesamtfläche ausmacht. Das Visitor Center bewährt sich als nützliche Anlaufstation. Hier beginnt auch ein Trail für die erste Tuchfühlung mit dem Merced-Tal: an den Yosemite Falls vorbei am Fluss entlang, zu Fuß oder mit dem Rad. Backenhörnchen und Vögel haben sich längst auf den Andrang eingestellt, so zutraulich sind sie. Insgesamt 230 Vogelarten flattern durch den Park. Füttern sollte man allerdings keinen.

Jeffrey Pine am Sentinel Dome, Yosemite National Park, ist inzwischen umgestürzt

> **REGION 6**
> *Sierra Nevada*

Vernal Falls

Außer an belebten Wochenenden geht man auf den Wegen und Trampelpfaden am Merced River sehr angenehm. Unter wuchtigen Koniferen und Granitskulpturen kann man kreuz und quer durch die Blumenwiesen laufen. Auch anspruchsvollere Wanderungen bieten sich von hier aus an, aber auch Ausritte und bequeme Radwege. Für Besucher mit wenig Zeit empfiehlt sich die Fahrt mit dem kostenlosen Shuttlebus, der die beliebtesten Sehenswürdigkeiten anfährt: u.a. die **Lower Yosemite Falls**, den Startpunkt des Wanderwegs zum **Mirror Lake** und das **Valley Visitor Center**.

Abends winkt dem müden Wanderer die eine oder andere Abwechslung: die gepflegte Cocktailstunde im **Ahwahnee Hotel** oder (bei den Selbstversorgern) Koch- und Brutzelfreuden in Gesellschaft der Waschbären *(raccoons)* auf dem Campingplatz. Diese aufdringlichen, aber harmlosen Bären mit den schwarzen Augenmasken sehen ganz niedlich aus, wenn sie abends aus ihren Verstecken mit der ganzen Familie zum Dinner ausrücken und bei den Campern als muntere Mitesser aufkreuzen. Aber vor ihnen ist schlichtweg nichts sicher, kein Plastiksack und kein Mülleimer.

Höchstes Hochmoor der Sierras: Tuolumne Meadows

Yosemite National Park
(Visitor Center)
9039 Village Dr.
Yosemite, CA 95389
© (209) 372-0200
www.nps.gov/yose
Tägl. 24 Std. Park-Info, Eintritt $ 20 pro Auto, $ 10 pro Person
An den Parkeingängen (Big Oak Flat im Nordwesten an SR 120; Arch Rock weiter südlich, an SR 140; South Entrance im Süden, an SR 41 und Tioga Pass im Osten, an SR 120) erhält man den Yosemite Guide, eine handliche Parkzeitung mit Karte und Tipps zu Sehenswürdigkeiten, Preisen, Bussen, aktuellen Ausstellungen sowie den Parkregeln.

Service & Tipps:

Yosemite Area Regional Transportation System (YARTS)
© (209) 388-9589 und
1-877-989-2787
Tägl. 7–18 Uhr
Für Info, Stopps und Tickets: www.yarts.com
Für alle, die ihr Auto nicht in den Park mitnehmen möchten, verkehren **Shuttlebusse** von den umliegenden Gemeinden auf den Highways 140 und 120 zum Yosemite Valley. Dort besteht Anschluss an den parkinternen (kostenlosen) Shuttlebus.
Die Busse pendeln u.a. von **Merced, Cathys Valley, Mariposa, Midpines, El Portal** (Hwy. 140) und **Mammoth Lakes, June Lake, Lee Vining, Tuolumne Meadows** (Hwy. 120 East/US 395).
Tickets ($ 5–30 je nach Distanz für Hin- und Rückfahrt) gibt es vorab in den Hotels der genannten Orte bzw. bei den dortigen Visitors Bureaus, aber auch beim Busfahrer.

The Valley Visitor Center & Indian Cultural Museum
Yosemite Village, CA 95389 (Shuttlebus-Stopp 6 & 9)
© (209) 372-0200
Tägl. 9–17 Uhr
Wichtigstes Infozentrum im Park mit ansprechenden Ausstellungen über Fauna, Flora, Geologie. Das **Indian Cultural Museum** thematisiert das Leben der Miwok- und Paiute-Indianer.

Mirror Lake/Meadow Trail
Hübscher Bergsee, bequemes Ausflugsziel auf guten Wegen – für Sonntagsspaziergänger. Als Belohnung bietet der Bergsee malerische Spiegelungen der umstehenden Granitdome. Vom Mirror-Lake-Shuttlebus-Stopp geht man hin und zurück etwa 2 Std., mit Seeumrundung werden es 3.

Vernal Falls
Hier sind schon kräftigere Waden gefragt (hin und zurück etwa 2 Std.). Der letzte Teil des Pfads verläuft über den oft von Sprühwasser

verhangenen Mist Trail, und zwar steil über Stufen im Fels aufwärts.

🏃 Upper Yosemite Falls
Etwas anstrengender als der Meadow Trail: gut 11 km Rundkurs mit tollen Aussichten.

🏃 Mariposa Grove
Via SR 41 (Wawona Rd.), Nähe Südende des Parks: einer der eindrucksvollsten Sequoia-Haine in den Sierras. Star unter den Baumriesen ist der 2700 Jahre alte **Grizzly Giant**. Ein kleiner Shuttle fährt tägl. durch die Baumriesen.

👁 Glacier Point
Ein spektakulärer Aussichtspunkt für Half Dome, El Capitan und die Vernal und Nevada Falls in über 1000 m oberhalb des Talgrunds. Glacier Point Road gewöhnlich von Juni bis Okt. geöffnet. An Sommerwochenenden eine ruhigere Alternative zum Valley.

👁 Tuolumne Meadows
Größtes subalpines Hochmoor der Sierra-Kette auf fast 3000 m Höhe. Zahlreiche Wanderwege und Campgelegenheiten. Im Winter nicht zugänglich.

👁 Tioga Pass
S 120 zwischen Tuolumne Meadows und Lee Vining
Yosemite National Park
Mit 3031 m höchste Passstraße Kaliforniens. Info zum Straßenzustand:
✆ (209) 372-0200, dann die 1 und noch einmal die 1 wählen.

Eine Rangerin: »Wenn Sie den Tioga Pass überqueren können, sind Sie ein Gewinner! Der Pass ist zu 90 % des Jahres geschlossen.«

REGION 6
Sierra Nevada

»Keine Beschreibung des Himmels scheint halb so schön.« (John Muir über Yosemite)

Am Merced River im Yosemite-Tal

119

REGION 7
California Deserts

ⓘ Borrego Springs Visitor Center
786 Palm Canyon Dr.
Borrego Springs,
CA 92004-0420
℡ (760) 767-5555 und
1-800-559-5524
www.borregosprings
chamber.com
Mo–Sa 9–16 Uhr

Service & Tipps:

Anza-Borrego Desert State Park
200 Palm Canyon Dr.
Borrego Springs, CA 92004
℡ (760) 767-5311
www.parks.ca.gov
Visitor Center Okt.–Mai tägl. 9–17 Uhr, Rest des Jahres nur Sa/So und an Feiertagen
Eintritt $ 8 pro Auto
Das Visitor Center liegt halbwegs unterirdisch und ist deshalb auf den ersten Blick nicht sofort zu finden. Drinnen gibt es Karten, Infos, Literatur, Ausstellungen, didaktische Shows, draußen ein malerisches Wüstengebiet. **Palm Canyon, Font's Point, Split Mountain** gehören zu den Highlights des Parks.
Hotline für den aktuellen Stand der Kakteenblüte: ℡ (760) 767-4684.

Carlee's Place
660 Palm Canyon Dr. (Nähe Christmas Circle)
Borrego Springs, CA 92004
℡ (760) 767-3262
Tägl. 11–21 Uhr
Sympathisches Lokal mit typisch amerikanischer Küche, Bar und freundliche Stimmung. Burger, Sandwichs, Quesadillas, Pizza und Salate, Steaks und Rippchen. Lunch und Dinner. $–$$

❷ Death Valley

Schon die Einfahrten zum »Tal des Todes« gleichen einer weichen Mondlandung. Death Valley: die Shoshonen nannten es *tomesha*, »brennender Boden«. Die frühen Siedler gaben ihm den noch fataleren Namen, als sie hier 1849 auf der Suche nach den Goldquellen durchzogen und hofften, das Tal sei eine Abkürzung. Aber sie waren schlecht informiert. Alles, was sie fanden, waren ein Salzboden und der wenig ermutigende Anblick der Panamint Mountains, die ihnen den Weg zu versperren schienen.

West Coast Sahara: die Sanddünen von Stovepipe Wells

REGION 7
California Deserts

Touristischer Imperativ im Death Valley: Zabriskie Point

Spuren des Leibhaftigen finden sich im Death Valley übrigens häufig. Außer einem »Kornfeld« gibt es auch einen Devil's Golf Course. Die Nomenklatur des Death Valley neigt überhaupt zum Pathetischen. Sie reicht von Ritter-Tod- und-Teufel-Vorstellungen (die berühmte »Burg« heißt »Scotty's Castle«) bis zu Poetischem auf höchster Ebene: dem Künstlerpfad »Artists Drive« und »Dante's View«. Himmel und Hölle, Höhen und Tiefen der Menschheitsgeschichte werden als vertrauensbildende Maßnahmen herbeizitiert, um die Wirkung der unnahbaren und lebensfeindlichen Wüste zu mildern.

Inzwischen ist das Tal zum Nationalpark avanciert, was de facto bedeutet, daß der Landschaftsschutz über die Grenzen der bisherigen Region hinaus ausgedehnt und den 4-Wheel-Drive-Trips durch Dünen und Salzseen ebenso ein Ende gesetzt wurde wie militärischen Übungen, neuen Schürfgenehmigungen und Weiderechten – das alles sind sicher lebensverlängernde Maßnahmen für die kalifornische Wüstenschildkröte und andere gefährdete Tiere und Pflanzen.

Bei **Stovepipe Wells** kann man parken und durch die imposanten Sanddünen spazieren. Es ist erstaunlich, wie viel Lebendiges in den oft blendenden, vom Wind geriffelten Sandbergen nistet: Gräser, Creosote-Büsche, die besonders lange Wurzeln entwickeln, oder Mesquite-Bäume mit ebenso tiefem Wurzelgang, deren gelbe, bohnenartige Früchte schon die Shoshonen schätzten. Außer ein paar nimmermüden Käfern und hitzeresistenten Eidechsen wohnt die Wüstengesellschaft vorzugsweise am Tage unter Tage, d.h. im kühleren und feuchteren Untergrund. Man pflegt erst nachts auszugehen, die Känguru-ratte z. B. oder der *sidewinder*, jene besonders giftige Klapperschlangenart, die sich seitwärts springend fortbewegt.

Die wohl temperierte Freizeitwelt der **Furnace Creek Ranch:** Ein kleiner Rundgang bringt Neuigkeiten und Bewegung. Das Museum, zum Beispiel. Zwischen den Geräten spielt das Thema Borax die Hauptrolle, jene weiße kristalline Substanz, die unter anderem zur Keramik- und Glasherstellung, aber auch für Seifen, Kosmetik und Frostschutzmittel verwandt wird. In den *badlands* des Death Valley, vor allem in den Salzpfannen der ausgetrockneten Seen, gab es besonders reichhaltige Funde, die um die Jahrhundertwende (1885–1907) mit langen Karren von 20 Maultieren abtransportiert wurden. Diese *twenty mule teams* zogen nach Mojave, der nächsten Eisenbahnstation, die allerdings 260 Kilometer entfernt liegt.

Durch den ebenso schattigen Palmenhain, in dessen Kronen die *blackbirds* krächzen, erreicht man den tiefgrünen Golfplatz der Ranch – eine Kostprobe vom *California living*, typisch für ein Land, in dem sich Luxus und Einöde oft überraschend nahe kommen.

Zabriskie Point gehört ohne Zweifel zu den touristischen Imperativen des Todestals. Der **Twenty Mule Drive**, eine kleine Schleife abseits der Hauptstraße, erweist sich als ein gewundener Parcours, der eine weißlich-poröse Gesteinsästhetik zur Geltung bringt. Wenig später zweigt ein Weg zu **Dante's View** ab, der, vorbei an bunten Felsen und der Billie Mine, in vielen Windungen den beträchtlichen Höhenunterschied von über tausend Metern überwindet. Oben, je nach Sonnenstand, kann man sein gelbes, orangenfarbiges, rotes oder lila Wunder erleben. Je später, je besser sieht die Welt von hier oben aus, bis schließlich die Bergkuppen in Ost und West verglühen: kalifornische Götterdämmerung.

Die Verästelungen der Jumbo-Yuccas erinnern mal an vielarmige Leuchter, mal an Struwwelpeter. Die Vögel lieben ihre Stämme als Wohnraum, und in den abgestorbenen Ästen nisten gern Eidechsen und Termiten, um sich vor der Hitze oder den kalten Winden zu schützen – eine keineswegs friedliche Nachbarschaft, denn unter Echsen gelten Termiten als Leckerbissen. Eulen und Schlangen haben auch so ihre Vorlieben. Sie stürzen sich auf die Eidechsen, wenn die ihren Abendspaziergang machen.

REGION 7
California Deserts

(i) **Death Valley National Park**
Furnace Creek Visitor Center (SR 190)
Death Valley, CA 92328
✆ (760) 786-3200
www.nps.gov/deva
Eintritt $ 20 pro Auto
Der heißeste, trockenste und tiefstgelegene Punkt Kaliforniens: Infos, Karten, Literatur. Reservierung für Camper: ✆ 1-877-444-6777. (Weitere Ranger Stations: Stovepipe Wells, Shoshone, Wildrose Campground und Beatty.)

Service & Tipps:

👁 **Stovepipe Wells Sand Dunes**
S 190, Death Valley National Park
🚶 Spektakuläre Sanddünen: ein Stück Sahara in Kalifornien.

👁 **Badwater Basin und Devil's Golf Course**
S 178, Death Valley National Park
Salzseen, die vor über 2000 Jahren austrockneten.

👁 **Zabriskie Point**
S 190, Death Valley National Park
Berühmter Aussichtspunkt in der Nähe von Furnace Creek, benannt nach Christian B. Zabriskie, einst Chef der Pacific Borax Company. 1970 Filmset von Antonionis gleichnamigem Film.

Das Badwater Basin

❸ Joshua Tree National Park

Die Besonderheit des Nationalparks besteht darin, dass er durch seine großen Höhenunterschiede an den beiden typischen Wüstenformen Südkaliforniens teilhat – an der Colorado-Wüste im Süden und der Mojave-Wüste im Norden, an *low* und *high desert*. Im Extrem schwankt die Höhe zwischen etwa 400 und 1500 Metern.

Joshua Tree National Park

Die Vegetation ist dementsprechend vielfältig: Yuccas, Agaven, *smoketrees*, Büsche, Gräser und Wildblumen. Die Ocotillo-Büsche (Christusdorn) tragen ihre Blüten wie rote Flammenzungen und die Cholla-Kateen gleichen borstigen Teddybären, deren scharfe Stacheln den Pflanzenfressern erbarmungslos den Appetit verderben.

Mit unterschiedlichem Tempo kreuzt der eine oder andere Wüstenbewohner den Highway: erst Hase, dann Schildkröte. Darüber erheben sich die Joshua-Bäume, die ihren Namen angeblich von den Mormonen-Pionieren erhielten; sei es, weil die Gestik ihrer Äste zum Gebet zu rufen schien, oder weil sie glaubten, die Bäume wollten ihnen den Weg ins Gelobte Land weisen.

Zu den Highlights des Parks zählen der **Jumbo Rock** und das **Hidden Valley** mit seinen riesigen Granit-Monolithen und die zu Kletterpartien, Picknick- und Campingfreuden anregen. Wieder einmal haben die Camper alle Vorteile, denn sie können gerade dann bei den dicken Brocken sein, wenn die Temperaturen und das Licht am besten sind: abends und frühmorgens.

REGION 7
California Deserts

Service & Tipps:

🌳 **Joshua Tree National Park**
74485 National Park Dr.
🚶 Twentynine Palms, CA 92277
✆ (760) 367-5500
www.nps.gov/jotr

Park rund um die Uhr, Visitor Center tägl. 8–17 Uhr
Eintritt $ 15 pro Auto
Besucherzentrum; 9 ganzjährig geöffnete Campingplätze; Picknickeinrichtungen. Weiteres Besucherzentrum in Cottonwood Springs.

Klettern im Joshua Tree Park

❹ Palm Springs

Ja, Palm Springs, das Baden-Baden Kaliforniens, die Après-Wüste, mehr *dessert* als *desert*, mehr Cocktails als Skorpione! Ein Jungbrunnen für alternde Steinreiche, sagen die einen; heißer Tipp für flotte Singles, finden andere. Zahnärzte und Finanzberater tummeln sich auf den Golfplätzen, die Hedonisten *super cool* am Pool. Die plastische Chirurgie boomt.

California Classic: Golfplatzidyll in Palm Springs

125

REGION 7
California Deserts

Golfer in Palm Springs

Vom ehemaligen Spielplatz der Hollywood-Stars ist längst der glamouröse Lack ab. Die Geschäfte am Palm Canyon Drive, der früheren Flaniermeile und dem Parcours für Radler wie Eroll Flynn und Greta Garbo, vermarkten T-Shirts und 1950er-Jahre-Geschmack. Die meisten Galerien präsentierten Abschreibungskunst.

Dennoch: *God's waiting room*, die Devise für das Rentnerparadies Palm Springs, hat sich gemausert, nachdem lange Zeit die betuchten *snowbirds* fernblieben und lieber in die weiter östlich gelegenen Oasen des Tals zogen, nach Rancho Mirage, Palm Desert, Indian Wells, ja, sogar nach Scottsdale. Überall dort und weniger in Palm Springs spielte sich der exklusive Countryclub-Stil ab, lockten neue Fantasy-Hotels, die Stouffers, Hyatts und Ritz-Carltons. Nicht zuletzt deshalb, weil Bauland dort erheblich billiger war.

Palm Springs und Umgebung profitieren inzwischen von der Wirtschaftskraft der *crazy people*, von Yuppies, die hier ihre Bungalows haben und gern einen draufmachen, Schwule, Singles oder FKKler, die sich in den kleinen *nudist hotels* (Motto: *clothing optional*) einnisten, weil den Gästen hier (ganz unamerikanisch) freigestellt ist, wie frei sie sein möchten. Keine Frage, es sind vor allem die Schwulen, die nach den Jahren der Rezession das Geld in die Stadt bringen – ähnlich wie in Key West, Florida, oder Provincetown, Massachusetts. Die Taxifahrer können davon ein Lied singen. Sie fahren häufig Betrunkene nach Hause, die unterwegs merken, dass sie die Adresse ihrer fünften Zweitwohnung vergessen haben.

Einer der Vorteile der mageren 1980er und 1990er Jahre war es, dass vergleichsweise wenig abgerissen und neugebaut wurde. Dadurch überlebten viele historische Gebäude, darunter solche von prominenten Architekten wie Rudolf Schindler, Richard Neutra und dem Bauhaus-Eleven Albert Frey. Seit einiger Zeit spricht man in Palm Springs von einem regelrechten 1950er-Jahre-Architektur-Revival.

Wer abends über den Palm Canyon Drive schlendert, erfährt eine fast europäisch anmutende Flaneur-Szene. Nur die warme Luft, das letzte violette Licht und das wohlige Gefühl von Zeitlosigkeit lassen etwas von der seltsamen Anziehungskraft dieses Ortes ahnen. Erst recht die behaglichen Innenhöfe der kleinen Motels mit ihren Liegestühlen am Pool unter Palmen und Pampelmusen. Diese geschützten Räume bieten eine komfortable Wildnis in der fast schon klassischen Tradition des *Locus amoenus*, des antiken Idealbildes des irdischen Paradieses mit murmelndem Wasser, Grün und Vogelgezwitscher.

Aber auch die nahe Umgebung bietet erholsame Überraschungen, allem voran die **Indian Canyons** im Reservat der Agua-Caliente-Indianer. Fast 25 Kilometer lang windet sich der längste unter ihnen, **Palm Canyon**, durch die Steinwüste, begleitet von über 3000 Exemplaren prächtiger Palmen in stattlichem Alter von über 200 Jahren. Sie haben so manches Feuer überstanden. In diesen Schluchten (Murray, Tahquitz, Andreas) lebten vor Jahrhunderten shoshonensprachige Indianer in einem an Wasser und Wild reichen Terrain. Heute gehören die schachbrettartigen Grundstücke in und um Palm Springs ihren Nachfahren vom Stamm der Cahuilla-Indianer Es geht ihnen nicht schlecht, seit sie aus diesem Grundbesitz und den heißen Quellen Nutzen ziehen – Spielkasinos eingeschlossen.

»Von Hightech zu No Tech« sagt ein ehemaliger Programmierer, der jetzt Touristen über Wanderpfade durch die Indian Canyons führt.

Indian Canyons
Kolibris, »humming birds«, schwirren herum und saugen an den hängenden Flaschen mit Zuckerwasser. Der Palm Canyon windet sich fast 25 Kilometer lang durch karges Gestein, flankiert von über 3000 prächtigen Palmen in stattlichem Alter (über 200 Jahre), schließlich bekommen sie hier, was sie brauchen: heiße Köpfe und nasse Füße. Sie haben manches Feuer überlebt. Unterhalb ihrer Köpfe tragen sie Baströckchen – abgestorbene Blätter, die herunterhängen und den Stamm verdecken.

Service & Tipps:

ⓘ **Palm Springs Visitors Center**
2901 N. Palm Canyon Dr. &
Tramway Rd.
Palm Springs, CA 92262
✆ (760) 778-8418 und 1-800-347-7746, www.visitpalmsprings.com
Tägl. 9–17 Uhr

🏛 **Palm Springs Art Museum**
101 Museum Dr.
Palm Springs, CA 92262
✆ (760) 322-4800
www.psmuseum.org
Di/Mi, Fr–So 10–17, Do 12–20 Uhr,
Mo geschl.
Eintritt $ 12.50, Kinder $ 5, Do 16–20 Uhr Eintritt frei
Zeitgenössische Kunst, Western Art, Miniaturen, Skulpturen und indianische Kunst. Spezielle Fotosammlungen. Das angeschlossene **Annenberg Theater** präsentiert Musik, Tanz und Schauspiel. Museumscafé.

Palm Springs Aerial Tramway
1 Tramway Rd. (ab S 111) (Nordende der Stadt, ausgeschildert), Palm Springs, CA 92262
✆ (760) 325-1449 und 1-888-515-8726
www.pstramway.com
Mo–Fr ab 10 Uhr halbstündl., an Wochenenden und Feiertagen ab 8 Uhr, Fahrpreis $ 24/17
Wem die Hitze zu Kopf steigt, der findet Abkühlung auf der 2840 m hoch gelegenen Bergstation des Mt. Jacinto, zu der die sich drehenden Panoramakabinen hinauffahren: die einzige rotierende Seilbahn in den USA, gebaut von einer Schweizer Firma (Bodenstation auf 881 m). Die Kabine dreht sich während der 14-minütigen Fahrt zweimal um 360 Grad und gewährt Rundumblicke ins Coachella Valley. Werbespruch: *360° of WOW*. Oben gibt's Wanderwege, Maultierritte, Camping und das **Peaks Restaurant**.

Agua Caliente Indian Reservation (Indian Canyons)
5 km von S 111 (ausgeschildert)
Palm Springs, CA
✆ (760) 323-6018
www.theindiancanyons.com
Okt.–Juli tägl. 8–17 Uhr, sonst nur Fr–

Palm Canyon bei Palm Springs

Tahquitz Canyon

> **REGION 7**
> **California
> Deserts**

So, Eintritt $ 9, Kinder 6–12 Jahre $ 5
Nach Passieren des Kassenhäuschens kann man im Reservat der Agua-Caliente-Indianer in drei Canyons wandern und picknicken: im ruhigen **Murray** und **Andreas Canyon** und im spektakulären, oft aber überlaufenen **Palm Canyon**. Der **Trading Post** (Infos, Erfrischungen, Souvenirs), wo auch geführte Bergwanderungen starten, liegt am Ende der Fahrstraße oberhalb des Palm Canyon.

Vorschlag für einen moderaten Wanderweg: **Victor Trail** (Auskunft und Karte im Trading Post). Im **Murray Canyon** fallen die kleinen, munter piepsenden Vögel auf, die sich im Gesträuch und in den Palmen tummeln. *Least bells vireo* heißen sie und gehören zu einer gefährdeten Vogelart, obwohl sie gar nicht so wirken.

Tahquitz Canyon
500 W. Mesquite, Palm Springs
(760) 416-7044
www.tahquitzcanyon.com
Okt.–Juli tägl. 7.30–17, Juli–Sept. Fr–So 7.30–17 Uhr (Visitor Center)
Geführte, 2,5-stündige Wanderungen mit einem spektakulären Wasserfall beginnen am Tahquitz Visitor Center um 8, 10, 12 und 14 Uhr, $ 12.50/6
Über 30 Jahre war der Canyon für die Öffentlichkeit gesperrt. Ein ominöser Medizinmann soll hier böse Geister entfesselt haben, und die Rückstände der Hippie-Kultur der 1960er und 1970er Jahre hatten das Terrain zugemüllt. 2001 haben die Indianer mit dem schlechten Omen und dem großen Dreck aufgeräumt und den Canyon mit seinen schönen Ausblicken auf Palm Springs wieder freigegeben.

Smoke Tree Stables
2500 Toledo Ave.
Palm Springs, CA 92264
(760) 327-1372
www.smoketreestables.com
Hier kann man Pferde für Ausritte in die Indian Canyons mieten.

Jensen's Finest Foods
2465 E. Palm Canyon
Palm Springs, CA 92264
(760) 325-8282, tägl. 7–21 Uhr
www.jensensfoods.com
Exzellenter Supermarkt zur Picknickausstattung und Frisches zum Frühstück.

Johannes
196 S. Indian Canyon Dr.
Palm Springs, CA 92262
(760) 778-0017, tägl. ab 17 Uhr
www.johannesrestaurants.com
Leichte eklektische Küche auf hohem europäischem Niveau in attraktivem 1950er-Jahre-Dekor. Der Koch/Eigentümer ist Österreicher und bietet auch österreichische Gerichte an. Differenzierte Weinauswahl. $$–$$$

Kalura Trattoria
124 S. Palm Canyon Dr.
Palm Springs, CA 92262
(760) 323-4748
www.kalura-trattoria.com
Solide italienische Gerichte, gute Weinauswahl. $–$$

El Mirasol
140 E. Palm Canyon Dr., beim

Abbieger zu den/von den Indian Canyons an SR 111
Palm Springs, CA 92264
✆ (760) 323-0721
www.elmirasolrestaurants.com
Cocina Mexicana: sympathisches Restaurant mit traditionellen mexikanischen Gerichten *(chili relleno).* Lunch, Dinner, Bar. $

Sammy G's Tuscan Grill
265 S. Palm Canyon Dr.
Palm Springs, CA 92262
✆ (760) 320-8041
www.sammygsrestaurant.com
Kalifornisch-mediterrane Küche mit viel Geschmack. Angenehme Räume im Südwest-Dekor mit Fernost-Akzenten. Bar. Do-Sa Livemusik. Lunch $, Dinner $$–$$$

Las Casuelas Terraza
222 S. Palm Canyon Dr.
Palm Springs, CA 92262
✆ (760) 325-2794

www.lascasuelas.com
Muntere Bar und immer gut für eine erfrischende Margarita. Mexi-Cantina mit reichlichen Portionen. Oft Livemusik. $–$$

Ausflugsziel:

Claude Bell's Dinosaurs
Hwy. 10 (Exit Cabazon)
Cabazon, CA 92230
Tägl. 9–20 Uhr, Eintritt $ 8/7
Bei einem Truck-Stopp in Cabazon stehen zwei Dinosaurier als grünliche Monster am Highway, von denen einer ein kurioses Museum beinhaltet, in das man hineinkrabbeln kann.
Augenfutter dieser Art wird dem Autofahrer an vielen Stellen in den USA zur Unterhaltung serviert. Der größere der beiden Beton-Dinos wurde von Claude Bell in mühevoller Kleinarbeit zwischen 1965 und 1975 erbaut.

REGION 7
California Deserts

Vgl. Abb. S. 123.

Dinos am Highway (Exit Cabazon)

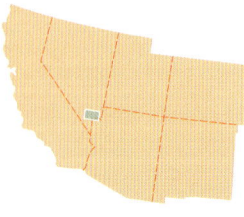

**REGION 8
Las Vegas und Umgebung**

Stadt im Glück

Las Vegas und Umgebung

Las Vegas, »Entertainment Capital of the World« – lange begrüßten zwei Neon-Ikonen den Wanderer, der hier sein Glück suchte: die kesse »Vegas Vicky« und der schmauchende Cowboy, »Vegas Vic«. Beide glitzern zwar noch heute an den Kasinofassaden der alten Fremont Street, aber inzwischen werden sie von anderen Blickfängen übertrumpft: von den Scheinarchitekturen der Megaresorts, die sich einem bestimmten »Thema« widmen, und den mondänen Kasinos der neuesten Generation wie Wynn oder Aria. Da ragen ägyptische Pyramiden auf, komplette Skylines, romantische Piratenverstecke oder Bonsai-Versionen europäischer Städte. Amerikanern wird mitten in der Wüste die Welt im Zeitraffertempo zu Füßen gelegt, denn hier kann man über den Canal Grande gondeln (The Venetian), im Eiffelturm zu Abend essen (Paris-Las Vegas), sich aufs römische Forum begeben (Caesars Palace) oder ein Souvenirfoto vor einer ägyptischen Sphinx knipsen (Luxor) – also, eine Weltreise fürs Wochenende ohne lästige Fremdsprachen, Hitze und Schmutz, dafür aber preiswerter und zeitsparender. Und wäh-

rend italienische Tenöre die Wasserorgien am »Comer See« (Bellagio) untermalen, glühen und sprühen die Vulkanfeuer im Mirage und werden in den ultraschicken Bars des neuen Cosmopolitan Casino die leckeren gleichnamigen Drinks gemixt.

❶ Las Vegas

Was Las Vegas seit Langem auf die Beine stellt, degradiert andere US-Fantasy-Hotels zu kleinen Fischen. Nirgendwo sonst in den USA gedeihen die Auswüchse der Freizeitkultur so perfekt wie hier. Anspruchsvolle Kauf- und Essgelüste rangieren neuerdings ganz vorn, noch vor dem Glücksspiel. Unvorstellbar, dass die Stadt einmal als bescheidene Mormonensiedlung begann.

Im Vergleich zu allen US-Metropolen wächst die Stadt am schnellsten. Greater Las Vegas bringt es jetzt auf fast zwei Million Einwohner, ganz Nevada, der »Silver State«, gerade mal auf knapp zweieinhalb Millionen. Jeden Monat ziehen 3000 Amerikaner nach und geraten in den Sog des Boomtown-Fiebers. Mehr und mehr Neubaugemeinden, von Mauern ringsum geschützt, *gated communities*, und neue Golfplätze umlagern die Stadt, erweitern ihre Grenzen und den Wasserbedarf.

Trends kommen und gehen wie im Taubenschlag. Nach ein paar Jahren der Familienfreundlichkeit mit Futterkrippen, Verwahranstalten und Spielecken ist inzwischen wieder mehr Verruchtheit angesagt – die Rückkehr zum Image von »Sin City«, von einem elektronischen Sodom und Gomorrha, nicht zuletzt auch, um sich gegen die Sexangebote des Untergrunds besser behaupten zu können. Ob Kindertagesstätte oder Revier für Nachtschwärmer, in jedem Fall bleibt die Stadt ihren vollen Reiseeinsatz wertund verdient mit Shows und Glamour-Sightseeing durchaus zwei oder drei Nächte: *Faites vos jeux!*

Service & Tipps:

Bellagio
3600 Las Vegas Blvd. S.
(Flamingo Rd.)
Las Vegas, NV 89109
✆ (702) 693-7111 und 1-888-978-6667, www.bellagio.com
Luxuspalast des Kasino-Königs Steve Wynn mit 8000 Angestellten, 13 Restaurants (darunter das preisgekrönte **Picasso**), Top-Boutiquen an einer Nachbildung des Comer Sees, dessen Wasser in Abständen und mit musikalischer Begleitung in zischenden Fontänen zum Himmel spritzen. Baukosten: 1,6 Mrd. Dollar.

Die düster und gruftig wirkende Kunstgalerie mit Werken französischer Impressionisten bildet den abendländischen Kontrapunkt zum vulgären Alltag des Kasinomilieus. Entertainment: Mi-So 19.30 und 22 Uhr läuft »**O**« (Cirque du Soleil) – eine Show im, auf und über dem Wasser mit über 70 internationalen Artisten.

REGION 8
Las Vegas und Umgebung

Marlene und Armstrong

MAKE MONEY THE OLD-FASHIONED WAY. GRAB IT
(Autoaufkleber)

ⓘ **Las Vegas Convention & Visitors Authority**
3150 Paradise Rd.
Las Vegas, NV 89109
✆ (702) 892-7575 und 1-877-847-4858
www.visitlasvegas.de
Mo–Fr 8–17.30 Uhr

131

REGION 8
Las Vegas und Umgebung

Vulkanausbruch als Entertainment: allabendlich vor dem »Mirage«

Das »Venetian« beschäftigt 17 000 Angestellte.

The Venetian – Klein-Venedig in Las Vegas

Caesars Palace
3570 Las Vegas Blvd. S.
Las Vegas, NV 89109
℡ 1-866-227-5938
www.caesarspalace.com
Das 1966 als erstes Themenhotel in Las Vegas eröffnete Haus umfasst Kasinos, diverse Restaurants und eine ansprechende Shopping Mall. Celine Dion, Elton John, Rod Stewart und andere treten auf. Als neueste Attraktion wird gerade ein gigantisches Riesenrad gebaut.

Luxor Las Vegas
3900 Las Vegas Blvd. S.
Las Vegas, NV 89119
℡ (702) 262-4444, und 1-877-386-4658, www.luxor.com
30-stöckige Schlaf-, Schlemmer- und Spielpyramide, von einer Sphinx und einem Obelisken bewacht. 5 Pools, Shops, sehenswerte Titanic-Ausstellung, beliebter Nachtclub. Aufgrund der Schräglage der Seitenwände heißen die *elevators* hier *inclinators*.

MGM Grand Hotel & Casino
3799 Las Vegas Blvd. S.
Las Vegas, NV 89109
℡ (702) 891-7777 und 1-877-880-0880, www.mgmgrand.com
12 Restaurants, Superpools, 3000 Spielautomaten. Im Kasino läuft »KÀ«, ein Theaterspektakel des Cirque du Soleil. Es erzählt die Geschichte von Zwillingen, die sich getrennt voneinander auf eine mühevolle Reise begeben. Es verbindet Akrobatik, asiatische Kampfkunst, Multimedia, Puppenspiel und Pyrotechnik (Tickets: ℡ 1-866-740-7711).

The Mirage
3400 Las Vegas Blvd. S.
Las Vegas, NV 89109
℡ (702) 791-7111 und 1-800-374-9000, www.mirage.com

REGION 8
Las Vegas und Umgebung

Wasserballett vor dem Bettenhaus des »Bellagio«

Einige der 9 Restaurants besetzen Spitzenränge. Munteres Super-Aquarium an der Rezeption, Delfinbecken und Heimat der weißen Tiger von Siegfried & Roy. Die beiden sind nach dem Angriff eines Tigers auf Roy längst in Rente, auf ihrer Bühne läuft heute die Beatles-Show »Love«.

New York-New York Hotel & Casino
3790 Las Vegas Blvd. S.
(Höhe W. Tropicana Ave.)
Las Vegas, NV 89109
1-800-689-1797, 1-866-815-4365
www.newyorknewyork.com
Manhattan im Bonsai-Format (Maßstab 1 : 3): Nachbildung von New Yorker Wahrzeichen, u.a. Empire State Building, Central Park, Chrysler Building, Ellis Island, Freiheitsstatue und Brooklyn Bridge. Eine Achterbahn düst wie auf Coney Island durch die Kulisse. Drinnen warten mehr *slot machines* (2400) als Zimmer (2033) auf Glückssucher. Und als Show gibt es das Erotikspektakel »Zumantiy« vom Cirque du Soleil.

Paris-Las Vegas Casino Resort
3655 Las Vegas Blvd. S.
Las Vegas, NV 89109
(702) 946-7000 und
1-800-722-5597
www.parislasvegas.com
760-Millionen-Dollar-Neubau mit 4000 Angestellten bietet Replikate von Eiffelturm, Opernhaus, Louvre, Hotel de Ville und Arc de Triomphe,
8 Restaurants und ein Shoppingerlebnis entlang der kopfsteingepflasterten Rue de la Paix.

Stratosphere Hotel & Casino
2000 Las Vegas Blvd. S.
Las Vegas, NV 89104
(702) 380-7777 und
1-800-998-6937
www.stratospherehotel.com
Tower So-Do 10-1, Fr/Sa 10-2 Uhr
Höchster Aussichtsturm der USA (383 m). Hotel-Kasino-Shopping-und-Entertainment-Komplex mit Dreh-Restaurant, Lounge und freien Ausblicken auf das Lichtermeer von Las Vegas. Heiratskapellen.

Treasure Island
3300 Las Vegas Blvd. S.
Las Vegas, NV 89109
(702) 894-7111 und 1-800-288-7200, www.treasureisland.com
Sa-Mi 19 und 21.30 Uhr »Mystère by Cirque du Soleil«
Megaresort mit Südseekulisse und der Supershow des Cirque du Soleil, die immer noch als beste Show für Liebhaber der Familienunterhaltung gilt. Phantastische Zirkusnummern mit Clowns, Sängern, Musikern und Trapezkünstler.

The Venetian
3355 Las Vegas Blvd. S.
Las Vegas, NV 89109
(702) 414-1000 und 1-866-659-9643, www.venetian.com
16 Nobelrestaurants, Shopping-

Show: Heirat in Fan-Kostümen

Besondere Feste in Las Vegas:
Irische Musik begleitet die St. Patrick's Day Parade zu Ehren des irischen Nationalheiligen (März); die Las Vegas Helldorado erinnern an die Wildwesttage von Las Vegas (Mai); Nevada Day Parade (Okt.); das National Finals Rodeo gilt als eins der wichtigsten Rodeos im Westen (Dez.).

REGION 8
Las Vegas und Umgebung

Neonwerbung einer bekannten Restaurant-Kette in Las Vegas

strip und Gondelfahrten, Nightclubs, Konzertbühne und das Guggenheim Hermitage Museum für Wechselausstellungen klassischer Kunst. Auf der Showbühne tritt die mit kräftig Adrenalin geladene »Blue Man Group« auf.

Wynn Las Vegas
3131 Las Vegas Blvd. S.
Las Vegas, NV 89109
✆ (702) 770-7000 und 1-877-321-9966, www.wynnlasvegas.com
Finanz-Tycoon Steve Wynn erweitert sein Kasino-Imperium in Las Vegas mit 2,7 Mrd. Dollar um ein neues spektakuläres Hotelkasino. 2716 Zimmer, 18 Restaurants, Originale von Picasso und Chagall, 137 Spieltische, 1960 Spielautomaten und ein Golfplatz, der einzige am Strip. Der Neubau steht auf dem Gelände des »Desert Inn«, der lange Howard Hughes als Versteck diente. $$$$

Las Vegas Natural History Museum

900 Las Vegas Blvd. N.
Las Vegas, NV 89101
✆ (702) 384-3466, www.lvnhm.org
Tägl. 9–16 Uhr, Eintritt $ 10/5
Prähistorische Tiere und andere naturgeschichtliche Funde der Region: von den Dinos bis heute. Für Kinder und Erwachsene spannend und unterhaltsam.

Springs Preserve

333 S. Valley View Blvd.
Las Vegas, NV 89107
✆ (702) 822-7700
www.springspreserve.org
Tägl. 10–18 Uhr, Eintritt $ 10
Für Kinder und Erwachsene spannend: ein hervorragendes Ökomuseum, das die Wüstennatur und die Stadtentwicklung erläutert und in Perspektive setzt. Gleich nebenan liegt das neue, ebenfalls lohnenswerte **Nevada State Museum**.

City Center
3730 Las Vegas Blvd. S.
Las Vegas, NV 89109
✆ (702) 590-7757 und 1-866-359-7757, www.citycenter.com
Ein riesiger, 10 Mio. Dollar teurer Komplex um das Aria-Kasino aus mehreren Hotels mit zusammen fast 5000 Zimmern direkt im Herzen des Strip. Sehenswert: die super-elegante Shoppinggalerie Crystals mit zackigem Dachdesign vom Star-Architekten Daniel Libeskind. Zahlreiche sehr gute Restaurants im und um das Aria-Kasino.

The Cosmopolitan

3708 Las Vegas Blvd. S.
Las Vegas, NV 89109
✆ (702) 698-7000 und
1-877-551-7778
www.cosmopolitanlasvegas.com
Ein neuerer Turm am Strip. Mit 3000 riesengroßen Zimmern, einem dreistöckigen Kristalllüster mit eingebauten Bars in der Lobby, zahlreichen Trendrestaurants und schönem Pooldeck über dem Las Vegas Strip. Hervorragendes Buffetrestaurant.

The Fashion Show Mall

3200 Las Vegas Blvd. S. & Spring Mountain Rd.
Las Vegas, NV 89109
✆ (702) 369-8782
www.thefashionshow.com
Mo–Sa 10–21, So 11–19 Uhr
Hell und ansprechend: führende Warenhausketten und über 100 z.T. recht gute Spezialgeschäfte, Cafés und Restaurants.

The Forum Shops

Caesars Palace
3500 Las Vegas Blvd. S.
Tägl. 10–23 Uhr
Internationale Designerboutiquen und schicke Restaurants – eine architektonische Fantasie darüber, wie man sich im digitalen Zeitalter »die alten Straßen von Rom« vorstellt: mit Piazza, pseudo-antikem Figurenprogramm am Zierbrunnen und Lasershow unter pastellfarbenem Firmament aus zarter Lüftlmalerei.

Las Vegas Premium Outlets North

875 S. Grand Central Pkwy.
Las Vegas, NV 89106
✆ (702) 474-7500
www.premiumoutlets.com
Tägl. 10–21, So bis 20 Uhr
Großes Shoppingcenter in der Nähe der Downtown, auch gut per Bus zu erreichen, mit allen großen amerikanischen Marken. Ein zweites Outletcenter liegt am Südende des Strip.

Julian Serrano
3730 Las Vegas Blvd. S.
Las Vegas, NV 89109
℡ 1-877-230-2742
Wie auf einer offenen Terrasse sitzt man hier im Kasino bei sehr leckeren spanischen Tapas. Ringsum stylisches Dekor aus Baumstümpfen. $$-$$$

Palm Restaurant
3500 Las Vegas Blvd. S.
(The Forum Shops at Caesars)
Las Vegas, NV 89109
℡ (702) 732-7256, www.thepalm.com
Gegenüber von **Spago**: kleine Nischen, europäischer Touch. Meeresfrüchte (Hummer) und Steaks sind die Stärken der Küche. $$-$$$

Ricardo's Mexican Restaurant
4930 W. Flamingo Rd. (Decatur)
Las Vegas, NV 89103
℡ (702) 227-9100
www.ricardosoflasvegas.com
Eins der besten mexikanischen Restaurants in Las Vegas. $-$$

Spago
3500 Las Vegas Blvd. S.
(The Forum Shops at Ceasars)
Las Vegas, NV 89109
℡ (702) 369-6300
www.wolfgangpuck.com
Vorne Bistro mit Bar ($-$$), hinten luftiger Speiseraum im Hightech-Look ($$$). California Cuisine mit italienischem Einschlag. Köstliche Salate. Lunch und Dinner. $$-$$$

SushiSamba
3325 Las Vegas Blvd. S.
Las Vegas, NV 89109
℡ (702) 607-0700
http://sushisamba.com
Tägl. 11.30–1, Do–Sa bis 2 Uhr
Schickes Lokal im eleganten Palazzo-Kasinohotel mit japanisch-brasilianischer Küche. Nachtclub daneben. $$$

Toby Keith's I Love this Bar & Grill
3475 Las Vegas Blvd.
Las Vegas, NV 89109
℡ (702) 214-9110 und 1-877-346-4842
www.harrahslasvegas.com
Burger, Rippchen und andere amerikanische Kost in einem etwas versteckten Lokal im Harrah's-Kasino. Fast jeden Abend Livemusik mit guten Countrybands, die meist bis 2 Uhr nachts spielen. $$

REGION 8
Las Vegas und Umgebung

Tickets online:
www.ticketmaster.com

Glitzerwelt in der Wüste: Skyline Las Vegas

❷ Lake Mead/Hoover Dam

Ringsum ist Las Vegas mit attraktiven Ausflugszielen gut versorgt. In südlicher Richtung führt der Expressway 515 schnell in stillere Wüstenwelten. Schon beim Ortsausgang von Boulder City kommt der **Lake Mead** in Sicht und die allerdings etwas steinigen Ufer von Boulder Beach bieten die erste Chance, ins kühle Nass zu hüpfen und am Strand zu picknicken.

Wenig später entfaltet sich der mit Hochspannungsmasten und -drähten vernetzte steile Canyonrand des Colorado River, der hier vom massiven **Hoover Dam** reguliert wird, 1931–36 erbaut und weltweit einer der höchsten seiner Art (242 m). In der Spitzenbauzeit waren hier mehr als 5000 Arbeiter Tag und Nacht tätig. Fast 100 Menschen starben, und im Schnitt gab es täglich 50 Verletzte. Die sieben Millionen Tonnen Beton, die in den 46 Monaten verbaut wurden, hätten ausgereicht, eine zweispurige Straße von Miami bis Los Angeles anzulegen. Aufzüge führen zu den 17 Megaturbinen des E-Werks hinunter, das heute vier Milliarden Kilowattstunden im Jahr liefert.

Jenseits des Damms beginnt Arizona. Per Auto darf man allerdings nicht über den Damm, sondern muss zurück zum Highway 93 und über die neue

REGION 8
Las Vegas und Umgebung

Brücke weiterfahren. Die Straße folgt dem Fluss, dem **Black Canyon** – mit schönen Ausblicken auf die wilde Canyonlandschaft: im Winter eine beschauliche Autotour, zwischen Frühjahr und Herbst ein Ausflug zu ungewöhnlichen Wasser- und Badefreuden.

Willow Beach garantiert dafür. Die felsumstellte Oase bietet alles, was das sportliche Herz begehrt: Strand, eine Marina mit Tret-, Haus-, Motor- und Schlauchbooten, die man hier leihen kann (um die Schluchten des Colorado über 80 Kilometer hinunterzufahren), Angelplätze unter Palmen und Oleanderbüschen; außerdem ein Restaurant, Motel und Campingmöglichkeiten.

Service & Tipps:

ⓘ **Hoover Dam Visitor Center**
Boulder Hwy. (SR 93)
✆ (702) 494-2517 und 1-866-730-9097, tägl. 9–18 Uhr
Eintritt $ 8, 30-minütige Power-Plant-Tour $ 11/9
Modernes Visitor Center mit großem

Hoover Dam

Parkhaus. Einer der höchsten Staudämme der Welt, staut den Colorado zum **Lake Mead**. Aufzüge führen zum E-Werk hinunter. Unten ist die Mauer 220 m dick, oben 14 m. Anfahrt von Las Vegas (Ausschilderung beachten): US 93 nach Süden über Henderson und Boulder City (55 km).

🌳 **Lake Mead National Recreation Area**
601 Nevada Hwy., 6 Meilen auf SR 166 nordöstl. von Boulder City, NV 89005
✆ (702) 293-8990 (Visitor Center)
www.nps.gov/lake
Visitor Center Mi–So 9–16.30 Uhr, Mo/Di geschl.
Parkeintritt $ 10 pro Auto
Ausflug von Las Vegas (40 km entfernt). Stausee zur Kontrolle von Überschwemmungen und Dürreperioden und zur Energiegewinnung. 1323 km Ufer mit mehreren Marinas. Wasserski, Bootsverleih (Haus-, Motor-, Paddelboote), Angeln.

❸ Red Rock Canyon

🏃 **Red Rock Canyon National Conservation Area**
HCR 33, Box 5500 (Visitor Center)
Las Vegas, NV 89124
✆ (702) 515-5367
www.redrockcanyonlv.org
Im Sommer tägl. 6–20, sonst bis 17 oder 19 Uhr, Visitor Center tägl. 8–16.30 Uhr, Eintritt $ 7 pro Fahrzeug
Felsformationen und Wüstenlandschaft zum Reiten und Wandern.

🏃 **Spring Mountain Ranch State Park**
8000 Blue Diamond Rd. via SR 160

(Red Rock Canyon)
Blue Diamond, NV 89004
✆ (702) 875-4141
www.parks.nv.gov/smr.htm
Picknickplatz tägl. 8 Uhr bis Sonnenuntergang
Ranchhaus tägl. 10–16 Uhr
Führungen Mo–Fr 12, 13, 14, Sa/So auch 15 Uhr
Eintritt $ 9 pro Auto
Zum Picknick und/oder Genuss des Sonnenuntergangs ein schönes Plätzchen zum Sitzen und Schauen. Auf Hinweisschild nach BLUE DIAMOND achten!

❹ Valley of Fire

Von Las Vegas entweder direkt über I-15 nach Norden, SR 169 rechts oder (als Fortsetzung des Ausflugs zum Hoover Dam) über die szenisch sehr ansprechende Route am Lake Mead entlang: von der SR 166 ein kleines Stück über die SR 147 auf die SR 167 und dann den Schildern nach.

In **Overton Beach** kann man baden und etwas essen, dann folgt ein reich gestaffeltes Bergpanorama, dessen Formationen wie glühendes Lavagestein aussehen und bei denen Hobby-Geologen leicht ins Schwelgen geraten. Die rötliche Steinwelt hat seit nunmehr (geschätzten) 150 Millionen Jahren ihre prähistorischen Zeitgenossen – Dinos, Basket Makers, Anasazi- und Paiute-Indianer – prächtig überlebt und scheint auch für die Zukunft gerüstet, denn schon mehrfach mussten die alten Steine als Filmkulisse für »Star Trek« herhalten.

Bei den **Seven Sisters** steigert nachmittags das abnehmende Licht die Wirkung der natürlichen Umwelt: Harte Konturen verklären sich langsam, bis schließlich die Umrisse und Farben im Dunkeln entschwinden. Bei den *beehives* (den »Bienenkörben« oder Sandsteindomen) kann man durch die grün kontrastierenden Creosote-Büsche laufen. Kinder finden es hier ganz toll, weil sie in und auf den Steinen prima herumkrabbeln können.

Oberhalb vom Visitor Center bietet die **Rainbow Vista** ein schönes Panorama, und vom Parkplatz von Mouse's Tank führt ein Pfad durch den **Petroglyph Canyon** mit eindrucksvollen indianischen Felszeichnungen. Wer bis zu **Mouse's Tank** durchhält, trifft auf ein natürliches Sammelbecken für Regenwasser, einst das Versteck eines indianischen Klausners.

> **REGION 8**
> *Las Vegas und Umgebung*

Service & Tipps:

Valley of Fire State Park
SR 169, Overton, NV 89040
© (702) 397-2088
www.parks.nv.gov/vf.htm

Eintritt $ 10 pro Auto
Visitor Center tägl. 8.30–16.30 Uhr,
Park tägl. Sonnenauf- bis -untergang
Wanderwege, Picknick, versteinerte Bäume *(petrified wood)*, indianische Petroglyphen. Camping.

Valley of Fire: Erosions-Fans geraten hier ins Schwelgen

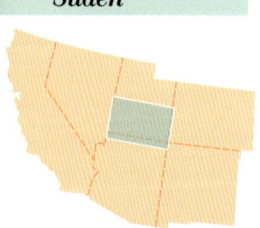

**REGION 9
Utah – der Süden**

Steinreich und felsenfest

Utah – der Süden

Also hierhin hat es die Verfolgten letztlich geführt – die Mormonen, deren Kirche, die »Church of Jesus Christ of Latter-day Saints« (LDS) 1830 in Fayette, im Staat New York, gegründet wurde und die als eine der ungewöhnlichsten Religionsgemeinschaften in den USA des 19. Jahrhunderts gelten kann. Ihr Selbstverständnis basiert auf dem »Book of Mormon« des New Yorker Bauernbubs Joseph Smith, Jr., der träumte, von einem Engel zu vergrabenen goldenen Schrifttafeln geführt worden zu sein, deren Symbole Smith übersetzte und zum »Buch Mormon« machte. Es handelt vom Schicksal eines alten Volkes aus dem Nahen Osten, das nach Amerika auswandert – eine Fortschreibung der biblischen Geschichte auf US-Boden.

Nach der (erzählten) Umsiedlung in die neue Welt begann daselbst die tatsächliche, denn wo immer sich die Mormonen niederließen (u.a. in Ohio, Illinois, Missouri) gab es Ärger und Streit, Mord und Totschlag, verursacht meist durch Furcht vor ihrer ökonomischen Stärke, ihrer Wählerblockbildung, ihrem religiösen Exklusivanspruch, ihrer Polygamie und ihrer Opposition gegen die Trennung von Staat und Kirche. 1844 wurde

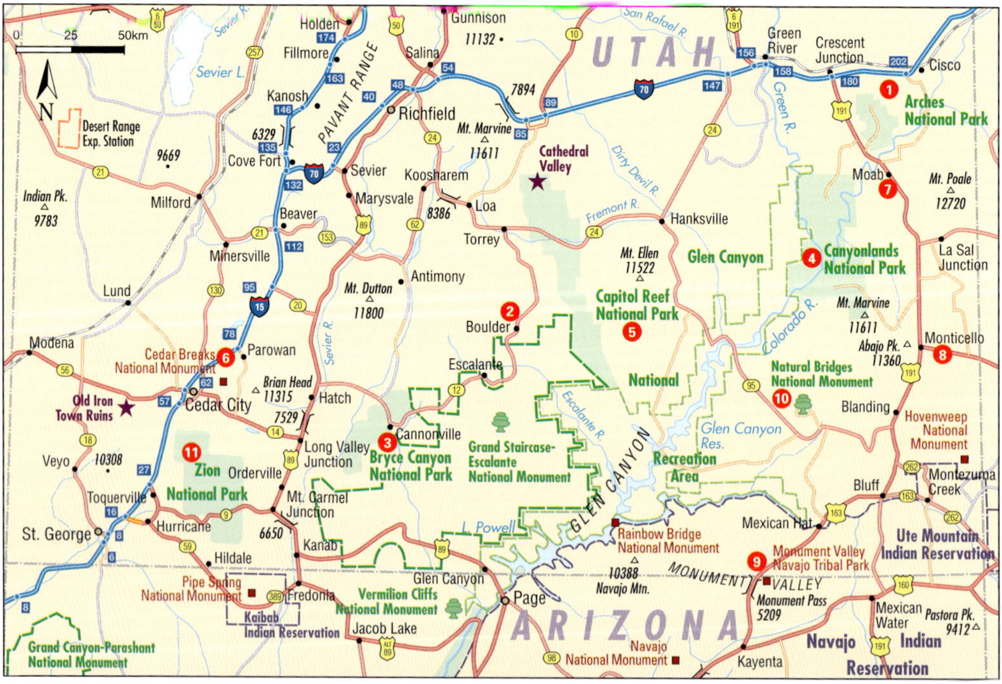

**REGION 9
Utah – der
Süden**

Smith in Illinois ermordet, ausgerechnet in dem Jahr, in dem er sich um das Amt des US-Präsidenten bewerben wollte.

Bald nach seinem Tod brachen 15 000 Mormonen unter Führung des *frontiersman* und neuen Propheten Brigham Young nach Westen auf und gründeten 1848 am Großen Salzsee Salt Lake City den Staat »Deseret«, das »Land der Honigbiene«, wie es im »Buch Mormon« steht. Neben den Geburtstagen von John Smith und Brigham Young feiert man in Utah nach wie vor den 24. Juli als Pioneer Day, den Tag, an dem der Treck das Gelobte Land am Salt Lake erreichte. Und auch dem Bienenkorb hält man im »Beehive State« die Treue.

Als die Siedler eintrafen, gehörte das Land zu Mexiko. Erst 1848, mit dem Friedensschluss von Hidalgo, fiel das Territorium an die USA. Aber auch dieser Exodus hatte Schattenseiten, denn auf ihrem Weg nach Westen blieben die Mormonen weiterhin unbeliebt, weil sie stets in großen Massen anrückten, alles aufkauften, besetzten und politisch unter ihre Fuchtel zu bekommen suchten.

Die Bundesregierung misstraute der Staatsgründung am Salzsee und sandte 1857 sogar Truppen ins Land, um die Heiligen zur Ordnung zu rufen. Ein offener Krieg wurde zwar vermieden, aber es gab Übergriffe und Tote.

Als sich im Zuge ihrer Siedlungserfolge durch Fleiß, Sauberkeit und Solidarität Wüsten in blühende Gärten verwandelten und strittige Grundsätze wie die Vielweiberei offiziell abgeschafft wurden, stabilisierte sich die Lage. 1896 endlich wurde das »Territory of Utah« als Bundesstaat in die Union aufgenommen. In der Folgezeit lockerte sich die strenge Linie dieser im Grunde konservativen Christen, die durch ihr kommunales Handeln und ihre autoritäre Kirche von Anfang an konträr zum romantisierenden Individualismus amerikanischer Protestanten stand. Gleichwohl überlebt ihr missionarischer Eifer, was ihre Mitgliederzahl auf inzwischen über 13 Millionen gesteigert hat, von denen etwa die Hälfte in den USA leben.

Inzwischen verhalten sich die meisten Mormonen im alltäglichen Leben weit pragmatischer, als es die Dogmen aus dem kirchlichen Hauptquartier in Salt Lake City, dem »LDS-Vatikan«, vorsehen. Die Geburtenrate sinkt (Brigham Young hinterließ noch 27 Frauen und 56 Kinder), Kondome sind diskret erlaubt, Scheidungen zumindest nicht mehr verboten, so dass ihre Rate inzwischen im nationalen Durchschnitt liegt. Auch der sogenannte *code of health* – kein Tee, kein Kaffee, kein Alkohol, kein Tabak – hat viele Schlupflöcher bekommen.

Im Gleichtritt durchs felsige Utah

Bighorn Sheep im Arches National Park

**REGION 9
Utah – der Süden**

Balanced Rock im Arches National Park

Tiefe Blicke im hohen Bogen – im Arches National Park

❶ Arches National Park

Was von einer USA-Reise hinterher wirklich hängen bleibt, das sind oft die Wanderungen. Kaum ein Stopp am *View Point* hinterlässt so dauerhafte Eindrücke wie jene, die man zu Fuß gesehen und erlebt hat. Und es gibt wenige Nationalparks, auf die dies mehr zuträfe als auf die fragilen Sandsteinbögen und felsigen Nadelöhre, die im Arches National Park beisammenstehen. Wie oft im Südwesten haben auch hier Wasser und extreme Temperaturunterschiede die Sandsteinskulpturen geformt. Der beliebteste Trail führt zum **Landscape Arch**; Konditionsstärkere legen noch einen Gang zu: zum **Double-O Arch**. An der Wolfe Ranch beginnt der Weg zur bekanntesten Steinbrücke des Parks, dem **Delicate Arch**.

Service & Tipps:

Arches National Park
Visitor Center, 5 Meilen nördl. von Moab, UT 84532
℡ (435) 719-2299
www.nps.gov/arch, Park 24 Std., Visitor Center April–Okt. tägl. 7.30–18.30, sonst 9–16 Uhr
Eintritt $ 10 pro Auto
Im Sommer kann es sehr heiß werden, so dass man Wanderungen auf den Morgen oder Abend verlegen sollte. Picknickplätze gibt es u.a. am Devils Garden Trailhead und am Delicate Arch Viewpoint. Im Besucherzentrum auch Registrierung für die **Fiery Furnace Walks**, die tägl. Mai–Aug. 9–16, Sept./Okt. 10–14 Uhr stattfinden (Dauer: 2 1/2–3 Std., $ 10/5). Treffpunkt auf dem Parkplatz. Reservierung nötig unter www.recreation.gov.

Der **Dead Horse Point** liegt immerhin auch fast 2000 Meter hoch. Er zählt zweifellos zu den spektakulärsten Flussschleifen des Colorado. Im vorigen Jahrhundert rasten hier wilde Mustangs durchs Gelände. Sein Name erinnert an diejenigen, die hier verdursteten.

Wer dem Abgrund zu nahe kommt, dem kann leicht schlecht werden. Anderen dagegen reicht der bloße Augenschmaus der dramatischen Aussichten nicht; sie stürzen sich mit ihren *hang gliders* lieber in die Tiefe. Unten erkennt man zwei blaue Seen. Sie haben etwas mit den dort lagernden sogenannten *pot ashes* zu tun, die dadurch, dass man Wasser in die Senke pumpt, aus der ehemaligen Mine herausgesogen werden. Durch die Verdunstung des Wassers gewinnt man diese Substanz, die einen wesentlichen Bestandteil von Dünger ausmacht.

> **REGION 9**
> *Utah – der Süden*

Service & Tipps:

Canyonlands National Park
2282 S. W. Resource Blvd.
Moab, UT 84532-8000
✆ (435) 719-2313
www.nps.gov/cany/
Tägl. 9–16 Uhr (im Sommer länger),
Eintritt $ 10 pro Auto
Im Park gibt es auch Campgrounds, und zwar im nördlichen Teil (Island In The Sky) Willow Flat, im südlichen Teil Squaw Flat.

Dead Horse Point State Park
32 Meilen entfernt von Moab,
UT 84532-0609
✆ (435) 259-2614, Campingreservierung: ✆ 1-800-322-3770
Visitor Center im Sommer tägl. 8–18, sonst 8–17 Uhr
Eintritt $10 pro Auto

Kariös: Felsen im Monument Basin, vom Grand View Point im Canyonlands National Park aus gesehen

**REGION 9
Utah – der
Süden**

❺ Capitol Reef National Park

Die Sandsteinklippen im Wüstenhochland des Capitol Reef zählen zu den spektakulärsten und farbigsten Faltungen des Colorado Plateau – eine über 160 Kilometer lange, sogenannte *waterpocket fold* voller Pools, die jede Menge Regenwasser hamstern können. Bereits in der Nähe des Visitor Center ragen die über 300 Meter hohen, bunten Felskamine, die die Navajo für den »schlafenden Regenbogen« hielten, über den Fremont River hinaus. Im Tal blühen und reifen je nach Jahreszeit die Obstbäume. Kirschen, Äpfel und Birnen, Pfirsiche, Aprikosen, Maulbeeren und Pflaumen: eine Art Red Rock Eden – späte Früchte von **Fruita**, einer Mormonensiedlung, die hier seit den 1880er Jahren bis weit ins vorige Jahrhundert hinein bestand und von der nur noch Ruinen erhalten sind. Die Schule, eine Scheune und einige andere Gebäude hat man restauriert.

Erheblich spärlicher als die Merkmale dieser »historischen Landschaft« sind die Spuren früherer Siedler, die der Indianer der sogenannten *Fremont Culture* des 9. Jahrhunderts, die, offenbar mit den Anasazi verwandt, hier Ackerbau betrieben, jagten und in Gruben- bzw. Erdhäusern lebten. Reste kann man noch vom **Hickman Bridge Trail** erkennen. Das Wasser war der Grund für Ihr Kommen. Aber warum verschwanden sie? Es existieren, wie meistens, mehrere Theorien: Es sollen Trockenperioden oder Stammesfehden gewesen sein, wahrscheinlich beides.

Außer der Fahrt über den **Scenic Drive** gibt es vielerlei Möglichkeiten, der Steinwelt zu Fuß zu Leibe zu rücken: etwa den vom Wasser glattpolierten Steinwänden des **Grand Wash** zu folgen oder (am Ende des Drive) in die **Capitol Gorge** zu laufen – eine leichte, kaum mehr als halbstündige Wanderung vorbei an prähistorischen Felszeichnungen und »Wassertaschen«.

Farm in Fruita, Capitol Reef National Park

Service & Tipps:

Capitol Reef National Park
HC 70 Box 15
Torrey, UT 84775
✆ (435) 425-3791
www.nps.gov/care/
Park 24 Std., Visitor Center im Sommer tägl. 8-18, sonst 8-16.30 Uhr
Eintritt $ 5 pro Auto
Visitor Center am Hwy. 24 am Nordende des Parks. Klettern, Jeeptrips, z.B. über die Burr Trail Road oder ins Cathedral Valley, und zahlreiche Wanderwege: durch die **Capitol Gorge** oder hinauf in Richtung **Golden Throne**, was etwas anstrengender ist und wofür man etwa zwei Stunden rechnen sollte – aufwärts vom Grund der Schlucht auf das Dach der Klippen am Fuß des »Goldenen Throns« mit schönen Ausblicken.

Cafe Diablo
599 W. Main St.
Torrey, UT 84775
✆ (435) 425-3070
www.cafediablo.net, April-Okt.
Nettes Bistro mit sehr guter Southwest Cuisine, kleine Terrasse. Cocktails. Nur Dinner. $$

Capitol Reef Inn & Cafe
360 W. Main St.
Torrey, UT 84775
✆ (435) 425-3271
www.capitolreefinn.com
Witziger Buchladen mit verblüffend gutem, gemütlichen Restaurant (Forelle!). $–$$

❻ Cedar Breaks National Monument

Das Cedar Breaks National Monument nimmt eine Spitzenstellung unter den Parks in Utah ein. Die Region liegt über 3000 Meter hoch, was im Sommer angenehm kühle Temperaturen, für wenig Trainierte aber leicht auch Atemprobleme wegen der dünnen Luft mit sich bringen kann. »Kreis der bemalten Klippen« nannten die Indianer dieses in Millionen Jahren aufgeschichtete und erodierte Felskolosseum, das die ersten Siedler in »Cedar Breaks« umtauften – wegen der vielen Juniperbäume und *bristlecone pines* am Beckenrand.

»Breaks« steht für *badlands* und meint mehr oder weniger bizarr erodiertes Ödland mit karger Vegetation. Die Farbe des zerklüfteten Steinpanoramas aus Türmen, Bögen, Säulen und verwinkelten Canyons schwankt zwischen Rot-, Lila- und Gelbtönen, je nach Tageszeit und Lichteinfall.

> **REGION 9**
> *Utah – der Süden*

Service & Tipps:

 Cedar Breaks National Monument
2390 W. Hwy. 56, Suite 511 (Superintendent)
Cedar City, UT 84720
✆ (435) 586-9451
www.nps.gov/cebr
Visitor Center Juni-Mitte Okt. tägl. 9–18 Uhr
Campingplatz in der Nähe von Point Supreme. Der Pfad am Rand des »Amphitheaters« ist 8 km lang und führt auch zu den Bristlecone Pines. Eintritt $ 4 pro Person.

---

❼ Moab

Moab, landschaftlich schön gerahmt, eine grüne Oase, gefällig umgeben von erodierten Rotlingen – also ein wahrlich erfreulicher Fleck, um den Colorado River zu überqueren. Das fanden schon Mitte des 19. Jahrhunderts Mormonen-Missionare und gründeten deshalb genau hier ihre Siedlung, trotzten den Indianern gingen landwirtschaftlich zu Werke. Sie brauchten dann allerdings immerhin bis 1903, bis sie die Stadtrechte bekamen.

Aber nicht nur fromme Siedler schrieben hier Geschichte. Auch Butch Cassidy und andere Gangs hinterließen ihre Spuren – mit ein Grund vielleicht, warum Moab und Umgebung später so oft als Schauplatz von Western-Literatur und Filmen gefragt war. Viele Romane von Zane Grey und ungezählte Hollywoodstreifen bedienen sich der Felskulissen: etwa »Rio Conchos«, »Indiana Jones« oder »Thelma und Louise«.

Unabhängig von den Fiktionen erweckten Uranfunde in den 1950er Jahren die Stadt aus ihrem landwirtschaftlichen Halbschlaf zum Aufbruch in die Hektik des Minengewerbes. Doch bald ging dem Uran-Boom die Luft aus. Nur beträchtliche Vorräte an Öl und Potasche blieben erhalten.

Auf den Besucher macht das kleine Städtchen (ca. 4000 Einwohner) in rund 1300 Metern Höhe am Fuße der La Sal Mountains einen überaus belebten und offenen Eindruck. Es ist nach typischer Mormonenart in großen quadratischen Häuserblocks mit breiten Straßenzügen ausgelegt. Jeeps heizen vorbei, Schlauchboote werden verladen. Moab vermarktet sich als Hot Spot der Outdoor-Sportler, als Mekka der Mountainbiker, als Startplatz für Safaris in die Off-Road-Welt der umliegenden Wasserläufe und Steinwüsten.

Während der Osterwoche, wenn die »Moab Jeep Safari« angesagt ist, geht es besonders hoch her. Dann rollen Hunderte von Jeeps aus ganz USA an und nehmen Kurs auf die Jeep Roads, die, einst von Prospektoren oder Minengesellschaften angelegt, das Canyonland der Umgebung durchfurchen: ein Rest Amerika ohne Zäune, weil sich das Land zum allergrößten Teil nicht in Privatbesitz befindet. Im Herbst, an Halloween, geht es auf dem »Fat Tire Festival« mit den dicken Reifen der Mountainbikes erneut zur Sache. (Beste Jahreszeiten: Ende März bis Ende Mai sowie Mitte September bis Anfang November.) Längst entsprechen Lokale und Boutiquen dem Gusto der sportiven Jugend. Und so haben alle was davon: die Cracks sowieso, aber auch die Nichtturner, die schlemmen wollen oder die Läden mit indianischem Kunsthandwerk oder modische Klamotten zu schätzen wissen.

Willkommen in Moab

🔴 Zion National Park

> **REGION 9**
> **Utah – der Süden**

Das üppige Grün auf der Talsohle der Schlucht zählt zu den ersten und wohltuenden Eindrücken im Zion National Park, der sich an den Füßen der steilen Canyonwände hinzieht, den der Nordarm des Virgin River in 200 Millionen Jahren ausgewaschen hat.

Das Gebiet war, wie Felszeichnungen und Fundamente von Lehm- und Steinhäusern belegen, 500–1200 n. Chr. von den Anasazi bewohnt, in der Folgezeit von den nomadischen Paiute-Indianern, bis dann in den 1860er Jahren die ersten frommen Mormonensiedler auftauchten. Ihnen kamen die grandios aufgeschichteten Steinterrassen wie »natürliche Tempel Gottes« vor, wie die Himmelsstadt Zion. Folgerichtig tragen die hohen Highlights, die den Canyongrund flankieren, hehre Namen: beispeilsweise **The West Temple** (linker Hand, gleich bei der Einfahrt), **The Great White Throne** oder **Angel's Landing**.

Vor den Mormonen zeigten andere Pioniere oder Trapper offenbar wenig Interesse an der Erforschung des Canyon oder sie verpassten ihn schlicht: die ersten europäischen Entdecker, die katholischen Emissionäre und Padres Dominguez und Escalante 1776 ebenso wie eine Gruppe von Pelzhändlern unter der Führung des berühmten Pfadfinders Jedediah S. Smith 50 Jahre später.

Erst die Große Depression überführte das himmlische Jerusalem in einen brauchbaren Park. 1919 gegründet, beauftragte Franklin D. Roosevelt 1933 die Anlage der ersten entscheidenden Befestigungen und Trails.

Zion National Park

REGION 9
Utah – der Süden

Von Fall zu Fall rauscht das Wasser an den Canyonwänden im Zion National Park

Abends, auf der Terrasse des Restaurants, hinter ebenso bunten wie ordentlichen Blumenkästen, kommt es zum ersten kulinarischen Test im Mormonenstaat. Aus heiterem Himmel fragt der Kellner als erstes: »Bier?« Was ist aus den sprichwörtlich strengen »liquor laws« der Mormonen geworden? Nun, man nimmt sie inzwischen lockerer, doch nach wie vor verschroben. Schon die alte Dame im Motel hatte erzählt, dass man Springdale zwar gern »trocken« haben wolle, aber es hätte nie geklappt. Ein kaltes Bier zu einer scharfen Pizza – das könne doch niemand verbieten.

ALCOHOLIC BEVERAGES MENU UPON REQUEST liest man häufig, d.h. Weinkarten müssen ausdrücklich angefordert werden, man bekommt sie nicht wie sonst ungefragt vorgelegt. Hat man gewählt, muss man auch austrinken oder die Reste stehen lassen, denn das Gesetz beschränkt den Bewegungsspielraum der Flasche unerbittlich: UNLAWFUL TO REMOVE, lautet die Aufschrift. Und noch etwas: Alkohollizenzen werden per capita vergeben. Also, je dünner die Besiedlung, je kleiner das Nest, umso trockener bleibt es.

Davon profitieren jährlich rund zweieinhalb Millionen Besucher. Am Fuß des **Temple of Sinawava**, einem der markanten Massive des Canyons beginnt der bequemste aller Wanderwege, der Gateway to the Narrows Trail. Das letzte und eigentlich spannende Wegstück führt allerdings durch den spektakulären Engpass des **Virgin River**, flussaufwärts durch gurgelndes und meist eisiges Wasser. Nichts für Zimperliche oder Wasserscheue! Viele laufen in Sandalen und kurzen Hosen, Abgehärtetere gehen sogar barfuß. Die Felswände tröpfeln, rieseln und gurgeln; Farne und anderlei Grünzeug wachsen wild zwischen den unzähligen Rinnsalen am Rande des Flussbetts, ja, es gibt sogar völlig unerwartet einen *desert swamp* – ein Feuchtgebiet mitten in der Wüste.

Die Nachbarschaft von Moos und Fels, Frosch und Eidechse macht auch den Reiz der anderen Trails aus, z. B. des Weges zu den **Emerald Pools**, an dessen steilen hängenden Gärten es allenthalben rauscht und rinnt, sickert und gurgelt. Die Abhänge sind übersät von Wildblumen und Käfern. Vor allem die Höhenunterschiede auf den Trails (zwischen ca. 1200 und 3000 Metern) sorgen für Abwechslung.

The Farm Bistro
34 W. Main St.
Cortez, CO 81321
✆ (970) 565-3834, So geschl.

Buntes Lunchlokal und Markt mit strikter Bio-Philosphie, viele Produkte kommen von der eigenen Farm. $

REGION 10
Südwesten von Colorado

Endstation Autosucht: Schrottplatz bei Cortez

❷ Durango

Die Main Street von Durango wimmelt ansprechend von kleinen Geschäften, Bars, Cafés und Restaurants – und Wandmalereien, die die mehr oder weniger goldene Vergangenheit der Bergbaustadt in Erinnerung rufen, die im Gold- und

Eisenbahnromantik vom Feinsten: mit dem Dampfzug von Durango nach Silverton

155

REGION 10
Südwesten von Colorado

Viktorianische Zuckerbäcker haben sich das Strater Hotel in Durango ausgedacht

HAVE A GNEISS DAY (T-Shirt-Text in Durango)

Feste in Durango:
Pro Rodeo Series von Juni bis August. Und: Durango Cowgirl Classic, La Plata Fairgrounds, 25th St. & Main Ave., ✆ (970) 382-6468. Wochenende um den 4. Juli: das einzige Rodeo mit ausschließlich weiblichen Teilnehmern.

Silberrausch der 1880er Jahre gegründet wurde. HAVE A GNEISS DAY trägt man hier auf T-Shirts – ein Wortspiel mit den lokalen Mineralien in der lokalen Bergwerksgeschichte.

Seine sicher größte Attraktion wartet heute am Bahnhof: die nostalgische Durango–Silverton-Eisenbahn, deren Lustfahrten gewöhnlich mit viel Rummel verbunden sind. Man muss schon einen Tag zulegen und (auch noch) rechtzeitig vorbestellt haben, um ein Ticket für die als romantisch gepriesene Dampftour durch die Berge nach Silverton zu ergattern. Das war mal sehr anders. Ursprünglich transportierte die 1882 gebaute Schmalspurbahn Minenarbeiter, Gerät und Erze zu und aus den nahen San-Juan-Bergen, die wegen ihrer Gold- und Silberschätze ausgebeutet wurden.

Service & Tipps:

ⓘ **Durango Area Tourism Office**
820 Main Ave.
Durango, CO 81301
✆ (970) 247-3500 und
1-800-525-8855
www.durango.org

🚂 **Durango & Silverton Narrow Gauge Railroad Co.**
479 Main Ave.
Durango, CO 81301
✆ (970) 247-2733 und 1-888-872-4607
www.durangotrain.com
Mai–Okt., $ 83–189
Der Zug dampft von Durango aus am

> **REGION 10**
> **Südwesten von Colorado**

Fluss der Verlorenen Seelen *(Rio de Los Animas Perdidas)* vorbei durch die Bilderbuchlandschaften des San Juan National Forest nach Silverton und zurück. Für die Strecke von je 70 km braucht die »D & SNGRR« etwa 3 1/2 Std. Rechtzeitig reservieren! Auch für Behinderte geeignet.

Mountain Bike Specialists
949 Main Ave., Durango, CO 81301, ✆ (970) 247-4066

www.mountainbikespecialists.com
Mountainbikeverleih und Routenvorschläge.

Mahogany Grille
699 Main Ave. (im Strater Hotel)
Durango, CO 81303
✆ (970) 247-4433, nur Dinner
www.mahagonygrille.com
Eines der besten Restaurants in Durango: New American Cuisine mit internationalem Einschlag. $$–$$$

Seasons Rotisserie & Grill
764 Main Ave.
Durango, CO 81301
✆ (970) 382-9790
www.seasonsofdurango.com
Angenehmes Lokal mit italienisch angehauchter neu-amerikanischer Küche; auch zum draußen Sitzen. Lunch (Mo-Fr, $) und Dinner. Bar. $$–$$$

Gazpacho New Mexican Restaurant
431 E. 2nd Ave.
Durango, CO 81301
✆ (970) 259-9494
www.gazpachorestaurant.com
Hübsches Lokal mit neumexikanischer Küche. Lunch und Dinner. Bar. $

Olde Tymer's Cafe
1000 Main Ave.
Durango, CO 81301
✆ (970) 259-2990
www.otcdgo.com
Szenekneipe im Wildwest-Look mit riesigen Hamburgern, guten Salaten und anderen Kleinigkeiten. $

Gardenswartz
780 Main Ave.
Durango, CO 81301
✆ (970) 295-6696
Seit 1928 die Nr. 1 der lokalen Outfitter für Outdoor-Sportarten: Messer, Gewehre, Angelruten, Schlafsäcke, Töpfe und dicke Socken. Zweites Geschäft: 780 Main Ave.

❸ Mancos

Klein und still pflegt Mancos seinen Ruf als alternatives Künstlerdörfchen. Die lieblichen Matten und glücklichen Kühe des Tals helfen dabei – ein Oberbayern-Transplantat.

**REGION 10
Südwesten von
Colorado**

Wohnen in steiler Wand: ▷
*die Ruinen des Cliff Palace
im Mesa Verde National
Park*

❹ Mesa Verde National Park

»Blicke hundert Meilen weit und tausend Jahre zurück«, heißt es werbeträchtig am Parkeingang. Doch erst nach etwa einer Stunde Autofahrt auf der kurvigen Hochstraße mit eindrucksvollen Aus-, Rund- und Rückblicken auf die umliegenden grün-schwarzen Bergketten gelangt man zu dessen Highlights, den vergleichsweise gut erhaltenen Ruinen von Klippensiedlungen der Anasazi, die hier während ihrer sogenannten klassischen Periode zwischen 1100 und 1300 lebten. Danach zogen sie nach Süden ab. Wegen einer Dürreperiode Ende des 13. Jahrhunderts, wegen feindlicher Attacken? Auch hier weiß man nichts Genaues.

Verlassen und still blieben jedenfalls anschließend die pastorale Landschaft der tief eingeschnittenen Canyons, die Pueblos auf der Mesa und die Ruinenstädte in den Felsnischen und Grotten, die Klippensiedlungen, die längst zum Markenzeichen des Parks geworden sind. Neben Chaco Canyon im nördlichen New Mexico zählt Mesa Verde zu den bedeutendsten Dokumenten indianischer Baukunst im amerikanischen Westen.

An einem verschneiten Dezembertag des Jahres 1888 trauten zwei Cowboys plötzlich ihren Augen nicht. Was sie unterhalb einer Canyonwand entdeckten, mussten sie für eine Fata Morgana halten: ein Bauensemble mit einem erkennbaren Layout aus Wegen, Türmen, Plätzen und Häusern, deren Stockwerke durch Leitern verbunden waren. Wiederentdeckung, Restaurierung und touristische Aufbereitung nahmen fortan ihren Lauf.

Inzwischen ist das kunstvolle Mauerwerk des sogenannten grünen Tafelbergs wegen seiner dichten Bewaldung mit robusten Pinyonkiefern und Wacholdersträuchern (Juniper) zum Haus der offenen Tür geworden. Allerdings dürfen einige nur mit Rangerführungen betreten werden, denn besonders im Sommer wird es hier oben ganz schön wuselig. Die Hitze drückt, die vielen Menschen ebenfalls, es gibt keine Parkplätze, stattdessen babylonisches Sprachengewirr und entsprechenden Lärm in den Ruinen. Dennoch, trotz seiner jährlich mehr als 700.000 Besucher schneidet Mesa Verde, was die Luftverschmutzung angeht, unter den Nationalparks der USA noch am besten ab. Jüngste Messungen haben sogar einen Rückgang der Schwefeldioxydbelastung der Luft bescheinigt.

Die besten Besuchszeiten sind, wie bei den meisten natürlichen Kathedralen des Südwestens, Mai (vor Memorial Day) und Herbst – des Laubs, der Temperaturen und der Ruhe wegen.

Im neuen Visitor and Research Center kann man sich erst einmal orientieren und Tickets für Touren zum Cliff Palace, Balcony und/oder Long House kaufen. Auf dem Weg zur Chapin Mesa passiert man zunächst die **Far View Ruins**, die schöne Weitblicke ins Land erlauben. Etwas später, auf der **Chapin Mesa** in der Nähe von **Cedar Tree Tower and Kiva** sind noch Reste der alten Bewässerungssysteme zu finden, terrassierte historische Felder, die ebenso wie Wasserauffangbecken und Gräben belegen, wie fortgeschritten die Landwirtschaft auf den Mesas war.

Im **Archäologischen Museum** weiter südlich gibt es eindrucksvolle Dioramen zu sehen, die die Epochen der Anasazi-Kultur im Mesa-Verde-Gebiet anschaulich rekonstruieren: Die Basket Maker oder Korbmacher, die um 750 ihre Grubenhäuser *(pit houses)* durch oberirdische Pueblo-Bauten ersetzten und diese dann später von der Mesa hinab wie Schwalbennester in die Felshöhlungen verlegten. Sie wirken heute landschaftlich und klimatisch besonders angepasst. Abgesehen von ihrer verteidigungsstrategisch günstigen Position, bot die apsisartig in den Fels verlegte Wohnanlage im Sommer Sonnenschutz und im Winter Wärme, die tagsüber in den Steinwänden gespeichert wurde und den extremen Temperaturabfall zur Nacht milderte.

Das **Spruce Tree House**, nur ein paar Schritte unterhalb des Museums, zeigt das auf einen Blick. Die Siedlung gilt als die am besten konservierte, mit mehreren Kivas und über hundert kleinen Räumen. Wer dem Mesarand wei-

REGION 10
Südwesten von Colorado

ter folgt, erreicht den **Sun Temple**, von dem aus man auf den gegenüberliegenden **Cliff Palace** (nur bei Führungen) herunterblickt, die mit mehr als 200 gemauerten Räumen stattlichste und größte erhaltene Anlage im Park.

Auf einem zusätzlichen zweiten Rundkurs südlich vom Museum kann man sich das **Square Tower House**, diverse Grubenhäuser und das House of Many Windows ansehen. Auch die (abgelegenere) **Wetherill Mesa** hat bedeutende *cliff-dwellings* für alle, die sich noch einen Extratag Zeit nehmen, z. B. für das **Long House** (nur geführt) und das mehrstufige **Step House** (Auskünfte und Anmeldung für die Führungen im Visitor and Research Center).

Spruce Tree House im Mesa Verde National Park

Service & Tipps:

Mesa Verde National Park
Mesa Verde, CO 81330
© (970) 529-4465
www.nps.gov/meve
www.visitmesaverde.com
Visitor Center tägl. Ende Mai-Anfang Sept. 7.30-19, April/Mai und Sept./Okt. 8-17, Nov.-Anfang April 8.30-16.30 Uhr
Eintritt $ 15 pro Auto, im Winter $ 10
In dem Ende 2012 am Parkeingang neu eröffneten Visitor Center, das das alte Far View Visitor Center ersetzt, kann man sich u.a. für eine Führung zum Cliff Palace (1 Std., beginnt halbstündl.), zum Balcony und zum Long House anmelden (Cliff Palace und Balcony House an einem Tag sind zu viel).

Die Führungen können nicht telefonisch vorbestellt werden, man muss entweder um 7.30 Uhr da sein oder das Ticket bis zu zwei Tage im Voraus hier, in der Morefield Ranger Station oder im Colorado Welcome Center in Cortez besorgen. Im Morefield Village am Anfang der Parkstraße gibt es einen Campingplatz (Mai-Okt.).

Etwa 10 km südlich am Rim Drive liegt das sehenswerte **Archaeological Museum** auf der Chapin Mesa (© 970-529-4575, April-Mitte Okt. 8-18.30, März und Mitte Okt.-Dez. 9-17, Jan./Feb. 9-16.30 Uhr). Ausgangspunkt für den Abstieg zum **Spruce Tree House** (Juni-Aug. 8.30-18.30, April/Mai und Sept./Okt. 9-18.30, März und Nov. 9-17 Uhr, Winter nur geführte Touren). Auf der Spruce Tree Terrace gibt es auch etwas zu essen.

Die knapp 20 km lange Zufahrt zur Wetherhill Mesa und ihren Klippensiedlungen ist gewöhnlich von Juni bis Sept. geöffnet. Wegen der erhöhten Feuergefahr im trockenen Südwesten kann es grundsätzlich nicht schaden, sich rechtzeitig zu erkundigen, ob auch alle Teile des Parks zugänglich sind. Wanderwege.

> **REGION 10**
> **Südwesten von Colorado**

❺ Ouray

Das alpine und über 2500 Meter hoch gelegene Ouray, dessen Name von einem Häuptling der Ute-Indianer stammt, fühlt sich als »Switzerland of America«. Tatsächlich findet hier der sportlich orientierte Erholungsuchende eine vielseitige Palette von Angeboten. Sie reichen von den schon von den Indianern hoch geschätzten heißen Mineralquellen (es gibt u.a. ein großes öffentliches Schwimmbad), Jeep-, Mountainbike- und Skilanglaufpisten bis hin zu Wanderpfaden und spektakulären Canyons. Der **Box Fall Canyon** ist ein Musterbeispiel dafür. Hier kann man von einer Hängebrücke aus Wasserfälle und die gerade mal sechs Meter enge Klamm bewundern, während zu beiden Seiten fast 100 Meter hohe, senkrechte Granitwände aufsteigen. Bei Kletterern sind die vereisten Fälle im Winter äußerst beliebt.

Als Prospektoren in den 1870er Jahren herausfanden, dass reiche Gold- und Silberfunde in den umliegenden Bergen zu erwarten seien, vertrieb man als erstes die Ute-Indianer, die hier ihr Wintercamp aufschlugen, weil große Elch- und andere Wildherden für reiche Jagdgründe sorgten.

Die Hauptstraße des 800-Seelen-Städtchens wirkt heute bunt und belebt vor allem durch seine viktorianischen Häuschen. Wie im nahen Silverton waren Silberfunde auch für die Gründung von Ouray verantwortlich. Diese Quellen sind längst erschöpft, der Minentourismus mit dem Jeep dagegen Trumpf.

Service & Tipps:

Ouray Chamber Resort Association
1230 N. Main St., Ouray, CO 81427
✆ (970) 325-4746 und 1-800-228-1876
www.ouraycolorado.com
im Sommer Mo-Mi 9-19, Do-Sa 9-18, So 10-16, sonst Mo-Sa 10-16, So 10-15 Uhr

Bachelor-Syracuse Mine
1222 County Rd. 14
Ouray, CO 81427, ✆ (970) 325-0220
http://bachelorsyracusemine.com
Tägl. 9-16 Uhr, Eintritt $ 18/10
Einstündige, recht unterhaltsame Führungen in ein altes Goldbergwerk; Einfahrt in den Berg mit einer kleinen Bahn.

Switzerland of America
226 7th Ave., Ouray, CO 81427
✆ (970) 325-4484 und 1-866-990-5337, www.soajeep.com
Halb- oder ganztägige Jeeptouren in das Hinterland der Berge $ 60-130; auch Jeepverleih ab $ 160 pro Tag einschl. freie Meilen.

Ouray Hot Springs Pool
1230 Main St. (US 550, Nordende der Stadt), Ouray, CO 81427
✆ (970) 325-7073, im Sommer tägl. 10-22, sonst Mo-Fr 12-21, Sa/So 11-21, Uhr, Eintritt $ 12/8
Großzügiger öffentlicher Pool mit Fitnesscenter rings um die geothermischen Quellen (26-40 °C). Ganzjährig.

Bon Ton Restaurant
426 Main St., Ouray, CO 81427
✆ (970) 325-4951
www.stelmobonton.com
Gepflegtes italienisches Lokal in den Gewölben des historischen St. Elmo Hotels. $$

The Outlaw Restaurant
610 Main St., Ouray, CO 81427
✆ (970) 325-4366
www.outlawrestaurant.com
Rustikales Steaklokal mit großer Westernbar. Nur Dinner. $$

❻ Silverton

Das historische Minenstädtchen wirkt wie ein Schaufenster für viktorianische Baukunst, die gut aus dem Kulissenfundus für einen Western stammen könnte. Die Passagiere der Eisenbahn aus Durango, für die hier Endstation ist, werden es zu schätzen wissen.

**REGION 10
Südwesten von
Colorado**

Service & Tipps:

ⓘ **Silverton Chamber of Commerce**
414 Greene St., Silverton, CO 81433
℡ (970) 387-5654 und
1-800-752-4494
www.silvertoncolorado.com

Handlebars Food & Saloon
117 E. 13th St.
Silverton, CO 81433
℡ (970) 387-5395, Mai–Okt.
tägl., www.handlebarssilverton.com
In Wildwest-Manier dekoriertes, recht uriges Restaurant mit Livemusik. Lunch $, Dinner $–$$

❼ Telluride

Der Name? Nun, er kommt vom spröden, silbrigen Halbmetall Tellur, das oft gebunden an Schwermetalle (Nickel, Silber, Gold) in Ouray und auch an dieser Stelle vorkam. Und kaum war man sich im Basislager Columbia der verborgenen Schätze sicher, taufte man den Ort in Telluride um. Die Erträge zogen ein attraktives Westernstädtchen mit reichhaltiger, viktorianischer Architektur nach sich, darunter ein repräsentatives Hotel und das **Opernhaus**, ein wunderbar erhaltenes Wildwest-Theater von 1913, auf dessen Bühne heute von Revuen bis zu Rockkonzerten und dem großen Bluesfestival Ende Juni alles läuft. Heute liegt Telluride im touristischen Trend – im Sommer wegen der vielfältigen Möglichkeiten für Mountainbiker, Wanderer oder Tennisfreunde und im Winter erst recht, denn die Hänge bieten hervorragende Skipisten.

Service & Tipps:

Sheridan Opera House
110 N. Oak St.
Telluride, CO 81435
℡ (970) 728-6363
http://sheridanoperahouse.com
Widwest-Theaterhaus von 1913.

Wander- und Biketouren

Die Bergwelt um Telluride ist mit Trails recht gut erschlossen, mehrere Rentals im Ort vermieten gute Mountainbikes und geben Tipps für Routen. Beliebteste Wanderstrecke ist der rund 4 km lange **Bear Creek Trail** zu den gleichnamigen sprudelnden Wasserfällen. Alternativ kann man auch den 3 km langen, steilen Trail zu den Bridal Veil Falls gehen.

Telluride Outside
121 W. Colorado Ave.
Telluride, CO 81435
✆ (970) 728-3895 und 1-800-831-6367
www.tellurideoutside.com
Breites Angebot von Bike-, Allrad- und Wildwassertouren in den Bergen.

221 South Oak
221 S. Oak St., Telluride, CO 81435
✆ (970) 728-9507
www.221southoak.com
Hochgelobtes Bistro mit eklektischer neuamerikanischer Küche. $$$

Floradora Saloon
103 W. Colorado Ave.
Telluride, CO 81435
✆ (970) 728-8884
Alteingesessenes Lokal im Herzen der Stadt mit moderner amerikanischer Küche. Sehr beliebt zum Brunch am Wochenende. $$

Honga's Lotus Petal
135 E. Colorado Ave.
Telluride, CA 81435
✆ (970) 728-5134
www.hongaslotuspetal.com
Gemütlich und beliebt: köstliche asiatische Küche und Sushi-Bar. $-$$

La Cocina de Luz
123 E. Colorado Ave.
Telluride, CO 81435
✆ (970) 728-9355
www.lacocinatelluride.com
Organic meats and vegetables: beliebter Mexikaner mit Picknickterrasse. $

New Sheridan Bar
231 W. Colorado Ave.
Telluride, CO 81435
✆ (970) 728-9100
Urige Bar im ältesten, sehr schön renovierten Hotel der Stadt.

REGION 10
Südwesten von Colorado

Telluride & Mountain Village Convention & Visitors Bureau
630 W. Colorado Ave.
Telluride, CO 81435
✆ (970) 728-3041 und 1-888-605-2578
www.visittelluride.com

Grandiose Gipfel: die San Juan Mountains bei Telluride

**REGION 11
Arizona –
der Norden**

Indian Country
Arizona – der Norden

Grand Canyon, Lake Powell, Monument Valley, Canyon de Chelly, Petrified Forest und Oak Creek Canyon – das Plateau des Colorado im Norden Arizonas ist mit landschaftlichen Knüllern im XXL-Format nur so gespickt. Auf dem größten Teil leben die Navajo- und – sozusagen in einer Enklave – die Hopi-Indianer. Es handelt sich um das flächenmäßig größte Reservat in den USA mit 180 000 Einwohnern. Die Navajo-Hauptstadt heißt Window Rock. Prähistorische Siedlungen (Anasazi) und alte Pueblo-Dörfer (Hopi) gehören heute zu den wichtigsten Sehenswürdigkeiten.

Praktisch auf der Grenzlinie zwischen Norden und Süden verläuft die heutige Interstate 40, die meist in Sichtweite der Spur der legendären Route 66 folgt und deshalb mit Oldtimern und viel Nostalgie aufwartet: zum Beispiel in Holbrook, Winslow, Flagstaff, Seligman und Kingman.

❶ Canyon de Chelly

REGION 11
*Arizona –
der Norden*

Von Chinle geht es hinauf zum South Rim Drive des nahe gelegenen **Canyon de Chelly**. Die Straße verläuft am oberen Rand der Steilwand, von der sich abgrundtiefe Blicke auftun. Hier und da erkennt man Ruinen alter Pueblos der Anasazi aus dem 9. und 12. Jahrhundert. Unbezwingbar ragt in der Mitte des engen Tals die graziöse Säule des **Spider Rock** 244 Meter hoch auf.

Die Navajo leben erst seit Anfang des 17. Jahrhunderts in dieser Region. Der abgeschiedene Canyon war ihre letzte Zuflucht im Krieg gegen die US-Armee. 1864 drang die Kavallerie unter der Führung des Trappers Kit Carson in diese natürliche Festung ein und zwang die Indianer zur Kapitulation. 8000 Navajo wurden daraufhin nach Fort Sumner im Osten von New Mexico umgesiedelt, durften aber später wieder hierhin zurückkehren. Sie leben noch heute im Canyon, wie man an den kleinen Farmen und Obstgärten erkennen kann. An den diversen Aussichtspunkten der Straße verkaufen sie Silberschmuck, Ketten aus Türkis und Korallen.

Service & Tipps:

Canyon de Chelly National Monument
5 km östl. von Chinle, AZ 86503
✆ (928) 674-5500, ww.nps.gov/cach
Tägl. 8–17 Uhr, Eintritt frei
Die bis zu 300 m tiefen und 40 km langen Schluchten des Canyon de Chelly im Reservat der Navajo-Indianer waren von 348 v. Chr. bis 1300 von verschiedenen Indianerstämmen bevölkert. In den tiefroten Steilwänden sind zahlreiche Ruinen der Anasazi-Kultur aus der Zeit zwischen 900 und 1300 n. Chr. erhalten. Danach lebten hier sporadisch Hopi-Stämme.

Sacred Canyon Lodge
Hwy. 191, Abzweig Indian Rt. 7 (3 Meilen nach Osten, am Eingang zum Canyon de Chelly)
Chinle, AZ 86503
✆ (928) 674-5841 und 1-800-679-2473, www.sacredcanyonlodge.com
Cafeteria ($–$$), Jeeptouren und Ausritte in den Canyon.

Ausflugsziel:

Hubbell Trading Post
SR 264
Ganado, AZ 86505
✆ (928) 755-3475
www.nps.gov/hutr/
Im Sommer tägl. 8–18, sonst 8–17 Uhr
Hubbell Home Tours $ 2 pro Person
Handelsposten von 1878, Herstellung und Verkauf von indianischem Kunsthandwerk, kleines Museum.

Eine Indianerin erklärt ihre Sandbilder, die Technik und die immer wieder auftauchenden Symbole der vier heiligen Pflanzen: Corn (Mais), Squash (Kürbis), Tobacco und Beans.

❷ Flagstaff

Flagstaff (135 000 Einwohner), Handelszentrum der Holzarbeiter und Indianer, der Schaf- und Viehzüchter, ist heute die wichtigste Stadt im Nordosten von Arizona. Als 1876 jemand die US-Flagge an einem geschälten Kiefernstamm befestigte, hatte der Ort seinen Namen weg. *Flag staff* hängte fortan sein Fähnchen nach dem Wind: in Richtung Holz, Viehwirtschaft, Eisenbahn, Universität und Tourismus. Wer durch die gute Höhenluft und die Straßen der lebendigen Innenstadt wandert, trifft meist auf Leute, die für den Durchschnitt in Arizona nicht ganz typisch sind. Sie wirken in der Mehrzahl eher kontinentaleuropäisch und durch Birkenstock und New-Age-Literatur, therapeutische Massagen und Schwangerschaftshilfen, Bioläden und vegetarische Restaurants weit entfernt vom Wilden Westen. Ohne Frage strickt auch die Universität am aufgeklärten Flair von Flagstaff mit.

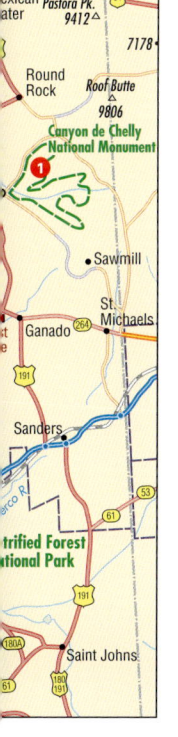

REGION 11
Arizona – der Norden

Flagstaff Chamber of Commerce
101 W. Route 66
Flagstaff, AZ 86001
✆ (928) 774-4505
www.flagstaffchamber.com

Leuchtender Stein am Bau: Ruinen im Wupatki National Monument

Service & Tipps:

 Museum of Northern Arizona
3101 N. Fort Valley Rd., US 180 nordöstl. von Flagstaff, AZ 86001
✆ (928) 774-5213, www.musnaz.org
Tägl. 9–17 Uhr, Eintritt $ 10/6
Ausgezeichnete Präsentation der Naturgeschichte Arizonas und der Indianerkulturen. Massiv gebaut aus braungrauem Stein sitzt der weitläufige Bau geduckt im Wald – so unscheinbar, als wäre auch drinnen nicht viel zu erfahren. Falsch. Die wechselhafte geologische Geschichte des Colorado Plateau wird ebenso anschaulich erläutert wie die Knochen der Dinosaurier; daneben gibt es Lehrreiches über die prähistorischen und zeitgenössischen Indianer zu sehen.

Eine ganze Kiva wurde originalgetreu nachgebaut, und wem es die Webmuster der Navajo angetan haben, der kann hier Details finden. Sehr guter Buchladen und Indianerkunstverkauf.

 Macy's Coffeehouse
14 S. Beaver St.
Flagstaff, AZ 86001
✆ (928) 774-2243, tägl. 6–20 Uhr
Populäres Café-Restaurant in der Altstadt; mit guter Bäckerei. $$$

 Charly's Pub & Grill
23 N. Leroux & Aspen Sts.
Flagstaff, AZ 86001
✆ (928) 779-1919
www.weatherfordhotel.com
Im historischen Weatherford Hotel (1900). Sandwiches, Suppen, Salate und Südwestspezialitäten. Manchmal mit Musik. Lunch und Dinner. $–$$

El Charro Cafe
409 S. San Francisco St.
Flagstaff, AZ 86001-5744
✆ (928) 779-0552
Verlässliche mexikanische Küche. Lunch und Dinner. $

 Black Bart's Steak House & Musical Revue
2760 E. Butler Ave.
Flagstaff, AZ 86004
✆ (928) 779-3142
www.blackbartssteakhouse.com
Uriger Saloon und Steakhaus mit musikalischen Einlagen durch die singende Bedienung. Nur Dinner. $$–$$$

The Museum Club
3404 E. Route 66
Flagstaff, AZ 86004
✆ (928) 526-9434
www.themuseumclub.com
Blockhaus von 1931: ursprünglich ein Museum für ausgestopfte Tiere und Trading Post, heute ein populäres Roadhouse mit Country & Western-Tanzdiele, Bar. Im Volksmund: »The Zoo«.

Ausflugsziele:

 Wupatki National Monument
US 89 nördl. von Flagstaff
✆ (928) 679-2365, ww.nps.gov/wupa
Visitor Center 9–17 Uhr
Ruinen von Sonnenauf- bis -untergang, Eintritt $ 5/0

Von Flagstaff US 89 ca. 20 km nach Norden, dann Abzweig rechts: durch Lavafelder (schwarze Erde, grüne Bäume, blauer Himmel) geht die Fahrt zunächst zum Krater, dann zu den Wupatki-Ruinen mit ihren braunroten Farbeinheiten von Boden, Gestein und Bauresten. Auch sonst fallen seltsame Parallelen auf. Die verwitterten Gesteinshöhlen sehen aus wie Mini-Klippensiedlungen und die Relikte der gemauerten Siedlung der Sinagua-Indianer wie eine natürliche Fortsetzung des Gesteins.

Sunset Crater Volcano National Monument
6400 N. Hwy. 89
Flagstaff, AZ 86004
© (928) 526-0502, www.nps.gov/sucr
Mai-Okt. 8-17, Nov.-April 9-17 Uhr (Visitor Center), Eintritt $ 5/0
Knapp 20 km nördlich von Flagstaff via US 89, dann 3 km auf Sunset Crater-Wupatki Loop Rd.: imposanter Kegel eines Vulkans, der um 1060 für rund 200 Jahre tätig war. Das aufgrund von Schwefel und Eisenoxyd rostrot eingefärbte Gestein der über 300 m hohen abgestumpften Kegelspitze überragt die angrenzenden Lava- und Aschefelder und steht in Kontrast zum grünen Baumbewuchs und den schwarzen Basaltsteinen.

Grand-Canyon-Pionier John Wesley Powell soll dem Krater angeblich den Namen gegeben haben, weil die Spitze bei Sonnenuntergang gewissermaßen Feuer fängt und rosenrot leuchtet.

Wandervorschlag: über den **Bonita Lava Flow Nature Trail**. Anstrengender ist der ca. dreistündige Weg zum O'Leary Peak. Im Winter ist er auch manchmal wegen Schnees geschlossen.

> **REGION 11**
> *Arizona – der Norden*

Grand Canyon: Zwei Milliarden Jahre Erdgeschichte haben ihn geformt

❸ Grand Canyon National Park

Über Wildblumen, bonsaiartige (wegen der geringen Niederschläge) Piñon- und Juniperbäume hinweg streift der Blick über das von Auffaltungen und vulkanischen Eruptionen aufgewühlte Steinmeer, durchgeknetet und geschliffen von Wasser und Wind, ausgesägt vom mächtigen Colorado – zu einem Urloch, das Platz hat für vier verschiedene Vegetationszonen, von der Wüste am Grund bis zum feuchten Koniferenwald in den Höhen.

So alt wie die Gesteinsschichten sind auch die Jahresringe ihrer Bewohner, Entdecker und Bewunderer. Archäologische Funde datieren die ältesten menschlichen Spuren auf 2000 v. Chr., danach ist die indianische Siedlungsgeschichte besser belegt. Wie auch in den anderen Canyons des Südwestens waren es die Anasazi, die etwa zwischen 500 und 1000 n. Chr. hier siedelten, bis sie vermutlich wegen anhaltender Dürreperioden abwandern mussten. Heute leben die Hualapai- und Havasupai-Indianer noch im Westteil des Canyons.

Die spanischen Kontakte mit der wilden Schlucht im 16. und 18. Jahrhundert waren sporadisch und ohne erkennbare Konsequenzen. Ob Expeditionstrupp oder Franziskanerpater solo, alle waren schnell wieder weg. Im Grunde gilt das auch für die ersten Amerikaner, für die wanderlustigen Pelzhändler seit Beginn des 19. Jahrhunderts ebenso wie für die Landvermesser und Prospektoren, die nach dem Ende des Amerikanisch-Mexikanischen Kriegs folgten.

Ein gewisser Joseph Ives, seines Zeichens Leutnant, setzte 1858 als erster mit ein paar Soldaten dazu an, den Colorado per Boot auszukundschaften – eine Tortur, weil er mit

REGION 11
Arizona – der Norden

einem untauglichen Boot von der Mündung aus flussaufwärts fuhr. Er schaffte es bis zu der Stelle, wo heute der Hoover Dam steht, und scheiterte. Die »große Schlucht« hat er nie gesehen.

Erst rund zehn Jahre später kam jemand mit mehr Geschick. Major John Wesley Powell wagte sich 1869 vom Green River in Wyoming flussabwärts aufs Wasser und erreichte (allerdings unter beträchtlichen Schwierigkeiten und Verlusten) den Grand Canyon. Seine Expedition erregte Aufsehen, leistete einen bedeutenden Beitrag zur Kartographie und brachte die systematische Erforschung der gesamten Flusslandschaft in Gang.

Doch nicht so sehr das Praktische und Ökonomische, weder die Suche nach Eisenbahnrouten noch die nach Blei, Zink und Kupfer verschafften dem Grand Canyon die durchschlagende Publicity. Das erreichten vielmehr die Ästheten, die zahlreichen Landschaftsmaler und Poeten, die den steinernen Kosmos in leuchtenden Farben zu schildern begannen, Neugier weckten und so die ersten Touristen anlockten.

1890 wurde der **Bright Angel Trail** befestigt, 1901 (bis heute!) ersetzte eine Stichstrecke der Santa-Fe-Eisenbahn zwischen Williams und dem South Rim den Kutschenservice von Flagstaff, und die ersten Hotels (El Tovar

Wie ein Betonkragen ragt der Skywalk in den Grand Canyon

1905) brachten den Luxus haarscharf bis zum Abgrund der Schlucht. Zugleich reifte der Gedanke, die Wildnis als Nationalpark zu schützen. Präsident Roosevelt setzte sich nach einem Besuch im Canyon vehement dafür ein und erklärte ihn 1906 schon einmal zum National Monument. Unter der Präsidentschaft von Woodrow Wilson erhielt der Grand Canyon im Jahr 1919 dann den Status eines Nationalparks.

War damit die Rettung seiner einzigartigen Naturlandschaft besiegelt? Kaum. Die Eindämmung des Colorado River durch den Glen Canyon Dam, der den uralten Fließrhythmus durcheinanderbringt, zunehmend dickere Luft, die den Blick trübt, aber auch der Massentourismus auf und über seinen Fluten sind Alarmzeichen, die inzwischen auch anderen Nationalparks Sorgen machen. Rund fünf Millionen Besucher im Jahr und dazu flatternde Hubschrauber und Hunderte von Gummi-Tomahawks sind schwer zu verkraften.

Inzwischen sind einige Konsequenzen gezogen. Um die Zahl der Privatautos einzuschränken, wird außerhalb des Parks geparkt und Busse übernehmen den Personentransport. Ein Pendelbus verkehrt entlang dem **West Rim Drive** und von Willams im Süden fährt sogar ein Zug zum Canyon.

REGION 11
Arizona – der Norden

Grand Canyon Visitor Center
Grand Canyon Village
Grand Canyon, AZ 86023
✆ (928) 638-7888
www.nps.gov/grca
Tägl. 8–17 Uhr

Service & Tipps:

Grand Canyon National Park – South Rim
P. O. Box 129 (Superintendent)
Grand Canyon, AZ 86023
✆ (928) 638-7888, www.thecanyon.com
www.nps.gov/grca, Eintritt $ 25 pro Auto

Grand Canyon IMAX Theater
S 64, Tusayan, AZ 86023
✆ (928) 638-2468
www.explorethecanyon.com
Im Sommer jede halbe Stunde zwischen 8.30–20.30 Uhr Vorführung des Films »Grand Canyon – The Hidden Secrets«, Eintritt $ 14/11. In der Hochsaison ist Reservierung angeraten.

Grand Canyon Airlines
Airport südl. vom Village im Grand Canyon, AZ 86023
✆ (928) 638-2359 und 1-866-235-9422
www.grandcanyonairlines.com
45- bis 55-minütige Rundflüge über den Canyon.

Papillon Grand Canyon Helicopters
Hwy. 64, Tusayan, AZ 86023
✆ (928) 638-2419 und 1-888-635-7272
www.papillon.com
Halb- und einstündige Flüge über den Canyon ab $ 199.

El Tovar Dining Room
Grand Canyon National Park (El Tovar Hotel)
Grand Canyon, AZ 86023
✆ (928) 638-2631
Gepflegter historischer Speiseraum mit guter Küche. Cocktail Lounge. Unbedingt reservieren.
Lunch $, Dinner $$–$$$

Grand Canyon Skywalk
Grand Canyon West (außerhalb des Nationalparks im Hualapai-Indianerreservat)
Peach Springs, AZ 86434
✆ (928) 769-2636 und 1-888-868-9378
www.grandcanyonskywalk.com
$ 32/25.50, plus ca. $ 40 weitere Gebühren für Parken, Shuttlebus etc. Die Attraktion am Grand Canyon ist eine 22 m über den Rand des Canyons herausragende Aussichtsplattform, deren Glasboden einen einzigartigen Blick auf den Canyon und den in 1219 m Tiefe dahinfließenden Colorado River ermöglicht. Café und Shop.

**REGION 11
Arizona –
der Norden**

ⓘ **Holbrook Chamber of Commerce**
465 1st Ave.
Holbrook, AZ 86025
✆ (928) 524-6227 und
1-800-524-2459
www.gotouraz.com
www.holbrookchamberofcommerce.com

❹ Holbrook

In dieser Stadt (50 00 Einwohner) trägt die Route 66 den Namen Hopi Boulevard, der gesäumt ist von tapferen Bau-Veteranen aus jener Zeit, als der Bypass der Interstate noch unbekannt war. Dass die Hauptstraße dem allgemeinen Massensterben widerstanden hat, liegt vielleicht daran, dass die 1881 gegründete Stadt immer schon ein beliebter Stopp für Siedler, Händler und Cowboys war. Jedenfalls konnte sich eine ansehnliche Zahl von Familienunternehmen gegen den Druck der Franchisebetriebe an der Autobahn behaupten. Highlight für Route-66-Nostalgiker: die weißen Zementzelte des Wigwam Motel.

Service & Tipps:

🏛 **Navajo County Historical Museum**
100 E. Arizona St.
Holbrook, AZ 86025
✆ (928) 524-6558 und 1-800-524-2459, nur Mo–Fr geöffnet
Im Gerichtsgebäude von 1898 sind Zeugnisse der prähistorischen Indianerkultur und der Pioniere untergebracht.

🍴 **Joe & Aggie's Cafe**
120 W. Hopi Dr.
Holbrook, AZ 86025
✆ 1-866-486-0021, So geschl.
www.joeandaggiescafe.com
Mexikanische Küche und – ein Friseurladen. $

🍴 **Romo's Cafe**
121 W. Hopi Dr., Holbrook, AZ 86025, ✆ (928) 524-2153
Gemütlich. Hausmannskost. $–$$

❺ Hopi-Dörfer (Oraibi, Walpi)

Schon seit mehr als tausend Jahren wohnen die utoaztekischsprachigen Hopi in dieser kargen Steinwelt. Während ihre entfernten Verwandten, die kriegerischen Azteken, weiter südlich ein mächtiges Reich aufbauten, haben sie als friedliche Bauern ein abgeschiedenes Leben auf dem öden Hochplateau des heutigen Arizona vorgezogen. Ihre Dörfer stehen gut geschützt und kunstvoll errichtet auf den äußersten Enden der Mesas. Unten, am Fuß der schroff abfallenden Berge, pflanzten sie auf kleinen, vom Grundwasser durchfeuchteten Feldern Mais, Kürbisse und Bohnen.

Stets war ihr Selbstbewusstsein stark ausgeprägt. Sie widersetzten sich ebenso hartnäckig wie erfolgreich dem christlichen Glauben und hielten an ihrer Religion fest. Heute gibt es ständige Grenzstreitigkeiten mit ihren Nachbarn, den Navajo, Newcomer, von denen sie nie viel gehalten haben.

Old Oraibi, das uralte steinerne Dorf, wirkt meist ausgestorben, trotz der vereinzelten TV-Antennen, die aus den Dächern ragen wie einige alte Kivaleitern aus dem Boden. Viele der Hopi arbeiten außerhalb und kommen oft nur zum Wochenende heim. Als kleinen Einblick in das traditionelle Leben der Hopi kann man im winzigen Laden des Dorfes mal *piki* probieren, hauchdünnes, auf flachem Stein gebackenes Brot. Überraschend ist dabei die Farbe, *piki* wird nämlich aus blauem Maismehl (*blue corn*) hergestellt. **Walpi** heißt das Dorf auf der First Mesa und ist nur in Begleitung eines Führers zu besichtigen.

Kachinafigur (Hopi)

170

❻ Jerome

> **REGION 11**
> *Arizona – der Norden*

Früher lebte das Bergnest vom Kupfer seiner Minen, heute von den Dollars seiner Touristen. An Wochenenden in der Hauptsaison erstickt der Ort förmlich an der munteren Mischung aus Hell's Angels und Familien. Dann stauen sich die Warteschlangen an Snackbuden und Restaurants, die *Artsy-craftsy*-Läden quellen über, und die Girls im charmanten Lattenverschlag des Cafés im spitzen Eckhaus an Main Street verkaufen Quiche und Cappuccino im Eiltempo.

Keine Spur mehr von den harten Männern im täglichen Kampf mit dem harten Berg, von der Geschichte der »Männer, Minen und Moneten«, den einschlägigen *saloons* und *bordellos*, die genau 70 Jahre lang die Geschichte Jeromes in der Region des Mingus Mountain geprägt haben – von 1883, dem Gründungsjahr der federführenden United Verde Copper Company, bis 1953, als der Abbau eingestellt und Jerome zur Ghost Town wurde. Ein finanzkräftiger New Yorker, Eugene Jerome, hatte zunächst in die Erschließungsfirma investiert, aber der große Wurf gelang erst, als United Verde den Besitzer wechselte, ein Eisenbahnanschluss und eine leistungsstarke Schmelze im nahen Clarkdale gebaut wurden. Dennoch: Die Stadt musste nach Jerome benannt werden, obwohl er sie nie zu Gesicht bekam.

Um die 15 000 Leute arbeiteten hier, als die Mine zu den ergiebigsten der Welt zählte – bis 1929 der Kupferpreis in den Keller ging und die ganze Nation in tiefe wirtschaftliche Depression verfiel. Der Abwärtstrend des großen *crash* kam sogar ganz konkret. Als unterirdische Sprengungen die Erde nachgiebig machten, rutschte Jerome förmlich den Hang des Cleopatra Hill hinunter. Zuvor war man gerade stolz darauf, so dicht und eng am Hügel beieinander zu wohnen, dass jeder nicht nur einen freien Blick hatte, sondern sich nur aus dem Fenster zu legen brauchte, um sich am Kamin des Nachbarn ein Streichholz anzuzünden. Der Zweite Weltkrieg läutete zwar noch einmal eine kurze Erholungsphase ein, aber bald danach zogen die Arbeiter in die Minen von Ajo und Bisbee, die den gleichen Eignern gehörten.

Rund tausend Jahre zuvor hatten die Sinagua-Indianer bereits im vielfarbigen Gestein der Black Hills herumgestochert und blaue Azurite, Obsidiane und Malachite für Schmuck, Handel und Pigmente zur Einfärbung ihrer Körper und Keramiken zutage gefördert. Sehenswert im Übrigen: der alte Friedhof!

Treppenidyll in Jerome

Service & Tipps:

ⓘ **Jerome Chamber of Commerce**
310 Hull Ave., Jerome, AZ 86331
✆ (928) 634-2900
www.jeromechamber.com
Mo-Fr 9-18 Uhr

✕ **Asylum Restaurant**
200 Hill St., Jerome, AZ 86331
✆ (928) 639-3197, www.theasylum.biz
Tägl. 11-15.30 und 17-21 Uhr
Essen auf hohem Niveau. Schöne Aussicht, stattliche Weinauswahl. $$$

✕ **English Kitchen/Bobby D's Bar-B-Q**
119 E. Jerome Ave., Jerome, AZ 86331
✆ (928) 634-6235
Tägl. außer Di 7-16, Do-So bis 20 Uhr
Rippchen und Grillportionen im BBQ-Stil. Terrasse draußen.
$-$$

✕ **Flatiron Cafe**
416 Main St., Jerome, AZ 86331
✆ (928) 634-2733
Di geschl.
Espresso, Cappuccino, Eis, Gebäck, Frühstücks- und Lunchspezialitäten. $

**REGION 11
Arizona –
der Norden**

London Bridge

❼ Lake Havasu

Seit 1938 wird der Colorado River zu diesem Kunstsee gestaut, der rund 70 Kilometer die kargen Kulissen der Felsufer bewässert. Er bietet Erfrischungen beim Schwimmen, per Boot oder auf dem Wasserski. Praktisch holt er dazu das Blaue vom Himmel in die Wüste herunter, umstellt es mit schwarzbraunen Felsen und garniert das Ganze noch durch grüne Uferränder – eine farbenfrohe Kulisse, wie man sie sich nicht schöner wünschen kann. Blau heißt in der Sprache der Mojave-Indianer *havasu*. Der Stau erreicht, dass hier einmal nichts zu sehen ist vom angeblichen Rot des Colorado-Flusses, das er einst dem Wüstenschlamm verdankte und von dem er seinen Namen hat.

Verständlicherweise fungiert das kühle Nass im weiten Umkreis dieser superheißen Region als Freizeitknüller. An Wochenenden rollt ein regelrechter Maschinenpark aus allen Himmelsrichtungen nach Havasu: Pick-ups, beladen mit Booten oder *dune buggies*, Camper mit Fahr- und Motorrädern im Schlepptau. Im Nu wird dann der Fluss zum Highway der Motorboote und Jetskier, zum spritzigen Spielplatz der Jugend, wo jeder dem anderen die Schau stehlen möchte. Mit viel Camping, Transistorlärm, BBQ-Qualm und Bier an Land.

In Lake Havasu City wird der Colorado von einem architektonischen Treppenwitz bekrönt, von der **London Bridge**, einer europäischen Fata Morgana mitten in der Wüste von Arizona. Zusammen mit den passenden Straßenlaternen wurde das Bauwerk von der Themse ausgerechnet an diesen Fleck der Erde geschafft. Der spektakuläre Umzug, so hört man, sei ein Missverständnis gewesen, denn eigentlich hatte man die Tower Bridge haben wollen, aber zufällig wurde eine andere Brücke eingepackt. Niemand scheint sich daran zu stören.

Service & Tipps:

ⓘ **Lake Havasu Convention & Visitors Bureau**
314 London Bridge Rd.
Lake Havasu City, AZ 86403
✆ (928) 453-3444 und 1-800-242-8278
www.golakehavasu.com

Parker Dam
Hwy. 95
Parker Dam, CA 92267
✆ (760) 663-3712
Staudamm des Colorado River und Kraftwerk zwischen Arizona und Kalifornien nördlich von Parker, 1934–38 erbaut. Die Wassermassen, die er zum Lake Havasu staut (ca. 840 Mrd. Liter), kommen Arizona (tägl. ca. 5 Mrd. Liter – bis hin nach Phoenix – durch das Central Arizona Project) und Südkalifornien (tägl. ca. 4 Mrd. Liter durch das Colorado River Aqueduct – vor allem für L.A.) zugute. Weitere Funktionen: Hochwasserkontrolle und Freizeitwert.

Krystal's Steak House
460 El Camino Way
Lake Havasu City, AZ 86403
✆ (928) 453-2999
http://krystalslakehavasu.com
Vor allem Steaks und Meeresfrüchte. Cocktail Lounge. Nur Dinner. $$

Shugrue's Restaurant & Bar
1425 N. McCulloch Blvd.
Lake Havasu City, AZ 86403
✆ (928) 453-1400
www.shugrueslakehavasu.com
Tägl. ab 11 Uhr
Frischer Fisch, Steaks, selbstgebackenes Brot. Cocktail Lounge. Lunch $, Dinner $$

Black Bear
1900 N. McCulloch Blvd.
Lake Havasu City, AZ 86403
✆ (928) 855-2013
www.blackbeardiner.com
Tägl. 6–22 Uhr
Einfache amerikanische Küche: BBQ, Burger, Steaks. $

⑧ Monument Valley (Kayenta)

Der Weg zum Visitor Center im Monument Valley ist von Verkaufsbuden, Pferdeställen und Lattenverschlägen fliegender Navajo-Händler flankiert. Im Besucherzentrum erfährt man unter anderem, welche Highlights man allein erkunden kann, welche nur mit Führer. Naheliegend ist sicher eine kurze *self-guided* Tour mit dem eigenen Wagen, aber die schlechten Straßen verleiden jeden Spaß, für Camper sowieso. Mit einem vierradgetriebenen Fahrzeug und indianischer Führung oder auf einer Jeeptour hinauf zur **Hunt Mesa**, um dort oben den Sonnenuntergang zu erleben, sieht man natürlich mehr. Beliebt sind dazu auch Ausritte ins Tal, die bei Vollmond sogar nachts angeboten werden – ein großartiges Erlebnis.

Wer sich nach einem staubigen Tag in **Kayenta** auf die Happy Hour freut und dabei nicht auf eigene Bestände zurückgreifen kann, hat schlechte Karten. Der Ort, Basislager für das XXL-Tal, und alle Hotels sind strikt alkoholfrei.

REGION 11
Arizona – der Norden

Service & Tipps:

Monument Valley Navajo Tribal Park
Monument Valley, UT 84536
✆ (435) 727-5870
http://navajonationparks.org
Visitor Center im Sommer 6–20, sonst 8–17 Uhr
Parkeintritt $ 5
Buchung von Touren.

Monument Valley Hot Air Balloon Company
2243 E. Rose Garden Loop
Phoenix, AZ 85024
✆ (623) 847-1511 und 1-800- 843-5987
www.monumentvalleyballooncompany.com
Spektakuläre Heißluftballonfahrten über das Monument Valley – mit Jeeptour, indianischem Führer und Frühstück. Ab $ 395.

Monument Valley

**REGION 11
Arizona –
der Norden**

Montezuma Castle

🟠 Montezuma Castle

Wo einst die Sinagua-Indianer (*sin agua* = ohne Wasser) wohnlich an der Felswand klebten, da nisten heute Bienen und bauen die Schwalben und Raben ihre Nester: im **Montezuma Castle**, einer gut erhaltenen *cliff-dwelling* aus dem 13. Jahrhundert. Wie anderswo – ob in Mesa Verde oder im Canyon de Chelly – sorgten die Felsbauten in erster Linie für eine Anpassung an die klimatischen Verhältnisse und nicht für eine bessere Verteidigung. Jeder ernsthafte Feind hätte leichtes Spiel mit den Bewohnern in der Felsenburg gehabt, wenn er unten am Beaver Creek bloß lange genug gewartet hätte, um den Zugang zum Wasser zu blockieren. Übrigens: ähnlich wie bei den Aztec Ruins im nördlichen New Mexico verfielen frühe weiße Siedler auch angesichts dieser Siedlung dem Irrtum, ihr Ursprung ginge auf die Azteken zurück. Daher der (falsche) Name.

Service & Tipps:

👁 **Montezuma Castle National Monument**
I-17 (Montezuma Castle Hwy.), Exit 289, Camp Verde, AZ 86322
✆ (928) 567-3322, www.nps.gov/moca
Tägl. 8–17 Uhr, Eintritt $ 5/0
Fünfstöckiger Klippenbau der Anasazi (Sinagua-Indianer) aus dem 12. und 13. Jh., die von Wupatki hierher kamen. Besuch des Visitor Center und Rundgang durch den Park. Die Räume waren nur über Leitern zugänglich.

🟠 Navajo National Monument

Die historische Klippensiedlung Betatakin ähnelt denen im Canyon de Chelly und in Mesa Verde. Hier lebten im 13. Jahrhundert die Kayenta-Anasazi, aber nur etwa fünfzig Jahre lang, obwohl sich die Felsaushöhlungen, nach Süden hin offen, als Behausungen bestens eigneten, weil sie im Winter die Sonnenwärme nutzbar machten. Man vermutet, dass starke Erosionen das Flussbett und die angrenzenden, landwirtschaftlich genutzten Flächen plötzlich absenkten und schließlich zerstörten.

Kurzbesucher sollten die Chance zu einem kleinen Spaziergang zum Canyonrand nutzen, das ist erholsam und erlaubt einen guten Blick auf die

Ruinen. Bei den Pinyonkiefern wachsen rundblättrige Büffelbeeren, Wacholder, Klippenrosenbüsche und natürlich die hartgesottenen Burschen, die Yuccas, aus denen die Navajo und Hopi Malpinsel und Sandalen herstellten und sogar Shampoo gewannen, indem sie die Wurzeln zerstampften.

REGION 11
*Arizona –
der Norden*

Service & Tipps:

👁 **Navajo National Monument**
Tonalea, AZ 86044
✆ (928) 672-2700

ww.nps.gov/nava
Tägl. Juni–Aug. 8–17.30, Sept.–Mai 9–17 Uhr, Eintritt kostenlos
45 km westl. von Kayenta. Im Sommer tägl. Führungen zu den Ruinen.

Lake Powell, Arizona

175

**REGION 11
Arizona –
der Norden**

Antelope Canyon

⓫ Page/Lake Powell

Jeder Besucher merkt schnell, dass Page nichts anderes als eine Versorgungsstation für den Freizeit- und Sportbetrieb an und auf Lake Powell ist. Unterkünfte, Restaurants und technische Ausrüstungen für die Bootsleute stehen an erster Stelle. Schon bei Baubeginn sah man das Wachstum der 1957 gegründeten Siedlung voraus und tauschte deshalb mit den Navajo-Indianern 17 Quadratmeilen des umliegenden Landes gegen einen Batzen gleicher

REGION 11
Arizona – der Norden

Größe in Utah. Resultat: Page wuchs zu einer Enklave innerhalb des Reservats. Und da die Indianer die Sommerzeitumstellung nicht mitmachen, geraten viele Anglos leicht in Zeitverwirrung. In Page sollte deshalb jeder genau wissen, wo er sich gerade befindet und wohin er will, wenn er pünktlich sein will.

Zu beiden Seiten des Staudamms erstrecken sich unterschiedliche Wassermengen: rechts das weite Blau des Lake Powell, links das grünliche dünne Rinnsal jenes Stroms, der seinem spanischen Namen »Roter Fluss« nicht mehr entspricht. Die rote Farbe rührte von den aufgewühlten Stein- und Schlammpartikeln her, die nun am **Glen Dam** hängen bleiben und auf die Dauer zur Versandung des Lake Powell führen werden. Auf absehbare Zeit aber wird er bleiben, wofür er beliebt ist: Quelle für Wasserfreuden und elektrische Energie, was die zahlreichen Haus- und Schnellboote ebenso beweisen wie die Eisenmasten und Verdrahtungen in Dammnähe.

Service & Tipps:

Page-Lake Powell Chamber of Commerce
71 7th Ave., Page, AZ 86040
✆ (928) 645-2741
http://visitpagearizona.com

John Wesley Powell Memorial Museum
6 N. Lake Powell Blvd. & N. Navajo Dr.
Page, AZ 86040
✆ (928) 645-9496 und 1-888-597-6873
www.powellmuseum.org
April-Okt. Mo-Sa 9–17 Uhr, sonst Sa geschl., Eintritt $ 5/1
Zu Ehren des Canyonforschers Powell: Dokumente der frühen Kulturen und geologische Geschichte.

Rainbow Bridge National Monument
Page, AZ 86040
✆ (928) 608-6200
www.nps.gov/rabr/
Diese größte natürliche Steinbrücke der Welt ist den Indianern heilig und nur zu Fuß erreichbar – entweder über einen 22 km langen Pfad oder per Boot (vom Lake Powell aus) mit anschließendem kurzen Fußweg. Wanderer und Bootsfahrer benötigen dazu ein Permit, das vom **Navajo Nation Parks & Recreation Department** (P.O. Box 2520, Window Rock, AZ 86515, ✆ 928-871-6647, http://navajonationparks.org) ausgestellt wird, $ 5 pro Pers. Bootstouren für Gruppen starten von Page aus (✆ 1-888-896-3829).

Antelope Canyon Tours
22 S. Lake Powell Blvd.
Page, AZ 86040
✆ (928) 645-9102 und 1-866-645-9102, www.antelopecanyon.com
Touren in den Canyon (SR 98 östlich von Page). Unter den sogenannten *slot canyons* der Gegend gilt der Antelope Canyon als einer der schönsten und dekorativsten, besonders zur Mittagszeit, weil dann die Sonne senkrecht durch den Spalt einfällt und das Gestein zum Leuchten bringt: ein Dorado für Profi- und Hobbyfotografen. Selbstständiges Wandern zum Canyon ist allerdings nicht mehr möglich.

Antelope Slot Canyon Tours
55 S. Lake Powell Blvd.
Page, AZ 86040
✆ (928) 645-5594
www.antelopeslotcanyon.com
Führungen 1. Mai–15. Sept. Mo–Sa 8.30, 10.30, 13, 15, 17 Uhr
$ 36–47/28–35
Der Navajo-Indianer Chief Ray Tsosie und seine Guides führen durch den Canyon.

DC's Backyard BBQ
693 N. Navajo Dr.
Page, AZ 86040
✆ (928) 645-0075
Nur ein einfacher Schuppen, aber sehr gutes BBQ. Auch Tische draußen. $

Ken's Old West Restaurant & Lounge
718 Vista Ave., Page, AZ 86040
✆ (928) 645-5160
Urige Western-Lounge und Restaurant: Rippchen, Steaks, Geflügel, Salate. Meist Live-Country-Music und Tanz. Nur Dinner. $$

**REGION 11
Arizona –
der Norden**

⑫ Petrified Forest National Park/Painted Desert

Dass man vor lauter Bäumen manchmal den Wald nicht mehr sieht, überrascht nicht. Dass man ihn aber vor lauter Steinen nicht mehr erkennt, das passiert nur im Petrified Forest National Park. Hier glitzern und schimmern versteinerte Bäume je nach Lichteinfall um die Wette. Die bunten Nachfahren und Bruchstücke eines prähistorischen Waldes haben sich so gut erhalten, weil sie nach ihrem Absterben unter Sand und Vulkanasche luftdicht verschlossen blieben. Als sie, verursacht durch neue Erdbewegungen, nach mehr als 200 Millionen Jahren wieder an die frische Luft kamen, war das Holz längst durch Mineralien ersetzt – Alchemie in der Wüste.

Mitte des vorigen Jahrhunderts, als man den steinernen Wald entdeckte, weckte er weniger Bewunderung als Begehrlichkeit. Einzelne Brocken und ganze Stämme wurden abtransportiert, gesprengt oder zerschlagen, um an die eingeschlossenen Amethyste zu kommen. Erst 1906 legte man den Schatzjägern das Handwerk und stellte die Region unter Schutz; 1962 avancierte sie sogar zum Nationalpark.

Vom Scenic Drive aus, aber auch zu Fuß auf bequemen Wanderwegen oder in den kühlen Ausstellungsräumen der Visitor Center lesen sich die 225 Millionen Jahre Erdgeschichte wie ein offenes, farbig illustriertes Buch. Besonders der südliche Parkteil bietet optische Leckerbissen, allen voran die **Blue Mesa**. Am Ausgang achtet die »Vehicle Inspection Station« darauf, dass kein Stein den Park als Souvenir verlässt. Auch wenn jeder nur ein winziges Stück in die Tasche steckte, würde sich der Verlust enorm summieren. So wurden allein 1999 an die zwölf Tonnen fossile Hölzer aus dem Park geschmuggelt.

*Versteinertes Holz:
Petrified Forest*

Service & Tipps:

Petrified Forest National Park
Petrified Forest National Park, AZ 86028
✆ (928) 524-6228
www.nps.gov/pefo/
Im Sommer tägl. 7–19, im Winter 8–17 Uhr, Eintritt $ 10 pro Auto
Am Nordeingang informiert das **Painted Desert Visitor Center**, am Südeingang das **Rainbow Forest Museum** über Geologie und Geschichte. Eine 43 km lange Autoroute verbindet die fossilen Welten des ehemaligen Wald- und Sumpfgebiets: szenische Ausblicke (u.a. Painted Desert, The Teepees und Blue Mesa), Anasazi-Ruinen (Puerco Indian Ruins aus der Zeit vor 1400), Petroglyphen (Newspaper Rock), bizarre Brücken (Agate Bridge), kleine Wanderwege (z.B. an der Blue Mesa; im Crystal Forest; von den Long Logs, den buntesten Stücken des Parks, zum Agate House; am Rainbow Forest Museum) und Picknickplätze (Chinde Point, Rainbow Forest Museum).

⓭ Prescott

> **REGION 11**
> *Arizona –*
> *der Norden*

Eine waldreiche Umgebung, reichlich frische Luft (Höhenlage: fast 2000 m), Sauberkeit und eine überschaubare Größe (knapp 43 000 Einwohner) haben aus Prescott heute eine Art Luftkurort gemacht. Und weil er als Fluchtburg mit gepflegtem Lebensstil so beliebt ist, handelte er sich das Motto »Everybody's Hometown« ein. Für viele allerdings wuchs die Stadt in den letzten Jahrzehnten beängstigend schnell, und heute sind die Konsequenzen vor allem in der Zersiedelung offenkundig.

Anders dagegen die historischen Innenstadtbereiche, die man ausgehend von der Courthouse Plaza bequem zu Fuß erkunden kann. Auffällig sind die zahlreichen Bauten aus Holz anstelle der regionaltypischen Adobe-Bauten – obwohl viele der ursprünglichen Gebäude durch das Feuer im Jahre 1900 vernichtet wurden. Die Unmengen an Ponderosakiefern und deren Nadelhölzer zeichnen für diesen Zug in Prescotts Architektur verantwortlich.

Nachdem die ersten Siedlungsspuren 1838 durch Goldfunde im Granit Creek gelegt wurden, machten später die Saloons entlang Montezuma Street die Straße allseits als *Whiskey Row* bekannt. Noch heute bewahrt **The Palace** Überbleibsel davon.

Service & Tipps:

Prescott Chamber of Commerce
117 W. Goodwin & Montezuma Sts.
Prescott, AZ 86303
✆ (928) 445-2000 und
1-800-266-7534
www.prescott.org

Sharlot Hall Museum
415 W. Gurley St. (Downtown)
Prescott, AZ 86301
✆ (928) 445-3122
www.sharlot.org
Mo–Sa 10–17, So 12–16 Uhr
Eintritt $ 7/3
Gegründet 1928 von der Historikerin und Dichterin Sharlot M. Hall, widmet sich das Institut anschaulich der lokalen Geschichte – vom Goldgräbernest zur College Town. Ausstellungsräume mit reizvoll rekonstruierten Interieurs, historischen Gebäuden (darunter die Territorial Governor's Mansion) und schöne Gärten.

The Peacock Dining Room
122 E. Gurley St. (The Hassayampa Inn), Prescott, AZ 86301
✆ (928) 778-9434
www.hassayampainn.com
Verfeinerte amerikanische Küche, eleganter Speiseraum. $$–$$$

The Rose Restaurant
234 S. Cortez St.
Prescott, AZ 86303
✆ (928) 777-8308, Mo/Di geschl.
www.theroserestaurant.com
Kreative, europäisch ausgerichtete Küche, gute Weinauswahl. Gilt als eins der besten Lokale in Prescott. Nur Dinner. $$–$$$

Murphy's
201 N. Cortez St.
Prescott, AZ 86301
✆ (928) 445-4044
www.murphysprescott.com
Tägl. 11–22 Uhr
Beliebter Treff: traditionelle amerikanische Küche. Bar, große Bierauswahl. Di Jazz. Lunch $, Dinner $$

The Palace Restaurant & Saloon
120 S. Montezuma St.
Prescott, AZ 86303
✆ (928) 541-1996
www.historicpalace.com
Einst (1877) eine der ältesten Bars des Landes, heute Familienrestaurant in historischem Dekor. Amerikanische Küche. Lunch $, Dinner $–$$

Ausflugsziel:

Granite Dells
SR 89, nördlich von Prescott
Fotogene Granitbrocken im Watson Lake – ideal zum Camping und Wandern.

Prescott Frontier Days
848 Rodeo Dr.
Prescott, AZ 86305
✆ (928) 445-4320 und
1-866-407-6336
www.worldsoldestrodeo.com
Jedes Jahr Anfang Juli finden die Prescott Frontier Days mit dem World's Oldest Rodeo – seit 1888 – statt. Ein Western-Spass mit Tanz, Paraden und Rodeo.

**REGION 11
Arizona –
der Norden**

⑭ Sedona

Schon am Stadtrand von Sedona lockt ein Treatment Center zur *Therapy on the Rocks*. Der Hang zur Innerlichkeit und Esoterik ist denn auch sonst hier präsent. Er prägt den Ort mindestens ebenso wie jene Einrichtungen, die jede Resort Town zieren, die vor allem die irdischen Wünsche nach einem guten Leben bedienen möchten: mehr als drei Dutzend Galerien mit Western Art,

Ehe mit Ausblick: Hochzeit im Oak Creek Canyon bei Sedona

Wellnessoasen, Shopping vom Feinsten und jeder Menge Cafés sowie Gourmetrestaurants. Und im Red Rock Country darf der alpine Touch natürlich nicht fehlen. Die Matterhorn Motor Lodge hat das begriffen.

Wie fing das an? Die Familie der Namenspatronin und Pionierin Sedona Schnebly baute hier 1902 ein Haus mit Garten, ein »Sedona« *in nuce*, aus dem längst ein Touristenmekka geworden ist, das Natur- und Kunstfreunde gleichermaßen erfreut. Außer Fiestas (mit buntem *ballet folklórico*), Jazz- (Sep-

REGION 11
*Arizona –
der Norden*

REGION 11
Arizona – der Norden

Auch als Filmset hat Sedona Tradition. Sie begann in der Schwarzweiß-Ära mit heroischen Western. Jesse Lasky's Stummfilm-Adaption von Zane Grey's »Call of the Canyon« war einer der ersten Streifen, die hier gedreht wurden. Später folgten »sagebrush sagas«, in denen Cowboys auf weißen Pferden gegen blutrünstige Indianer im Schatten großer Felsen kämpften. Inzwischen sind Western passé, aber Film, TV-Produktionen und Werbesendungen nutzen nach wie vor das fotogene Terrain.

tember), Kammermusikfestivals (Juni) und Weihnachtsfeiern (mit leuchtenden *luminarias*) werden im Red Rock Outback Wanderrouten, Heißlufttrips, Jeeptouren und Lamatrecks angeboten. Neben einem guten Dutzend feiner Restaurants bemühen sich eine Reihe erstklassiger Resorts darum, die Reisekassen der zahlungskräftigen Klientel zu erleichtern. Lediglich die Einheimischen meiden das teure Pflaster: ein Großteil des Dienstleistungspersonals zieht vor, außerhalb des Ortes zu wohnen.

Die Blüte der lokalen Kunstszene geht auf die frühen 1960er Jahre zurück, als das **Sedona Art Center** gegründet wurde, bis heute eine Combo aus Galerie und Schule. Kurze Zeit später konstituierte sich die Gruppe »Cowboy Artists of America«, die so einflussreich wurde, dass lange Zeit Kunst in Sedona mit Western Art gleichbedeutend war. Inzwischen ist das vorbei. Neben den Cowboy im späten Gegenlicht ist längst auch Expressionistisches und Abstraktes getreten, ergänzt durch zeitgenössisches Plastik, Keramik und Schmuck, alles in allem eine konservative Palette mit Idealem und bunter Romantik. Von Irritierendem, Exzentrischem oder gar Provokantem fehlt jede Spur.

Der Kunst- und Filmszene steht die des »OM« nicht nach. Seit Ende der 1980er Jahre zählt Sedona neben dem Central Park in New York oder Waikiki zu den amerikanischen New-Age-Hochburgen. Einige Gurus hatten den Ort als einen *power point* unseres Planeten ausgemacht, an dem die Energie nur so aus der Erde strömt. Andere gingen semantisch vor und fanden heraus, dass schon der Ortsname ein elektromagnetisches Omen sei, weil, wenn man ihn rückwärts läse, *anodes*, »Anoden«, dabei herauskämen. Daraufhin gab's kein Halten mehr. Aus allen Teilen des Landes strömten plötzlich die Gesundbeter, Kräuterpriester Heiler und Ufomanen, Yoga-Jünger und Sanyasins nach Sedona.

Ein regelrechter Supermarkt esoterischer und spiritueller Dienstleistungen machte sich breit. Es gibt den Golden World New Age Bookshop und Bioläden, Kurse und Massagen, Beratungen ebenso wie aquarische Gruppen oder solche, die in gemeinsamen Schwitzbädern alten Zeremonien frönen, mit Wünschelruten herumlaufen oder sich an jene aus Steinen am Boden ausgelegte Medizinräder anschließen (»anodes«!), in denen sich nach Auffassung der Hopi-Indianer historische Energien aus früheren Kulthandlungen und Vibrationen der Erde bündeln. Den Hopis gehörte einst das Land des Red Rock Canyon.

Service & Tipps:

ⓘ **Sedona-Oak Creek Canyon Chamber of Commerce**
331 Forest Rd. & US 89A
Sedona, AZ 86339
✆ (928) 282-7722 und 1-800-288-7336
www.sedonachamber.com
Mo-Sa 8.30-17, So 9-15 Uhr

Red Rock State Park
4050 Red Rock Loop Rd., Nähe US 89A und Sedona, AZ 86336
✆ (928) 282-6907
www.azstateparks.com/parks/rero/index.html
Tägl. 8-17, Visitor Center 9-17 Uhr
Eintritt $ 10 pro Auto und 3 pro Pers.
Naturpark an den Ufern des Oak Creek mit Wanderwegen. Anfang Juni 2010 drohte aufgrund anhaltender Finanznöte die Schließung des Parks, die aber erst einmal auf unbestimmte Zeit abgewendet werden konnte.

Chapel of the Holy Cross
780 Chapel Rd. (off SR 179)
Sedona, AZ 86336
✆ 1-888-242-7359
www.chapeloftheholycross.com
Mo-Sa 9-17, So 10-17 Uhr
Zeitgenössische katholische Kirche (1956) im rotem Gestein – mit dominierendem großen Kreuz und schönem Blick.

Tlaquepaque Arts & Crafts Village
336 Hwy. 179 (Nähe Hwy. 89A, Ortsmitte), Sedona, AZ 86339
✆ (928) 282-4838
www.tlaq.com
Shops tägl. 10-17 Uhr, Restaurants unterschiedlich

Inszeniertes Mexiko: ein nachgebautes Dorf (1973) mit Schatten, Shops und Schleckereien (z.B. »El Rincon«) – ohne Schmutz, Armut und Autoverkehr.

🍴 The Heartline Cafe
1610 W. Hwy. 89A
Sedona, AZ 8636, ✆ (928) 282-0785
www.heartlinecafe.com
Interessante Südwestküche. Ergiebige Weinkarte. Lunch $, Dinner $$–$$$

🍴 El Rincon Restaurante Mexicano
336 Hwy. 179 (Tlaquepaque Village)
Sedona, AZ 86336
✆ (928) 282-4648
www.elrinconrestaurant.com
Klassische mexikanische Gerichte und gute Margaritas. Lunch, Dinner. $

Ausflugsziel:

🌳 Slide Rock State Park
6871 N. Hwy. 89A, nördl. von Sedona, AZ 86336
✆ (928) 282-3034

🛡 www.azstateparks.com
Tägl. Mai–Aug. 9–19, April und Sept./Okt. 8–18, Nov.–März 8–17 Uhr
Eintritt $ 20 pro Auto und zusätzlich $ 3 pro Pers.
Das kühle Quellwasser des Oak Creek hat die Steine glatt geschliffen, so dass man auf einer Art flachen Rutsche in den Fluss gleiten kann. Ein Spaß für die ganze Familie. Schwimmen, Wandern, Picknick.

Spaß auf Rädern: Werbemobil für den »Snow Cap Drive-In«, Seligman

> **REGION 11**
> *Arizona –*
> *der Norden*

⓯ Seligman

Chino Street in Seligman (gesprochen: SLIG-men) entspricht so richtig dem Geschmack der Route-66-Fans: »66 Motel«, »Historic 66 General Store«, der legendäre Snow Cap Drive-in, Antiquitätenläden – ein perfektes Schaufenster der Nostalgie. Dass die 1886 gegründete Eisenbahnsiedlung ihre automobile Ur- und Frühgeschichte so lupenrein bewahrt hat, geht vor allem auf das Konto des hier ansässigen Friseurs Angel Delgadillo. Wie viele 66-Veteranen sieht er den Highway nicht bloß als Straße, sondern als Lebensader einer großen Gemeinde, die unter keinen Umständen sterben durfte.

»Die Route 66 ist wie Elvis Presley, sie stirbt nie.« (Oldtimer)

Service & Tipps:

ℹ Seligman Chamber of Commerce
217 E. Route 66, Seligman, AZ 86337
✆ (928) 273-8140
www.seligmanazchamber.com

🚻 Angel & Vilma Delgadillo's Route 66 Gift Shop
217 E. Route 66, Seligman, AZ 86337
✆ (928) 422-3352
www.route66giftshop.com
Einschlägiger Souvenirshop des legendären Route-66-Retters.

🍴 Cucina Rustica
7000 SR 179
Tequa Festival Marketplace
Sedona, AZ 86351
✆ (928) 284-310
http://cucinarustica.com
Lisa Dahl serviert beste italienische Küche. $$–$$$

🍴 Delgadillo's Snow Cap
301 Route 66
Seligman, AZ 86337
✆ (928) 422-3291
Gut für ein Eis; ansonsten *standard highway food.*

Die Route 66, sagt ein Cowboysänger, war 2000 Meilen Entertainment, Kultur und Spaß, eine einzige große rollende Show, einiges davon Tingeltangel, einiges in Ordnung. Ich wundere mich, dass immer noch so viele so viel für ein Stück Beton empfinden.

**REGION 11
Arizona –
der Norden**

*Unverwüstlich: die ▷
Route 66*

*»Ein Haus sollte nicht
auf einem Hügel stehen, sondern ein Teil
davon sein« – die
Toplage von Tuzigoot
veranschaulicht diesen Satz von Frank
Lloyd Wright.*

*Die Ruinen von Tuzigoot
oberhalb des Valle Verde*

⓰ Tuzigoot National Monument

Die Sinagua-Indianer, Sammler und Jäger ihres Zeichens, saßen, wie der Name sagt (vgl. Montezuma Castle) häufig auf dem Trockenen, als sie in der Gegend um Flagstaff siedelten. Deshalb zogen sie hierher und vermischten sich zusammen mit den ebenfalls angereisten Anasazi mit den Mogollon- und Hohokam-Kulturen. Diese waren bereits zuvor (nach 600) aus dem Gila Basin gekommen und sesshaft geworden; sie lebten in *pit houses* und von Bohnen, Mais, Squash und Baumwolle.

Die Sinagua übernahmen die Bewässerungstechniken der Hohokam-Indianer und fingen an, oberirdisch zu mauern und zu bauen, was möglicherweise auf das Vorbild der Anasazi zurückzuführen ist. Auch die T-förmigen Türen sprechen für diesen Einfluss, obwohl es überhaupt nur wenige Türen gab, weil der Einstieg durch Luken im Dach erfolgte – Wohnen auf dem Dachpenthouse.

Sie blieben für rund 400 Jahre (1000–1425), dann verschwanden sie. Warum und wohin, weiß man hier ebenso wenig genau wie bei anderen prähistorischen Indianersiedlungen des Südwestens. Tuzigoot (gesprochen: TUU-siguut) ist ein Apachen-Wort für *crooked water* (gekrümmtes Wasser), was sich auf den nahen Pecks Lake bezieht. Die Spanier, die zuerst 1583 durch das Valle Verde zogen, hielt es nicht lange, weil auch hier nichts von dem zu finden war, was sie im Sinn hatten: Gold.

Von der Kuppe des Hügels hat man einen imponierenden Rundblick über das Tal, auf die nahen Berghänge der Black Hills und auf die offenen, apfelsinengelben Drainagen, in die die Abwässer und Schlämme der Kupfergewinnung im nahen Jerome und Clarkdale gepumpt wurden. Um Staubverwehungen zu verhindern, werden die Flächen von Zeit zu Zeit geflutet.

Service & Tipps:

👁 **Tuzigoot National Monument**
Tuzigoot Rd.
ⓘ Camp Verde, AZ 86322
© (928) 634-5564
www.nps.gov/tuzi

Tägl. 8–17 Uhr
Eintritt $ 5, Kinder frei
Von den Sinagua-Indianern ca. 400 Jahre bewohnter Pueblo (Blütezeit: 110 Wohnungen für ca. 225 Bewohner) und dann verlassen. Sehenswerte Ausgrabungen im Visitor Center.

REGION 11
Arizona – der Norden

ⓘ **Williams Chamber of Commerce**
200 W. Railroad Ave.
Williams, AZ 86046
✆ (928) 635-1418 und
1-800-863-0546
www.experiencewilliams.com

⑰ Williams

Rund um den kompakten Downtown-Block macht Williams einen aufgeräumten und freundlichen Eindruck. Zwei Straßen teilen sich das Erbe der historischen Route 66, je nachdem, aus welcher Himmelsrichtung man kommt: Railroad Avenue sorgt für den Verkehr von Osten nach Westen, Bill Williams Avenue, benannt nach einem Pelztrapper, für den in umgekehrter Richtung. Vielleicht gründet die Vitalität des seit 1881 bestehenden Örtchens darauf, dass es erst ziemlich spät, nämlich 1984, von der Interstate umkurvt und links liegengelassen wurde – die letzte Stadt an der Route 66 übrigens, der dies widerfuhr.

Zunächst glaubte man, das sei's gewesen. Aber es kam anders. Unzählige Arbeitsstunden freiwilliger Helfer flossen in die Stadterneuerung und viele historische Gebäude schlüpften unter den Rock des Denkmalschutzes. Man sollte im Zentrum mal eine Runde drehen, um sich beide Straßen anzusehen. Häufiger noch als anderswo steht an den Motels AMERICAN OWNED. Vertrauensbildende Maßnahmen? Ja, denn solche patriotischen Hinweise reagieren auf die Tatsache, dass (nicht nur) hier viele Motels inzwischen von Pakistanis und Indern geführt werden.

Gleich beim Visitor Center und dem Fray Marcos Hotel liegt der Bahnhof, wo der AMTRAK-Zug »Southwest Chief« hält und von dem aus die **Grand Canyon Railway Line** schon seit 1901 zum Grand Canyon dampft. Nicht umsonst nennt sich Williams »Gateway to the Grand Canyon«. Noch heute bietet die Nostalgietour (mit Wildwest-Entertainment an Bord) eine willkommene Gelegenheit für einen autofreien Reisetag.

Service & Tipps:

Grand Canyon Railway
233 N. Grand Canyon Blvd.
(Williams Depot)
Williams, AZ 86046
✆ (303) 843-8724 und
1-800-843-8724
Tägliche Rundfahrten zum Canyon und zurück. Reservierung empfohlen.

Rod's Steak House
301 E. Route 66
Williams, AZ 86046
✆ (928) 635-2671
www.rods-steakhouse.com
Seit 1946 bewährt gute Steaks. Cocktail Lounge. So geschl. $$

Grand Canyon Coffee & Café
125 W. Route 66
Williams, AZ 86046
✆ (928) 635-4907
Tägl. 7–15 Uhr
Nettes kleines Lokal für Frühstück und Lunch, Route 66-Dekor, auch chinesische und mexikanische Gerichte. $–$$

The Red Garter Bed & Bakery
137 W. Railroad Ave.
Williams, AZ 86046
✆ (928) 635-1484 und
1-800-328-1484
www.redgarter.com
Aus einer ehemals verruchten Combo aus Saloon und Bordell ist heute (neben einem kleinen Hotel) ein Café mit frischen Backwaren geworden.

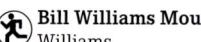
Bill Williams Mountain Trail
Williams
Ranger-Info: ✆ (928) 635-5600
Netter Tagesausflug: 5–6-stündige Waldwanderung mit schönen Aussichten. Rund 700 m Steigung – von ca. 2300 auf 3000 m. Beste Zeit: spätes Frühjahr bis früher Herbst.

⑱ Winslow

Die beste Werbung für Winslow machten einst die »Eagles« – mit der Zeile »Standing on a corner in Winslow, Arizona« aus dem Song »Take it Easy«. Also, nichts wie hin – zur Ecke 2nd Street und Kinsley Avenue. Ansonsten beherbergt die Stadt – ebenso wie Holbrook eine alte Railroad Town aus den 1880er Jahren – ein liebevoll ausgestattetes **Old Trails Museum**, wo es eine Menge zu sehen gibt: Knochenreste von Monstern der Vorzeit, die im Little Colorado River gefunden wurden, indianische Dokumente aus dem nahen Pueblo und andere Regionalia.

REGION 11
Arizona – der Norden

Service & Tipps:

Winslow Chamber of Commerce
523 W. 2nd St., Winslow, AZ 86047
℡ (928) 289-2434
www.winslowarizona.org

Old Trails Museum
212 N. Kinsley Ave.
Winslow, AZ 86047
℡ (928) 289-5861
www.oldtrailsmuseum.org
Di-Sa April-Nov. 10-16, Dez.-März 11-15 Uhr, Eintritt frei
Instruktives kleines Museum: Stadtgeschichte, Eisenbahn, Route 66.

Falcon Restaurant
1113 E. 3rd St. (Ostende)
Winslow, AZ 86047
℡ (928) 289-2628
Familienrestaurant. $-$$

Casa Blanca Cafe
1201 E. 2nd St.
Winslow, AZ 86047
℡ (928) 289-4191, tägl. 11-21 Uhr
Authentische mexikanische Küche.
$

»On the road again« – going West in Arizona

REGION 12
*Arizona –
der Süden*

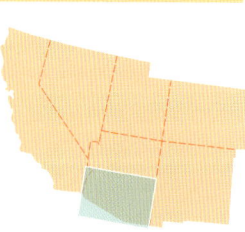

Sommerhitze und Wintergärten
Arizona – der Süden

Anders als die bewaldeten Höhenlagen des Nordens überzieht karges Kakteenland den größten Teil des Südens von Arizona. Orgelpfeifenkakteen, vor allem aber die charakteristischen Saguaros (sprich: sah-WAH-row) beherrschen das Terrain zwischen dem Südrand des Colorado Plateau (Mogollon Rim) und der mexikanischen Grenze. Die Saguaro-Kakteen haben sich längst als Ikone des Südwestens etabliert – in nahezu allen Westernfilmen sind sie dabei. Wenn Originale am Set fehlten (wie meistens), dann pflanzten die Dekorateure aus Hollywood sie kurzfristig wie im Blumentopf ein.

Zwischen Staub und Stachelgewächsen überrascht eine vielseitige Palette aus Indianerreservaten (San Xavier, Papago, Gila,

Apachen) und Westernstädten (z. B. Tombstone, Bisbee), Missionskirchen (San Xavier del Bac, Tumacacori) und Minencamps, spukigen Kalksteinhöhlen (Colossal Cave, Kartchner) und bizarren Felsformationen (Chiricahua National Monument).

REGION 12
Arizona – der Süden

Die dominierende Stadt der Südregion heißt **Phoenix**, die Hauptstadt Arizonas. Wer sie mit dem Flugzeug anfliegt, sieht das Layout ihrer Anlage auf einen Blick – das plötzlich aus dem braunen Wüstenboden auftauchende Grün der bewässerten Felder, die linearen Autopisten, die Glasbunker von Downtown und die endlosen Eigenheimparzellen mit ihren angrenzenden grünblauen Türkissteinen, den Pools. 300 Tage im Jahr, so hat man werbewirksam errechnet, wölbt sich der blaue Himmel über Phoenix und seiner Nachbargemeinde **Scottsdale**, jener Wüstenadresse, unter der extravagante Resorts zum derzeit wohl komfortabelsten *dolce far niente* des Südwestens verführen.

Ein wenig anders kümmert sich die reizvolle Universitätsstadt **Tucson** um das Wohl seiner Besucher. Wie keine andere Stadt des Südwestens ist sie von einem Kranz von Ranches, Dude oder Working Ranches, umgeben, die geplagten Großstädtern die Cowboy-Variante von Ferien auf dem Bauernhof ermöglichen. Die Angebote reichen von rustikalen Hütten, die dem Gast nach burschikosem Schulterklopfen auf Anhieb das Gefühl einflößen, schon ein langjähriger Mitarbeiter auf der Ranch zu sein, bis hin zu De-luxe-Versionen, die die Cowboyrolle und das Wellnessprogramm dezenter verknüpfen – Jacuzzi, Fitnessräume, Golf- und Tennisplätze inklusive.

Südlich von Tucson schließlich kann man am Santa Cruz River die Spuren der spanischen Besiedlung besonders deutlich verfolgen – ebenso wie die der rauen Wildwest-Zeiten. Dieser äußerste Südostzipfel Arizonas geht zurück auf den sogenannten Gadsden Purchase von 1853. Acht Jahre nach der Integration von Texas in das Territorium der USA kaufte der damalige Eisenbahnpräsident James Gadsden von Mexiko für 15 Millionen Dollar einen elf Millionen Hektar großen Landkorridor entlang der Grenze von New Mexico und Arizona zwischen Colorado und Rio Grande River für die USA –

Chile-Schoten: das Salz des Südwestens

> **REGION 12
> Arizona –
> der Süden**

ein Batzen Land, der für den Ausbau der Southern Pacific Railroad gedacht war. Es gibt viele in dieser Gegend, die die hier traditionell guten Beziehungen zwischen Indianern, Mexikanern und Anglos darauf zurückführen, dass dieses Land ausnahmsweise gekauft und nicht gewaltsam besiedelt wurde.

*Metropolis in Arizona:
Blick auf Phoenix*

Ajo

Ajo (gesprochen: A-ho) kam durch die ersten Kupferfunde in Arizona auf die Landkarte. Heute versucht sich die kleine Gemeinde (ca. 4000 Einwohner) als sonniger Standort für Pensionäre zu profilieren: die Lebenshaltungskosten liegen niedrig und der Golfplatz des Ajo Country Club in Reichweite.

25 Kilometer südlich von Ajo kann man das **Organ Pipes Cactus National Monument**, ein unberührtes Schutzgebiet der Sonora-Wüste mit herrlichen Orgelpfeifenkakteen, besuchen.

Die Orgelpfeifenkakteen fühlen sich in der Sonora-Wüste zu Hause

Service & Tipps:

Ajo District Chamber of Commerce
1 W. Plaza St., Ajo, AZ 85321
✆ (520) 387-7742
www.ajochamber.com
Mo-Fr 9–12 und 13–16 Uhr

Organ Pipe Cactus National Monument
10 Organ Pipe Dr.
Ajo, AZ 85321
✆ (520) 387-6849
www.nps.gov/orpi
Visitor Center tägl. 8–17 Uhr
Park 24 Std.
Eintritt $ 8 pro Auto

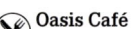 **Oasis Café**
28 N. Plaza St., Ajo, AZ 85321
✆ (520) 387-4455
Kaffee, Sandwiches und gute Salate mit Blick auf die historische Plaza des Ortes. An den Wänden drinnen gibt's regionale Kunst. $–$$

❷ Arcosanti

Sanfte Klänge im Wüstenwind: Glocken in Arcosanti

**REGION 12
Arizona –
der Süden**

Die Stadtutopie Arcosanti des italienischen Architekten Paolo Soleri gründete von Anfang an auf der Strahlkraft der Sonne und der Macht des Geldes. Der Sonnenschein sollte – anders als sonst in den USA – den städtischen Energiebedarf mitten in der Wüste decken, die Dollars den Kapitalbedarf, um den Traum ins Werk zu setzen. Die Sonne schien, aber der Geldsegen blieb aus. Sponsoren fanden sich keine, weder in der Privatwirtschaft noch beim Staat. Ein Manko, das unter anderem den Verdacht nährte, Soleri sei im Grunde eher ein charismatischer Scharlatan, der lediglich die kostenlos für ihn arbeitenden Studenten ausbeute, um sich zu profilieren.

5000 Menschen sollten einmal in einem urbanen Komplex leben, der als ein Gegenstück zur typisch amerikanischen Stadt (ausufernd, naturzerstörend, energievergeudend, autoabhängig) konzipiert war. Aber Arcosanti ist bis heute eine Baustelle geblieben – mit ominösen Kuppeldächern und gewaltigen Betonplatten – ein bisschen Theaterkulisse, ein bisschen Sichtbeton im Bauhausstil.

Eine Handvoll Leute arbeitet und lebt hier. Es gibt eine hübsche Cafeteria, wo man gut aufgehoben ist und in die reizvolle Landschaft blickt, begleitet vom gelegentlichen Läuten der Windglocken, die hier gefertigt (und verkauft) werden und inzwischen zu einem Markenzeichen Soleris geworden sind.

Arcosanti
Der Architekturstudent, der die Besucher durch die bizarren Formen führt, erzählt die Entstehungsgeschichte des Projekts, erklärt die wärmespeichernde Funktion der Apsisbauten und die Vorzüge der kurzen Wege zwischen allen Punkten. Der Ansatz sei gut, meint er, aber der Plan, hier wirklich diese Superstadt zu bauen, sei längst aufgegeben. Man wolle im Wesentlichen das Bestehende als ein permanentes Forschungs- und Lehrzentrum für alternative Baumethoden und Stadtplanung erhalten.

Service & Tipps:

Arcosanti
HC 74, Box 4136, 3 km östl. der I-17 bei Cordes Junction, Exit 263, Mayer, AZ 86333
✆ (928) 632-7135, www.arcosanti.org
Tägl. 9–17, Führungen tägl. 10–16 Uhr

Eintritt Visitor Center kostenlos
Tägl. 10, 11, 13, 14, 15 und 16 Uhr geführte Tour $ 10
Torso der ökologischen Stadtvision von Paolo Soleri: ein architektonisches Experiment als Freilichtmuseum; Bäckerei, Café, Verkauf von Windglocken.

**REGION 12
Arizona –
der Süden**

❸ Bisbee

Bei der Vermarktung seiner Vergangenheit schlägt Bisbee deutlich leisere Töne an als das benachbarte Tombstone. Das liegt sicher daran, dass hier nicht Todesquoten, sondern Kupfergewinne zählten. Der gut 6000-Seelen-Ort in der steilen Schlucht des Mule Pass kommt fast ohne Ampeln, Designer-Getue und blasierte Boutiquen aus und verwöhnt den Besucher stattdessen mit einem Mix aus originellen Läden, Cafés und esoterischem Flair.

Bisbees internationaler Ruf basiert auf der Entdeckung der Copper Mine Lode im Jahre 1877 – einer der reichsten Kupferadern des Westens. Durch den Eisenbahnanschluss expandierte die Stadt und kroch wie ein Wuppertal des Wilden Westens die steilen Berghänge hoch. Bisbee besaß solide Backsteinhäuser, asphaltierte Straßen, fließendes Wasser und eins der schönsten Hotels weit und breit: das **Copper Queen Hotel**, das sich noch heute zeitlos wie eine Pagode über dem Zentrum der gedrungen wirkenden Altstadt erhebt, auf jeden Fall aber wie ein Denkmal.

1975 stoppte die Kupferförderung. Die Minenarbeiter suchten das Weite und die Immobilienpreise sanken in den Keller. Das gefiel vor allem den Lebenskünstlern während der Hippiezeit, die sich deshalb nach Bisbee aufmachten, was aber allerlei Zank zwischen Newcomers und Oldtimers nach sich zog. Mit der Zeit aber wurden auch die Hippies älter, machten sich selbstständig und wählten Ronald Reagan.

Seither geht es in Bisbee dennoch gemächlich zu: in den Buchhandlungen, in den kleinen Stadtmuseen, die Andenken an die Tage voller Kupfer, Zink, Mangan, Gold und Silber versammeln, und in den Antiquitäten- und Schmuckläden, die Modisch-Mineralisches anbieten. Gleich am Südende des Städtchens liegt die riesige **Lavender Pit**, der größte menschgemachte Krater Arizonas, aufgewühlt von Kupfergier und dann verlassen. In einem Jahrhundert baute man hier immerhin acht Milliarden Tonnen Kupfer ab.

Oldie-Idyll: Shady Dell Campground in Bisbee

REGION 12
Arizona – der Süden

Service & Tipps:

Bisbee Visitor Center Commerce
478 Dart Rd., Queen Mine
Bisbee, AZ 85603, ℂ (520) 432-3554
www.discoverbisbee.com

Bisbee Mining and Historical Museum
5 Copper Queen Plaza
Bisbee, AZ 85603, ℂ (520) 432-7071
www.bisbeemuseum.org
Tägl. 10–16 Uhr, Eintritt $ 7.50/3
Im alten Hauptquartier der Copper-Queen-Minenverwaltung: Ausstellung, Bibliothek und Fotoarchiv zur regionalen Geschichte.

Queen Mine Tours
Am Hwy. 80, Bisbee, AZ 85603
ℂ (520) 432-2071 und 1-866-432-2071
www.queenminetour.com

Tägliche Lorentouren in die unterirdische, kühle Kupfermine (gute Std., $ 13/5.50). Ebenfalls: Abfahrt der Vans zur Besichtigung der offenen **Lavender Pit** und Stadtrundfahrten.

Cafe Roka
35 Main St., Bisbee, AZ 85603
ℂ (520) 432-5153
www.caferoka.com
Gute italo-kalifornische Küche. Leider So-Di geschl. Im Sommer nur am Wochenende geöffnet. Nur Dinner. Reservierung empfehlenswert! $$

High Desert Market & Cafe
203 Tombstone Canyon
Bisbee, AZ 85603
ℂ (520) 432-6775
www.highdesertmarket.net
Tägl. 7–19 Uhr
Ideal für Breakfast, Lunch, frühes Dinner; alles frisch gemacht, zugleich Delikatessenladen. $

❹ Chiricahua National Monument

In diesem Naturschutzgebiet im Südostzipfel von Arizona lagen einst die Jagdgründe der Chiricahua-Apachen (gesprochen: schi-ri-KA-wa) unter ihrem Häuptling Cochise, der sich in den 1860er Jahren vehement gegen das Eindringen der Weißen wehrte. In den felsigen Gassen zwischen den vulkanischen Gesteinskulpturen, steilen Canyonwänden und schattigen Wäldern fühlen sich nicht nur Wildschweine und Waschbären wohl, sondern auch die (erprobten) Wanderer, die Ruhe und frische Luft suchen.

Steinhälse im Chiricahua National Monument

Service & Tipps:

Chiricahua National Monument
12856 E. Rhyolite Creek Rd.
Willcox, AZ 85643
ℂ (520) 824-3560
www.nps.gov/chir
Visitor Center tägl. 8–16.30 Uhr
Eintritt $ 5
Visitor Center im Bonita Canyon, Wanderwege, Camping. Erreichbar sind die zwischen 1500 und 2500 m hohen Chiricahua Mountains von Willcox (Nähe I-10 östl. von Tucson) über die S 186 oder von Douglas aus (US 80) über die US 191, S 181, aber auch von Portal aus über eine *dirt road* (Pinery Canyon Rd.), die allerdings im Winter geschlossen ist. (Nichts für Camper!)

REGION 12
Arizona – der Süden

Feste & Feiern
Zu den populären Festen in Scottsdale zählt die Parada del Sol im Februar und im März mit Rodeos und anderen Veranstaltungen. Sehr beliebt: die Reiterparade Mitte Februar, angeblich die größte der Welt.

❺ Phoenix/Scottsdale

Gut vier Millionen Einwohner machen die Hauptstadt Arizonas inzwischen zu einer Mega-Oase im **Valley of the Sun**. Dieses ebenso gnadenlos heiße wie komfortable Tal besteht aus insgesamt 23 Städten und Gemeinden, zu denen Rentnerburgen wie **Sun City**, die Universitätsstadt und das stark von Mormonen besiedelte **Tempe** sowie die extravaganten Ferienanlagen von **Scottsdale** und **Carefree** gehören.

Wohin man blickt weiße Traumvillen an palmengesäumten Boulevards, überquellende Bougainvilleen und mediterran anmutende Brunnen – so zähmt man wilde Wüsten zu einer gepflegten Wohn- und Freizeitkultur. Ein Hauch von Oman liegt über der knochentrockenen Stadt, in der allerdings die Luftfeuchtigkeit stetig wächst: durch das System der Kanäle, die Wasserspeicher und kühlenden Sprühnebel, die an den Malls durch eine *mass of mist* die Lufttemperatur senken.

Die Fantasy-Resorts versuchen sich gegenseitig mit üppigen Inszenierungen zu übertreffen. Weder Mühen noch Millionen wurden gescheut, um dem verwöhnten Kurgast den Himmel auf Erden zu schaffen: illuminierte Pools,

heiße Jacuzzi-Becken und rauschende Wassergärten im römischen Stil: Caracalla West. Die markanten Bergrücken am Rand des Tals, die bei klarem Licht so aussehen, als seien sie wie bei der elektrischen Eisenbahn aus Pappmaché gefertigt, nehmen sich im Licht der untergehenden Sonne wie betörende Tableaus einer Wildwest-Oper aus. Sogar bei schlechtem Wetter kann man sei-

Aus der Luft gegriffen: die Wasserlandschaft des Hyatt Regency Resort in Scottsdale

**REGION 12
Arizona –
der Süden**

ne natürlichen Wunder erleben, wenn plötzlich Windböen in die Palmenschöpfe fahren, Regenbogen, Donner und Blitze aufgeboten werden, die zwischen Sonnenuntergang und polterndem Gewitter alles in Aufruhr bringen, was vorher wüst und tot schien.

Lange ahnte Phoenix nicht, dass es seinem Namen einmal derartig Ehre machen würde. Der prophetische Name stammt von einem britischen Abenteurer, der meinte, dieser Platz sei aus den Ruinen der prähistorischen Hohokam-Indianer wieder auferstanden. Nichts da, der Ort (1870 gegründet) dümpelte als staubige Frontier Town mit Postkutschen, Saloons und Cowboys, Minenarbeitern und Soldaten lange vor sich hin. Erst im 20. Jahrhundert, als die Wirtschaftskräfte der großen »C«s – *cattle, copper, cotton, climate, citrus* – von neuzeitlicheren abgelöst wurden, setzte ein ebenso rasantes wie ungeplantes Wachstum ein, das inzwischen jenen *urban sprawl* geschaffen hat, der dem von Los Angeles oder Houston nicht allzu viel nachsteht.

Die Entwicklung verlief im Dreisprung: durch den Bau der Southern Pacific Railroad, die deutliche Bevölkerungszuwächse brachte; durch die Vollendung des Roosevelt-Damms am Salt River zu Beginn des 20. Jahrhunderts, der Phoenix einen ähnlich dramatischen Boom bescherte wie der Hoover Dam Las Vegas (dank des Segens öffentlicher Gelder!); und schließlich durch die mit Ausbruch des Zweiten Weltkriegs verbundenen wirtschaftlichen Vorteile, die der Stadt allein drei neue Luftwaffenstützpunkte sicherten.

Ökonomisch nicht zu unterschätzen war auch der Effekt der Anfang der 1950er Jahre eingeführten Airconditioning, weil sich nachts niemand mehr in feuchte Tücher einwickeln musste, um die Hitze zu überleben. Klimakontrolle und ausgeklügelte Wasserversorgung schafften letztendlich die gedeihliche Voraussetzung für die Hightechwelt, von der die meisten Phoenicians heute (gut) leben. Ob General Electric, Honeywell oder Hughes Aircraft – immer waren es zudem auch niedrige Löhne und schwache Gewerkschaften, die den Wohlstand des »Valley of the Sun« festigten.

Stadterkundung

Vormittag: **Heard Museum** in Phoenix oder Shoppingtour in Scottsdale
Mittag: Lunch (**Arizona Center** in Phoenix oder **Scottsdale Mall**)
Nachmittag: **Taliesin West** (Scottsdale) oder Westernkulisse von **Old Town** oder Badefreuden am Pool.

Zum Auftakt: der Besuch des **Heard Museum** – ein Schnittpunkt der Kunst und Kultur des Südwestens. Dazu gehören außer Keramik und Kachinas auch recht praktische Dinge, etwa was aus der Saguaro-Frucht alles gemacht werden kann: z.B. Sirup, Marmelade, Wein.

Das bringt das Thema Lunch auf den Tisch. Und wo gäbe es da eine größere Auswahl als im nahen **Arizona Center**, der attraktiven Shoppingoase aus schattiger und wassergekühlter Gartenarchitektur, die besonders zur Mittagszeit hochhackige Damen und beschlipste Herren an die zahlreichen Töpfe der Bistros und Cafés zieht.

Eine Alternative zum Museumsmorgens wäre ein Vormittag im benachbarten **Scottsdale**. Dessen Wahrzeichen, die Silhouette des Camelback Mountain, markiert optisch die Grenze zu Phoenix, während am Boden alles fließend ineinander übergeht. Doch je länger man fährt, umso klarer wird, dass der Lebensstil in Scottsdale nicht von armen Eltern ist. Schließlich stellen seine rund 240 000 Einwohner eine der reichsten Gemeinden des Landes. Tourismus, Einzelhandel, Banken und Versicherungen machen den Löwenanteil des Wirtschaftswachstums aus.

Die städtischen Anfänge waren dürftig, was in dieser kargen Gegend nicht überrascht. Ein Baptistenpfarrer aus New York, ein gewisser Winfield Scott, gründete den Ort 1888 als eine weiße Zeltstadt – im selben Jahr, in dem der Arizona-Kanal fertiggestellt wurde, der von da an für die Bewässerung der

Neil David, First Bite, Kochare, 1987. 11,5 cm hoch (Hopi, First Mesa)

Trockenregion sorgte. Das heute verfeinerte Kanalsystem geht allerdings letztlich auf die Hohokam-Indianer zurück, die hier bereits vor 2000 Jahren Wasser aus dem Salt River einleiteten, um Bohnen zu züchten.

Prompt begannen Scott und andere Pioniere damit, ihren Traum von einer blühenden Wüstenoase durch den Anbau von Zitrusfrüchten, Erdnüssen und Kartoffeln zu untermauern. Andere gesellten sich aus gesundheitlichen Gründen des guten Klimas wegen hinzu: Leidende (Arthritis, Asthma, Tuberkulose) und Genesende. Das um die Jahrhundertwende nachrückende Künstlervölkchen vertrug sich erstaunlich gut mit der inzwischen herangewachsenen Gemeinde aus Farmern, Ranchern und Industriellen. Das blieb im Wesentlichen so bis zum Zweiten Weltkrieg.

Danach explodierte die Einwohnerzahl durch die Ansiedlung großer Elektronikfirmen (allen voran Motorola). Scottsdale wurde Sitz der Mayo-Klinik, und der Tourismus machte die Stadt zum begehrten Ziel für gutsituierte Kurgäste und viele Künstler – was sich heute unter anderem an einem guten Dutzend erstklassiger Ferienhotels, mehr als 100 Golfplätzen und doppelt so vielen Kunstgalerien ablesen lässt. Natürlich auch an den schicken Malls, deren Architektur, Klientel und Preisniveau ohne die Dollars aus dem Mittleren Westen und die zahlreichen Firmenumsiedlungen aus Kalifornien nie zustande gekommen wären. Besonders in den letzten Jahren sind viele Kalifornier der Hektik, den Erdbeben und zunehmenden sozialen Konflikte im Goldenen Staat überdrüssig geworden.

Die meisten neuen Konsumtempel neigen zum Burgenbau. So wie sich manche Städte im Norden gegen die winterliche Kälte verbunkern und schlichtweg ins Souterrain ziehen (Montreal zum Beispiel), verschanzen sich Phoenix und Scottsdale ebenso wie andere Städte im *Sunbelt* vor der brütenden Hitze.

Hilfreich für eine Shoppingtour durch die Einkaufsparadiese ist »Ollie the Trolley«, ein kleiner Bus, der zwischen Hotels und Malls pendelt. Sie liegen

**REGION 12
Arizona –
der Süden**

Arbeitszimmer des Meisters Frank Lloyd Wright: Taliesin West

REGION 12
Arizona – der Süden

im Wesentlichen alle auf der Scottsdale Road, dem wichtigsten Parcours des Southwest de luxe. Deutlich erinnert er an Los Angeles (wie das gesamte Valley of the Sun übrigens), denn von einer Stadt im herkömmlichen Sinn kann hier keine Rede sein. Alles liegt verstreut, und meilenweite Anfahrten zu Restaurants, Hotels oder Geschäften sind keine Seltenheit. Froschhüpfen ist gefragt.

Vielleicht zuerst ein Sprung zum **Scottsdale Fashion Square**, einem hellen weitläufigen Komplex des glasbedachten Galleria-Typs – mit vielen Palmen und heftigem Wasserrauschen. Auf der Südseite verläuft der von einer Promenade begleitete Arizona Canal. Gleich nebenan spannt sich seit 2011 an der Scottsdale Road eine von Seilen und Stelen getragene Brücke über den Kanal, ein Werk des Architektur-Visionärs Paolo Soleri.

Frische Luft weht auch in der **Scottsdale Mall**, die sich an **Old Town**, ein im Western-Look von einst verbliebenes Straßenquadrat aus Shops und Lokalen, anschließt und übergeht in einen ebenso grünen wie schattigen Skulpturenpark voller lila blühender Jacaranda-(Trompeten-)Bäume und gemütlicher Picknicktische: schön zum Sitzen, Schauen und Spazieren.

Architekturfreunde werden **Taliesin West** (gesprochen: täli-ÄSSIN), den markanten Frank-Lloyd-Wright-Bau am Nordostrand von Scottsdale, zu schätzen wissen. Die Führungen folgen dem Rhythmus der verschachtelten Räume, den Passagen, Terrassen und Innenhöfen, während es zwischendurch nicht nur bauliche Details und vielfältige Korrespondenzen zwischen Drinnen und Draußen zu bewundern, sondern meist auch Anekdoten des eigenwilligen Baumeisters und ersten Star-Architekten der Moderne zu hören gibt. Zu den Besonderheiten seiner Winterresidenz gehören sicherlich der Garden bzw. Living Room (der zu Zeiten von Wright häufig umgebaut wurde und ein regelrechtes Design-Labor war) und das originelle Theater (Dinner Theater oder Cabaret) mit schönen Wandlampen und einer Felsnische für den Konzertflügel. In jeder Hinsicht aber ist Taliesin West ein Beleg für eine der zentralen Thesen von Wright, die der »Destruction of the Box«, der »Zerstörung des Kastens«, jener immer wiederkehrenden Bauform des Schuhkartons. Die Dynamik der ungewöhnlichen Formen, der Wände und Dächer sprengt die Rechteckigkeit der Wohn- bzw. Arbeitsschachtel.

Belebt wird sie nicht zuletzt durch die Baumaterialien: die Felsbrocken, die vor Ort gesammelt wurden, der Sand aus den nahen *washes* und schließlich die Verwendung von Textilien und Plastikmaterialien. Die sehenswerte Beziehung zwischen Baustoffen und umgebender Landschaft; von der Textur des Mauerwerks und der von Berg und Boden; die Schrägen der Mauern und Dächer im Verhältnis zu den Berghängen; das ausgeklügelte Verhältnis von Licht und Schatten; die Art der natürlichen Belüftung – all dies steht freilich in schroffem Gegensatz zum Durchschnitt der Eigenheime des ausufernden Scottsdale, die dem architektonischen Kleinod, zum Leidwesen seiner Liebhaber, immer näher rücken.

»Unser neues Camp gehört zu der Wüste von Arizona, als hätte es schon während ihrer Erschaffung dagestanden«, notierte Wright. Der Architekt als genialer Schöpfer, dessen Kraft jedoch am Rande seines Grundstücks endet. Aber da sind ja noch die Schüler! Rudolph Schindler, Werner M. Moser und Richard Neutra gehörten zu ihnen. Auch Paolo Soleri. Er kam 1947 als Student (und späterer Protegé) nach Taliesin West. Knapp zehn Jahre später machte er sich selbstständig und gründete die Cosanti-Stiftung, die heute ebenfalls in Scottsdale angesiedelt ist. Fortan konnte er seinen raum- und energiesparenden Konzepten nachhängen, der sogenannten *arcology* (aus *architecture* und *ecology*), die dann ansatzweise in Arcosanti ein paar Meilen nördlich Gestalt annahm.

Meilen, Malls, Museen – nichts davon zählt, wenn man sich einfach nur erholen will. Man muss zum Eintritt in die diversen Paradiesgärten der Hotellerie dort nicht unbedingt ein Zimmer gebucht haben, um sich verwöhnen zu lassen. Man parkt einfach sein Auto und nutzt die entsprechenden Einrichtungen (einige gegen Gebühren, die nur unwesentlich über denen für die Hotelgäste liegen): Pool, Spa, Tennis- und Golfanlagen, die Gondel zum Restaurant, die Bar oder (für biologische Interessierte) die Geländetour, auf der man die bodennahe Bevölkerung des Südwestens zu Gesicht bekommt, u.a. Saguaros und andere Kakteen, Jacarandas und Oleander, Bougainvilleen, Iris und Dattelpalmen, Hasen und Hörnchen, Salamander, *road runners,* Wachteln und schwarze Schwäne.

Meist hat die findige Concierge noch einiges mehr auf Lager, vor allem dann, wenn es um erholsame Kontakte mit den Kakteen geht, um Ausritte, Touren mit dem Jeep oder Planwagen, den Besuch von Rodeos oder anderen Festen und Feiern.

REGION 12
Arizona - der Süden

Service & Tipps:

Scottsdale Visitors Center
4343 N. Scottsdale Rd., Suite 170
Scottsdale, AZ 85251
✆ 1-800-782-1117
www.experiencescottsdale.com
Mo–Fr 8–17 Uhr

Heard Museum
2301 N. Central Ave. & Oak St.
Phoenix, AZ 85004
✆ (602) 252-8848
www.heard.org
Mo–Sa 9.30–17, So 11–17 Uhr, ganzjährig auch Führungen
Eintritt $ 18/7.50

Arizona Office of Tourism
1110 W. Washington St., Suite 155
Phoenix, AZ 85007
✆ (602) 364-3700 und
1-866-275-5816
www.azot.gov

Downtown Phoenix

REGION 12
Arizona – der Süden

Das 1929 gegründete, renommierte Kunstinstitut ist in einer zwar nur nachgebauten, aber dennoch ansehnlichen Hacienda mit schönen Innenhöfen, Skulpturen und Brunnen untergebracht und zeigt eine der bedeutendsten kulturgeschichtlichen Sammlungen des Südwestens. Zu sehen sind indianische Flechtkörbe, Keramik, Schmuck, Textilkunst und eine hochkarätige Parade historischer Kachinas, eine der umfangreichsten in den gesamten USA.

Außerdem finden sich hier Nachbildungen traditioneller indianischer Bauformen: ein *pit house* der Hohokam, ein *wickiup* der Apachen und ein *hogan*. Ergiebiger Museumsshop (Bücher, Teppiche, Kachinas und andere indianische Kunstgegenstände). Einladendes Café.

Kachina-Clown (Hopi)

Musical Instrument Museum
4725 E. Mayo Blvd.
Phoenix, AZ 85050
✆ (480) 478-6000, www.themim.org
Mo–Sa 9–17, Do bis 21, So 10–17 Uhr
Eintritt $ 18/10
Nach Erdteilen sortiert werden die Musikinstrumente der Welt gezeigt; in der Künstlergalerie kann man die Instrumente von Ikonen wie John Lennon, Eric Clapton oder Carlos Santana bestaunen.

Phoenix Art Museum
1625 N. Central Ave. & McDowell Rd.
Phoenix, AZ 85004-1685
✆ (602) 257-1222
www.phxart.org
Mi 10–21, Do–Sa 10–17, So 12–17 Uhr, Mo/Di geschl., Eintritt $ 15/6
Umfangreiche Sammlungen amerikanischer, asiatischer und europäischer Kunst sowie aus der Kolonialzeit und Lateinamerika. Museumsshop.

Pueblo Grande Museum and Archaeological Park
4619 E. Washington St.
Phoenix, AZ 85034
✆ (602) 495-0901
Mo–Sa 9–16.45, So 13–16.45 Uhr, Mai–Sept. Mo/Di geschl., Eintritt $ 6/3
Dokumentation der im 15. Jh. versunkenen Kultur der Hohokam-Indianer und Relikte ihrer Siedlungs- und Bewässerungskunst.

Scottsdale Museum of Contemporary Art (SMoCA)
7374 E. 2nd St.
Scottsdale, AZ 85251
✆ (480) 874-4666, www.smoca.org
Tägl. außer Mo 12–17, Fr/Sa bis 21 Uhr
Eintritt $ 7, unter 15 Jahren sowie Do ganztägig und Fr/Sa 17–21 Uhr frei
Gegenwartskunst, Architektur und Design.

Desert Botanical Garden
1201 N. Galvin Pkwy. (Papago Park), Phoenix, AZ 85008
✆ (480) 941-1225, www.dbg.org
Mai–Sept. 7–20, sonst 8–20 Uhr
Eintritt $ 18/8
Vögel, Eidechsen und Erdmännchen beleben die vielköpfige Kakteenversammlung. Hauptblütezeit: März bis Mai. Auch für Kinder sehr spaßig: viele halten sich unter dem streng riechenden *skunk tree* die Nasen zu und flippen aus. Im schattigen **Patio Café** kann man sich stärken. (Schöne Anfahrt: 64th St. ab McDowell.)

The Frank Lloyd Wright Foundation – Taliesin West
12621 N. Frank Lloyd Wright Blvd. & Cactus Rd.
Scottsdale, AZ 85259
✆ (480) 860-2700 und 1-888-516-0811
www.franklloydwright.org
Tägl. 9–16 Uhr 1–3-stündige Führungen $ 24–60
Winterquartier, Studio und Architektenschule des Baumeisters Frank Lloyd Wright (1876–1959) am Fuß der McDowell Mountains. 1937–40 gebaut und von Wright bis zu seinem Tod bewohnt. Beispielhaft für sein Prinzip der »organischen Architektur«: durch die Lage inspiriertes Design, Integration des Baukörpers in die Umgebung. Heute Sitz der Frank Lloyd Wright Foundation, des Archivs und der gleichnamigen Architektenschule. Buchhandlung mit umfangreicher F.-L.-W.-Literatur.

Scottsdale Center for the Performing Arts
7380 E. 2nd St., Scottsdale Mall
Scottsdale, AZ 85251
✆ 480-994-2787
Aktives Kunstzentrum für Wechselausstellungen, Theater, Konzerte und Festivals. Hübscher Souvenirshop!

> **REGION 12**
> *Arizona -
> der Süden*

Arizona Outback Adventures
16447 N. 91st St., Suite 101
Scottsdale, AZ 85260
℡ (480) 945-2881 und 1-866-455-1601, www.aoa-adventures.com
Hiking-Anbieter.

Echo Canyon Park
Camelback Mountain
http://phoenix.gov/parks/
Der einstündige Pfad durch die **Echo Canyon Recreation Area** beginnt an der Kreuzung von Tatum Blvd. und McDonald Dr. (Nähe 44th St.). Am Anfang etwas mühsam, danach leicht: Aufstieg auf den »Kamelkopf« mit Fernblick. Wochentags wegen Parkplatzknappheit.

Arizona Center
440 E. Van Buren St.
Phoenix, AZ 85004
℡ (602) 271-4000
www.arizonacenter.com
Attraktiver Konsumkomplex mit Brunnen und Gärten: Boutiquen, Nachtclubs, Restaurants, z.B. Canyon Cafe, Lunch mit Südwestgeschmack, ℡ (602) 252-3545 ($-$$).

Arizona Mills
5000 S. Arizona Mills Circle
Tempe, AZ 85282
℡ (480) 491-7300
www.simon.com/mall/arizona-mills
Mo–Sa 10–21, So 11–18 Uhr
Das größte Outletcenter Arizonas mit rund 180 Markenläden, dazu Restaurants und ein Imax-Kino.

Old Town Scottsdale
Scottsdale Rd., Main St., Indian School Rd., Scottsdale
Restaurierte Old-West-Atmosphäre mit Shops, Galerien, Bars, Restaurants. Viel Westernkunst und Indianerschmuck.

Scottsdale Fashion Square
7014 E. Camelback Rd.
Scottsdale, AZ 85251-1227
℡ (480) 941-2140
www.fashionsquare.com
Mo–Sa 10–21, So 11–18 Uhr
Geräumiges Shoppingcenter mit Kinos, Warenhäusern (Dillard's, Nordstrom) und guten Restaurants.

Scottsdale Mall
3939 Civic Center Plaza
Scottsdale, AZ 85251
Geruhsame Parkanlage, garniert mit hübschen Wasserspielen und plastischen Kunstwerken.

Winterresidenz des Star-Architekten: Taliesin West von Frank Lloyd Wright

201

REGION 12
Arizona – der Süden

Scottsdale Quarter
15279 N. Scottsdale Rd.
Scottsdale, AZ 85254
✆ (480) 270-8123
www.scottsdalequarter.com
Mo–Do 10–20, Fr/Sa bis 21, So 12–18 Uhr
Neues Shoppingcenter im Norden von Scottsdale mit einem Mix edler Geschäfte und Restaurants.

Cosanti Originals
6433 E. Doubletree Ranch Rd.
Paradise Valley, AZ 85253
 ✆ (480) 948-6145 und 1-800-752-3187, www.cosanti.com
Mo–Sa 9–17, So 11–17 Uhr
Hauptquartier der Soleri-Stiftung: Workshops und Gießerei der berühmten Paolo-Soleri-Windglocken (auch Verkauf).

Il Terrazzo
6000 E. Camelback Rd.
(im Hotel The Phoenician)
Scottsdale, AZ 85251
✆ (480) 423-2530 und 1-800-888-8234
Mo–Sa 6.30–14 und 18–22, So 10–14 Uhr (Brunch)
Der italienische Küchenchef bereitet ambitionierte Italian Cuisine; Brot, Pasta und Eis werden im Haus selbst hergestellt. Umfangreiche italienische Weinkarte. Reservierung empfehlenswert. $$$

Houston's
6113 N. Scottsdale Rd.
Scottsdale, AZ 85250
✆ (480) 922-7775, tägl. 11–22 Uhr
Edel-Grill-Kette: Typisch amerikanische Küche auf gehobenem Niveau. Lunch & Dinner. $$–$$$

AZ 88
7353 E. Scottsdale Mall
Scottsdale, AZ 85251
 ✆ (480) 994-5576
Restaurant/Bar, toll im Park gelegen: kühles Design, heiße Gerichte. Tägl. Lunch und Dinner. $$

P.F. Chang's China Bistro
Scottsdale Fashion Square
Scottsdale, AZ 85251
✆ (480) 949-2610, www.pfchangs.com
Mo–Do, So 11–22, Fr/Sa bis 23 Uhr
Ausgezeichneter Gourmet-Chinese. $$

Z Tejas Grill
7014 E. Camelback Rd.
Scottsdale, AZ 85251
✆ (480) 946-4171, www.ztejas.com
Lecker und lebhaft. Die Küche arbeitet nach dem Motto: »Dining South By Southwest« – von Voodoo-Thunfisch und *Gumbo Ya Ya* bis zur gefüllten *Navajo Roll*. $–$$

Orange Table
Scottsdale Mall
3939 Civic Center Plaza
Scottsdale, AZ 85251
www.scottsdalebreakfast.com
Frühstück, gute Salate und Sandwiches. $

Ausflugsziel:

Man sieht den seltsamen Baldachin, das schützende Dach für die mysteriösen Ruinen von **Casa Grande**, schon von Weitem. vor 1500 Jahren lebten Hohokam-Indianer im Tal des Gila River. Viel weiß man nicht über ihre Kultur. Einfache Farmer waren sie, die in kleinen, verstreuten Dörfern lebten. Zur Bewässerung ihrer Baumwoll-, Mais- und Kürbisfelder legten sie ein kompliziertes, mehr als 1000 Kilometer langes Kanalsystem an. Außerdem betrieben sie eine ausgefeilte Töpferei und handelten mit Mexiko.

Doch warum sie um 1350 unserer Zeitrechnung hier ein mächtiges, vierstöckiges Bauwerk errichteten, ist unklar. Sollte es ein Fort sein? Für Rituale genutzt werden? Die neuere Forschung weist darauf hin, dass die oberen Fenster exakte astronomische Beobachtungen ermöglichen. Also eine Sternwarte? Ein Bummel zum großen Hauptbau und durch die zahlreichen umliegenden Ruinen wird meist begleitet von bunten Schmetterlingen und Kolibris.

Casa Grande Ruins National Monument
1100 West Ruins Dr. (SR 87)
Coolidge, AZ 85228
✆ (520) 723-3172
www.nps.gov/cagr
Tägl. 9–17 Uhr, Eintritt $ 5/0
Rund 600 Jahre alte Hohokam-Ruine im Tal des Gila River. Visitor Center, Lehrpfade.

❻ Quartzsite

Dieses ehemalige Goldgräberkaff mausert sich in den Wintermonaten zum Parkplatz für Hunderttausende mobiler Rentner, *snowbirds*, die hier in ihren Wohnwagen den kälteren Nordregionen und dem Schneeräumen entkommen möchten. 2300 Einwohner erweitern sich im Winter bis zu einer Million! Dazu vier Truck-Stopps, keine Bank – und die Warteschlange beim Postamt reicht oft zwei Straßenblocks weit.

Wer im Januar noch nie in Quartzsite war, hat keine Ahnung vom RV-Leben, heißt es. Fliegende Händler, Floh- und Tauschmärkte *(swap meets)* sorgen tagsüber ebenso für Entertainment wie morgens die Spaziergänge durch Kakteen und Creosote-Büsche und nachts das Betrachten der Sterne.

> **REGION 12**
> *Arizona – der Süden*

Service & Tipps:

ⓘ **Quartzsite Chamber of Commerce**
101 W. Main St.
Quartzsite, AZ 85346
✆ (928) 927-9321
www.qzchamber.com

❼ Tombstone

Am 26. Oktober 1881 erschoss im O. K. Corral in Tombstone Sheriff Wyatt Earp die bösen McLowrey-Brüder und Billy Clanton. Die dreißig Sekunden des *shoot out* brachten Ställe, Sattlerei und Schmiede ins Standardlexikon des Wilden Westens. Heute stehen auf dem Schauplatz die Akteure als lebensgroße Puppen herum, wie tiefgefroren in ihrer letzter Position vor dem Sprung ins Jenseits.

Gleich am Ortseingang verzeichnet der **Boothill Graveyard** die genaue Todesart vieler Namenloser und legendärer Westmänner. Ob erstochen, legal oder versehentlich erhängt, von Indianern in den Hinterhalt gelockt oder sonst wie umgekommen – alle liegen einträchtig unter der Erde und in der Nähe von zirpenden Zikaden und plappernden Touristen.

Hoch ging es einst her in der reichen Silberminenstadt, die sich in den 1880er Jahren durch lockeres Geld und leichtes Leben einen Namen machte. In *bordellos*, Spelunken und Opiumhöhlen vertrieben sich die damals rund 10 000 Silbermänner die Zeit – bis die Minen nichts mehr hergaben und die Schürfer abzogen. Vom wüsten Dolce Vita stehen nur noch die Kulissen: einige Bars, der **O. K. Corral** und das **Bird Cage Theatre** von 1881 mit zahlreichen Requisiten aus der Zeit, als es sich als Bühne, Bar und Spielsalon seines schlechten Rufs erfreute.

Shoot-out in Tombstone

Service & Tipps:

ⓘ **Tombstone Visitor Center**
395 E. Allen St.
Tombstone, AZ 85638
✆ (520) 457-9317 und 1-888-457-3929
www.tombstonechamber.com
Mo–Do 9–16, Fr bis 17 Uhr

👁 **Boothill Graveyard**
SR 80, nördl. von Tombstone, AZ 85638
✆ (520) 457-3300, tägl. 7.30–18 Uhr
Gräber biederer Bürger, die in ihren Betten, und Desperados, die unter besonderen Umständen starben.

👁 **Bird Cage Theatre Museum**
517 E. Allen & 6th Sts.
Tombstone, AZ 85638-0248
✆ (520) 457-3421 und 1-800-457-3423
www.tombstonebirdcage.com
Tägl. 8–18 Uhr
Eintritt $ 10

REGION 12
Arizona – der Süden

Seit 1881 Theater, Saloon und Honky-Tonk-Tanzlokal – einst beste Adresse zwischen New Orleans und San Francisco.

👁 O. K. Corral
326 Allen St. (zwischen 3rd & 4th Sts.), Tombstone, AZ 85638
✆ (520) 457-3456, tägl. 9–17 Uhr
Schauplatz für den Showdown von 1881, der monatlich am 1. und 3. So nachgespielt wird.

👁 Tombstone Courthouse State Historic Park
219 E. Toughnut St.
Tombstone, AZ 85638
✆ (520) 457-3311
www.azstateparks.com/Parks/TOCO
Tägl. 9–17 Uhr, Eintritt $ 5/2
Gerichtsgebäude mit landesgeschichtlichen Ausstellungsstücken.

🍸 Crystal Palace Saloon & Restaurant
436 E. Allen St., Tombstone, AZ 85638, ✆ (520) 457-3611
www.crystalpalacesaloon.com
Legendär, aber einige neuere Bars im Ort wirken lebendiger.

🍴 Cafe Margarita
131 S. 5th & Toughnut Sts.
Tombstone, AZ 85638
✆ (520) 457-227
www.cafe-margarita.com
Ältestes Restaurant der Stadt, solide Gerichte zu jeder Tageszeit: Frühstück, Lunch und Dinner. $–$$

❽ Tubac

Im stillen Tubac hat sich ein buntes Künstlervölkchen eingenistet. Ursprünglich (1752) stand hier ein spanisches Presidio zur Kontrolle der aufständischen Indianer. Damit ist Tubac die älteste europäische Siedlung in Arizona. Als kirchlicher Pionier der Spanier hatte Pater Kino zuvor versucht, die Indianer im südlichen Arizona – Apachen, Papago und Pima – zu missionieren und in der Viehzucht zu unterweisen. In seiner Nachfolge entstand eine Reihe von Missionskirchen, unter ihnen **San José de Tumacacori** (sprich: tume'KAkeri) im gleichnamigen National Historical Park ganz in der Nähe (5 km).

Tumacacori Mission

Service & Tipps:

ℹ Tubac Chamber of Commerce
2 Tubac Rd., Tubac, AZ 85646
✆ (520) 398-2704, www.tubacaz.com

🍴 De Anza Restaurante y Cantina
14 Camino Otero, Tubac, AZ 85640
✆ (520) 398-0300
Einfach und gut: Typische Gerichte aus dem Norden Mexikos. $

👁 Tumacacori National Historical Park
1891 E. Frontage Rd. (I-19, Exit 29, 5 km südl. von Tubac)

Gründer von Tucson: Pater Eusebio Francisco Kino

Tumacacori, AZ 85640
✆ (520) 398-2341
www.nps.gov/tuma/
Tägl. 9–17 Uhr, Eintritt $ 3
Ruine der massiven Missions-Adobe-Kirche **San José de Tumacacori** von 1691, von Franziskanern erbaut, aber nie vollendet. Kirche, Museum (Spaniens Einfluss auf die Region), Garten und Friedhof. Rechts neben dem Kircheneingang steht noch das wuchtige Baptisterium, über dem sich der Ansatz des nie zu Ende gebauten Glockenturms erhebt. Ungewöhnlich und beeindruckend ist die (dachlose) Totenkapelle auf dem Friedhof hinter der Kirche.

Souvenirs und leibliche Stärkung bieten die Etablissements gegenüber: Gifts, Mission Gallery and Art Studio, Sandwiches und die Old Tumacacori Bar.

REGION 12
Arizona – der Süden

<u>Pater Eusebio Francisco Kino</u> *spielte hier um das Jahr 1700 den städtischen Geburtshelfer. Der Jesuit, dessen Standbild denn auch den Eingang der örtlichen Historischen Gesellschaft ziert, gründete die erste Mission im Land der Papago-Indianer. Später, während der Apachenkriege, diente das inzwischen errichtete US-Fort als Kavalleriestützpunkt. Ab 1880 brachte die Eisenbahn erste Ansätze von Zivilisation, doch so richtig bergauf ging es mit Tucson erst nach dem Zweiten Weltkrieg.*

❾ Tucson

Rund eine Million Einwohner bevölkern den Großraum von Tucson, das in einem Hochwüstental liegt, geschützt von vier Bergmassiven: den Santa Catalina, Rincon, Santa Rita und Tucson Mountains. Das moderne Tucson, liberaler Gegenspieler des eher konservativen Phoenix, lebt im Wesentlichen von der Air Force und der UofA, der Universität von Arizona. Das trockene, sonnenreiche (350 Tage im Jahr Sonne!) und besonders im Winter angenehme Klima hat die Stadt außerdem zu einer beliebten Rentneradresse gemacht, und den zugezogenen Hightechfirmen gefällt die klare und staubfreie Wüstenluft.

Die meisten Tucsonans wissen das (universitätsbedingte) kulturelle Niveau ihrer Stadt ebenso zu schätzen wie das noch vorherrschende *grassroot feeling*: Die Stadtväter seien erstaunlicherweise für alle und vieles ansprechbar, heißt es, und dadurch stände Tucson, was die Chancen der Mitbestimmung in der kommunalen Verwaltung und Politik angehe, vergleichsweise gut da.

Die touristischen Highlights winden sich wie ein Kranz um die ausufernde und durchweg flache Stadt – wegen der happigen Entfernungen an einem fort-

Typisch für die Region um Tucson: die Saguaro-Kakteen

205

REGION 12
Arizona – der Süden

geschrittenen Nachmittag unerreichbar. Dennoch bieten sich zumindest zwei Alternativen zum Hotelpool an: ein Bummel durch die Altstadt (bzw. über die mit Kaffeehäusern, Boutiquen und Kunstgalerien gespickte 4th Street) oder ein Ausflug zum östlichen Teil des Saguaro National Park.

Der historische Kern von Downtown Tucson (im Karree zwischen Franklin, Court, Congress und Main Street) erschließt sich leicht zu Fuß. Bester Parkplatz und Ausgangspunkt: das **Tucson Museum of Art**, in dessen Nachbarschaft nicht nur zahlreiche Galerien, Kunstakademien und Restaurants in alten Adobe-Bauten eingezogen sind, sondern auch einige Häuser, die vom Architekten Henry Trost um die Jahrhundertwende für reiche Junggesellen entworfen wurden, so dass der Distrikt den Beinamen *snob hollow* bekam. Auch wenn einige der Villen zur umgebenden spanischen Baulandschaft wie die Faust aufs Auge passen, können sie sich durchaus sehen lassen.

Broadway entwickelt sich in östlicher Richtung stadtauswärts zum Old Spanish Trail, der schließlich zum **Saguaro National Park (East)** führt, wo sich Fotofans und Naturliebhaber so richtig an den Kakteen erfreuen können, besonders am Spätnachmittag, wenn das Licht am schönsten ist. Bis zu 200 Jahre alt können diese Könige der Wüste werden und bis zu 15 Meter hoch. Nach einem ordentlichen Regenguss kann ein erwachsener Kaktus bis zu sieben Tonnen wiegen – und bis zu zwei Jahre lang ohne einen Tropfen Wasser leben. 50 Jahre braucht er, um seinen ersten Arm zu entwickeln.

Im Frühjahr zwischen April und Anfang Juni blühen die Kolosse. Nach Sonnenuntergang öffnet sich eine der oft über hundert kleinen weißen Blütenknospen und wartet darauf, am nächsten Morgen bestäubt zu werden, danach verwelkt sie noch am selben Tag.

Metropolitan Tucson Convention & Visitors Bureau
100 S. Church Ave.
Tucson, AZ 85701
✆ (520) 624-1817 und
1-800-638-8350
www.visittucson.org
Mo–Fr 9–17, Sa/So 9–16 Uhr

Service & Tipps:

Arizona-Sonora Desert Museum
2021 N. Kinney Rd. (über Speedway nach Westen), Tucson, AZ 85743
✆ (520) 883-2702
www.desertmuseum.org
Tägl. März-Sept. 7.30–17, Juni-Aug. Sa bis 22, Okt.-Feb. 8.30–17 Uhr
Eintritt $ 12/4, im Winter $ 14.50/5
Einzigartiges Wüstenmuseum in unmittelbarer Nähe zum Saguaro National Park West mit allen regionalen Wüstenpflanzen und -bewohnern (z. B. Black Wolf, Mexican Wolf).

Tucson Museum of Art
140 N. Main Ave.
Tucson, AZ 85701
✆ (520) 624-2333
www.tucsonmuseumofart.org
Mi-Sa 10–17, Do bis 20, So 12–17 Uhr
Eintritt $ 10/0
Sehenswert wegen seiner Western Art Collection, aber auch wegen seiner Sammlung präkolumbischer und spanischer Kolonialkunst.
Umgeben ist das Museum vom **El Presidio Historic District**, dem restaurierten spanisch-mexikanischen Stadtkern mit einer Reihe von Museen, Galerien, Restaurants mit hübschen Patios, Bars in historischen Häusern, z. B. das **Edward Nye Fish House** mit dicken Adobewänden von 1868 (120 N. Main St.), daneben das **Hiram S. Stevens House** von 1856 (150 N. Main Ave.), das **Leonardo Romero House** von 1860 (Meyer Ave.), **J. Knox Corbett House** von 1906 mit Patio-Restaurant (180 N. Main Ave.) und **La Casa Cordova** von 1848 (175. N. Meyer Ave.), eins der ältesten Häuser in Tucson.
Zwischen Alameda und 6th. St. steht die von Henry Trost 1901 entworfene **The Owl's Club Mansion** (378 N. Main Ave.). Vom gleichen Architekten stammt auch das **Steinfeld House** (300 N. Main Ave.), südlich davon der **El Presidio Park**.

Flugzeugfriedhöfe
Valencia, Kolb, Irvington Rd.
Ein sogenannter *boneyard* in der Nähe des Pima Air Museum: Geister-Armada der US Air Force.

Mission San Xavier del Bac
1950 W. San Xavier Rd. (I-19, Exit 92 S.), 16 km südl. von Tucson, AZ 85746, ✆ (520) 294-2624
www.sanxaviermission.org

Tägl. 7–17 Uhr, Eintritt kostenlos
1783–97 von Franziskanern unter Jesuitenpater Eusebio Francisco Kino im indianischen Dorf Bac (»wo das Wasser fließt«) in spanischem Kolonialbarock erbaut, im Reservat der San-Xavier-Indianer (Papago-Indianer) und immer noch die Gemeindekirche, als die sie gebaut wurde. Im Innern sind vor allem die vorzüglich restaurierten Fresken und der Altar bemerkenswert. Die Gottesdienste werden von der hispanischen Gemeinde ebenso besucht wie von den Tohono-O'odham-Indianern.

Old Tucson Studios
201 S. Kinney Rd.
Tucson, AZ 85735
✆ (520) 883-0100
www.oldtucson.com
Tägl. 10–18 Uhr, Eintritt $ 17/11
Arizonas Hollywood dient seit 1939, als Columbia Pictures es für den Film »Arizona« errichtete, als Drehort für über 300 Filme und TV-Produktionen. Heute leider sehr touristisch.

Saguaro National Park (West)
Tucson Mountain District
2700 N. Kinney Rd.
Tucson, AZ 85713
✆ (520) 733-5158, www.nps.gov/sagu/
Visitor Center tägl. 9–17 Uhr
Park Sonnenauf- bis -untergang
Eintritt $ 10 pro Auto
Kakteenwald, Visitor Center, Rundkurs (Bajada Loop Drive), Lehrpfade.
Desert Discovery Trail: ideal für den Sonnenuntergang.
Valley View Overlook: sehr kurz, aber nett um schöne Saguaros zu erkunden.
King Canyon Trail: vor allem Nov.–März empfehlenswert.

Saguaro National Park (East)
Rincon Mountain District
3693 S. Old Spanish Trail
Tucson, AZ 85730
✆ (520) 733-5153, www.nps.gov/sagu/
Visitor Center tägl. 9–17 Uhr
Park 7 Uhr bis Sonnenuntergang
Eintritt $ 10 pro Auto
Der Saguaro-gespickte Autokorso lädt zu einer einstündigen Rundfahrt.
Freeman Homestead Trail: schöner, einfacher Trail.
Tanque Verde Ridge Trail: wunderschöner Wanderweg, aber sehr lang und mitunter anstrengend.

Cafe Poca Cosa
110 E. Pennington St.
Tucson, AZ 85701, ✆ (520) 622-6400
www.cafepocacosatucson.com
Neue, sehr kreative mexikanische Küche in einem der besten Restaurants der Stadt. Di–Sa Lunch und Dinner mit ungewöhnlichen und täglich wechselnden Kreationen. Auch zum draußen Sitzen. Abends unbedingt reservieren! So geschl. ($$)

Downtown Kitchen
135 S. 6th Ave. & Broadway
Tucson, AZ 85701
✆ (520) 623-7700
http://downtownkitchen.com
Mo–Do 17–21.30, Fr/Sa bis 1, So 16–21 Uhr
In diesem schicken Dinnerlokal in der Innenstadt kocht Janos Wilder, einer der besten Küchenchefs des

REGION 12
Arizona – der Süden

Highlight des Südwestens: Mission San Xavier del Bac

REGION 12
Arizona – der Süden

Biosphere 2 Center

Southwest, seine eklektische New World Cuisine. $$-$$$

Pastiche Modern Eatery
3025 N. Campbell Ave.
Tucson, AZ 85719
✆ (520) 325-3333
www.pasticheme.com
Mo-Do 11.30–22, Fr bis 23, Sa 16.30–23, So bis 22 Uhr
Eklektische amerikanische Küche. Frische Zubereitung. $$

Pinnacle Peak
6541 E. Tanque Verde Rd.
Tucson, AZ 85715
✆ (520) 296-0911, tägl. 7–17 Uhr
www.pinnaclepeaktucson.com
Der Wilde Westen lebt – zumindest hier in den nachgebauten Westernkulissen von Trail Dust Town. Serviert werden prima Steaks und dazu gibt es Schießereien und einen Saloon. $$

Crossroads
2602 S. 4th Ave.
Tucson, AZ 85713
✆ (520) 624-0395
www.crossroadsfinemexican.com
Tägl. 8–2 Uhr morgens
Tacos, Enchiladas, Carne Asado – hier kommen die typischen scharf gewürzten Gerichte aus Nordmexiko auf die einfachen Tische. Auch gutes Frühstück, und am Wochenende gibt es Mariachi-Musik. Im mexikanischen Viertel südlich der Innenstadt. $

Ausflugsziel:

Biosphere 2
Hwy. 77 (*mile marker* 96.5)
Oracle, AZ 85623
✆ (520) 838-6200
www.b2science.org
Tägl. 9–16 Uhr alle 30–45 Min. Führungen, Eintritt $ 20/13
Die zur University of Arizona gehörende Forschungs- und Lehreinrichtung ist heute Touristenattraktion. 20 Autominuten nördlich von Tucson via Oracle Road.

---

⑩ Yuma

Das beschauliche Nebeneinander von Zitrusplantagen und RV-Parks in Yuma beweist, dass Rentner und Apfelsinen in der südlichen Hitze gleichermaßen prächtig gedeihen. Der alte Dampfschiffhafen am Colorado River ist verschwunden, aber das **Gefängnis**, das in vielen Hollywoodstreifen mitspielt, steht noch. 1876–1909 war es die Heimatadresse für Desperados des Südwestens. Viele Häftlinge sollen damals an Lungenentzündung gestorben sein, weil die Zellen keine Wände hatten und durch die Gitterstäbe die der Wind pfiff.

Service & Tipps:

ⓘ **Yuma Convention & Visitors Bureau**
201 N. 4th Ave., Yuma, AZ 85364
✆ (928) 783-0071 und 1-800-293-0071
www.visityuma.com
Tägl. 9–17 Uhr, Juni–Sept. Mo geschl.

Yuma Territorial Prison State Historic Park
1 Prison Hill Rd. (4th St., Exit von I-8)
Yuma, AZ 85364
✆ (928) 783-4771
www.azstateparks.com/Parks/YUTE
Tägl. 8–17 Uhr, Juni–Sept. Di/Mi geschl., Eintritt $ 6/3

Abfahrt von der I-8 kurz in der Nähe des Colorado River (ausgeschildert).

El Charro
601 W. 8th St., Yuma, AZ 85364
✆ (928) 783-9790, Mo geschl.
http://elcharroyuma.com
Authentisch Mexikanisches in Yumas etwas trister Innenstadt. $

Lutes Casino
221 S. Main St., Yuma, AZ 85364
✆ (928) 782-2192
www.lutescasino.com
Ältestes Lokal für Pool- und Dominospiele (aber kein Kasino); gute Hamburger und Sandwiches. $

Vista Point Rundreise durch Kalifornien und den Südwesten

Die Route

Vista Point Rundreise durch Kalifornien und den Südwesten

Der amerikanische Südwesten ist, weiß Gott, ein weites Feld, erst recht, wenn man den größten Batzen von Kalifornien noch dazurechnet. Der folgende ausgearbeitete Routenverlauf verknüpft die »klassischen« Highlights des Südwestens, also das

◁ *Durch die Wüste: Stovepipe Wells im Death Valley*

Grundprogramm der meisten Reisen zwischen Pazifik und Colorado Plateau. Was die Entfernungen und die Reisedauer angeht, ist das kein Pappenstiel. Durch die Reihenfolge der Tagesetappen nach dem Jede-Nacht-in-einem-anderen-Bett-Prinzip bleiben gut drei Wochen auf der Strecke.

Die Route

Mindestens, denn wer fühlt sich schon in einem so engen Reisekorsett wohl, kommt nachmittags in San Francisco an und fährt gleich am nächsten Morgen weiter? Wozu über die Pisten des Death Valley im Schweinsgalopp brettern – wenn man hier oder in anderen Nationalparks herrlich wandern und sitzen, im

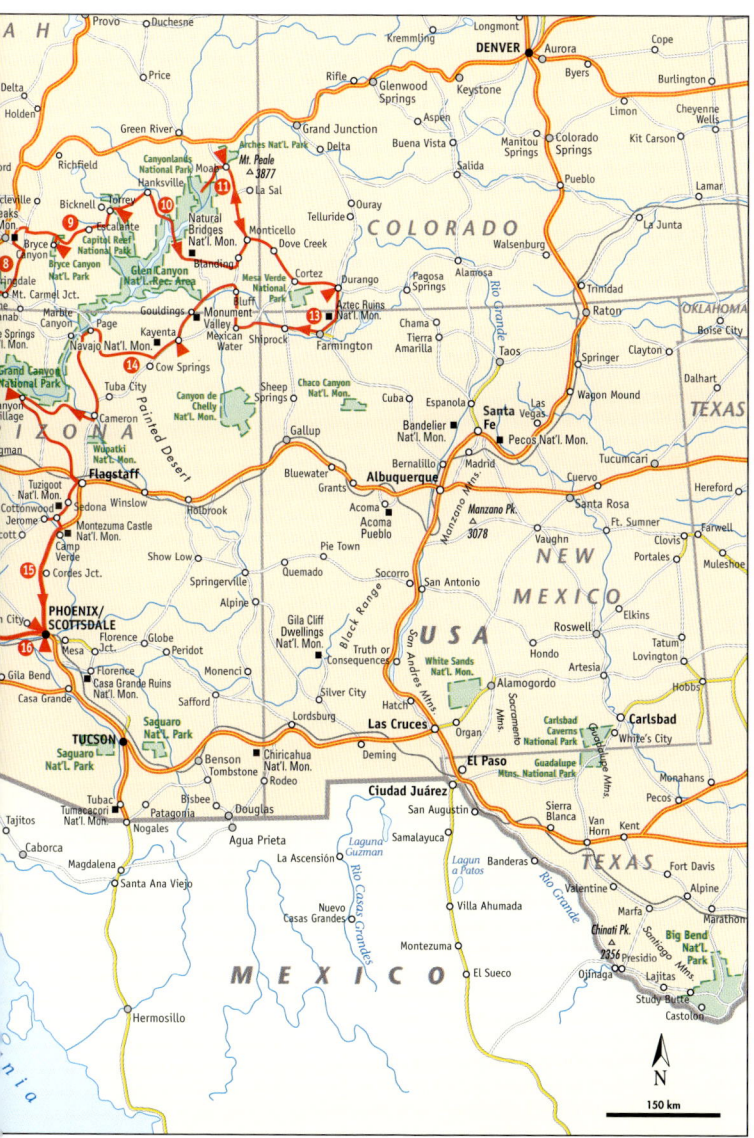

Die Route

schlaflosen Las Vegas die Reisekasse aufbessern, im feinen Scottsdale auf Shoppingtour gehen kann? Und wer möchte sich nicht nach langer Wüstentour in die Pazifikwellen stürzen oder sich im verrückten Venice oder gepflegten Santa Barbara aufs Rad schwingen? Also, je länger, je lieber.

Mit Ausnahme einiger hochgelegener Parks (z.B. Cedar Breaks) sind die Straßen und Pässe entlang der Route meist ganzjährig zu befahren. Für die Wintermonate (manchmal bis in den Mai/Juni hinein) empfiehlt es sich, wegen des geschlossenen Tioga-Passes im Yosemite-Nationalpark auf diesen Park zu verzichten und die Reise nicht in San Francisco, sondern (als Gabelflug) in Los Angeles zu beginnen und von dort ins Death Valley, nach Las Vegas und weiter wie beschrieben fortzusetzen. Wer dennoch in San Francisco starten möchte, der sollte sich zwischen Anfang November und Mitte Juni vor der Abfahrt bei der Parkverwaltung erkundigen, ob der Pass frei ist. Ist er es nicht, bieten sich zwei Umwege durch die Sierra Nevada in Richtung Death Valley an: (die schönere) über Sacramento, Lake Tahoe und dann auf der US 395 nach Süden; oder (die schnellere, aber längst nicht so schöne) über Bakersfield, Mojave, China Lake und Trona.

April und Mai sowie September und Oktober gehören zu den besten Reisemonaten: klimatisch, landschaftlich, preislich und nicht zuletzt deshalb, weil sie vor Memorial Day bzw. nach Labor Day liegen, also außerhalb der *tourist frenzy*, der amerikanischen Reisesaison.

Go with the flow: California Highway

❶ America's Sweetheart
San Francisco

Einen Stadtplan von San Francisco und weitere Informationen finden Sie S. 24 ff.

Vormittag	Zu Fuß, per Taxi oder öffentlichen Verkehrsmitteln zum **Union Square** (Tiefgarage). **Maiden Lane**, an Grant Ave. links bis Post St., dort rechts zur **Crocker Galleria** und weiter bis Market St.; an Montgomery St. links: durch den **Financial District**, vorbei am **Mills Building** (rechts), Bank of America Building (links), **Wells Fargo History Museum** zur **Transamerica Pyramid**. Washington St. nach **Chinatown**: Portsmouth Square, Grant Ave., Waverly Place bis
Mittag	Ecke Stockton St. und Pacific Ave.: Dim Sum Lunch.
Nachmittag	Mit der **Cable Car** (Haltestelle Jackson & Powell Sts.) zum Hyde Street Pier. **Ghirardelli Square, Cannery, Fisherman's Wharf**, Pier 39, Battery St., **Filbert Steps**, Aufstieg zum **Coit Tower**; abwärts zum **Washington Square** und Bummel durch **North Beach**.

Spitze: Transamerica Pyramid und Francis Coppola Building

Alternativen

Wanderung vom **Aquatic Park** über Fort Mason, Marina Green, Palace of Fine Arts, den **Presidio National Park** nach **Fort Point** unterhalb der **Golden Gate Bridge**.

Für Freunde der Stadtkultur: ein Besuch des **Mission District** (z.B. 24th St.) mit der historischen **Mission Dolores** und/oder des ehemaligen Hippie-Zentrums **Haight/Ashbury**. Shoppingtour über **Fillmore St.** (zwischen Bush und Jackson), **Union Street** (schön zum *window shopping*). Bootstour zur ehemaligen Gefängnisinsel **Alcatraz**. Ein Ausflug über die Golden Gate Bridge nach **Sausalito**. Ja, und am Sonntagmorgen eine Messe in der **Glide Church**!

Die Route

Vom Flughafen über Land nach San Francisco zu fahren heißt leider ausnahmsweise nicht über Brücken, sondern durch den wenig ansehnlichen Süden der Halbinsel. Aber es ist doch auch typisch kalifornisch: die grünen Freeway-Schilder, der üppige Bewuchs an den Straßenrändern, die silbrigen Blätter der Eukalyptusbäume und deren abblätternde Rinde an den Stämmen. Außerdem sanfte *rolling hills* unter weitem Himmel.

Nur die Müdigkeit eines Ankunftstages bremst den Drang, alles gleich auf einmal sehen zu wollen. Aber vielleicht langt es noch bis zum Union Square oder für ein paar Schritte durch North Beach. Gäbe es keine Zeitunterschiede – der Tag könnte ewig dauern.

San Francisco ist unter anderem eine Stadt für Kaffeetrinker aller Geschmacksrichtungen – trotz der Starbucks-Kette haben weiterhin die italienischen Cafés die Nase vorn

❷ Gold Country
Sonora und Columbia

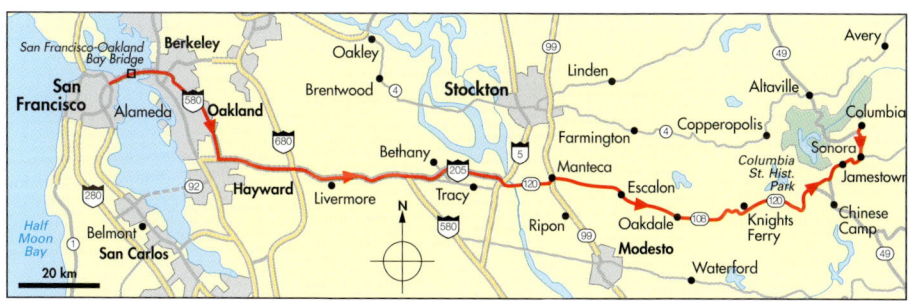

Route: San Francisco – Oakland – Sonora – Columbia – Sonora (226 km/141 mi)

km/mi	Zeit	Route
0	10.00 Uhr	**San Francisco:** Bay Bridge (I-80) Richtung Oakland, I-580 bis Livermore, dann I-205, S 120 über Oakdale, S 49 nach Norden über Jamestown nach
211/132	12.30 Uhr	**Sonora** (Hotel-Check-in). Über S 49 nach Norden und den Schildern folgend nach

213

Die Route

219/137	13.30 Uhr	**Columbia** (Rundgang ca. 2 Std., evtl. später Lunch). Am späteren Nachmittag zurück nach
226/141		**Sonora**.

Unter den Silberbögen der Bay Bridge rollt man von San Francisco an den riesigen Hafenanlagen vorbei zur Ostseite der Bucht nach **Oakland** (s. S. 37). Kaum, dass sich der Highway durch die Küstenberge windet, tauchen bei Altamont und Livermore Heerscharen von Windturbinen auf. Ansonsten haben ökologische Ziele ausgerechnet hier nichts verloren: die waffentechnischen Labors von Livermore arbeiteten einst für Reagans »Star Wars«.

Etwa ab **Oakdale** dominieren beschauliche Landschaftsbilder und erst recht beim Kontakt mit dem legendären **Highway 49** (s. S. 108) im **California Gold Country** (s. S. 104 ff.). Unter den zahlreichen Städtchen hat sich **Columbia** (s. S.

107 f.) am besten herausgeputzt, denn der ganze Ort ist ein State Park.

Wenn **Sonora** (s. S. 114), die Hauptstadt von Tuolumne County (gesprochen: Tu'OLemni), sein »Rodeo Weekend« feiert, quellen im Anschluss an das staubige Pferdegaudi die Bars über und in vielen Hotels ist der (kalifornische) Bär los. Hoch her geht es dann auch auf Washington Street, der einzigen Hauptverkehrsstraße.

An der Hotelbar mixt ein bärtiger Musiker aushilfsweise die Cocktails. Er lacht viel und schallend. Nur ab und zu wird er ernst, und zwar immer dann, wenn es um sein Ding geht: die Musik. Seit Ende der 1970er Jahre, jammert er, die Discotime ausgebrochen sei, hätte die Live-Musik in den Kneipen fast überall im Gold Country ihren Geist aufgegeben. Ähnlich verheerend, meint er, sei die Wirkung der Fernseher über den Bartheken. Die öden Baseball-Übertragungen hätten allen Gesprächen und Witzen den Garaus gemacht. Und erst recht dem Geschichtenerzählen.

---

❸ Berge des Lichts
Yosemite National Park

Route: Sonora – Chinese Camp – Yosemite Village (187 km/117 mi)

km/mi	Zeit	Route
0	8.00 Uhr	Von **Sonora** S 49, Chinese Camp, S 120 bis zum Eingang des
83/52	9.00 Uhr	**Yosemite National Park**. – S 41 zum
155/97	11.00 Uhr	**Glacier Point** (via Glacier Point Rd.).

214

187/117 13.00 Uhr **Yosemite Village** (Lunch und Pause; einchecken: Hotel/Campingplatz)
Nachmittag Mit dem Bus zu den **Vernal** und/oder **Nevada Falls**.

Die Route

Gleich außerhalb von **Sonora** grasen Herden auf Hügeln mit goldenem Pelz, so verschwenderisch färbt die Morgensonne die Gräser. **Chinese Camp** – ja, hier lebten tatsächlich nur Chinesen. 1849 kam ein Haufen Engländer dazu, die den Chinesen die Arbeit in den Minen aufhalsten. Doch bald waren die Chinesen wieder unter sich, weil so viele ihresgleichen anrückten, die anderenorts vertrieben und verjagt wurden. So wuchs Mitte der 1850er Jahre Chinese Camp mit 5000 Einwohnern zur größten chinesischen Siedlung außerhalb Asiens heran. Das ist vorbei. Wohl erhalten, aber verschlafen liegt das Örtchen heute da – halb Ghost Town, halb Hüttendorf für gerade mal 120 Yankee-Seelen.

Wenig später steigt die Straße in die Westhänge der **Sierra Nevada**. Big Oak Flat folgt und **Groveland**, ein Nest mit Gehsteigen aus Holzplanken – eine perfekte Westernkulisse. An der Tankstelle flattert ein Plakat, das ein Coyoten-Wettheulen fürs Wochenende ankündigt. Wer kann am besten einen Coyoten nachmachen? Offenbar lohnt der Versuch: 750 Dollar winken dem Superheuler.

Langsam rücken die Sierras näher – und damit der **Yosemite National Park** (s. S. 115 ff.). Einen ersten Eindruck von diesen gewaltigen Proportionen vermittelt der Rim of the World Vista Point kurz vor dem Parkeingang. Kurz nach Durchquerung der Talsohle geht es zunächst in südlicher Richtung weiter. Vor dem Wawona-Tunnel sollte man am allseits beliebten Aussichtspunkt halten, weil sich von ihm aus das Yosemite Valley in eine Panoramapostkarte oder – mit verwandtschaftlichem Vordergrund – in ein Bild fürs Familienalbum verwandelt. Das nächste Highlight: **Glacier Point**. Der Rückweg führt ins **Yosemite Village**, das Standquartier für Spaziergänge am Fluss entlang oder für Wanderungen zu den nahen Wasserfällen.

215

Die Route

❹ »Leichentuch eines Vulkans«
Mono Lake

Achtung! Da der Tioga Pass oft bis Ende Juni geschlossen ist, sollte man unbedingt vor der Abreise den Straßenzustand abfragen: ✆ (209) 372-0200, dann die 1 und noch einmal die 1 wählen.

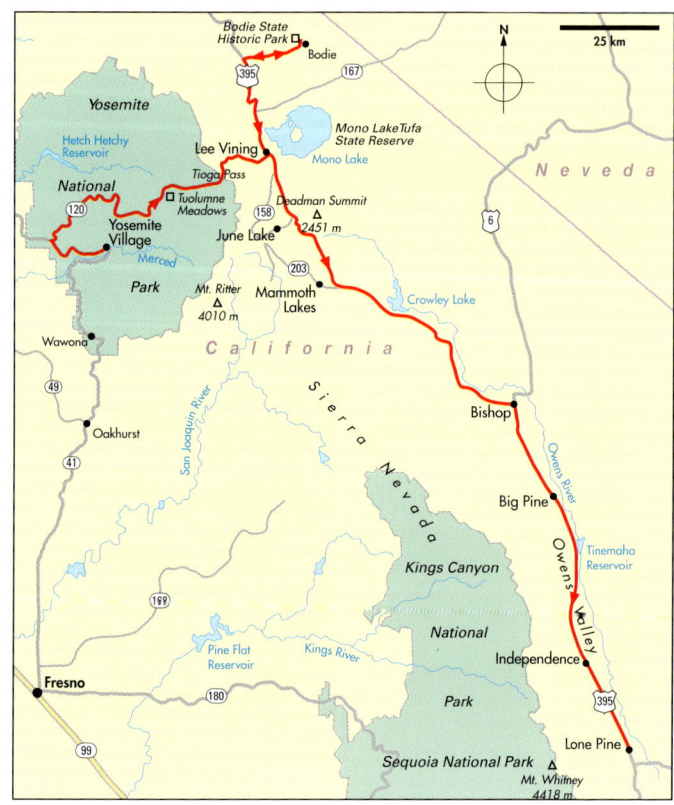

Route: Yosemite National Park – Tioga Pass – Bodie – Lone Pine (451 km/ 282 mi)

km/mi	Zeit	Route
0	9.00 Uhr	Ab **Yosemite Valley** S 120 nach Osten, **Tuolumne Meadows, Tioga Pass**
122/76	11.00 Uhr	**Lee Vining** (Mono Lake), US 395 ca. 29 km nach Norden, dann Abzweig S 270 rechts ab nach Osten und ca. 10 km bis
200/124	12.00 Uhr	**Bodie** (eine Geisterstunde). – Rückfahrt zum
	14.00 Uhr	**Mono Lake**, Ausfahrt **Mono Lake Tufa State Reserve** (Pause beim Salz).
451/282	17.00 Uhr	**Lone Pine**.

Noch Ende Mai kann es passieren, dass neben der **Tioga Pass Road** im *high country* plötzlich Schneeballschlachten geschlagen werden, während in den Tälern alle unter der Hitze stöhnen. Auf fast 3000 Metern Höhe ziehen die **Tuolumne Meadows** (s. S. 119) vorüber, das größte alpine Hochmoor der Sierra-Kette, gefolgt von kahl geschorenen Granitplatten und blank polierten Brocken, bis es endgültig den steilen Osthang abwärts geht.

Im Tal, nach einem kurzen Sprung nach Norden, gelangt man nach sanft-asphaltierter Anfahrt (S 270 – auch für Camper kein Problem!) nach **Bodie** (s. S. 106 f.). »Auf Wiedersehen Gott, wir fahren nach Bodie«, schrieb ein junges Mädchen damals in ihr Tagebuch. Offenbar hatte sich der üble Ruf schon herumgesprochen. Heute kommen nur noch Touristen zu diesem einsam und hoch gelegenen (über 2600 Meter), aber durchaus fotogenen Bretterhaufen.

Zurück zum **Mono Lake** (s. S. 110 f.). Die Mono Basin National Scenic Area umschließt den See. Dort, wo man das Kleinkleckersdorf der Salzablagerungen schon vom Highway aus sehen kann, führt eine schmale Straße linker Hand zum **Mono Lake Tufa State Reserve** – eine willkommene Gelegenheit zum Laufen.

Schnurgerade zieht die Straße ihre Asphaltspur durch das Hochtal. Hinter dem **Deadman Summit** (2451 Meter) entfalten sich alpine, mit ausgedehnten Hochwäldern bedeckte Breitwandpanoramen. Im Sommer strahlt das Blau des **Crowley Lake** zur Straße herüber, im verschneiten Winter sucht man ihn vergebens. Er ist der größte Speicher im Wasserverbundsystem. Nach dem Sherwin Summit sinkt die Straße ins **Owens Valley** (s. S. 110), das sich, so steht es jedenfalls auf der Plakette an der Straße, von hier aus 160 Kilometer nach Süden erstreckt, also praktisch bis zur Mojave-Wüste.

Das fruchtbare Tal war ursprünglich lange von Indianern bewohnt. 1845 benannte man See, Tal und Fluss nach Richard Owens, einem Offizier der Armee, den eine Expedition in diese Gegend brachte. Sagebrush links und rechts der Straße deutet an, dass auch hier die Wasserdiebe aus L.A. zur Versteppung des Tals beigetragen haben. **Bishop, Big Pine, Independence, Lone Pine** (s. S. 114 f.): Wie Kandiszuckerstücke reiht die US 395 ein Nest ans andere. Die Main Streets ähneln sich ebenso wie ihr jeweiliges Umfeld – Haine, Weiden und schmucke Holzhäuschen. Über allem thront der **Mount Whitney**, mit 4418 Metern Kaliforniens höchster Berg.

Von jeher war die beeindruckende Landschaft als Kulisse für Wildwestfilme beliebt. Das Wiedersehen von Verfilmtem ist ohnehin eine typisch kalifornische Erfahrung.

> ### Die Route
>
> Mono Lake
> »Der feierlich stille, von keinem Segel in seiner Ruhe gestörte See, dieser einsame Lehensmann Gottes auf diesem allereinsamsten Fleck ... das echte Leichentuch eines Vulkans, dessen weiten Krater der See verschluckt hat«, schrieb Mark Twain.

Yosemite Half Dome

Die Route

Ausgedient: alte Karren zum Borax-Transport

❺ »Landeplatz der Frogs«
Death Valley National Park

Route: Lone Pine – Stovepipe Wells – Furnace Creek (168 km/105 mi)

km/mi	Zeit	Route
0	9.00 Uhr	Von **Lone Pine** auf S 136, 190 nach
128/105	10.45 Uhr	**Stovepipe Wells** im **Death Valley National Park**. Ein Stück weiter östlich: Wanderung durch die Dünen; anschließend bis zur nächsten Kreuzung und dort rechts nach Süden zum
	12.00 Uhr	Visitor Center (kurzer Stopp).
168/105	12.30 Uhr	**Furnace Creek Ranch** (oder Inn oder Campingplatz): Check-in.
	Nachmittags	Ausflüge zum **Zabriskie Point**, in den **Twenty Mule Team Canyon** und/oder **Dante's View**.

Sobald sich der Highway 136 Richtung **Death Valley** (s. S. 122 ff.) auf den Weg macht und den Owens River überquert, wird alles ganz anders. Im Nu weichen die pastoralen Bilder des Owens Valley einer harschen Halbwüste. Steinfaltungen treten hervor und der Geröllsand duldet nur noch *sagebrush*, ein so struppiges Gemisch, dass man befürchten muss, hier könnten am Ende die *Frogs* landen. Wieso auch nicht? E. T. setzte im San Fernando Valley, im Hinterhof von Los Angeles, auf; der Weiße Hai biss an der Pazifikküste zu. In Kalifornien muss man auf vieles gefasst sein.

Nach der fotogenen Dünenlandschaft von **Stovepipe Wells** (s. S. 123) taucht rechts und links von der Straße eine Fläche mit weißlich-witzigen Büschelhütchen auf, die sich einen passenden Namen eingehandelt haben: **Devil's Cornfield**. Das **Visitor Center** leistet logistische Schützenhilfe bei der Erkundung der Region. Und gleich darauf zerstreut die weitläufige **Furnace Creek Ranch** (s. S. 123) die letzten, möglicherweise beängstigenden Gefühle in der toten Wildnis. Ein kleiner Rundgang bringt Neuigkeiten und Bewegung, das Museum zum Beispiel. Zwischen den Geräten spielt das Thema Borax die Hauptrolle, jene weiße, kristalline Substanz, die unter anderem zur Keramik- und Glasherstellung, aber auch für Seifen, Kosmetik und Frostschutzmittel verwandt wird.

Palmentrio: Furnace Creek Ranch im Death Valley

Die Route

Zabriskie Point, Death Valley

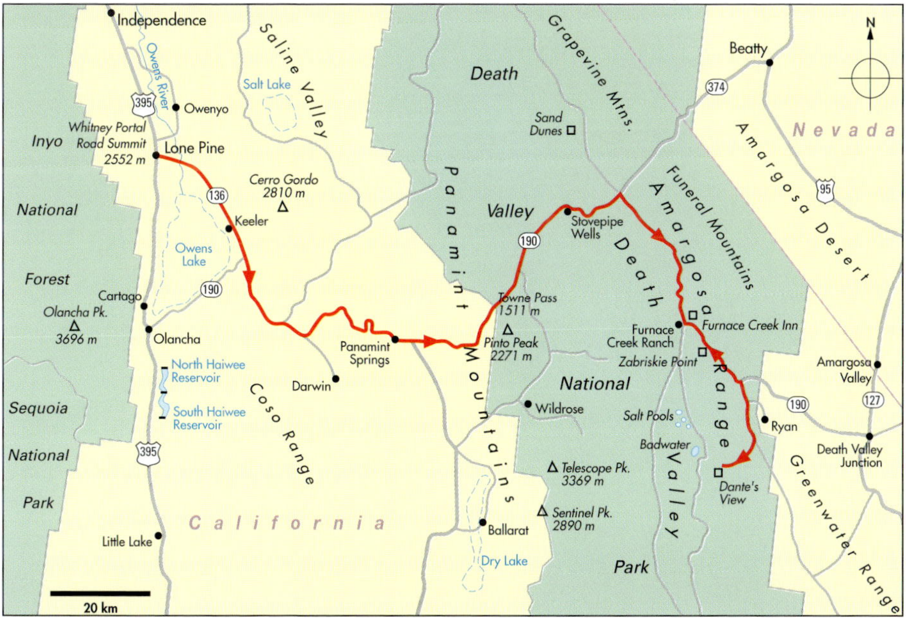

Die Route

❻ Fluchtburgen der Illusion
Nach Las Vegas

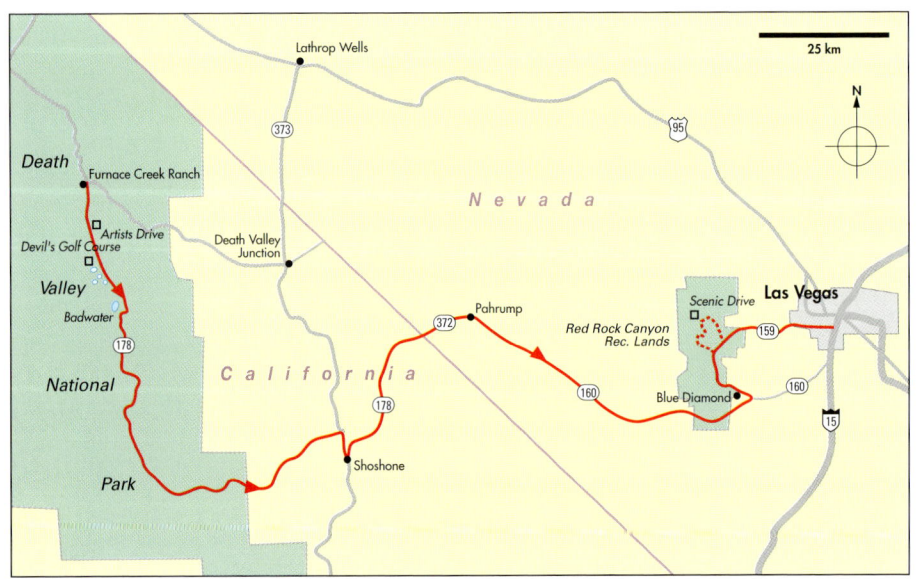

Route: Death Valley National Park – Red Rock Canyon – Las Vegas (323 km/202 mi)

km/mi	Zeit	Route
0	9.00 Uhr	Von **Furnace Creek** nach Süden zum **Artists Drive** (Rundfahrt); danach S 178 zum
35/22	10.00 Uhr	**Devil's Golf Course** (Pause) und
50/31		**Badwater** (Pause).
110/69	12.00 Uhr	**Shoshone** (Picknickeinkäufe). S 178 (Nevada 372) bis
181/113		**Pahrump**, dort S 160 bis
261/163	15.00 Uhr	zur Abzweigung S 159 Richtung **Red Rock Canyon** (Fahrt durch den Canyon, Picknick. Visitor Center, Loop fahren und Spaziergang). Die Straße wird in Vegas zum Charleston Blvd., diesen bis Las Vegas Blvd., dort rechts bis zu den Casinos/Hotels
323/202	Spätnachmittag	**Las Vegas** (Stadtplan und Infos zu Las Vegas s. S. 130 ff.)

Badwater

Der **Devil's Golf Course** (s. S. 123) ist natürlich kein gepflegter Rasen, sondern eine bizarre Salzkruste mit messerscharfen Kanten – nichts für hohe Absätze. Dasselbe gilt für **Badwater**, den absoluten Tiefpunkt der USA, denn er liegt 94 Meter unterhalb des Meeresspiegels.

Ab und zu spiegelt sich der **Telescope Peak** – mit knapp dreieinhalbtausend Metern der höchste Bursche in der Panamint Range – in den Wassertümpeln, die noch nicht komplett versalzen sind. Der Name des **Jubilee-Passes**, mit dem das Death Valley endet, ist kein Grund, zu jubilieren. Bessere Laune verbreitet sich erst wenig später am **Salsberry Pass**: durch herrliche Weitblicke in eine farbig gestaffelte Berglandschaft – eine mitreißende »Kamerafahrt«!

Shoshone? Na ja. Nichts Abstoßendes, nichts Anziehendes, also plusminus Null. Dem hat **Pahrump** immerhin eins voraus: die Reklametafel für ein Bordell-Museum. THE ONLY MUSEUM OF IT'S KIND IN THE WORLD, DON'T MISS IT, wirbt das Brothel Art Museum, eine Art Louvre der Libido, im 40 Kilometer entfernten 60-Seelen-Nest **Crystal**.

Die Straße folgt den Telegrafenstangen und umgekehrt, eine Durststrecke aus vereinzelten Yuccas, Agaven und Mobilheimhändlern. Dann kommt langsam Leben ins steinige Einerlei. Der

Die Route

Paris-Las Vegas Casino Resort

Die Route

Red Rock Canyon
Im Wüstenpark treibt sich eine Herde wilder Esel herum, aber Fütterung ist nicht erlaubt. Ein Ranger erklärt, warum. »Immer öfter wurden die Tiere an die Straße gelockt. Das hat uns eine Menge Unfälle eingebracht. Verletzte Menschen, überfahrene Esel, kaputte Autos.« Deshalb auch das Schild mit der doppelten Warnung: erstens $ 25 Strafe, zweitens: sie beißen auch noch.

Bewuchs wird abwechslungsreicher, Latschenkiefern, *shrubs* und Mesquitebäume. Die roten Streifen in den Felshängen zur Linken wirken wie blutige Wunden. Wilson Cliffs heißen diese Vorboten des **Red Rock Canyon** (s. S. 136).

Das Eingangstor zum **Spring Mountain Ranch State Park**, zum Picknickplatz, ist nicht zu übersehen, Gelegenheit für eine Pause. Das Besucherzentrum liegt am weiteren Weg, gut gerüstet mit Karten, die einen gemächlichen Schlenker ausmalen zu den Canyons und Creeks, an deren Flanken der graue Kalkstein mit dem schon bekannten roten Sandstein kontrastiert – Resultat einer Kollision zweier Erdkrusten vor Millionen Jahren.

Wen das Spielfieber noch nicht gepackt hat, der mag vielleicht in einem der Canyons und *washes* (z.B. Red Rock Wash) herumlaufen. So oder so aber verblasst allmählich die Röte der Berge, während die des Himmels wächst, je nach Jahres- und Tageszeit. Die Straße neigt sich abwärts: der Versuchung **Las Vegas** steht nichts mehr im Wege (s. S. 130 ff.).

❼ Himmlisches Jerusalem
Zion National Park

Route: Las Vegas – Valley of Fire – Springdale – Zion National Park (334 km/209 mi)

km/mi	Zeit	Route
0	8.00 Uhr	In **Las Vegas** I-15 nach Norden
59/37	8.30 Uhr	S 169 (Exit 75) rechts zum **Valley of Fire State Park** (s. S. 128): Visitor Center, Aussichtspunkt Rainbow Vista und Wanderung im **Petroglyph Canyon** (ca. 1 Std.). – Zum Osteingang und auf S 169 (Overton) zur I-15 East über
176/110	11.00 Uhr	**Mesquite** (Zeitgrenze: 1 Std. Zeitverlust) und **St. George**
256/160		S 9 (Exit 16) Richtung Zion Natioal Park und

Filigran und fragil: die Zahnsteinhälse im Bryce Canyon

kann ungehemmt über das bizarre Amphitheater dieser grandiosen Felslandschaft schweifen. Wegen seiner Lage in über 2500 Metern Höhe am Canyonrand ist die Fernsicht in Bryce überdurchschnittlich gut (besonders im Winter), und die Temperaturen sind auch im Sommer angenehm.

Wenn die Zeit zu mehr reicht als zur Besichtigung des Felsentheaters, dann sollte man sich am Sunset Point zu der einen oder anderen kurzen Wanderung entschließen und entweder dem bequemen **Queen's Garden Trail** oder dem etwas anstrengenderen **Navajo Trail** folgen.

❾ Butch Cassidy Was Here
Capitol Reef National Park

Route: Bryce Canyon – Escalante – Boulder – Torrey – Capitol Reef National Park (221 km/132 mi)

km/mi	Zeit	Route
	Vormittag	Je nach Übernachtungsort früh bis sehr früh aufstehen und zum Sonnenaufgang an den **Sunrise Point** fahren (alternativ: **Inspiration Point** oder **Bryce Point**). Nach Sonnenaufgang und Frühstück am kühlen Morgen eine Wanderung (2 1/2–3 Std.) vom Sunrise Point auf dem **Queen's Garden Trail** zum **Navajo Trail** und hinauf zum Sunset Point. Unterwegs Abstecher zu **Wall Street**. Vom Sunset Point am Canyonrand zurück zum Sunrise Point.
0	12.00 Uhr	Abfahrt vom **Bryce Canyon National Park**: S 12 *(Scenic Byway)* Richtung Osten via Escalante nach

Die Route

125/78	14.30 Uhr **Boulder** zum **Anasazi State Park Museum**. Weiter auf der S 12 nach
187/117	**Torrey** (oder Bicknell) und Hotel-Check-in. – Danach Fahrt zum
205/128	Visitor Center des **Capitol Reef National Park** und den
221/138	Scenic Drive bis zum Ende. Kurze Wanderung in die **Capitol Gorge**. 1/2–3/4 Std. vor Sonnenuntergang (wegen der Lichteffekte) gemächliche Rückfahrt auf dem Scenic Drive zur S 24 und zum
255/159	Hotel in **Torrey** oder **Bicknell**.

Extratage im Capitol Reef (s. S. 144 f.)

1. Kurz vor dem Ortseingang von **Caineville** an der S 24 (vor dem Hügel links) zweigt ein knapp 50 km langer Feldweg ins **Cathedral Valley** mit seinen spektakulären Felsformationen ab. Bis zu diesen Felsen ist der Weg meist mit dem Pkw befahrbar, vom Talschluss über den Berg nach Fremont oder Torrey allerdings i.d.R. nur mit »hochbeinigen« Fahrzeugen (Pick-up-Trucks, Jeeps, Anmietung in Moab möglich). Der direkte Rückweg zur S 24 ist, obwohl sehr schön, nicht zu empfehlen. Da der Fremont River am Ende des Wegs an einer Furt durchquert werden muss, bleibt die Strecke geübten Off-Road-Fahrern vorbehalten. In jedem Fall ist es ratsam, sich vorher beim Ranger im Visitor Center des Capitol Reef National Park nach dem Zustand der Wege zu erkundigen.

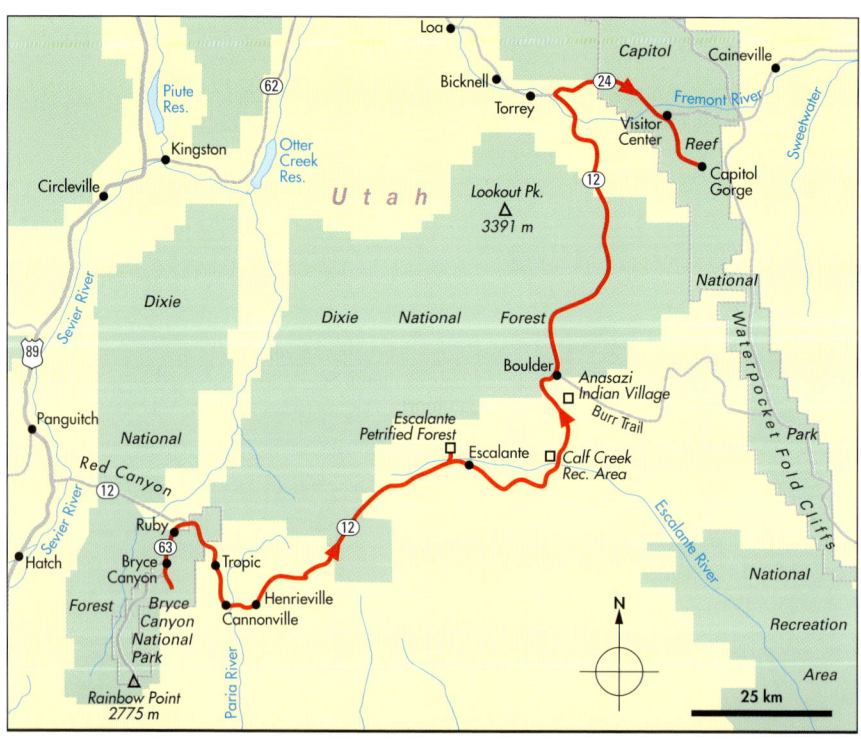

2. Eine sehr interessante Strecke für Geländewagenfahrer führt von der S 24 via **Notom** entlang der **Waterpocket Fold** nach Süden. Von ihrem Ende gelangt man über den Burr Trail entweder westwärts nach Boulder (115 km) oder ostwärts zur S 276 (ca. 150 km). Zuvor ist es unerlässlich, bei den Parkrangern Informationen über die Befahrbarkeit einzuholen.

Die Route

Japaner und andere schlaftrunkene Gäste der Bryce Canyon Lodge wanken dem **Sunrise Point** (s. S. 142) zu. Kein Wunder, denn es ist noch nicht mal 6 Uhr morgens. Kurze Zeit später gesellen sich zum pfeifenden Wind blinzelnde Sonnenstrahlen, die Licht ins Gestein und die Farbskala des grandiosen Amphitheaters zum Leuchten bringen. Nach solchen hart erkämpften Naturwundern in aller Herrgottsfrühe macht das kräftige Frühstück Sinn, aber auch angesichts der bevorstehenden Tagestour. Sie führt zunächst in Richtung Escalante. Vor und nach dem kleinen **Tropic** beherrscht Landwirtschaft auf künstlich bewässerten Feldern die Szene, in der ansonsten nur ein paar Pferde, die aus dem Paria River trinken, für Abwechslung sorgen.

Und dass einmal jede Menge Wasser da gewesen sein muss, kann man den Feldern ansehen. Auffällig kontrastreich steht kultiviertes Farmland der rauen Steinwüste auf der anderen Seite des Tals gegenüber, ein erneuter Beleg für die traditionellen Fähigkeiten der Mormonen, unfruchtbares, salzverseuchtes Land – siehe Salt Lake City – zu bewirtschaften.

Auch an den Seitenarmen des **Escalante River** sind Ausläufer dieser landwirtschaftlichen Kultur zu erkennen – bis hin zum Ort gleichen Namens, der diesen von Francisco Silvestre Vélez de Escalante übernommen hat, obwohl der spanische Priester nur in gehöriger Entfernung hier vorbeikam. Erst rund hundert Jahre später (1875) erreichten Mormonen diese Gegend und wunderten sich über die wilde Kartoffelsorte, die hier wuchs: Das *Potato Valley* war geboren.

Weiter geht es im Utah-Reise-Rhythmus von Mondland, Idylle und Mondland: Nach lieblicher Landwirtschaft beanspruchen plötzlich dramatische Abfahrten durch rote Schluchten und romantische Canyons die Aufmerksamkeit.

In der Ranching Town **Boulder** (s. S. 141) liegt der **Anasazi State Park Museum** (s. S. 141), der mit einem kleinen Museum und einigen Ausgrabungen aufwartet. Sie veranschaulichen zum ersten Mal auf dieser Reise den Wohnbau der Anasazi, jener »Alten«, die ursprünglich (1050) aus der »Four Corner Region« der Staaten Utah, Colorado, New Mexico und Arizona kamen und gegen 1200 wieder abzogen, ohne dass man genau weiß warum.

Danach steigt der Highway, und das bedeutet automatisch Zuwachs an Nadelwald, Zitterpappeln und (bis in den Mai hinein) Schnee. Die dicken Steinbrocken auf den kargen Weiden im Umkreis des über 3000 Meter hohen Passes von **Boulder Mountain** verbreiten einen Hauch von schottischem Hochland. Schließlich: das sandsteinerne **Capitol Reef** (s. S. 144 f.).

Die Enge der Schluchten und das labyrinthische Terrain regen unwillkürlich Wildwest-Fantasien an: von Verstecken und Fluchtwegen jener *outlaws*, die sich hier den Verfolgungen der Sheriffs entziehen konnten. Tatsächlich wimmelt es in der Gegend nur so von derlei Histörchen, allen voran die von »Butch Cassidy and the Sundance Kid«.

Die Route

⑩ Brückentrio
Natural Bridges National Monument

Route: Capitol Reef – Hanksville – Natural Bridges National Monument – Moab (424 km/265 mi)

km/mi	Zeit	Route
0	9.00 Uhr	Von **Torrey** (oder Bicknell) S 24 East über Caineville und
78/49	10.00 Uhr	**Hanksville**, dort S 95 nach Süden *(Bicentennial Scenic Byway)* über den **Colorado River** zur Abzweigung der S 275. Diese kurze Stichstraße führt links zum (6 km entfernten)
240/150	12.00 Uhr	**Natural Bridges National Monument** (ca. 4 Std.).
	16.00 Uhr	Zurück zur S 95, nach Osten weiter bis zur US 191, diese nach Norden bis
424/265	18.00 Uhr	**Moab**.

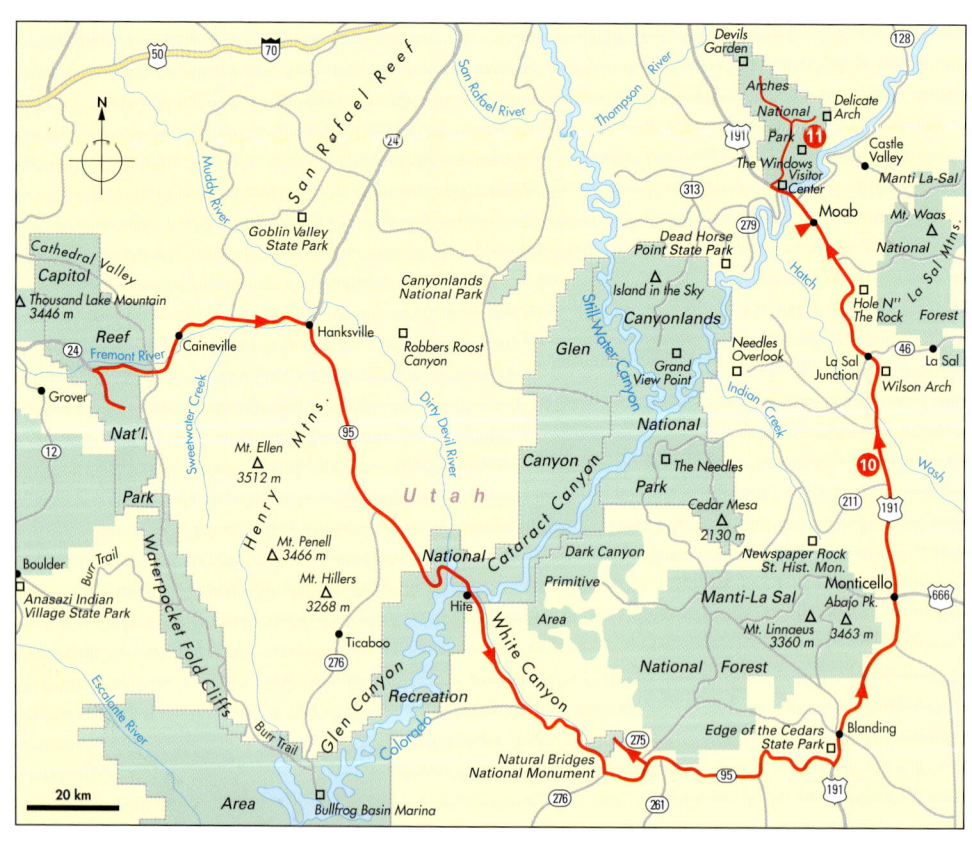

Alternativen/Extratag
Ein anderer Tagesablauf, dem man entweder zusätzlich oder (ganz oder teilweise) anstelle des vorgeschlagenen Programms folgen kann: **Moab-Arches National Park-Canyonlands National Park-Dead Horse Point State Park** (246 km).
Route: 8.30 Uhr ab Moab zum Parkplatz Fiery Furnace im **Arches National Park** (s. S. 140); 9.30 Uhr geführte Wanderung mit Ranger durch das Schluchtenlabyrinth des **Fiery Furnace**. 13 Uhr Picknick im Park oder zur Lunchpause zurück nach Moab. – US 191 North bis zur Abzweigung der S 313 (links) zum **Canyonlands National Park** (s. S. 142 f.): Island in the Sky Visitor Center, Weiterfahrt und Abstecher zum Green River Overlook und weiter zum Grand View Point Overlook. 17 Uhr Rückfahrt und Abstecher in den **Dead Horse Point State Park** (s. S. 143). Nach Sonnenuntergang zurück nach **Moab**.

Die Route

Extratage rund um Moab (vgl. Karte S. 230)
Nachmittagstour zu den **Fisher Towers** und **La Sal Mountains**. Von Moab SR 128 am Colorado entlang zu den Fisher Towers. 5,6 Meilen zurück, links in die Castle Valley Rd. Bei Meilenstand 29.5 rechts in die La Sal Mountain Loop Rd. Bei Meile 61 rechts (nach Norden) und nach ca. 8 Meilen die Teerstraße links zur US 191 nach Norden in Richtung Moab. Gesamtlänge ca. 112 km/70 mi, Zeitbedarf etwa 4–5 Std.
Rundflug über Canyonlands und **Cathedral Valley:** Morgens früh, kurz nach Sonnenaufgang, Abflug vom Moab Airport.
Route: San Rafael Swell an der I-70, entlang San Rafael Swell zum Goblin Valley, weiter zum Cathedral Valley und den Caineville Badlands, The Maze in Canyonlands, Monument Basin, Moab Airport.
Jeeptouren im Canyonlands National Park: Mit in Moab gemietetem Fahrzeug oder geführter Tour auf den White Rim Drive. Vom Island in the Sky Visitor Center den Shafer Trail hinab zum White Rim Trail, diesen rechts vorbei an den ulkigen Walking Rocks zum Monument Basin, weiter zum Horsethief Trail und zurück zur Straße nach Moab. Gesamtstrecke ca. 250 km, Zeitbedarf mindestens ein langer Tag, aber sehr empfehlenswert.
Oder: Fahrt zum **Angel Arch** im südöstlichen Bereich von Canyonlands (The Needles). Ab Parkplatz beim **Newspaper Rock**. Zeitbedarf ab/bis Moab: ein Tag. Oder: Schlauchboottour auf dem Colorado.

Ein paar Picknickvorräte sollte man zur Wanderung im **Arches Park** (s. S. 140) schon mitbringen, denn jede normale Lunchpause unterbricht den Tag, erfordert lästige Fahrerei und kostet viel Zeit; außerdem bietet der Park genügend Gelegenheiten für eine Futterpause an der frischen Luft.
  Die Anfahrt von Moab sorgt durch die Überquerung des Colorado River für den vielversprechenden Auftakt. Unter den ersten Vertretern in der Palette der steinernen Skulpturen präsentiert sich unübersehbar und einprägsam der **Balanced Rock**, ein dicker Felsklops, der grazil auf einem Steinsockel balanciert. Vom Visitor Center ist es nicht weit bis zum Parkplatz des Devils Garden Trailhead, wo man das Auto loswerden kann, um sich auf den Weg durch die steinige Wüste zu machen.
  Wenn irgend möglich, sollte man feste Wanderschuhe dabeihaben; Turnschuhe rutschen zu oft.

Die Route

Je früher am Vormittag, je besser, dann stimmen die Temperaturen und das Licht ist noch nicht so grell. Irgendwie scheint das auch den Mauerseglern, Bussarden, Hörnchen und Vögeln zu gefallen, denn sie alle sind gerade zu diesen Tageszeiten besonders munter unterwegs.

Die Wanderung zum **Landscape Arch** führt zu einem dieser grazilen roten Gräten, die über Jahrmillionen geschliffen und poliert wurden. Hin und zurück braucht man etwa eine Stunde, für den **Double-O Arch** weitere zwei:

Im Arches National Park

und die sollte man sich unbedingt nehmen, denn je länger man auf dem Trail bleibt, umso schöner wird er: Manche rundliche Felsen sehen aus wie von Luigi Colani entworfen.

Den Nachmittag sollte man für die **Wolfe Ranch** reservieren, eine grobe Holzbohlenhütte, die ein gewisser John Wesley Wolfe um die Jahrhundertwende baute und die seither von verschiedenen Ranchern genutzt wurde. Hier beginnt der Trail über den Salt Wash zum bekanntesten Torbogen des Parks, dem **Delicate Arch**. Der Weg verläuft nicht ganz so bequem wie der zu den Arches heute Morgen, sondern bisweilen steil und erbarmungslos heiß im Sommer. Deshalb eignen sich die späten Nachmittage am besten für den Weg. In den zwei Stunden vor Sonnenuntergang herrschen die moderatesten Temperaturen und das schönste Licht. Grünliche Eidechsen und schillernde Kolibris, die die roten Wüstenblumen anzapfen, sind meist mit von der Partie. In der Nähe vom Delicate Arch taucht rechts der **Frame Arch** auf, der sich als fotogener Rahmen für den Delicate Arch empfiehlt. Und am Horizont kommen die meist schneebedeckten La Sal Mountains als optisches Extra noch hinzu.

Lauffaule Augenmenschen können es sich einfacher machen, wenn sie von der Wolfe Ranch zum Viewpoint-Parkplatz weiterfahren, denn von dort aus sind es nur ein paar Schritte zu dem Punkt, wo sich der Delicate Arch in der Ferne zeigt. Auf der Rückfahrt macht sich jemand mit seinem Mietwagen Sorgen. Ob die Tankfüllung noch zurück bis Moab reicht? Der Ranger wirft einen kurzen Blick auf die Benzinanzeige. »You'll make it!« »Thank you. Never happened before.« »Well, life is full of firsts.«

⑫ »HAVE A GNEISS DAY«
Mesa Verde National Park

Die Route

Route: Moab - Monticello - Cortez - Mesa Verde National Park - Durango (330 km/206 mi)

Newspaper Rock

km/mi	Zeit	Route
0	9.00 Uhr	In **Moab:** US 191 nach Süden
62/39		Abzweigung S 211 West (rechts) zum
83/52	10.00 Uhr	**Newspaper Rock** (ca. $^1/_2$ Std.). Zurück zur US 191 und weiter nach Süden bis
125/78	11.00 Uhr	**Monticello.** Hier US 491 nach Osten bis
221/138	12.30 Uhr	**Cortez.** Hier der US 160 nach Osten und den Schildern folgen zum
270/169	13.30 Uhr	**Mesa Verde National Park** (s. S. 158 ff.), Visitor Center am Spruce Tree House. Wanderung zum **Spruce Tree House**, Weiterfahrt und Stopps auf der Mesa, Picknick; ca. 2 Std. – Rückfahrt gegen
	15.30 Uhr	zunächst zur US 160, dort rechts über Mancos nach
330/206	17.00 Uhr	**Durango** (s. S. 153 f.).

Zusatztage in Mesa Verde

Am besten mit Standquartier in der Far View Lodge im Park, um sich die zeitraubenden Anfahrten von und nach Cortez bzw. Durango zu ersparen. **Programm** (in dieser Reihenfolge wegen der Lichtverhältnisse): Balcony House, Square Tower House, Oak Tree House, Sun Temple. Danach Besuch des Visitor Center und des Archäologischen Museums auf der Chapin Mesa. Nachmittags Fahrt zur Wetherill Mesa (s. S. 160).

Die Route

⓭ Marlboro Heights
Monument Valley

Route: Durango – Farmington – Shiprock – Goosenecks State Park – Monument Valley – Kayenta (389 km/243 mi)

km/mi	Zeit	Route
0	9.00 Uhr	In **Durango** US 550 nach Süden, den Schildern folgen zum

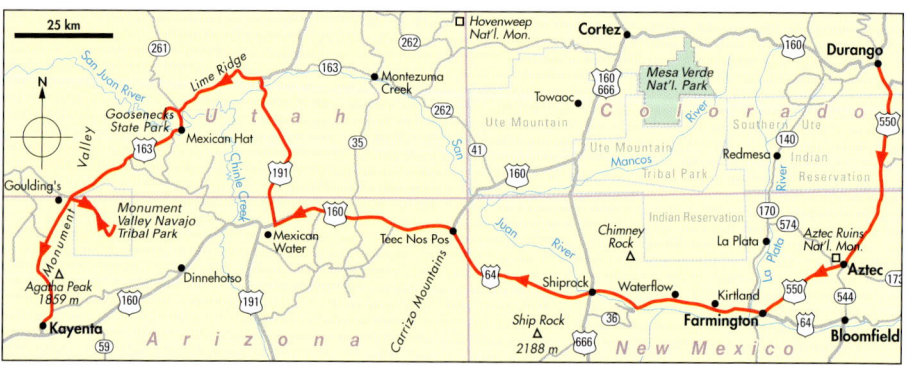

64/40	10.00 Uhr	**Aztec Ruins National Monument** (Rundgang ca. 1 Std.). Weiter über US 550 Richtung
86/54		**Farmington**, dort US 64 nach Westen, über **Shiprock**, die Grenze zu Arizona nach **Teec Nos Pos**, dort geradeaus weiter die US 160 nach Westen, S 191 nach Norden Richtung Bluff, die US 163 nach Süden Richtung Mexican Hat, S 261 rechts nach Westen zum
296/185	13.30 Uhr	Overlook des **Goosenecks State Park**. über den San Juan River, ca. 1/2 Std. – Zurück zur US 163 und über
309/193		**Mexican Hat** zum
349/218	15.30 Uhr	Visitor Center im **Monument Valley Navajo Tribal Park** (Valley Drive, Pause, Jeep-Tour etc. ca. 3 Std., vgl. S. 173). – Zurück zur US 163 nach
389/243	19.00 Uhr	**Kayenta** (s. S. 173).

Das markante Profil des Shiprock

⑭ Plateau mit Niveau
Zum Grand Canyon

Die Route

Route: Kayenta – Antelope Canyon – Page/Lake Powell – Grand Canyon National Park (374 km/234 mi)

km/mi	Zeit	Route
0	9.00 Uhr	Von **Kayenta** US 160 nach Westen, S 98 Richtung Page (kurz vor Page, gleich hinter dem Kraftwerk, taucht links von der Straße am Antelope Canyon Wash ein Parkplatz auf, von dem aus man sich von indianischen Führern zum Eingang des **Antelope Canyon** fahren lassen kann, um von dort aus durch die Schlucht zu wandern; ca. 2 Std.). – Weiter S 98 nach
155/97	11.30 Uhr	**Page** (= 1 Std. Zeitgewinn im Sommer); Rundfahrt und Pause: **Glen Canyon Dam**, Lake Shore Dr.; evtl. Badepause am **Lake Powell** in der Nähe der Wahweap Lodge, vgl. S. 176 f., ca. 2 Std.). – Weiterfahrt auf US 89 nach Süden bis
283/177	15.00 Uhr	**Cameron Trading Post**, dann S 64 zum
334/209	16.00 Uhr	**Grand Canyon**, Desert View
374/234	17.00 Uhr	**Grand Canyon Village**.

Alternativen und Extras

Von Kayenta bietet sich ein ganztägiger Ausflug zum **Canyon de Chelly** (s. S. 174) an: US 160 East, Indian 59 bis Many Farms, US 191 bis Chinle und dort den Zeichen folgen (Kayenta–Chinle: 130 km). – Eine zusätzliche Stunde im Tagesprogramm kostet ein kleiner Morgenspaziergang im **Navajo National Monument** (s. S. 174 f.), 45 km westlich von Kayenta. Vom Visitor Center erreicht man auf einem kurzen Fußweg den Aussichtspunkt über die Anasazi-Ruine Betatakin und eine herrliche Canyonlandschaft.

Wer von Page aus mit dem Boot den **Lake Powell** erkunden und z. B. dabei die **Rainbow Bridge** (88 m hoch und damit die höchste Natursteinbrücke der Welt) oder den **Navajo Canyon** sehen möchte, benötigt dazu mindestens einen Tag und muss sich deshalb dort ein Quartier suchen.

Einen Zusatztag im **Grand Canyon** (s. S. 167 ff.) füllen zwei stramme Wanderungen/Maultierritte: der **Bright Angel Trail**, der an der gleichnamigen Lodge beginnt und 1340 m hinab zum Colorado River führt (Länge ca. 25 km, Dauer 1 Tag), oder der steile South **Kaibab Trail**, der in der Nähe vom Yaki Point beginnt. Er führt auch zum Fluss, ist ca. 20 km lang, nur für erfahrene Kletterer und nicht an einem Tag zu schaffen (THIS IS NOT A ONE DAY HIKE steht auf einem Schild). Man muss am Canyongrund in der **Phantom Ranch** übernachten und diese lange im Voraus buchen (vgl. S. 260). Für Leute mit wenig Zeit und auf alle Fälle spannend: **IMAX Theater** am Südeingang des Parks: spektakuläre Canyon-Szenen auf einer Riesenleinwand.

Werbeschilder im Navajo-Reservat

Die Route

Wie wär's mit einer *Navajo Taco* mit lauwarmen Bohnen als Wachmacher? Morgens, beim Frühstück in Kayenta, dürfte die Bestellung dieser indianisch-mexikanischen Kombo kein Problem sein.

Schafherden kreuzen den Highway: erst der Hund, dann die Lämmer, zuletzt der indianische Schäfer. Nach dem Abzweig in Richtung Page kommt stärkere Bewegung ins Landschaftsbild, vielfarbige Gesteinsschichten, tolle *scenic views* und, in der Ferne, die roten Kamine und Felswände, die den **Lake Powell** (s. S. 176 f.) einschließen.

Gleich hinter dem dampfenden Kraftwerk in Seenähe steht links auf einem Parkplatz am *wash* des **Antelope Canyon** (s. S. 177): ANTELOPE CANYON. ACCESS INTO PREMISES WITH PERMIT ONLY. PERMIT CAN BE PURCHASED HERE. Gewöhnlich parkt hier ein Pick-up mit Indianern, die den Besucher für eine Eintrittsgebühr zum Eingang des Canyon fahren, denn der liegt im Reservatsgebiet. **Page** (s. S.176 f.) liegt praktisch um die Ecke: Ausgangspunkt für Bade- und Bootsfreuden in und auf dem Lake Powell.

Der **Lake Shore Drive** führt rasch aus der Stadt heraus und präsentiert den Stausee als Vordergrund für eine spektakuläre Landschaftskulisse, die von den farblich abgestuften Felsen auf der Utah-Seite ebenso profitiert wie von dem am fernen Horizont aufragenden, oft von weißen Wolken umhüllten **Navajo Mountain**. Lake Powell: auch ein Monument Valley, nur diesmal geflutet.

Südlich von Page bleiben die gewaltigen **Vermilion-Klippen** noch eine Weile in Sicht, bevor sie und jener Canyon entschwinden,

der später im Nationalpark sein Comeback feiern wird. Steil stürzt der Highway am **Antelope Pass** vom Kaibito Plateau die Echo Cliffs hinab ins Tal des Little Colorado River. **Bitter Springs** hört sich zwar nicht gut an, aber die Aussichten ringsum sind umso schöner.

Es folgen Weideland und ab und zu typische versprengte Navajo-Gehöfte: ein buntes Allerlei aus *hogan*, Fertighaus oder Wohnwagen mit Reifen auf dem Dach (damit es nicht wegfliegt), *corral*, Zweit- und Drittautos plus Gerümpel. Und während die Konturen der schneebedeckten San Francisco Mountains allmählich immer klarer zu sehen sind, wird es in der Painted Desert ringsum steiniger und farbiger.

Die meisten Verkaufsstände der Navajo, Buden aus Pappmaché und Abfallholz mit schattenspendenden *ramadas*, akzeptieren inzwischen Kreditkarten. Ein Lattenverschlag gibt sich besonders exklusiv: AMERICAN EXPRESS ONLY steht auf dem Schild. Handgeschrieben und gut vom Auto aus zu lesen.

Nach Passieren der **Cameron Trading Post** beginnt der Endspurt zum Grand Canyon, bei dem die Camper kräftig zulegen müssen, denn die Straße steigt beträchtlich. Bald öffnet sich der Blick nach Osten über die Ebene und auf die ersten Ritzen eines kleinen Canyon in der Hochfläche: des **Little Colorado River**, eines Zulieferers zum großen Bruder. Der nächste *vista point* zeigt mehr von der Schlucht. Keine Frage, in ein paar Millionen Jahren wird aus dem »Little« sicher auch ein »Grand«.

Endlos zieht sich die Straße höher und höher durch das dichtbewaldete Plateau, bis endlich, gleich hinter dem Parkeingang, die Wälle und Zinnen, Tempel und Schluchten auftauchen. Schon der erste Eindruck vom **Grand Canyon** (s. S. 167 ff.) am Desert View Point hat es in sich. Beim nächsten, dem **Yavapai Point**, auf dem Weg zum Visitor Center, stockt so manchem der Atem.

Zwei Milliarden Jahre Erdgeschichte für einen angebrochenen Nachmittag – das ist naturgemäß etwas viel. Die wirklich faszinierenden Erfahrungen gewinnt man denn auch nur auf Ganztags- oder, besser noch, mehrtägigen Touren hinab zum Fluss und auf ihm per Schlauchboot, am besten im Frühjahr oder Herbst.

Bei knapper Zeit liegt es nahe, sich (im Sommer) dem kostenlosen Pendelbus entlang dem West Rim Drive anzuvertrauen oder alles (evtl. auch zwischendurch) zu wandern, und zwar auf dem weitgehend parallel verlaufenden **Rim Nature Trail** am Canyonrand entlang. Der Wanderweg zwischen Hermit's Rest im Westen und Yavapai Point im Osten zieht sich über rund 14 Kilometer.

Wakeboarding auf dem Lake Powell

Trading Posts: neben Souvenirs findet man hier oft auch schöne indianische Keramik

239

⑮ Anasazi und Jacuzzi
Vom Grand Canyon nach Phoenix

Die Route

Abe Miller, ein Entrepreneur der Hotel- und Gastronomiebranche aus Nevada, setzte beim _Tlaquepaque Village_ sein Faible für die spanische Kolonialarchitektur praktisch um. Mitunter trickreich: die alten Ahornbäume (Sycamore) wurden so umbaut, dass es so aussieht, als hätten ihre Stämme erst durch die Gebäude hindurchwachsen müssen, schließlich sollte das Dorf so wirken, als sei es noch älter als die Bäume.

Route: Grand Canyon – Flagstaff – Sedona – Tuzigoot National Monument – Jerome – Montezuma Castle – Phoenix/Scottsdale (414 km/259 mi)

km/mi	Zeit	Route
0	8.00 Uhr	Von **Grand Canyon Village** US 180 nach Süden und
126/79	9.30 Uhr	**Flagstaff**, US 89A Richtung Sedona durch den **Oak Creek Caynon** nach
166/104	10.30 Uhr	**Sedona**. Kleine Wanderung in der Felslandschaft (Schnebly Hill Rd.) oder Lunchpause im **Tlaquepaque Center** (ca. 1 Std.). Weiter nach **Cottonwood** und dort dem Schild folgen zum
209/131	12.00 Uhr	**Tuzigoot National Monument** (Rundgang durch Museum und Ruinen ca. ½ Std.). Zurück nach Cottonwood und US 89A weiter nach Süden bis
232/145	13.00 Uhr	**Jerome** (Stadtbummel und Pause; ca. 1 Std.). Zurück nach Cottonwood, US 260 Richtung Camp Verde und I-17, diese kurz nach Norden (Richtung Flagstaff), Exit 289 zum
275/172	15.00 Uhr	**Montezuma Castle National Monument** (Rundgang ca. 1 Std.). –Zurück zur I-17 nach Süden, Exit 203 (Camelback Rd.)
414/259	17.00 Uhr	**Phoenix** und/oder **Scottsdale**.

Kachina-Clown (Hopi)

Schneisen durch Kiefern, Nadelgewächs und Passagen wie in der Lüneburger Heide – so fährt man vom Grand Canyon nach Flagstaff. Den Horizont begrenzen die meist schneebedeckten konischen Vulkankegel der **San Francisco Mountains**. Das heilige Gebirge der Navajo und Hopi ist auch die Heimat der Kachinas, jener geschmückten Kerle aus mythischen Welten, die zu den zeremonialen Feiern in die Dörfer kommen, um für Regen, Fruchtbarkeit und Wohlstand zu tanzen oder, als Clowns, um den Spaßvogel zu spielen.

Der nahe **Humphreys Peak** treibt es mit 3854 Metern auf die Spitze im Staat. **Flagstaff** (s. S. 165 f.), das sich, ähnlich wie Gallup, kilometerlang an der Eisenbahnlinie hinzieht, ist durchaus noch auf der Höhe des Plateaus, was oft bis in den Mai hinein zu Schneefeldern und verzuckerten Weihnachtsbäumen führt, während nur ein paar Autostunden weiter südlich das Thermometer bereits 40 Grad erreicht.

Der ebenso lauschige wie rotfelsige **Oak Creek Canyon** liegt praktisch vor der Haustür. Im Sommer beherrscht die _beach party scene_ den **Slide Rock State Park** (s. S. 183), weil er auf und zwischen den Steinen im Wasser Kühlung bietet. Besonders im Herbst, wenn die Blätter Farbe bekennen, zieht der Canyon alle Register seiner landschaftlichen Schönheit.

In der Wellnesshochburg **Sedona** (s. S. 180 ff.) eignet sich das **Tlaquepaque Village** recht gut zum Bummeln und Shopping, Sitzen und Schauen. Dieses Open-Air-

Shoppingcenter sieht so aus, als würde hier gleich ein mexikanischer Film gedreht: Neo-Pueblo mit Shops, Galleria, Brunnen und Innenhöfen und sogar einer Ersatz-Mission.

Wer sich ein bisschen im Gelände umsehen möchte, sollte an der ersten und einzigen Ampel links über die Brücke zur **Schnebly Hill Road** fahren und dann wiederum links, bis sich die Straße in eine schöne (weil aussichtsreiche) *dirt road* verwandelt, die in felsiges Gebiet mit Wandermöglichkeiten führt.

Südlich von Sedona weicht der Canyon einem grünen weiten Tal, das auch prompt so heißt: **Valle Verde** (s. S. 184). Zwischen den kargen Hochebenen des Nordens und den öden Wüsten des Südens muss es den indianischen Siedlern einst als das Paradies auf Erden vorgekommen sein. Jedenfalls berichtet das die Siedlungsgeschichte. Besonders anschaulich wird sie im **Tuzigoot National Monument** (s. S. 184) erzählt, in seinem hübschen Museum und einem restaurierten Indianer-Pueblo.

Das alte **Cottonwood**, durch das man auf dem Weg zu den Ruinen kommt, enthüllt sich vor allem an Main Street als anmutige Westernstadt. Ein paar aufgeregte Wachteln huschen über die Straße hinauf nach **Jerome** (s. S. 171), einem gemütlichen Bergdorf mit langer Geschichte.

Weit besser als Tuzigoot haben sich die Mauern des **Montezuma Castle** (s. S. 174), einer weiteren Klippensiedlung, in unsere Zeit gerettet, was an den haltbareren Baumaterialien liegen muss.

Auf der Weiterfahrt nach Süden steigen die Temperaturen spürbar, und mit der Wärme setzt sich die Flora des südlichen Arizona vollends durch. Zaghaft kommen die ersten *prickly pears* in Sicht, werden dann aber, wie andere Kakteen, frecher und frecher und verdrängen die Gräser und Kräuter; der Bewuchs der Bergrücken nimmt ab. Kurz hinter dem **Sunset Point** tauchen sie dann endlich auf, die Vorboten der Sonora-Wüste, die Saguaros. Mit jeder Meile wachsen sie dichter zusammen, zu ganzen Wäldern, durchsetzt mit gelb blühenden Palo-Verde-Büschen und Ocotillosträuchern, aus deren staksigen Armen feuerrote Blütenflammen züngeln. Ab und zu ein Reklameschild: DO HUGS NOT DRUGS, zum Beispiel.

Montezuma ist aus rätselhaften Gründen verlassen, **Arcosanti** (s. S. 191) aus verständlichen Gründen nie bezogen worden. Ansonsten aber macht der Besuch von Arcosanti im Laufe dieses Reisetages Sinn, denn was die Thermik angeht, korrespondiert die Südlage der Klippensiedlung mit Soleris Apsis und seiner Öko-Vision. Das Kompaktmodell Soleris gewinnt erst recht Profil im Vergleich mit dem schier grenzenlosen **Phoenix** (s. S. 194 ff.).

Die Route

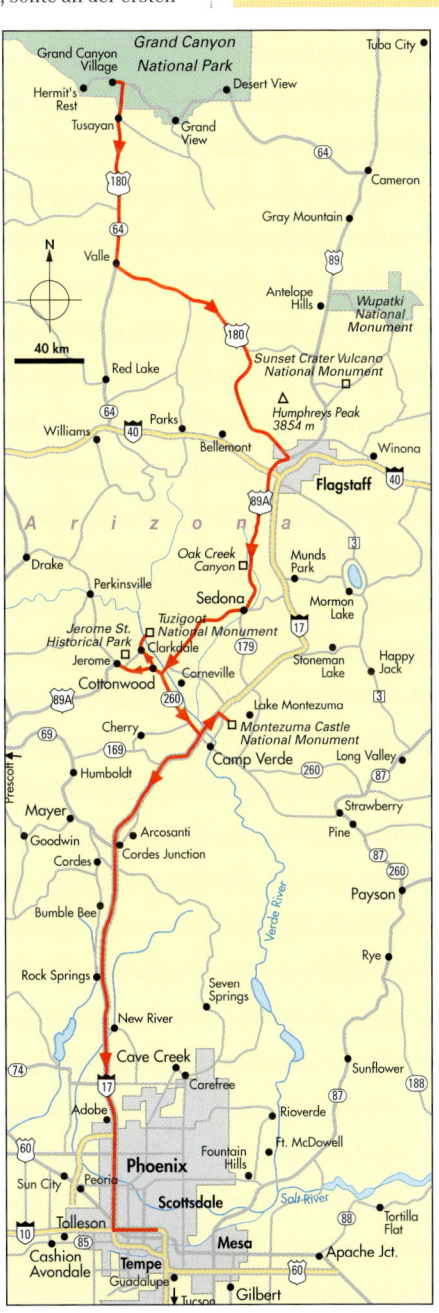

241

Die Route

⓰ Platz an der Sonne
Phoenix und Scottsdale

Programm: Phoenix und Scottsdale

Zeit	Programm	Einen Stadtplan finden Sie S. 194.
Vormittag	**Heard Museum** in Phoenix oder Shoppingtour in Scottsdale.	
Mittag	Lunch (**Arizona Center** in Phoenix oder **Scottsdale Mall**).	
Nachmittag	**Taliesin West** (Scottsdale), Bummel in den Westernkulissen von **Old Town** oder Badefreuden am Pool.	

Mega-Oase im Valley of the Sun: Phoenix/Scottsdale

⓱ Baden-Baden, Kalifornien
Palm Springs

Route: Phoenix/Scottsdale – Blythe – Joshua Tree National Park – Palm Springs (523 km/327 mi)

km/mi	Zeit	Route
0	8.30 Uhr	Ab **Phoenix** I-10 West über Quartzsite, Blythe und Desert Center, danach rechts Richtung Twentynine Palms zum
378/236	12.30 Uhr	Cottonwood Springs Visitor Center im **Joshua Tree National Park**. Weiter und nach einer Weile links ab Richtung **Jumbo Rock** und **Hidden Valley** (Klettern, Laufen, ca. 2 Std.). Die Straße endet wieder auf der SR 62 beim Ort Joshua Tree. Hier links die SR 62 durchs **Yucca Valley** bis zum Abzweig Indian Avenue (Achtung: beim ersten Hinweisschild links einordnen), dort links und geradeaus an **Desert Hot Springs** vorbei ins Zentrum von
523/327	16.30 Uhr	**Palm Springs** (Indian Canyon Dr., von dort kommt man automatisch auf den Palm Canyon Dr.).

Wüstentag ist Picknicktag, denn Gourmet-Restaurants liegen heute nicht am Weg. Allerdings sollte man beim Einkauf von Obst und Gemüse zurückhaltend sein, denn die dürfen die kalifornische Grenze nicht passieren. Im Klartext heißt es spätestens an dieser Stelle: aufessen oder entsorgen.

Lange säumt platte Landwirtschaft die Interstate Richtung Westen. Ein Schild warnt vor entlaufenen Häftlingen: STATE PRISON. DO NOT STOP FOR HITCHHIKERS. Erst nach einer Weile steigt der Highway an und verschafft den Saguaros neue Nachbarn: Ocotillo, Cholla und Palo Verde. Das unscheinbare **Quartzsite** (s. S. 203) zieht vorbei – im Winter ein Königreich der Wohnwagen! An der Staatsgrenze sorgt der Colorado River für Grüntöne, und kurz hinter Ehrenberg bekrönt eine Missionsglocke den ansonsten nüchternen Kontrollposten der CALIFORNIA AGRICULTURAL INSPECTION STATION. Hier muss in der Regel jeder anhalten und Fragen über eventuell mitgeführte Naturalien über sich ergehen lassen. Und so wie womöglich von seinen Äpfeln muss man sich auch von den Saguaros verabschieden, denn ab **Blythe** treten sie das breite Tal schlagartig an andere Wüstengewächse ab, die hier naturgeschützt (in der California Desert Conservation Area) gedeihen.

Die goldgelben Blüten der Palo-Verde-Bäume und die näher rückenden Berge bringen Abwechslung ins Bild, besonders die in der Ferne bis in den Sommer hinein schneebedeckte Kuppe des Mount Jacinto. Keine Frage, Kalifornien gibt sich von Anfang an alle Mühe, seine Schokoladenseiten zu zeigen, erst recht im **Joshua Tree National Park** (s. S. 124 f.).

Beim Visitor Center von **Cottonwood Springs** beginnt die Anfahrt zunächst durch das **Pinto Basin**, einem artenreichen Wüstengarten. Im **Ocotillo Patch** drängeln sich die die roten Blüten des Christusdorns, und die **Cholla Gardens** entpuppen sich als ein Wald jener borstigen Teddybären, deren scharfe Stacheln den Pflanzenfressern gnadenlos den Appetit verderben. Empfehlenswerte Stopps: am **Jumbo Rock** und im **Hidden Valley** (beide ausgeschildert).

Die rasante Abfahrt ins **Coachella Valley** geht in Richtung Desert Hot Springs, dann über den Freeway, die Bahngleise und vorbei an einem Heer von Windturbinen ins renommierte **Palm Springs** (s. S. 125 ff.). Meist wirft der **Mount Jacinto** um die Tageszeit schon Schatten. Er herrscht über ein gewaltiges Bergmassiv, das für überwiegend sonniges Wetter im Coachella Valley sorgt, weil es ihm die Wolken vom Pazifik vom Hals hält.

Das zugige Coachella Valley bringt viel Wind auf die Mühlen von Palm Springs

Die Route

Tipp für Camper: Steigungen und Kurven auf der Strecke Palm Desert–Borrego Springs (SR 74, 371, 79) können Probleme schaffen. Besser über Salton Sea nach Borrego Springs fahren: SR 111, 86, 22.

⑱ Wüste, Wald und Meereswellen
Durch die Anza-Borrego-Wüste nach San Diego

Route: Palm Springs – Anza-Borrego Desert State Park – Julian – San Diego (358 km/224 mi)

km/mi	Zeit	Route
0	8.30 Uhr	In **Palm Springs** S 111 nach Südosten bis **Palm Desert**, dort S 74, 371, 79 bis Abzweig zur Anza-Borrego-Wüste (S 2, S 22)
168/105	11.30 Uhr	**Borrego Springs, Visitor Center**; kurze Fahrt zum **Palm Canyon** (Wanderung/Rundkurs ca. 5 km mit Picknickmöglichkeit anstelle eines späteren Lunch in Julian).
	14.00 Uhr	Ab Christmas Circle in Borrego Springs S 3, S 78 bis
222/139	15.00 Uhr	**Julian** (Pause), dann S 79 South, S 1 (Sunrise Hwy.) und I-8 bis
358/224	17.00 Uhr	**San Diego** (zum Strand auf Coronado Island oder in Pacific bzw. Mission Beach).

Einen Stadtplan von San Diego finden Sie S. 88.

Das Coachella Valley entschwindet nur langsam dem Blick, weil sich die Straße umständlich die Berge hinaufwindet. Auf der Höhe hocken kleine Dörfer: Anza, Aguanga, Ranchita - heftige Landwirtschaft und Ranchos lösen einander ab. Das ändert sich rasch, wenn hinter Ranchita die dramatische Talfahrt zur Steinwelt des **Anza-Borrego State Park** (s. S. 121 f.) beginnt, eines Teils der Colorado-Wüste und ein typisches *Low-desert*-Gebiet. Im Nu dominieren die filigranen Ocotillo-Sträucher, an denen man so gut erkennen kann, ob und wie stark es geregnet hat. Die kleinen Blättchen an ihren spindeldürren Ruten sind mal grün, mal braun. Zwischen Februar und April leuchten ihre roten Blütenspitzen. Dann breiten sich überall Farbteppiche aus, kleine Sonnenblumen, Wüstenlilien, Löwenzahn und blühende Kakteen.

Das mit viel Verständnis für die umgebende Landschaft gebaute **Visitor Center** liegt bei **Borrego Springs**. Seine Informationsfülle wirkt wie ein Appetizer für die Schätze des Parks, seine Entstehungsgeschichte, Flora und Fauna. Eine Wanderung durch den nahen **Palm Canyon** vermittelt Wüstenpraxis.

So wie die Einfahrt ins Borrego-Tal erweist sich auch der Highway nach **Julian** (s. S. 85) als eine wunderschöne Canyonroute. Nach dem Stadtbummel wählt man am besten einen kleinen Umweg nach San Diego, und zwar den Sunrise Highway, eine herrliche Wald- und Bergstrecke mit prächtigen *mountain vistas* rund um **Mount Laguna**, ein beliebtes Erholungsgebiet mit lauschigen Picknickplätzen.

Stimmen Tageszeit und Wetter, erreicht man in **San Diego** (s. S. 87 ff.) den Ozean zum Sonnenuntergang, eine erfrischende Abwechslung nach Tagen voller Wüstenstaub. Es ist auch höchste Zeit für ein Wiedersehen mit dem Pazifik, egal, an welcher Stelle. Vielleicht am Mission oder **Pacific Beach**? An den Sommerwochenenden, wenn die Jugend regelrecht ins Meer überquillt, ist besonders hier der Teufel los. Da sponsert eine Schnapsfirma ein Volleyball-Match – sofort ein Menschenauflauf! Skateboard-Artisten haben bei einem gerade abgerissenen Haus einen leeren Swimmingpool entdeckt und brettern die grünen Wände rauf und runter.

Die Küste bei **La Jolla** ein Stück weiter nördlich ist da zurückhaltender und geradezu friedlich, und auch auf der Halbinsel **Coronado** im Süden der Stadt hat gut Ding eher Weile.

Die Route

🔴 Leichtes Leben am Meer
San Diego

Route: Ein Tag in San Diego

Zeit	Programm	
		Einen Stadtplan von San Diego und weitere Informationen finden Sie S. 87 ff.
Vormittag	**Horton Plaza** (Downtown, Block zwischen 1st und 4th Ave., Broadway und G St.), **Gaslamp Quarter**.	
Mittag	Lunch und Pause im **Balboa Park** (von Downtown über 12th St. Richtung Norden).	
Nachmittag	Entweder **Sea World**, **Seaport Village** und **Embarcadero**, **Strände** (La Jolla, Mission, Pacific, Coronado Beach) oder Ausflug zur **Missionskirche** bzw. nach **Tijuana**, Mexiko.	

Pazifikfreuden auf einer Postkarte

Die Route

Stadtpläne von Los Angeles und weitere Informationen finden Sie S. 58 ff.

⓴ Mehr Meer
Langsam nach L. A.

Route: San Diego – Los Angeles (232 km/145 mi)

km/mi	Zeit	Route
0	8.00 Uhr	Von **San Diego** (Downtown) I-5, Mission Bay, Mission und Pacific Beach Blvd. nach
22/14	8.45 Uhr	**La Jolla**. Ravine St. links hinunter zum Coast Blvd., Parken und Rundgang (ca. 1 Std.). Weiterfahrt über Prospect und Torrey Pines Rd., La Jolla Shores Dr. (SR 21) bis
37/23	10.30 Uhr	**Torrey Pines State Reserve**. Wanderung, Picknick, Baden (ca. 2 1/2 Std). Für den Strand gibt es einen unteren Parkplatz.
64/40	15.00 Uhr	**Carlsbad** (kurzer Stopp bei Alt-Karlsbad). Hinter Oceanside auf die I-5
232/145	17.00 Uhr	**West Los Angeles**: Kreuzung San Diego (I-405) und Santa Monica Fwy. (I-10). Von hier, je nach Hotellage, am besten nach **Santa Monica**.

»America's most popular coastal soaring site«: Torrey Pines Glider Port, La Jolla

Der **La Jolla Shores Drive** und seine Verlängerung, die **Torrey Pines Road**, ziehen eine lichte Schneise durch die wissenschaftlichen Gefilde im Norden von San Diego. An keiner anderen Stelle der Stadt sind Forschung und Lehre stärker konzentriert als hier. Zunächst das Institut für Ozeanographie, dann der San Diego Campus der Universität von Kalifornien (UCSD), an der einst Herbert Marcuse lehrte, das Salk Institute für Biologie mit seiner avantgardistischen Architektur von L. Kahn (Hinweisschild) und jede Menge anderer Forschungsstätten – vollendete oder solche im Bau. Jonas Salk, der Entdecker des Impfstoffs gegen die Kinderlähmung, starb 1995.

An der ersten Lagune – Los Penasquitos Lagoon and Salt Marsh – geht es links ab, zurück und hinauf zum **Torrey Pines State Reserve** (s. S. 84), in eine landschaftlich ungewöhnliche Enklave, die viele aus Unkenntnis links liegen lassen. Zu Unrecht, denn der Park bietet nicht nur reizvolle Wanderwege durch eine reiche Flora mit tollen Ausblicken auf den Pazifik, sondern auch den Zugang zu fast menschenleeren

Stränden am Fuß der Klippen. Ihre Breite hängt von der Tide ab, denn bei Flut spült das Wasser fast bis an die Steilküste. Im Adobebau der Rangerstation erläutern Ausstellungen die heimische Pflanzenwelt – in erster Linie jenen Baum, der dem Park den Namen gibt, die Torrey-Kiefer *(Pinus torreyana)* mit ihren superdicken Zapfen. Auf dem Beach Trail, dem Höhenweg, der sich durch duftendes *coastal sagebrush* windet, gelangt man an Kakteen und Agaven vorbei zum Meer bis **Flat Rock**.

Der Highway hält sich weiterhin eng an der Küste, trennt dabei die Salzmarschen vom Ozean und reiht die Badeorte auf wie eine Perlenschnur, verziert durch hübsche Creeks und leuchtendgelbe Sukkulenten. **Carlsbad** (s. S. 84) klingt nach böhmischen Dörfern, und das nicht ohne Grund. Ende des 19. Jahrhunderts fand man,

Die Route

dass zwei hiesige Mineralquellen denen im (damals) berühmten Karlsbad in Böhmen glichen. An Alt-Karlsbad erinnert heute ein romantisches Pfefferkuchenhaus an der Straße.

Nach der Auffahrt auf die Interstate 5 folgen die Riesen-Eier des nach dem ägyptischen Eremiten Onofre benannten Atommeilers – nützlich, sagen die Betreiber, gefährlich, die Gegner. Gänzlich unumstritten dagegen behauptet die **Mission San Juan Capistrano** (s. S. 95) ihren idyllischen Platz. Sie ist eine wegen ihrer Ruinenromantik besonders hervorragende Klosteranlage im Kranz der 21 Kirchen, die in der spanischen Ära entlang dem Camino Real entstanden, jener Kolonisationsroute, die heute US 101 heißt.

Long Beach blättert in Höhe der Ausfahrt Signal Hill ein anderes Kapitel kalifornischer Geschichte auf. Hier lag das erste riesige Ölfeld, das Anfang des 20. Jahrhunderts den Boom auslöste, der seither die wirtschaftliche Entwicklung des Landes wesentlich bestimmen sollte. Upton Sinclair hat davon erzählt. In seinem Roman »Öl« tobt der Kampf ums flüssige Gold. Den Stoff guckte er den Praktiken ab, die sich damals vor seinen Augen in Long Beach abspielten. Signal Hill ist der Ort der Handlung und die Quelle aller tragenden Motive, die sich um Öl und *big business*,

Bestechung und Korruption drehen. Der Geist eines kalifornischen »Dallas« wehte bereits durch die 1927 erschienenen Seiten des sozialkritischen Werks.

Was heute hier weht, erfährt man nahezu übergangslos innerhalb weniger Minuten, wenn die Petrochemie von **Carson** ihre Duftwolken in den Himmel pustet. Sieht so die Stadt der Engel aus? Nein, aber eine gehörige Portion Realitätssinn kann beim Kennenlernen von **Los Angeles** (s. S. 58 ff.) nicht schaden, einer Stadt, die in Ausmaß und Tempo alle europäischen Maßstäbe sprengt: dreizehn Millionen quirlige Menschen und Autos auf einer Gesamtfläche, die größer ist als das Ruhrgebiet.

Ist das dieselbe Stadt, die seit der Entstehung ihrer Film-Enklave Hollywood kräftig daran arbeitet, in Film und Fotos, Songs und Sprüchen traumhaft auszusehen? Warten wir's ab. Fest steht, L. A. hat nicht nur seine Stadtgrenzen sichtbar aufgelöst. Seine Innovationsfähigkeit, Energie und Kreativität lösen Tag für Tag auch anderes auf: Althergebrachtes, Erwartungen und Vorurteile ... »Los Angeles ... man kann sich hier amüsieren wie mit einem Kaleidoskop: ein kleiner Stoß mit der Hand – und schon geben die bunten Glasstückchen die Illusion einer neuen Rosette«, schrieb einst Simone de Beauvoir. Morgen wird sich das zeigen.

Der Hollywood »Walk of Fame« holt die Sterne der berühmten Filmstars wieder auf die Erde

---

㉑ Ein Stück von Big Orange
Ein Tag in den Beach Communities und Getty Center

Vormittag

Zu Fuß oder mit dem Fahrrad: Start vom **Santa Monica Pier** in südlicher Richtung am Ozean entlang auf dem **Santa Monica Bike Path** bis **Venice**. Dort zum People Watching den **Ocean Front Boardwalk** entlangschlendern

(z. B. nach Muscle Beach). Danach über Washington Blvd. auf Grand Canal zu den **Venice Canals**, dem stilleren Teil von Venice. Nur ein paar Blocks entfernt gelangt man über Venice Blvd. auf **Abbot Kinney Blvd.** Im Abschnitt zwischen Venice Blvd. und Brooks Ave. erwartet den Besucher der Gegenentwurf zur amerikanischen Kettenkultur: Ausgefallene Boutiquen, Galerien, Lofts, Cafés und Restaurants reihen sich Tür an Tür.

Mittag
Nach dem Lunch (z. B. im Rose Café) über den Santa Monica (I-10 East) und dann den San Diego Fwy. (I-405 North) nach Brentwood zum **Getty Center**, dem kulturellen Highlight von L. A. Für Richard Meiers Trutzburg der schönen Künste sollte man 2–3 Stunden für ein erstes Kennenlernen einplanen.

Nachmittag
Am Nachmittag geht es zurück zum Pazifik, zunächst in westlicher Richtung über den Sunset Blvd. nach **Pacific Palisades** und nach einem eventuellen Stopp im **Adamson House** weiter nach **Malibu**. Am besten an die Strände Surfrider, Zuma State bzw. Leo Carillo State Beach oder zur Paradise Cove. Über den **Pacific Coast Hwy.** zurück nach Süden erreicht man wieder **Santa Monica**. Dort Spaziergang im **Palisades Park**. Danach, falls die Zeit noch reicht, zum Einkaufsbummel auf Montana Ave. oder ein paar Blocks weiter in Höhe von Wilshire Blvd. rechts zur **Third Street Promenade** abbiegen, eine der belebtesten Straßen der West Side. Am deren Ende trifft man auf die Open-Air-Mall **Santa Monica Place**.

Extras in L. A.
1. **Hollywood und die Studios**; 2. Museen & Shopping in **Mid-Wilshire** – vormittags **LA County Museum of Art** (LACMA), **La Brea Tar Pits** und **Page Museum** und das **Craft and Folk Art Museum**, nachmittags Besuch des **Farmer Markets** und der Shopping Mall **The Grove**; 3. **Disneyland**, denn ein Besuch bei den Mickymäusen gehört nun mal zum Standard jedes Kalifornien-Programms.

Programmdetails vgl. S. 62 ff.

Märchenarchitektur in Disneyland

Die Route

Stadtpläne und weitere Informationen zu L. A. finden Sie S. 58 ff.

Die Route

㉒ Arkadien in Kalifornien
Santa Barbara

Route: Los Angeles/Santa Monica – Malibu – Santa Barbara (138 km/ 86 mi)

km/mi	Zeit	Route
0	9.00 Uhr	In **Santa Monica** S 1 (Pacific Coast Hwy.) nach Norden bis
21/13		**Malibu**, kurzer Stopp; weiter auf der S 1

Fiesta: Cinco-de-Mayo-Festival vor dem County Court House in Santa Barbara

138/86 11.00 Uhr **Santa Barbara**, Exit Cabrillo Blvd. West, Cabrillo Blvd. bis Ecke Garden St., beim **Information Center** parken (hinter dem Haus oder gegenüber am Strand). Spaziergang Richtung **Wharf**. – Fahrt zum **County Court House** (Rundgang und Lunchmöglichkeit). **State Street** (Shopping, z. B. El Paseo, La Arcada, Paseo Nuevo bzw. Santa Barbara Museum of Art). **East Beach, Butterfly Beach** (Montecito) oder **Hafen**.

Die Route

Kurz vor seinem Ende verschwindet der Santa Monica Freeway kurz im Tunnel und kommt dort als Pacific Coast Highway wieder heraus – und zwar als Nummer eins, als der berühmte Highway One, der nun auch gleich, eingekeilt zwischen Steilufer und Strandhäusern, zügig nach Norden strebt.

Hinter Topanga State Beach entzieht sich der Ozean dem Blick, denn zwischen Straße und Meer quetscht sich fast lückenlos Bungalow an Bungalow. In **Malibu** (s. S. 70 f.) geben sie sich besonders extravagant.

Wen die Badelust packt, der kann hier natürlich parken und loslegen, aber vielleicht sollte er sich das lieber bis zum **Zuma Beach** aufsparen, denn dort wartet ein schöner Strand mit allem Drum und Dran – zum Laufen, Baden, Surfen und Frisbeespielen.

Bei **Oxnard** dominieren die hispanischen Landarbeiter in den Gemüsefeldern; fast die gesamte Broccoli-Ernte der USA kommt aus dieser Ecke. Die Fahrt durch den Ort, Ampel für Ampel, bleibt niemandem erspart, ebenso wenig wie die nickenden Ölpumpen bei Seacliff und die rührend durch Palmen getarnten Bohrinseln im Meer *(offshore drilling)*.

Bei **Montecito** beginnt eine eukalyptusbestandene Parklandschaft – eine würdige Ouvertüre für das in Selbstinszenierungen erfahrene **Santa Barbara** (s S. 50 ff.).

Steilküste in Santa Monica: Noch heute gewährt der Palisades Park (rechts) beste Aussichten

Die Route

㉓ Highway One Highlights
Missions und Big Sur

Route: Santa Barbara – San Luis Obispo – Big Sur – Carmel – Monterey (429 km/268 mi)

km/mi	Zeit	Route
0	9.00 Uhr	In **Santa Barbara** State St. stadtauswärts bis Mission St., dort rechts dem Schild folgen zur **Missionskirche** (Stopp). Von der Kirche zurück zur Mission St. und diese bis zur Auffahrt US 101 North und nach
178/111	11.00 Uhr	**San Luis Obispo**, dort auf die S 1 (Ausfahrt Morro), nach Nordwesten über Morro Bay, Cambria, San Simeon nach
344/215	13.00 Uhr	**Big Sur** (Lunch im »Nepenthe«, ca. 1 Std.), weiter nach
399/249		**Carmel**, dem Schild (Rio Rd.) zur **Carmel Mission** folgen (Kirche und Gärten ca. 1/2 Std.). In Fahrtrichtung weiter geradeaus durch den Ort (Junipero Ave.) bis Ocean Ave., dort links bis zum Ende: **Strand von Carmel**. Zurück und gleich die erste Straße links zur Einfahrt des **17-Mile Drive** nach
429/268	17.00 Uhr	**Monterey**.

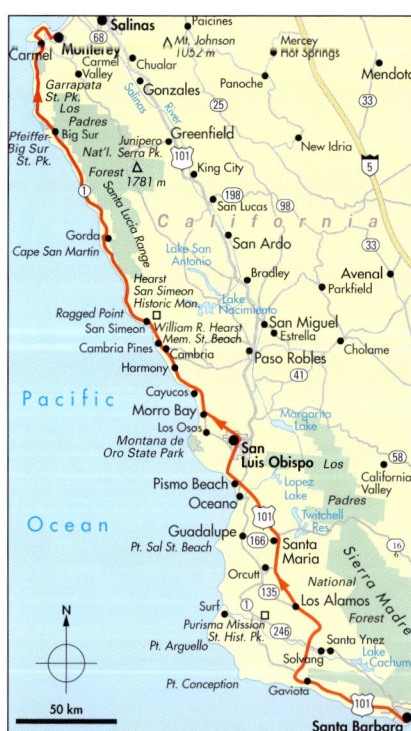

Extras

Wer sich auf dem Weg das **Hearst Castle** ansehen möchte, sollte dort nicht nur rechtzeitig reservieren (✆ 1-800-444-4445), sondern auch einen Zusatztag einlegen (in San Simeon kann man übernachten und Camper sind am San Simeon State Beach gut aufgehoben. Die fünf verschiedenen Touren durch das Traumschloss dauern jeweils knapp 2 Std., tägl. im Sommer 8–18, im Winter Mo–Fr 9–17, Sa/So 9–15 Uhr, Abendtour später.

Die **Santa Barbara Mission** (s. S. 52) überragt nicht nur die Stadt, sondern als »Queen of the Missions« ihre 20 Mitbewerberinnen unter den Bauernkirchen, die Pater Junipero Serra, der Apostel Kaliforniens, einst im Schutz der spanischen Soldaten im damaligen *Alta California* ins Leben rief. Jede von ihnen war von der nächsten rund einen Tagesritt entfernt, zwischen San Diego im Süden und Sonoma im Norden.

Nördlich von Santa Barbara hält sich der Highway für eine Weile noch dicht am Ozean parallel zur Eisenbahn, bis er sich zum **Gaviota-Pass** hinauf landeinwärts schwingt und in der Deckung der Küstenberge nach Norden strebt, begleitet von lieblichen Berghängen voller Rebstöcke. Früher hatte Kalifornien ein Wine Country (die Region nördlich von San Francisco), heute ist praktisch der ganze Staat zu einem solchen geworden, denn es gibt kaum noch Flecken, wo keine Trauben angebaut werden – von der North Coast bis nach Temecula im Süden, sogar Bakersfield eingeschlossen.

In der Höhe von **Santa Maria** bemächtigt sich die Landwirtschaft dann auch anderer Erzeugnisse. Hier und da stehen Klumpen geparkter Autos und mobile Toilettencontainer am Straßenrand – untrügliche Zeichen für die Präsenz mexikanischer Erntehelfer, die entsprechend der Witterung gekleidet sind. Wenn es schüttet und die Pick-ups auf den vermatschten Straßen jedes entgegenkommende Fahrzeug versauen, tun sie auf den Feldern im Gelb ostfriesischer Nerze Dienst, um die Früchte aus dem Füllhorn Kaliforniens in Pappkartons zu verpacken.

Was die armen Teufel hier auf den Äckern treiben – das arbeitende, nicht das glamouröse Kalifornien – versorgt nicht nur dieses Land, sondern fast die halbe Welt mit Obst und Gemüse. So kommt es, dass Kalifornien in Bezug auf sein Bruttosozialprodukt weltweit unter den Top 10 der größten Wirtschaftsmächte rangiert.

Wer kurz vor San Luis Obispo einen Kaffee trinken oder tanken möchte, für den kommt die Ausfahrt zum **Madonna Inn** gerade recht. Auf jeden Fall ist diese Ikone kalifornischer Geschmackskultur einen Stopp wert.

Das gefällige Ranchland bei **San Luis Obispo** (s. S. 49) hat immer schon die Träume von einem Kalifornien ohne Rush Hour, *urban sprawl* und *billboards* geweckt. Denn an den Küsten im Süden sind die schon lange nicht mehr wegzudenken; schließlich leben über 80 Prozent aller Kalifornier nur wenige Kilometer vom Pazifik entfernt.

Bei **Morro Bay**, dem immer noch aktiven Fischereihafen, in den der wuchtige Morro Rock wie von Riesenhand geworfen und ins Meer geplumpst zu sein scheint, taucht hinter den Dünen kurz der tiefblaue Ozean auf. Aber er verschwindet gleich wieder bei jenen achtzehn (18) Einwohnern, die in **Harmony** zusammenleben, einem winzigen Flecken, dem man wohl seinen Namen glauben muss. Viele heiraten deswegen auch hier.

Wie ein ferner Märchenpalast thront wenig später auf den Bergen **Hearst Castle** (s. S. 49 f.), ein pompöses Unikum, das amerikanische Touristen geradezu magisch anzieht, denn alle haben den Film »Citizen Kane« gesehen und von Patty Hearst gehört, der Enkeltochter des einstigen Pressezaren William Randolph Hearst, die einst unter mysteriösen Umständen entführt wurde. Der Großvater setzte

Father Virgil kennt nicht nur die Mission Santa Barbara in- und auswendig, sondern auch die ersten Zeilen von Schillers »Die Glocke«

<u>Missionsstationen</u>
65 Jahre lang (1769–1834) funktionierte dieses System kolonialer Kontrollposten, dann vergab und verkaufte Mexiko die zugehörigen Ländereien im Zuge der Säkularisierung. Kirchen und Bauten selbst aber verfielen oder dienten als Geschäfte und Bars. Doch genügend Maler, Schriftsteller und Touristen des ausgehenden 19. Jahrhunderts feierten die verrottenden Ruinen als romantisch und schafften damit die Voraussetzung für ihren Wiederaufbau aus Mitteln privater Spender und Vereine.

Die Route

Superpool: Hearst Castle

sich in den 1930er Jahren mit seinem Zauberbergschloss ein Denkmal – ein durch und durch eklektisches, denn alle möglichen Baustile der Menschheitsgeschichte sind dort wieder auferstanden. Geschmack hin, Geschmack her – die Aussicht von hier oben ist hinreißend und der Super-Pool traumhaft!

Den Highway kümmert das wenig, er hält sich bei **Ragged Point** lieber an den Ozean, und zwar von nun an sehr eng in Richtung **Big Sur** (s. S. 41 ff.). Streckenweise wirkt er wie eine in die Horizontale verlegte Achterbahn. Statt deren Rauf und Runter erzeugt er durch quietschende Reifen und Absturzängste die psychosomatische Begleitmusik für die ohnehin schon atemberaubenden *vistas* und Perspektiven auf den Pazifik.

Für deren Genuss in Ruhe gibt es kaum einen himmlischeren Ort als die Terrasse von **Nepenthe** (s. S. 42), hoch auf der felsigen Steilküste. Wenn die Kolibris in den Bäumen zirpen und die Windglocken läuten, dann ist die Zeit für den *Ambrosiaburger* gekommen, um die Stimmung der höheren Sphären auch kulinarisch zu untermauern. Schließlich folgen die wild-würzigen Felslandschaften von **Point Lobos** (s. S. 44), das mondäne **Carmel** (s. S. 44) und das reizvolle **Monterey** (s. S. 46).

Schöne Scheunen zieren den Weg von Guadalupe nach San Luis Obispo

㉔ Finale
Zurück nach San Francisco

Die Route

Route: Monterey – Santa Cruz – San Francisco (203 km/127 mi)

km/mi	Zeit	Route
	Vormittag	In **Monterey** entweder Adobe-Tour durch die **Altstadt**, **Monterey Bay Aquarium** oder Spaziergang an der Felsenküste in oder in Richtung **Pacific Grove**.
0	12.00 Uhr	Abfahrt von **Monterey:** Del Monte Ave., die zur SR 1 wird, nach
72/ 45	13.00 Uhr	**Santa Cruz**. Exit Ocean St., an Water St. rechts, dann wieder links zur **Santa Cruz Mall** (Bummel, Lunch, danach zum Strand, Boardwalk, ca. 3 Std.). Vom Strand dem Schild ALL HIGHWAYS folgen, dann SR 17, I-880 über Oakland, I-80 über die Bay Bridge nach
203/127	17.30 Uhr	**San Francisco** (z. B. Exit 5th St.).

Einen Stadtplan von San Francisco und weitere Informationen finden Sie S. 24 ff.

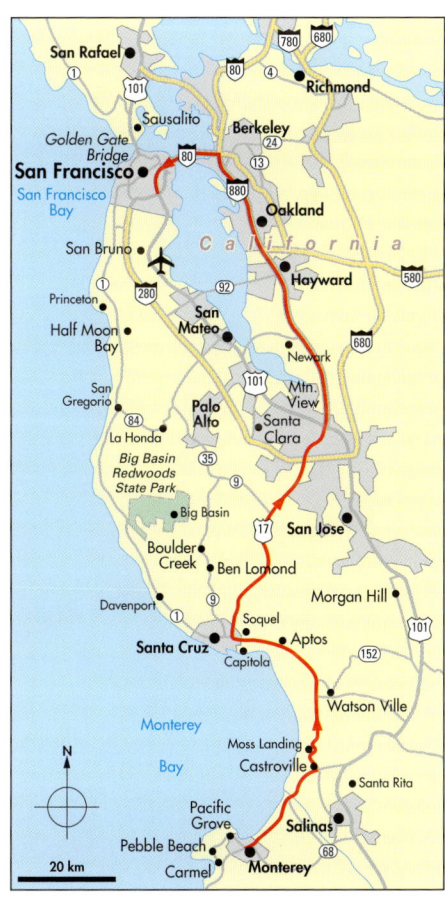

Alternativen

Wer den Morgen nicht in Monterey verbringen möchte, hat Gelegenheit, zwei attraktive Museen und eine mysteriöse Villa ohne große Umwege kennenzulernen. Zunächst das **National Steinbeck Center** in Salinas. (Anfahrt: von Monterey Hwy. 68 nach Salinas.) – Im Silicon Valley, in San Jose liegt das **Tech Museum of Innovation**. (Anfahrt: von Salinas US 101 North, Wechsel auf CA 85 N. Richtung Cupertino, Wechsel auf CA 87 N Richtung. Downtown San Jose, Exit W. San Carlos St., links auf WozWay, rechts auf W. San Carlos St., links auf S. Almaden Blvd., rechts auf Park Ave.) – **Winchester Mystery House**, die viktorianische Megavilla und die Gärten der exzentrischen Erbin des Winchester-Waffen-Vermögens.

Die Route

Farbenstark: Pacific Grove bei Monterey

Del Monte Avenue bildet das Ausfalltor von **Monterey** nach Norden, und wieder einmal versteckt sich dahinter der Highway One. Links, jenseits der Dünen, schimmert die Bucht – die »blaue Schüssel«, wie Steinbeck sie nannte –, über die Wildblumen ihren *magic carpet* ausrollen, ein natürliches Patchwork von Sukkulenten, die die ganze Farbskala ausschöpfen: Violett, Rot, Orange, Gelb und Grün.

Danach folgen schier endlose Artischocken- und Fenchelfelder mit emsigen *farmhands*, Trucks, Landmaschinen, Scheunen und Schuppen. Die Artischocken, ursprünglich aus Italien eingeführt, machten in Kalifornien Furore; der Westküstenstaat wurde zum Hauptlieferanten für die USA. Wir sind im **Salinas-Tal**, in Steinbeck Country, das neben biographischen auch literarische Meriten als Schauplatz seines 1952 erschienenen Romans »East of Eden« vorzuweisen hat.

Dicht am Rand des Wattenmeers erhebt sich das klotzige Kraftwerk von **Moss Landing**, einer Abschussrampe für Raketen nicht unähnlich, jedenfalls ein Klotz in der maritimen Idylle zwischen Dünen und Marina.

In **Santa Cruz** (s. S. 54 f.) verabschiedet sich die Reiseroute vom Highway One und folgt den rasanten Straßenwindungen landeinwärts durch das Scott's Valley und die Küstenberge in den verstädterten und verkehrsreichen Südzipfel der San Francisco Bay, nach San Jose und weiter nach **Oakland** (s. S. 37), der Großstadt, in der mehrheitlich Schwarze wohnen. Sie siedelten seit Mitte des 19. Jahrhunderts zunächst nur spärlich in Kalifornien. Erst mit Ausbruch des Zweiten Weltkriegs steigerte sich ihr Zuzug, weil die Kriegsindustrie Arbeitskräfte brauchte.

Bei der Zufahrt über die Bay Bridge rückt **San Francisco** ins Bild. An drei Seiten von Pazifik und Bay umspült, erhebt sich die Hügelstadt wie ein prächtiges Schiff, das in der besten aller möglichen Welten vor Anker zu liegen scheint. Selten hat eine amerikanische Stadt topographisch so viel Glück gehabt, selten unterhalten Wasser und Architektur, Stadtbild und Landschaft eine harmonischere Ehe. ☀

Feuerrote Kerzen an der »Blauen Schüssel«: Aloe vera in Pacific Grove

Unterkünfte
Hotels, Motels, B & Bs, Resorts, Jugendhotels, Campingplätze

Unterkünfte

»Reaching the Motel«, Fotocollage von Rudolf Roszak (1995, 90 x 120 cm): Manche Zeichen am Highway wirken wie biblische Gesetzestafeln

Unterkünfte in Arizona

Die bei den Unterkünften angegebenen $-Kategorien beziehen sich auf den Preis für ein Doppelzimmer pro Nacht. In der Praxis schwanken diese aber erheblich, manchmal gewinnt man den Eindruck, die Hotels ändern ihre Preise beinah stündlich. Auf jeden Fall aber reagieren die Raten flexibel auf Feiertage, lokale Events, Wochentage, Wochenenden, Saison. In den Städten sinken die Preise meist am Wochenende, in Ausflugsgebieten steigen sie entsprechend. Häufig sorgen spektakuläre Discounts für erfreuliche Überraschungen.

$	–	bis 70 Dollar
$$	–	70 bis 110 Dollar
$$$	–	110 bis 180 Dollar
$$$$	–	über 180 Dollar

ARIZONA

Ajo

Guest House Inn
700 Guest House Rd., Ajo, AZ 85321
✆ (520) 387-6133
www.guesthouseinn.biz
B&B mit vier Zimmern im historischen Gästehaus der Minengesellschaft. $–$$

Siesta Motel & RV Resort
2561 N. Ajo Gila Bend Hwy.
Ajo, AZ 85321
✆ (520) 387-6569
www.ajolasiesta.com
Kleiner Campingplatz mit Pool, dazu ein Motel mit Airconditioning, falls es doch zu heiß wird. $–$$

Marine Motel
1966 N. Ajo Gila Bend Hwy., Ajo, AZ 85321
✆ (520) 387-7626
www.marinemotel.com
Bescheiden und abseits gelegen (knapp 2 km auf SR 85 nach Norden). $

Bisbee

Copper Queen Hotel
11 Howell Ave., Bisbee, AZ 85603
✆ (520) 432-2216
www.copperqueen.com
Legendäres Hotel von 1902 mit schönem Speiseraum, Bar und Straßencafé. $$–$$$$

Copper City Inn
99 Main St., Bisbee, AZ 85603
✆ (520) 432-1418 und (520) 456-4254
www.coppercityinn.com
Komfortabler Inn mit fünf Zimmern im historischen Ortskern. $$$

Postkarte von einem immer noch hochaktuellem Campingplatz

> **Unterkünfte in Arizona**

Eldorado Suites Hotel
55 OK St., Bisbee, AZ 85603
✆ (520) 432-6679
www.eldoradosuitesbisbee.com
Etwas höher im Ort gelegen, dadurch tolle Blicke auf die Stadt. Großzügige Suiten. $$$

Shady Dell RV Park
1 Douglas Rd., Bisbee, AZ 85603
✆ (520) 432-3567
www.theshaydell.com
Origineller Campingplatz (9 Plätze) und Open-Air-Park für Vintage Trailers, in denen man auch übernachten kann ($$) knapp zwei Meilen außerhalb des Historic District. Sie sind mit viel Liebe (und Kenntnis) möbliert: Eisschränke, Radios, TVs und Möbel der 1950er Jahre, historische Zeitschriften, 45er-Scheiben und Video-Kassetten mit zeitgenössischen Fernsehsendungen. Kleinere Container sind als Liebesnest bei Flitterwöchnern beliebt. $

Flagstaff

England House Bed and Breakfast
614 West Santa Fe Ave., Flagstaff, AZ 86001
✆ (928) 214-7350
www.marriott.com
Vier schöne Zimmer in einem historischen Gebäude von 1902. Vier Blocks von der Innenstadt entfernt. Tolles Frühstück. $$$–$$$$

Courtyard by Marriott Flagstaff
2650 S. Beulah Blvd. (südl. von Downtown an der Kreuzung I-17 & I-40)
Flagstaff, AZ 86001
✆ (928) 774-5800
www.flagstaffcourtyard.com
Flagstaffs neuestes Hotel im Mountain-Lodge-Stil wurde 2009 eröffnet. $$$

Inn at 410 Bed and Breakfast
410 Leroux St., Flagstaff, AZ 86001
✆ (928) 774-0088, www.inn410.com
Historischer, gut erhaltener B&B von 1894 mit neun individuell eingerichteten Räumen (einige mit Kamin oder Jacuzzi). Nur zwei Blocks von der historischen Innenstadt entfernt. Mit Frühstück. $$$

Little America Hotel
2515 E. Butler Ave. (I-40, Exit 198)
Flagstaff, AZ 86004
✆ (928) 779-7900
www.littleamerica.com
Resort im Ponderosa-Wald, Wander- und Joggingpfade, Pool, Fitnessräume, Restaurants/Coffee Shop (u.a. **Western Gold Steakhouse Room**), Lunch ($) und Dinner ($$). $$$

Grand Canyon National Park
Vgl. auch Williams.

Grand Canyon National Park Lodges
Xanterra South Rim
10 Albright St., Grand Canyon, AZ 86023
✆ (928) 638-2631
www.grandcanyonlodges.com
Zentralverwaltung diverser Hotels und Lodges, reserviert werden u.a. das historische **El Tovar** (vgl. unten), die moderne **Maswik Lodge** ($$$–$$$$), die rustikalen **Bright Angel Lodge & Cabins** ($$–$$$), die **Thunderbird & Kachina Lodge** mit Canyonblick ($$$), die **Yavapai Lodges** ($$$) im Wald zwischen Yavapai Point und El Tovar und die **Phantom Ranch** (vgl. unten). Mehrere Monate im Voraus reservieren.

El Tovar
Grand Canyon National Park
Grand Canyon, AZ 86023
✆ (928) 638-2631
www.grandcanyonlodges.com
Die 78-Zimmer-Lodge am südlichen Canyonrand (von 1905) zählt zu den prächtigsten Herbergen in der Wildnis, ein düsterer Stilmix aus Schweizer Jagdhütte und viktorianisch geprägtem Blockhaus. Lange galt sie als das eleganteste Hotel westlich des Mississippi. Gutes Restaurant, ergiebiger Gift Shop! $$$$

Best Western Grand Canyon Squire Inn
74 Hwy. 64 (14 km südl. des Grand Canyon)
Tusayan, AZ 86023
✆ (928) 638-2681
www.grandcanyonsquire.com
Pool, Sauna, Fitnessräume, Tennisplätze, Restaurants, Bar. $$$–$$$$

Canyon Plaza Resort
406 Canyon Plaza Lane (1 Meile südl. Parkeingang)
Grand Canyon, AZ 86023
✆ (928) 638-2673
www.grandcanyonplaza.com
In Tusayan hinter dem IMAX-Theater: Restaurant, Pool und Wintergarten-Lounge. $$$–$$$$

The Grand Hotel
149 Hwy. 64 (südl. des Parkeingangs)
Grand Canyon, AZ 86023
✆ (928) 638-3333
www.grandcanyongrandhotel.com
Neorustikale Lodge, günstig gelegen: Restaurant, Pool. Fitnessstudio, Entertainment. Vermittelt Jeep-, Flug-, und Schlauchboottouren, Ausritte und Wanderungen. $$$

Unterkünfte in Arizona

Holiday Inn Express Hotel & Suites Grand Canyon
Hwy. 64, P.O. Box 3245
Grand Canyon, AZ 86023
℃ (928) 638-3000
www.hiexpress.com
Kettenhotel und schöner Anbau (mit 25 Suiten). Kleines Frühstück inkl. $$–$$$

Phantom Ranch
Grand Canyon National Park
Grand Canyon, AZ 86023
℃ (928) 638-2631
www.grandcanyonlodges.com
Historisch, 1922 von Fred Harvey im Westernstil errichtet. Ideale Einkehrmöglichkeit für Wanderbegeisterte. Einfach, Schlafräume mit vier bis sechs Betten. Frühstück, Lunch, Dinner. Schwimmen im Bright Angel Creek, Wandern, Angeln. Unbedingt vorher reservieren! $

Mather Campground and Trailer Village
P.O. Box 520, Grand Canyon Village, AZ 86023
℃ 1-877-444-6777, www.recreation.gov
Zwei große staatliche Campingplätze nahe dem Südrand; weitere private in Tusayan außerhalb des Parks. Buchung über den National Park Reservation Service.

Grand Canyon Camper Village
549 Camper Village Lane (Adresse funktioniert bei GPS oft nicht. Alternativ verwenden: P.O. Box 3392)
Grand Canyon, AZ 86023
℃ (928) 638-2887
www.grandcanyoncampervillage.com
Privat und ganzjährig am Hwy. 64, reservieren.

Holbrook

Best Western Arizonian Inn
2508 Navajo Blvd., Holbrook, AZ 86025
℃ (928) 524-2611, www.bestwestern.com
72 Zimmer, Pool, kleines Frühstück inkl. $–$$

Wigwam Motel
811 W. Hopi Dr., Holbrook, AZ 86025
℃ (928) 524-3048
www.galerie-kokopelli.com/wigwam
Steinerne Indianerzelte (Baujahr 1950). Alternative zum rechten Winkel: simple, runde, klimatisierte und TV-bestückte Zimmer für Route-66-Romantiker. $

Holbrook/Petrified Forest KOA
102 Hermosa Dr. (I-40, Exit 289, 2,5 km westl. von Holbrook via Navajo Blvd.)
Holbrook, AZ 86025
℃ (928) 524-6689
www.koa.com/where/az/03103
132 Plätze für RVs und Zelte. Cabins, Kiosk, Waschsalon, Pool, Spielplatz und Sportangebote.

Jerome

The Surgeon's House
101 N. Hill St., Jerome, AZ 86331
℃ 1-800-639-1452, www.surgeonshouse.com
Feine Pension (1916) mit schönen Aussichten, Gärten, Frühstück und Selbstgebackenem. $$$–$$$$

Ghost City Inn
541 Main St. (Hwy. 89A), Jerome, AZ 86331
℃ 1-888-634-4678, www.ghostcityinn.com
Historischer B&B im Ortszentrum. Vermietet auch Harley-Davidsons. Mit Frühstück. $$–$$$

Mile High Inn & Grill
309 Main St., Jerome, AZ 86331
℃ (928) 634-5094
www.milehighgrillandinn.com
Viktorianische Zimmer mit eigenem Bad. Restaurant (Lunch/Dinner). Frühstück inkl. $–$$

Kayenta

Kayenta Monument Valley Inn
Kreuzung US 160 & 163, P.O. Box 307
Kayenta, AZ 86033
℃ (928) 697-3221
www.kayentamonumentvalleyinn.com
Solide Bleibe am Rand des Tals: Restaurant, Pool, Fitnesscenter. $$$–$$$$

Hampton Inn Kayenta
US 160, P.O. Box 1219
Kayenta, AZ 86033
℃ (928) 697-3170, http://hamptoninn3.hilton.com
Solide: 73 Zimmer, Restaurant. $$$

The View Hotel
Monument Valley Tribal Park, UT 84536
℃ (435) 727-5555
www.monumentvalleyview.com
Modernes Hotel mitten in Monument Valley im Besitz der Navajo. Grandioser Panoramablick auf die Mittens. Möglichst einige Monate vorab reservieren. $$$

Kingman

Best Western A Wayfarer's Inn & Suites
2815 E. Andy Devine Ave., Kingman
AZ 86401
℃ (928) 753-6271

Unterkünfte in Arizona

www.bestwestern.com
Zimmer mit Mikroherd und Kühlschrank, Fitnessraum, Pool, *hot tub*, Waschsalon und – weit genug weg vom Geheul der Santa-Fe-Loks. Kleines Frühstück inkl. $$

Hill Top Motel
1901 E. Andy Devine Ave., Kingman AZ 86401
✆ (928) 753-2198
www.hilltopmotelaz.com
Preiswert: 29 Zimmer, Pool, Waschsalon. $

Kingman KOA
3820 N. Roosevelt St., Kingman, AZ 86409
✆ (928) 757-4397
www.kingmankoa.com
Familienfreundlich: 90 Plätze (RVs und Zelte), Cabins, Propangas, Kiosk, Waschsalon, Pool, Spiel- und Minigolfplatz.

Page (Lake Powell)

Lake Powell Resort
100 Lakeshore Dr., Page, AZ 86040
✆ 1-888-896-3829
www.lakepowell.com
Schön gelegen: 350 Zimmer, Restaurant mit Seeblick, Pool, Jacuzzi, Marina. Bootsfahrten kann man buchen, zum Badestrand zu Fuß gehen. $$$–$$$$$

Courtyard Page at Lake Powell
600 Clubhouse Dr. (US 89/N. Lake Powell Blvd.)
Page, AZ 86040
✆ (928) 645-5000
www.marriott.com
Ansehnlich im Pueblo-Stil, Pool, Fitnesseinrichtung, gutes Restaurant **Pepper's**. $$-$$$$

Best Western at Lake Powell
208 N. Lake Powell Blvd., Page, AZ 86040
✆ (928) 645-5988
www.bestwesternatlakepowell.com
Solide – mit Fitnessraum, Pool und Whirlpool. Kleines Frühstück inkl. $$–$$$

Wahweap RV Park & Campground
100 Lakeshore Dr., Page, AZ 86040
✆ (928) 645-2433 und 1-888-896-3829
www.lakepowell.com
Ganzjährig; privat mit 139 Plätzen, *full hookups*.

Phoenix/Scottsdale

Arizona Biltmore Resort & Spa
2400 E. Missouri Ave., Phoenix, AZ 85016
✆ (602) 955-6600
www.arizonabiltmore.com
Dieser vom Frank-Lloyd-Wright-Schüler Albert Chase McArthur unter der beratenden Einflussnahme des Meisters gestaltete Bau zählt zu den architektonisch bemerkenswertesten Resorts in den USA (seit 1929): hinreißende Lobby, schöne Gärten, tolle Pool-Inszenierung, Tennis- und Golfplätze, Fitnessstudio und der angeblich größte Weinkeller des Südwestens. $$$$

Hyatt Regency Scottsdale Resort
7500 E. Doubletree Ranch Rd.
Scottsdale, AZ 85258
✆ (480) 444-1234 und 1-888-591-1234
www.scottsdale.hyatt.com
Dieses erste Fantasy-Resort (1986) in der Regi-

Für 1001 Nacht: Pool des Arizona Biltmore Resort & Spa in Phoenix

Unterkünfte in Arizona

on Scottsdale gilt hier immer noch als eine der besten Adressen. Restaurants, Golf- und Tennisplätze, Fitnessprogramme, Spa, Jogging- und Radwege. Wasserlandschaft mit diversen Pools und einem 250-Tonnen-Sandstrand aus Kalifornien – das einzig »Natürliche« weit und breit! $$$$

The Phoenician
6000 E. Camelback Rd., Scottsdale, AZ 85251
✆ (480) 941-8200 und 1-800-888-8234
www.thephoenician.com
Beeindruckendes Megaresort am Fuß des Camelback Mountain. Üppige Pools, Spa. Golfplatz, Spitzenrestaurants: **Il Terrazzo** (preisgekrönte italienische Küche) und **J&G Steakhouse**, das trotz des Namens nicht nur hervorragende Porterhouse- und Ribeye-Steaks serviert, sondern auch exzellenten Fisch – und einen schönen Blick über die City. $$$$

Royal Palms Resort & Spa
5200 E. Camelback Rd., Phoenix, AZ 85018
✆ (602) 840-3610 und 1-800-672-6011
www.royalpalmshotel.com
Tropischer Garten mit 116 Zimmern und Casitas; Spitzenrestaurant **T. Cook's**. Pools, Fitnessanlage, Golf- und Tennisplätze. Fahrradverleih. $$$$

Hotel Valley Ho
6850 E. Main St., Scottsdale, AZ 85251
✆ (480) 248-2000 und 1-866- 882-4484
www.hotelvalleyho.com
Sehr schickes Boutiquehotel im Retrolook der Fifties. Beliebte Bar und Restaurant. Downtown Scottsdale ist zu Fuß erreichbar. $$$–$$$$

The Saguaro Scottsdale
4000 N. Drinkwater Blvd.
Scottsdale, AZ 85251
✆ (480) 308-1100 und 1-877-808-2440
www.thesaguaro.com
Am Rande von Old Town Scottsdale zeigt sich das neu renovierte Motel aus den 1960ern in feinem Retrostil. $$$

Prescott

Hassayampa Inn
122 E. Gurley St. (Downtown)
Prescott, AZ 86301
✆ (928) 778-9434, www.hassayampainn.com
Charmantes Grandhotel von 1927. Fusion aus Pueblo- und Art-déco-Stil. Gemütliches Restaurant **Peacock Dining Room** für Frühstück, Lunch ($) und Dinner ($$). $$–$$$$

Point of Rocks RV Campground
3025 N. Hwy. 89, Prescott, AZ 86301
✆ (920) 445-9010
www.pointofrockscampground.com
Schönes hügeliges Gelände: 96 Plätze, einiger Schatten, Kiosk, Münzwäscherei, Wanderwege.

Südwesten de luxe: eins der vielen Resorts in Phoenix und Scottsdale – Royal Palms Resort & Spa

Palmengarten des Hyatt Regency Resort, Scottsdale

Scottsdale
Vgl. Phoenix.

Sedona

L'Auberge de Sedona
301 L'Auberge Lane, Sedona, AZ 86336
✆ (928) 282-1661
www.lauberge.com
Edler Country Inn: 58 Zimmer, Cottages und Suiten. Abgeschieden am Oak Creek mit gepflegter Gartenarchitektur und vorzüglichem Restaurant ($$$), Pool, Jacuzzi. $$$$

Hilton Sedona Golf Resort & Spa
90 Ridge Trail Dr., Sedona, AZ 86351
✆ (928) 284-4040
www.hiltonsedonaresort.com
Luxusresort im High-Desert-Stil. Großartige Lage mitten im Red Rock Country. Golf, Spa, Fitness. Wunderschöne Wanderwege in der näheren Umgebung. $$$–$$$$

Best Western Plus Inn of Sedona
1200 W. Hwy. 89A, Sedona, AZ 86336
✆ (928) 282-3072
www.innofsedona.com
Ruhig mit schönem Blick. Pool, Fitnessraum. Kleines Frühstück inkl. $$$

Unterkünfte in Arizona

Star Motel
295 Jordan Rd., Sedona, AZ 86336
✆ (928) 282-3641
www.starmotelsedona.com
Einfaches, aber angenehmes Hotel in guter Lage. $$

Lo Lo Mai Springs Outdoor Resort
11505 Lolomai Rd., Sedona, AZ 86325
✆ (928) 634-4700
www.lolomai.com
Privat und gut ausgestattet: 110 Plätze für RVs und Zelte, viel Schatten am Oak Creek, Cabins, Propangas, Pool, Whirlpool, Spielplatz. Man kann picknicken, schwimmen, angeln, Basket- und Volleyball spielen.

Tombstone

Apache Spirit Ranch
W. Schieffelin Monument Rd.
Tombstone, AZ 85638
✆ (520) 457-7299 und 1-877-404-7262
www.apachespiritranch.com
Resortranch in den Kulissenbauten eines Wildweststädtchens, alle 17 Zimmer individuell möbliert als Bordell oder Sheriff-Büro. Restaurant, Ausritte und Ausflüge auch mit Apachen-Indianern. Auch pro Nacht buchbar. $$

Larian Motel Tombstone
410 Fremont St. (Hwy. 80), Tombstone, AZ 85638
✆ (520) 457-2272, www.tombstonemotels.com
Preisgünstiges, zuverlässiges Motel. $–$$

Tombstone RV & Horse Park
1475 N. Hwy. 80, Tombstone, AZ 85638
✆ (520) 457-3829
www.tombstonervandhorsepark.com
Privater Campground (RV und Zelte, Cabins) mit Pool und Kiosk – und für Ihr Pferd wird auch gesorgt.

Tucson

Arizona Inn
2200 E. Elm St., Tucson, AZ 85719
✆ (520) 325-1541
www.arizonainn.com
Wunderschöner, historischer Country Inn von 1930: 95 Zimmer und Suiten mit historischer Möblierung, malerischen Gärten, manikürtem Rasen in Uninähe. Vorzügliches Restaurant, Terrassencafé, Cocktail Lounge, Biblio-

Unterkünfte in Arizona

thek, reizvoller Pool, Tennisplätze, Fitness. Im Sommer $$–$$$, sonst $$$$

Hotel Congress
311 E. Congress St. (Downtown)
Tucson, AZ 85701
✆ (520) 622-8848, www.hotelcongress.com
Ehemaliges Art-déco-Hotel für die Passagiere der Southern Pacific Railroad mit dem Motto »...Wo der Sommer seit 1919 den Winter verbringt«: einfaches Hotel in zentraler Lage im Arts District, mit Nachtclub und gemütlichem Café, *hangin und hangout* für das Künstlervolk (Frühstück, Lunch, Dinner). $$–$$$

Lodge on the Desert
306 N. Alvernon Way, Tucson, AZ 85711-2855
 ✆ (520) 320-2000
www.lodgeonthedesert.com
Boutique-Hotel im Hazienda-Stil mit 103 Zimmern. Pool, Spa. Eigenes Restaurant *(Nouvelle American cuisine)*. $$–$$$$

Westward Look Resort
245 E. Ina Rd., Tucson, AZ 85704
 ✆ (520) 297-1151
www.westwardlook.com
Komfortable Oase (Hazienda seit 1912) in den Ausläufern der Catalina Mountains oberhalb von Tucson. Zimmer und Suiten, Restaurant (Südwestküche), Pools, Spa, Tennisplätze, Reiten, Mountainbiking, Fitnesseinrichtungen, Joggingpfade. $$–$$$$

Gilbert Ray Campground
Rt. 13 (13 km westl. der Stadt), P.O. Box 977
Tucson, AZ 85713
✆ (520) 883-4200 Jan.–März, sonst (520) 877-6000
Groß und einfach inmitten stolzer Kakteen im Tucson Mountain Park an der Kinney Rd.

Williams

The Red Garter Bed & Bakery
137 W. Railroad Ave., Williams, AZ 86046
✆ (928) 635-1484 und 1-800-328-1484
www.redgarter.com
Ehemals Combo aus Saloon und Bordell, heute gastliches kleines Hotel (4 Zimmer) und Café mit frischen Backwaren. Frühstück inkl. $$–$$$

Williams at the Grand Canyon Railway Hotel
235 N. Grand Canyon Blvd.
Williams, AZ 86046
 ✆ (928) 635-4010
www.thetrain.com
Morgens kann man gleich nebenan den historischen Zug nehmen und zum South Rim fahren. Zwei Blocks nördlich von Downtown bzw. der historischen Route 66 gelegen. 297 Zimmer, Pool, Restaurant. $$–$$$

The Lodge On Route 66
200 E. Route 66, Williams, AZ 86046
✆ (928) 635-4534
www.thelodgeonroute66.com
Ordentliches Motel an der Route 66. $$

Grand Canyon/Williams KOA
5333 Hwy. 64, Williams, AZ 86046
✆ (928) 635-2307
www.koa.com

Gepflegte Oase: die blühenden Gärten des Arizona Inn, Tucson

Williams/Exit 167/Circle Pines KOA
1000 Circle Pines Rd.
Williams, AZ 86046
✆ (928) 635-2626, www.koa.com
Ganzjährig. RVs, Zelte, Cabins, Pool, Sauna, Snackbar, Fahrradverleih.

Unterkünfte in Arizona/ Kalifornien

Winslow

La Posada Hotel
303 E. 2nd St. (Route 66), Winslow, AZ 86047
✆ (928) 289-4366
www.laposada.org
Das 1929 im Hazienda-Stil erbaute Bahnhofshotel der Santa Fe Railway galt lange als elegante Residenz in der Einöde des Westens und als Ausgangspunkt für automobile Landpartien zu den Naturwundern der Umgebung. Als es mit der Eisenbahn abwärts ging, verblasste auch der Glanz. Heute vorbildlich restauriert mit gutem Restaurant und eigenem Kunstmuseum. $$–$$$

Best Western Winslow Inn
816 Transcon Lane (nahe I-40, Exit 255)
Winslow, AZ 86047
✆ (928) 289-2960
www.bestwesternwinslowinn.com
Zuverlässige Adresse, beheizter Pool. Kleines Frühstück inkl. $$

Yuma

 Radisson Hotel Yuma
1501 S. Redondo Center Dr., Yuma, AZ 85365
✆ (928) 783-8000
www.radisson.com
Gut geführtes Haus mit 154 Zimmern, Restaurant, Fitnesscenter, Indoorpool. $$–$$$

 Best Western InnSuites Hotel
1450 Castle Dome Ave., Yuma, AZ 85365
✆ (928) 783-8341
www.bestwestern.com
166 Zimmer und Suiten, Restaurant, Pool, Whirlpool, Fitnessraum, zwei Tennisplätze, Waschsalon. Kleines Frühstück inkl. $$

Yuma Cabana Motel
2151 S. 4th Ave., Yuma, AZ 85364
✆ (928) 783-8311
www.yumacabana.com
Angenehm: 63 Zimmer (einige mit Küche), Palmen und netter Pool. Waschsalon. Frühstück inkl. $–$$

KALIFORNIEN

Anaheim
Vgl. Los Angeles.

Anza-Borrego State Park
Vgl. Borrego Springs.

Auburn

Best Western Golden Key Motel
13450 Lincoln Way, Auburn, CA 95603
✆ (530) 885-8611
www.bestwesterncalifornia.com
Guter Standard: 68 Zimmer, Pool, Whirlpool, Waschsalon. Kleines Frühstück inkl. $$

 Auburn Gold Country RV Park
3550 KOA Way, Auburn, CA 95602
✆ (530) 885-0990
www.auburnrvpark.com
80 Plätze: Camper, Zelte, Cabins. Vorher reservieren! Propangas, Kiosk, Waschsalon, Pool, Whirlpool, Spielplatz, Fahrradverleih, Gelegenheit zum Angeln. (Von Auburn 3,5 Meilen nach Norden auf SR 49 bis Rock Creek Rd.)

Bakersfield

Four Points by Sheraton Bakersfield
5101 California Ave., Bakersfield, CA 93309
✆ (661) 325-9700
www.fourpointsbakersfield.com
Gediegen mit schönem Innenhof: 200 Zimmer, gutes Restaurant *The Bistro*, großer Pool, Whirlpool, Fitnessraum. Frühstück inkl. $$$–$$$$

Holiday Inn Express & Suites Bakersfield Central
3001 Buck Owens Blvd., Bakersfield, CA 93308
✆ (661) 395-9800
www.hiexpress.com
Solides Holiday Inn. Fitnesseinrichtungen, kleines Frühstück inkl. $$–$$$

 Orange Grove RV Park
1452 S. Edison Rd., Bakersfield, CA 93307
✆ (661) 366-4662
www.orangegrovervpark.com
Privat, 151 Plätze auf einer ehemaligen Orangenplantage. *Full hookups*, Propangas, Kiosk, Waschsalon, Pool, Spielplatz. (Anfahrt: von SR 99, Exit SR 58, 9 Meilen nach Osten, zuletzt kurz nach Norden.)

Bass Lake
Vgl. Oakhurst.

Unterkünfte in Kalifornien

Berkeley

The Claremont Club & Spa
41 Tunnel Rd., Berkeley, CA 94705
✆ (510) 843-3000 und 1-800-551-7266
www.claremontresort.com
Viktorianischer Palast von 1915 (zwischen Oakland und Berkeley gelegen) mit vorzüglichen Tennis-, Wellness-, Fitnessanlagen und drei Restaurants, Pool. Traumblicke auf die Bay. $$$$

Beverly Hills

Vgl. Los Angeles.

Big Sur

Glen Oaks Big Sur
47080 Hwy. 1, Big Sur, CA 93920
✆ (831) 667-2105
www.glenoaksbigsur.com
Tolle Lage, schöne Cabins in stilsicherem Design. $$$$

Ventana Inn & Spa
48123 Hwy. 1, Big Sur, CA 93920
✆ (831) 667-2331 und 1-800-628-6500
www.ventanainn.com
Versteck vieler Stars in der Wildnis. Mit Top-restaurant (Lunch ($$), Dinner ($$$)) und Cocktail Lounge, Pool, Sauna, Fitnessstudio. Vorher reservieren! $$$$

Big Sur Lodge
47225 Hwy. 1, Pfeiffer Big Sur State Park
Big Sur, CA 93920
✆ (831) 667-3100
www.bigsurlodge.com
61 Zimmer, einige mit Kamin und Küche, in waldiger Umgebung. Kalifornische Küche, Lunch ($) und Dinner ($$), Pool. $$$–$$$$

Deetjen's Big Sur Inn
48865 Hwy. 1 (südl. von Nepenthe)
Big Sur, CA 93920
✆ (831) 667-2377
www.deetjens.com
Urgemütliches Hänsel-und-Gretel-Haus im Wald, Originalhütte des norwegischen Immigranten Helmuth Deetjen aus den 1930er Jahren: kein Telefon, kein Mobilfunk, kein TV oder Internet. Vier kleine Stübchen bilden das Restaurant für Frühstück und Abendessen. An Wochenenden zwei Nächte Minimum. $$–$$$$

Pfeiffer Big Sur State Park
Big Sur Station # 1, Hwy. 1
Big Sur, CA 93920
✆ (831) 667-2315 und 1-800-444-7275 (Camping-Reservierung), www.parks.ca.gov
Östl. vom Highway in den Hügeln, schöne Badeplätze am Fluss (3 Meilen bis zum Strand): 218 Plätze, Duschen. Reservierung erforderlich.

Borrego Springs

Borrego Valley Inn
405 Palm Canyon Dr.
Borrego Springs, CA 92004
✆ (760) 767-0311, www.borregovalleyinn.com
Neueres Haus mit viel Südwest-Charme und 14 hübschen Zimmern, die meisten mit Küche. Pool, Fahrradverleih. Preise schwanken, wie alles im Park, nach Wochentag und Jahreszeit. $$$–$$$$

Hacienda del Sol
610 Palm Canyon Dr.
Borrego Springs, CA 92004
✆ (760) 767-5442
www.haciendadelsol-borrego.com
Einladender kleiner Wüstengarten mit Pool. $–$$

Ocotillo Wells State Vehicular Recreation Area
5172 Hwy. 78 (Anza-Borrego State Park)
Borrego Springs, CA 92004
✆ (760) 767-5391
www.ohv.parks.ca.gov/?page_id=1217
Kostenlos, einfach, ganzjährig: 500 Plätze für RVs und Zelte, Toiletten, kein Trinkwasser. (Von Borrego Springs 1 Meile westl. via SR 78.)

Calistoga

Indian Springs Resort
1712 Lincoln Ave., Calistoga, CA 94515
✆ (707) 942-4913
www.indianspringscalistoga.com
Schon Robert Louis Stevenson äußerte sich angetan über diese Oase in seinen »Silverado Squatters«: ruhige Lage am Ortsrand, Olympia-großes, 38 Grad warmes Mineralschwimmbad, stilsicher eingerichtete Bungalows und eine 24-Zimmer-Lodge. Wellness zur Wahl: Schlammbäder, Massagen, kosmetische Packungen. Im Sommer an Wochenenden zwei Übernachtungen Minimum. $$$$

Mount View Hotel & Spa
1457 Lincoln Ave., Calistoga, CA 94515
✆ (707) 942-6877
www.mountviewhotel.com
Angenehmes Art-déco-Hotel von 1917. Zentral gelegen, hübscher Pool, Jacuzzi, Bäder, Massagen, Restaurant. $$$$

Cambria

Best Western Plus Fireside Inn on Moonstone Beach
6700 Moonstone Beach Dr., Cambria, CA 93428
© (805) 927-8661
www.bestwesternfiresideinn.com
Traumhafte Lage direkt am Moonstone Beach, dem wunderschönen Hausstrand von Cambria. $$$–$$$$

Cambria Pines Lodge
2905 Burton Dr., Cambria, CA 93430
© (805) 927-4200
www.cambriapineslodge.com
Friedlich im Wald oberhalb von Cambria (seit 1927): 125 Zimmer – von der simplen Hütte bis zur Suite mit Kamin. Restaurant, rustikale Lounge, großer Indoorpool, Sauna, gepflegte Gärten. Frühstück inkl. Zum Ort führt ein Waldweg hinunter. Anfahrt von Downtown Cambria über Burton Rd.; vom Hwy. 1 über die Ausfahrt Burton Rd. (ausgeschildert). $$$

Bridge Street Inn/Cambria Hostel
4314 Bridge St., Cambria, CA 93428
© (805) 927-7653
www.bridgestreetinncambria.com
Einfaches, freundliches Gästehaus mit fünf Zimmern (2–3 Betten), Wohnraum, Kamin, Küche und Garten. Kleines Frühstück inkl. Auch Gemeinschaftsschlafräume für ca. $ 25. (Reservierung empfohlen.) $

Carlsbad

Ocean Palms Beach Resort
2950 Ocean St., Carlsbad, CA 92008
© (760) 729-2493
www.opbr.com
Tolle Lage, nur ein paar Schritte vom Strand entfernt. Gehobenes Motel. $$–$$$$

South Carlsbad State Beach

7201 Carlsbad Blvd. (3 Meilen südl. der Palomar Airport Rd.)
Carlsbad, CA 92008
© (760) 438-3143 und 1-800-444-7275 (Reservierung)
www.parks.ca.gov, Anfang Feb.–Ende Nov.
Staatlicher Campingplatz für 221 RVs und Zelte, Duschen, Brennholz, Strandzugang, Schwimmen und Angeln. Reservierung erforderlich.

Carmel

Cobblestone Inn
Junipero St. (zwischen 7th & 8th Aves.)
Carmel, CA 93921
© 1-800-833-8236

Unterkünfte in Kalifornien

www.cobblestoneinncarmel.com
24 Zimmer im englischen Landhausstil. *Full country breakfast.* $$$$

Carmel Mission Inn
3665 Rio Rd., Carmel, CA 93923
© (831) 624-1841
www.carmelmissioninn.com
165 Zimmer, Restaurant, Bar, Pool, Whirlpools, Fitnessraum. $$$–$$$$

Carmel By the River RV Park
27680 Schulte Rd., 7 km östl. von Carmel
CA 93923
© (831) 624-9329, www.carmelrv.com
Im Carmel Valley: 35 Plätze, einige am Fluss, *full hookups*, Reservierung empfehlenswert.

Columbia

City Hotel
22768 Main St., Columbia, CA 95310
© (209) 532-1479
www.briggshospitalityllc.com
Schmuckstück von 1856 mit hübschen Räumen. $$–$$$

Harlan House B&B
22890 School House St., Columbia, CA 95310
© (209) 533-4862, www.harlan-house.com
Kleiner, charmanter B & B, vier Zimmer, ein Cottage. $$–$$$

Death Valley National Park

The Inn at Furnace Creek
SR 190, Death Valley, CA 92328
© (760) 786-2345
www.furnacecreekresort.com
Luxusvariante der Ranch: Komforthotel von 1927, 66 Zimmer, quellengespeister Pool, Tennisplätze. In Restaurant ($$$) und Bar wird auf korrekte Kleidung wert gelegt. $$$$

The Ranch at Furnace Creek
SR 190, Death Valley, CA 92328
© (760) 786-2345
www.furnacecreekresort.com
Rustikal mit Blockhütten; Motel, Stellplätze für Camper, Waschsalon, Cafeteria, Restaurant ($$–$$$), quellengespeister Pool, Freilichtmuseum, Dattelpalmenhain, Golf- und Tennisplätze, Pferdeverleih. An Wochenenden im Winter Reservierung empfohlen. $$$–$$$$

Unterkünfte in Kalifornien

Stovepipe Wells RV Park
Hwy. 190, Death Valley National Park
Stovepipe Wells, CA 92328
℡ (760) 786-2387
www.escapetodeathvalley.com
Hotel (83 Zimmer, $$–$$$) sowie Stellplätze für RVs (14 *full hookups*). Saloon und Restaurant.

Fish Camp

Tenaya Lodge at Yosemite
1122 Hwy. 41, Fish Camp, CA 93623
℡ (559) 683-6555
www.tenayalodge.com

Zwar außerhalb des Nationalparks, aber trotzdem gut gelegen. Erholsames, gut geführtes Sporthotel: 244 Zimmer und Suiten, Restaurants, Bar, Pools, Spa, Whirlpool, Sauna, Fitnesscenter, Waschsalon. Kleines Frühstück inkl. Wandern, Radfahren, Reiten, Skifahren. $$–$$$$

Fresno

Radisson Hotel & Conference Center Fresno
2233 Ventura St., Fresno, CA 93721
℡ (559) 268-1000
www.fresnoconferencehotel.com

Gepflegtes Haus (321 Zimmer) – im Atrium rauscht ein Wasserfall. Sauna, Pool, Fitnessraum, Restaurant und Coffee Shop, Bar. $$$–$$$$

Visalia/Fresno South KOA
7480 Ave. 308, Visalia, CA 93291
℡ (559) 651-0544
www.koa.com/campgrounds/visalia
Privat, ländlich, ganzjährig: 115 zum Teil schattige Stellplätze für RVs und Camper, Propangas, Lebensmittel, Waschsalon, Pool, Kinderspielplatz. (Von SR 99, Exit SR 198, 1 Meile nach Osten bis Plaza Dr., dort 1 Meile nach Norden bis Goshen Ave., dort nach Westen zur Rd. 76.)

Groveland

The Berkshire Inn
19950 Hwy. 120 (gute Stunde von Yosemite entfernt), Groveland, CA 95321
℡ (209) 962-6744
Nette Lodge mit Frühstück. $$

Hearst Castle National Monument
Vgl. San Simeon.

Hollywood
Vgl. Los Angeles.

Jamestown

National Hotel
18183 Main St., Jamestown, CA 95327
℡ (209) 984-3446
www.national-hotel.com
Klassiker unter den Hotels im Gold Country (1859): neun Zimmer, solide amerikanische Küche (Lunch und Dinner $–$$), Garten, historischer Saloon. Kleines Frühstück inkl. $$$

Americas Best Value Inn & Suites Royal Carriage
18239 Main St., Jamestown, CA 95327
℡ (209) 984-5271
www.americasbestvalueinn.com
Gutes Preisleistungsverhältnis: (seit 1922) mit 19 Zimmern. $–$$

Joshua Tree National Park
Vgl. auch Twentynine Palms.

Cottonwood Springs A & B Loop
74485 National Park Dr., Cottonwood Springs
Joshua Tree National Park, CA 92277
℡ 1-877-444-6777, www.recreation.gov
62 Plätze für RVs und Zelte, keine Duschen. (25 Meilen östl. von Indio an I-10, dann 7 Meilen nach Cottonwood Springs.)

Hidden Valley
74485 National Park Dr.
Joshua Tree National Park, CA 92277
℡ 1-877-444-6777, www.recreation.gov
39 Plätze für RVs und Zelte, chemische Toiletten, keine Duschen, kein Trinkwasser. Kostenlos.

Julian

Orchard Hill Country Inn
2502 Washington St., Julian, CA 92036
℡ (760) 765-1700
www.orchardhill.com
Etwas außerhalb von Julian auf einem kleinen Hügel gelegener, romantischer B & B. Exklusive Einrichtung. Umfangreiches Frühstück. $$$$

Julian Gold Rush Hotel
2032 Main St., Julian, CA 92036
℡ (760) 765-0201
www.julianhotel.com
Historischer Inn (1897), geschmackvoll bestückt mit Kaminen, Büchern und Antiquitäten. Lange vorher reservieren! $$$–$$$$

Pinezanita Trailer RV Park & Campgrounds
4446 SR 79, Julian, CA 92036

✆ (760) 765-0429
www.pinezanita.com
242 z.T. schattige Plätze mit Picknicktisch und Feuerstelle für RVs und Zelte in ca. 1600 m Höhe, 5 Meilen nördl. vom Lake Cuyamaca. Propangas, Kiosk, Münzwäscherei, Videoverleih. Auch Cottages. Reservierung erforderlich. (4 Meilen südl. von SR 79.)

Laguna Beach

Surf & Sand Resort
1555 S. Coast Hwy., Laguna Beach, CA 92651
✆ (949) 497-4477 und 1-888-869-7569
www.surfandsandresort.com
Luxus am Meer: alle Zimmer (167) und Suiten (13) mit Balkon und Blick aufs Wasser. Restaurant **Splashes**, Bar, Pool, Whirlpool, Spa und Fitnessraum. $$$$

Hotel Laguna
425 S. Coast Hwy., Laguna Beach, CA 92651
✆ (949) 494-1151
www.hotellaguna.com
Strandhotel (65 Zimmer) mit Restaurant. Kleines Frühstück inkl. $$$–$$$$

La Jolla
Vgl. San Diego.

Lake Tahoe
Vgl. auch Stateline, Nevada.

986 Park Hotel
968 Park Ave., South Lake Tahoe, CA 96150
✆ (530) 544-0968
www.968parkhotel.com
In Fußnähe zum Zentrum von South Lake Tahoe. Nachhaltiges Hotel (LEED-zertifiziert). $$$–$$$$

Inn by the Lake
3300 Lake Tahoe Blvd.
South Lake Tahoe, CA 96150
✆ (530) 542-0330
www.innbythelake.com
Landschaftlich schön gelegen: Pool, Spa und Sauna. Viele der 99 Zimmer mit Seeblick. Fahrradverleih. Kleines Frühstück inkl. $$$–$$$$

Seas Inn
4145 Manzanita Ave.
South Lake Tahoe, CA 96150
✆ (530) 544-7031
www.sevenseastahoe.com
Klein, preisgünstig und in Kasinonähe, Privatstrand am See, Whirlpool. $–$$

Tahoe Valley RV Resort
1175 Melba Dr., US 50, Exit C St.

Unterkünfte in Kalifornien

South Lake Tahoe, CA 96150
✆ 1-877-570-2267
www.rvonthego.com
Privat, schattig und ganzjährig: 413 Plätze für RVs und Zelte (Höhe: gut 2000 m), Propangas, Kiosk, Spielplatz, Waschsalon, Pool. Man kann angeln, reiten, wandern, klettern oder Tennis spielen. Kostenloser Shuttle zu/von den Kasinos.

Lee Vining

Tioga Pass Resort
85 Hwy. 120 W., P.O. Box 7, 20 km westl. von Lee Vining, CA 93541
www.tiogapassresort.com
Hohe Hütte und Lodge: Cabins, Motelzimmer und Restaurant (herzhaft) in über 3000 m Höhe im Yosemite Park. $$–$$$$

Lone Pine

Dow Villa Motel
310 S. Main St., P.O. Box 205
Lone Pine, CA 93545
✆ (760) 876-5521, www.dowvillamotel.com
Solides Motel mitten in Lone Pine. $$–$$$

Best Western Plus Frontier Motel
1008 S. Main St. (US 395, Südende des Orts)
Lone Pine, CA 93545
✆ (760) 876-5571, www.bestwestern.com
Ordentliche Zimmer. Pool, Waschsalon. Kleines Frühstück inkl. $$

Boulder Creek RV Resort
2550 Hwy. 395, 4 Meilen südl. von Lone Pine, CA 93545
✆ (760) 876-4243 und 1-800-648-8965
www.bouldercreekrvresort.com
Privat, beliebt und komfortabel: RVs und Zelte für 65 Stellplätze, BBQ- und Picknicktische, Propangas, Kiosk, Münzwäscherei, Pool, Whirlpool, Spielplatz.

Los Angeles (Großraum)
Achtung: Im Raum Los Angeles muss beim Telefonieren auch innerhalb eines Ortes der Area Code mitgewählt werden.

Los Angeles: Santa Monica

Santa Monica ist der ideale Hotelstandort für einen Besuch in L.A. Wer hier Quartier bezieht, ist

Unterkünfte in Kalifornien

direkt am Strand und kommt doch schnell nach Hollywood und Downtown (15–20 Meilen östlich).

Casa del Mar
1910 Ocean Way, Santa Monica, CA 90402
 ✆ 310-581-5533
www.hotelcasadelmar.com
Eine der feinsten Hoteladressen von Santa Monica. Traumhafter Blick aufs Meer. Sehr teuer. $$$$

The Huntley Hotel
1111 2nd St., Santa Monica, CA 90403
✆ 310-394-5454
www.thehuntleyhotel.com
Elegantes Hotel mit Stil, 204 Zimmer, ein Block vom Ozean; im 18. Stock Dachrestaurant **The Penthouse** und Bar mit Blick auf den Pazifik. Fitnessraum. $$$$

Channel Road Inn
219 W. Channel Rd.
Santa Monica, CA 90402
✆ 310-459-1920
www.channelroadinn.com
Charmanter B & B im Santa Monica Canyon, teilweise mit Kamin und Spa. Nachmittags Wein und Horsd'œvres. $$$–$$$$

Georgian Hotel
1415 Ocean Ave., Santa Monica, CA 90401
 ✆ 310-395-9945
www.georgianhotel.com
Art-deco Hotel in Toplage an Ocean Avenue. $$$–$$$$

The Hotel California
1670 Ocean Ave., Santa Monica, CA 90401
✆ 310-393-2363 und 1-866-571-0000
www.hotelca.com
Kleines Hotel im Surferstil, preisgünstiger als die anderen Hotels in unmittelbarer Strandnähe. $$$

An den Piers von Santa Monica

Palihouse
1001 Third St., Santa Monica 90403
✆ 310-394-1279
www.palihousesantamonica.com
Eleganter Charme der 1920er Jahre, schöner Garten und geschmackvoll eingerichtete Zimmer. $$$

Travelodge Santa Monica
3102 Pico Blvd., Santa Monica, CA 90405
✆ 310-450-5766
www.travelodgesantamonica.com
Ordentliches Motel. $$–$$$

Sea Shore Motel & Apartments
2637 Main St., Santa Monica, CA 90405
✆ 310-392-2787, Fax 310-392-5167
www.seashoremotel.com
Solides, familiengeführtes Motel (24 Zimmer), prima Lage in Strandnähe. $$–$$$

HI (Hostelling International) Santa Monica
1436 2nd St., Santa Monica, CA 90401-2302
✆ 310-393-9913, www.hilosangeles.org
Sehr preiswerte Übernachtung, Mehrbettzimmer ($) und Einzel- und Doppelzimmer ($–$$).

Los Angeles: Venice

Hotel Erwin
1697 Pacific Ave., Venice, CA 90291
✆ 310-452-1111
www.hotelerwin.com
Hippes Hotel in Strandnähe am Südende des Venice Boardwalk. $$$

The Venice Beach House
15 30th Ave., Venice, CA 90291
✆ 310-823-1966
www.venicebeachhouse.com
Nur einen Block vom Trubel entfernt, eine ruhige Oase in einem alten B & B mit viktorianischen Details. $$$

Los Angeles: Malibu, Brentwood & Pacific Palisades

Leo Carrillo State Park
35000 W. Pacific Coast Hwy.
Malibu, CA 90265
✆ (310) 457-8143, www.parks.ca.gov
Camping am Strand, Reservierung erforderlich: 139 Stellplätze (RVs und Zelte), keine *hookups*. Duschen, Propangas, Brennholz, Volleyball und Basketball. Schwimmen, Windsurfen, Tauchen und Angeln. Rund 15 km nördlich von Malibu.

Hotel Angeleno
170 N. Church Lane, Los Angeles, CA 90049
✆ (310-476-6411, www.hotelangeleno.com
Design-Hotel in einem ehemaligen Holiday Inn Rundbau aus den 1960er Jahren an der Kreuzung von San Diego Freeway (I-405) und Sunset

Blvd. Nicht gerade ein ruhiger Platz, aber ideale Lage für den Besuch des Getty Museums. Im Penthouse Restaurant **West** toller Blick über die Stadt. Pool. $$–$$$

Los Angeles: Hollywood & West Hollywood

 **The Mondrian Hotel**
8440 Sunset Blvd. (Höhe La Cienega Blvd.)
West Hollywood, CA 90069
✆ 323-650-8999
www.mondrianhotel.com
The Quintessence of Cool: mondän bis schräg. In der schicken Sky Bar auf dem Dach genießt man tolle Blicke auf die Stadt. Pool und Fitnessräume. $$$$

 Hollywood Roosevelt Hotel
7000 Hollywood Blvd., Los Angeles, CA 90028
✆ 323-466-7000
www.thompsonhotels.com/hotels/la/hollywood-roosevelt
1927 eröffnetes Luxushotel, 1929 Platz der ersten Oscar-Verleihung. Schauspieler von Rang und Namen haben hier übernachtet. $$$–$$$$

 Hollywood Orchid Suites
1753 Orchid Ave., Hollywood, CA 90028
✆ 323-874-9678 und 1-800-537-3052
www.orchidsuites.com
Ordentlich und preiswert: 40 Zimmer mit Küche; Pool, Waschsalon, Dachgarten. Nah beim Grauman's Chinese und Dolby (ehem. Kodak) Theatre. $$

Mariposa

Boulder Creek Bed & Breakfast
4572 Ben Hur Rd., Mariposa, CA 95338
✆ (209) 742-7729
Naturnah (morgens stehen die Rehe vor der Tür!) mit drei Zimmern und freundlicher Leitung. Üppiges Frühstück plus sachkundige Tipps vom Hausherrn. $$

Merced

Serenity Gardens Bed and Breakfast
2649 Reggio Court, Merced, CA 95340
✆ (209) 384-1509
www.serenitygardensbandb.com
Drei Zimmer in einem landschaftlich schönen Umfeld. Frühstück inkl. $$

Midpines

 Yosemite/Mariposa KOA
6323 Hwy. 140, Midpines, CA 95345

Unterkünfte in Kalifornien

✆ (209) 966-2201
www.koa.com/where/ca/05195
 Ganzjährig und privat: Plätze für RVs und Zelte, außerdem Cabins, Spielplatz, Propangas, Lebensmittel, Waschsalon, Pool. Man kann Paddelboote leihen, angeln und wandern. 7 Meilen nordöstl. von Mariposa, ca. 45 Min. vom Yosemite Valley entfernt. Haltestelle für Shuttlebus in den Park. Offenes Feuer verboten.

Modesto

 Holiday Inn Express & Suites Modesto-Salida
4300 Bangs Ave., Modesto, CA 95356
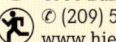 ✆ (209) 543-9009
www.hiesmodesto.com
Guter Standard: 95 Zimmer, Pool, Fitnessraum, kleines Frühstück inkl. $$–$$$

Monterey/Pacific Grove

Andril Cottages in Pacific Grove
569 Asilomar Blvd., Pacific Grove, CA 93950
✆ (831) 375-0994
www.andrilcottages.com
Idyll im Wald: gemütliche Hütten (Cottages mit Küche und offenem Kamin) an der Südspitze der Halbinsel. Jacuzzi. Abends grasen die Rehe in Reichweite. $$$–$$$$

Monterey Hotel
406 Alvarado St., Monterey, CA 93940
✆ (831) 375-3184
www.montereyhotel.com
Elegant und angenehm, Nähe Altstadt und Fisherman's Wharf. Kleines Frühstück inkl. $$$–$$$$

Pacific Grove Inn
581 Pine Ave., Pacific Grove, CA 93950
✆ (831) 375-2825
www.pacificgroveinn.com
Schöne Pension (1904): 16 Zimmer, einige mit Meerblick, Frühstück inkl. $$–$$$$

Oakhurst

 Chateau du Sureau
48688 Victoria Lane, Oakhurst, CA 93644
✆ (559) 683-6860
www.chateaudusureau.com
Feudales Schlösschen (10 Räume) mit feinem französischen Restaurant **Erna's Elderberry House** ($$$), Gärten und Pool. $$$$

Unterkünfte in Kalifornien

nach Norden bis Forest Rd. 10, diese 5 Meilen nach Norden bis Forest Rd. 6890, diese 1 Meile nach Norden.)

Oceanside

Best Western Oceanside Inn
1680 Oceanside Blvd. (I-15, Exit Oceanside Blvd.), Oceanside, CA 92054

✆ (760) 722-1821
www.bestwestern.com
Ordentlich: 80 Zimmer, Pool, Sauna, Whirlpool, Fitnessraum. Kleines Frühstück inkl. $-$$

Casitas Poquitos RV Park
1510 S. Coast Hwy. (I-15, Exit Oceanside Blvd., knapp 1 Meile nach Westen und kurz nach Süden), Oceanside, CA 92054
✆ (760) 722-4404
Privat, ganzjährig: 139 Stellplätze, Lebensmittel, Waschsalon, Pool.

Palm Springs

Korakia Pensione
257 S. Patencio Rd., Palm Springs, CA 92262
✆ (760) 864-6411
www.korakia.com
Eklektischer Bau (maurisch, griechisch und 1001 Nacht) von 1924 für meist illustre Gäste *(bohemian retreat)*. Reichhaltiges Frühstück. $$$-$$$$

Orbit Inn
562 W. Arenas, Palm Springs, CA 92262
✆ (760) 323-3585
www.orbitin.com
Der Inbegriff von Retro-Architektur der 1950er Jahre in Palm Springs. $$$-$$$$

The Chase Hotel at Palm Springs
200 W. Arenas Rd., Palm Springs, CA 92262
✆ (760) 320-8866
www.chasehotelpalmsprings.com
Großzügig gestaltetes, typisches Motel aus den 1950er Jahren. 26 Zimmer. Sehr geschmackvolle Einrichtung. $$$

Alpine Gardens Hotel
1586 E. Palm Canyon Dr., Palm Springs, CA 92264
✆ (760) 323-2231
www.alpinegardens.com
Liebevoll geführtes Motel aus den 1950er Jahren mit schönem Garten. Zehn Zimmer. $-$$$

Casa Cody Inn
175 S. Cahuilla Rd., Palm Springs, CA 92262
✆ (760) 320-9346
www.casacodypalmsprings.com
Das älteste Hotel von Palm Springs. Hübsche Oase, ruhig und zentral, 1920 von der Cousine Buffalo

---

Pines Resort Suites
54432 Rd. 432, Bass Lake, CA 93604
✆ (559) 642-3121
www.basslake.com
Suite-Hotel am See: Angeln, Reiten, Radfahren, Wandern, Wasserski und Tennis. Restaurant, Pool, Whirlpool, Kinderspielplatz, Bootsrampe. Kleines Frühstück inkl. $$$$

Best Western Plus Yosemite Gateway Inn
40530 Hwy. 41, Oakhurst, CA 93644
✆ (559) 683-2378
www.yosemitegatewayinn.com
Guter Standard: 122 Zimmer, Restaurant, Cocktail Lounge, Pool, Fitnessraum, Kinderspielplatz. $$-$$$

High Sierra RV Park
40389 Hwy. 41, Oakhurst, CA 93644
✆ (559) 683-7662
www.highsierrarv.com
Hübscher Platz mit *full hookups* am Fresno River. Ganzjährig.

Nelder Grove Campground
Sky Ranch Rd., in der Nähe von Oakhurst
✆ (559) 297-0706
www.fs.usda.gov, Mai-Okt.
Mit Sequoias in ruppig-wilder Landschaft. Keine Reservierung möglich. (Von Oakhurst via SR 41

Einladend: Casa Cody in Palm Springs

Bills im Stil einer kalifornischen Hazienda gegründet. Pool, Whirlpool und Zitronenbäume. Einige Zimmer und Studios mit Kamin, Sonnenterrasse und Küche. Mit kleinem Frühstück. In der wunderschön restaurierten Adobe-Villa (1910) ist schon Charlie Chaplin aufgetreten. $$ im Sommer, $$–$$$ im Frühjahr und Herbst, $$$ im Winter.

Unterkünfte in Kalifornien

Pismo Beach

Pismo Lighthouse Suites
2411 Price St., Pismo Beach, CA 93449
✆ (805) 773-2411
www.pismolighthousesuites.com
Gleich oberhalb der Klippen in Pismo Beach mit toller Aussicht auf den Pazifik. Familienfreundlich. 70 Zweizimmersuiten. Pool, Spa, Fitness, Family Deck, kleines Frühstück inkl. $$$–$$$$

Placerville

Cary House Hotel
300 Main St., Placerville, CA 95667
✆ (530) 622-4271
www.caryhouse.com
Gemütliches, zentral gelegenes (historisches) Hotel. Opulente Lobby und Treppenaufgang: Tiffany-Glasfenster und polierte schwarze Mahagoni-Treppengeländer, die einst von Afrika ums Kap Hoorn geschifft wurden. Kleines Frühstück inkl. $$–$$$

El Dorado County Fairgrounds
100 Placerville Dr., Placerville, CA 95667
✆ (530) 621-5860
www.eldoradocountyfair.org
Sauber und ordentlich; Wasser-, Stromanschluss.

Sacramento

 Delta King Hotel
1000 Front St. (Old Town)
Sacramento, CA 95814
✆ (916) 444-5464, www.deltaking.com
Schickes Hotelschiff auf dem Sacramento River. Die Einzelteile des Schaufelraddampfers wurden in Schottland gefertigt und in Stockton zusammengebaut. Schiffstaufe war 1927, zusammen mit dem Vorbild, der »Delta Queen«. 42 Zimmer, zwei Theater und Restaurants. $$$–$$$$

Aunt Abigail's Bed & Breakfast
2120 G St., Sacramento, CA 95814
✆ (916) 441-5007
Kleiner, historischer B & B von 1912 mit Garten und Whirlpool. $$$

Amber House Bed and Breakfast Inn
1315 22nd St. (zwischen Capitol Ave. & N St.)
Sacramento, CA 95816
✆ (916) 444-8085
www.amberhouse.com
Sehr gut geführter historischer Inn. Gourmetfrühstück. $$–$$$$

HI Sacramento International Hostel
925 H St., Sacramento, CA 95814
✆ (916) 443-1691
www.hihostels.com
Schöne viktorianische Villa, zentral. Am besten telefonisch mit Kreditkarte reservieren. $

 Sacramento West KOA
3951 Lake Rd. (I-80, Exit W. Capitol Ave., 4,5 Meilen nach Westen)
Sacramento, CA 95691
✆ (916) 371-6771
www.koa.com
Privat, ganzjährig, Nähe Old Town, Plätze für RVs und Zelte, Cabins, Propangas, Lebensmittel, Waschautomaten, Pool.

San Diego

 Hotel Del Coronado
1500 Orange Ave., Coronado, CA 92118
✆ (619) 435-6611
www.hoteldel.com
Wie eine leuchtende Hochzeitstorte steht dieses alte Prachthotel direkt am Strand – einst Drehort von Billy Wilders »Manche mögen's heiß«. Pool, Sonnenterrasse, Tennisplätze, Restaurants, Shops und Bars. $$$$

 Grande Colonial Hotel La Jolla
910 Prospect St., La Jolla, CA 92037
✆ 1-888-828-5498
www.thegrandecolonial.com
Elegantes Boutiquehotel mit 100-jähriger Tradition in bester Lage mit Ozeanblick: 93 Zimmer und Suiten, Pool. Renommiertes Restaurant NINE-TEN mit französisch inspirierter Küche und frischesten Zutaten, Bar und Terrasse. $$$$

Hotel Indigo
509 9th Ave., San Diego, CA 92101
✆ (619) 727 4000
www.hotelinsd.com
2009 eröffnet und in der Nähe vom Gaslamp Quarter gelegen. San Diegos erstes als nachhaltig zertifiziertes Hotel (LEED). $$$$

The US Grant Hotel
326 Broadway, San Diego, CA 92101

Unterkünfte in Kalifornien

La Valencia Hotel in La Jolla

✆ (619) 232-312, www.usgrant.net
1910 ursprünglich als extravagantes, städtisches Gegenstück zum Hotel Del erbaut. Heute das Nobelhotel von Downtown San Diego. $$$$

 La Valencia Hotel
1132 Prospect St., La Jolla, CA 92037
✆ (858) 454-0771
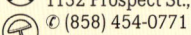 www.lavalencia.com
Traumhotel in Pink mit Ozeanblick. Verschachtelt und am Steilhang gebaut. Die Lobby befindet sich auf der 7. Etage (vom Meer aus gesehen). Stilvolles historisches Ambiente, hübsche Zimmer, schöne Ocean Villas (mit Butler-Service!), gutes Restaurant, einladende Terrasse (Lunch), Whirlpool, Pool, Sauna. $$$$

1906 Lodge at Coronado Beach
1060 Adella Ave., Coronado, CA 92118
✆ (866) 435-1906
www.1906lodge.com
Exklusives Hotel. Sehr geschmackvolles Interieur. Zwei Blocks vom Strand entfernt und ruhig gelegen. $$$$

 Catamaran Resort Hotel
3999 Mission Blvd., San Diego, CA 92109
✆ (858) 488-1081
www.catamaranresort.com
Südseetouch: direkt an der Mission Bay und nur Schritte bis zum Pazifik. Empfehlenswertes Restaurant **Atoll**. In der **Moray's Lounge** oft Livemusik. Pool, Fitnessräume, Bootsverleih und andere sportliche Angebote. $$$-$$$$

El Cordova Hotel
1351 Orange Ave., Coronado, CA, 92118
✆ (619) 435-0632, www.elcordovahotel.com
Mitten in Coronado Island, einen Block vom Strand entfernt. $$-$$$

 Campland on the Bay RV & Tent Camping Resort
2211 Pacific Beach Dr.
San Diego, CA 92109-5699
✆ (858) 581-4260 und 1-800-422-9386
www.campland.com
650 Plätze für Wohnmobile/Zelte an der Mission Bay in Ozeannähe. Duschen, Toiletten, Propangas, Lebensmittelladen, Waschsalon, Café, Jacuzzi, Kinderspielplatz. Strand, Boots-, Fahrrad- und Surfbretterverleih, Wasserski, Angeln. Reservierung einige Tage im Voraus zweckmäßig.

 San Diego Metro KOA
111 N. 2nd Ave., Chula Vista, CA 91910
✆ (619) 427-3601 und 1-800-562-9877
www.sandiegokoa.com
270 Stellplätze, landschaftlich schön gestaltet, Jacuzzi, TV- und Telefonanschlüsse. Auch Cabins.

 Silver Strand State Beach
5000 Silver Strand Blvd./Hwy. 75
Coronado, CA 92118
✆ (619) 435-5184
Zwischen Imperial Beach und Coronado: Paradies für Campingfreunde mit (bewachtem) Superstrand zum Schwimmen und Laufen, Toiletten, Duschen, Picknickplatz, Feuerstellen. Geheimtipp für gestandene Brandungsfischer und kernige Muscheltaucher.

San Francisco

 Hotel Adagio
550 Geary St., San Francisco, CA 94102
✆ (415) 775-5000 und 1-800-228-8830
www.hoteladagiosf.com
Gediegen renovierter Oldtimer von 1929, Nähe Union Square: 171 geschmackvolle Zimmer bzw. Suiten, Restaurant und muntere Bar **Mortimer**. $$$$

Villa Florence
225 Powell St., San Francisco, CA 94102-2205
✆ (415) 397-7700 und 1-888-758-4668
www.villaflorence.com
Komfortables Jahrhundertwende-Hotel: 182 Zimmer. Nebenan italienisches Restaurant **Kuleto's** und Weinbar. $$$$

Palace Hotel
2 New Montgomery St.
San Francisco, CA 94105
✆ (415) 512-1111
www.sfpalace.com
Aufwendig restauriertes Luxushotel (1875) mit 552 Zimmern. Zu den Schmuckstücken zählt der hinreißende, von einem Glasdom überwölbte **Garden Court**, wo Frühstück und Lunch serviert werden und nachmittags die Damen bei High Tea und Petits Fours plaudern. Zwei erstklassige

Restaurants – **The Pied Piper Bar & Grill** für kalifornische Küche –, imposantes Fitnesscenter mit Riesenpool. $$$$

Hotel Vitale
8 Mission St. (Embarcadero)
San Francisco, CA 94105
✆ (415) 278-3700
www.hotelvitale.com
Elegantes Hotel an der Bay (gegenüber dem Ferry Building mit Markt und Fähren), 200 Zimmer und Suiten, Restaurant (das **Americano** serviert leichte California cuisine), Spa-Angebote und Fitnesseinrichtungen. Bester Blick von der Dachterrasse! $$$$

Hotel Triton
342 Grant Ave. (Nähe Union Sq.)
San Francisco, CA 94108
✆ (415) 394-0500
www.hoteltriton.com
Pfiffiges Design, frech und unterhaltsam. 140 Zimmer, Bar, Restaurant. $$$–$$$$

The Good Hotel
112 7th St., San Francisco, CA 94103
✆ (415) 621-7001
www.thegoodhotel.com
Grünes Hotel im SoMa-District (South of Market). $$–$$$

San Juan Capistrano

Laguna Cliffs Marriott Resort & Spa
25135 Park Lantern, Dana Point, CA 92629
✆ (949) 661-5000
www.lagunacliffs.com
Hoch über dem Meer: 378 Zimmer und 14 Suiten, Restaurant, Bar und Entertainment, zwei Pools, Sauna, Whirlpool, Tennisplätze, Fitnessraum, Fahrradverleih. $$$$

Best Western Capistrano Inn
27174 Ortega Hwy.
San Juan Capistrano, CA 92675
✆ (949) 493-5661
www.capoinn.com
Typischer Best-Western-Standard, Pool, vier Blocks von der Mission entfernt. Kleines Frühstück inkl. $$–$$$

San Luis Obispo

Sycamore Mineral Springs
1215 Avila Beach Dr. (1 Meile von US 101 entfernt)
San Luis Obispo, CA 93405
✆ (805) 595-7302
www.sycamoresprings.com
Enjoy & relax: intime Wellness-Oase zwischen San Luis Obispo und Strand. Jedes Zimmer mit eigenem Mineralbad. *Hot tubs*, Massagen, schöne Gärten, empfehlenswertes Restaurant **Gardens of Avila**. Frühstück inkl. (Zufahrt von der US 101: südl. von San Luis Obispo Abzweig nach Westen und Avila Beach.) $$$$

Unterkünfte in Kalifornien

The Apple Farm
2015 Monterey St. (US 101, Exit Monterey St.)
San Luis Obispo, CA 93401
✆ (805) 544-2040
www.applefarm.com
Gepflegt im Landhausstil: Pool, Whirlpool, Wellnesscenter, Restaurant. $$–$$$$

Best Western Plus Somerset Inn
1895 Monterey St.
San Luis Obispo, CA 93401
✆ (805) 544-0973
www.bestwestern.com
Angenehm – mit Pool. Kleines Frühstück inkl. $$

HI San Luis Obispo Hostel
1617 Santa Rosa St., San Luis Obispo, CA 93401
✆ (805) 544-4678, www.hostelobispo.com
Einfaches Jugendhotel. $

El Chorro Regional Park
Dairy Creek Rd., 5 Meilen auf SR 1 nördl. von San Luis Obispo, CA 93405
✆ (805) 781-5930, www.slocountyparks.com
63 Plätze (ganzjährig) für RVs und Zelte, Brennholz, Wanderwege, Kinderspielplatz.

San Simeon

Ragged Point Inn
19019 Hwy. 1, Ragged Point, CA 93452
✆ (805) 927-4502
www.raggedpointinn.net
Dramatisch nah am Abgrund mit spektakulärem Ausblick. Gute kalifornische Küche, Frühstück, Lunch und Dinner ($–$$). Bei gutem Wetter kann man draußen sitzen. Der hübsche Garten lädt zum Spaziergang. $$$$

Best Western Plus Cavalier Oceanfront Resort
9415 Hearst Dr., San Simeon, CA 93452
✆ (805) 927-4688
www.cavalierresort.com
Beste Wahl weit und breit wegen der hervorragenden Lage – mit dem Ozean vor der Nase. Viele Zimmer mit Meerblick. Restaurant, Pools, Spa, Fitnessstudio, Waschsalon. $$–$$$$

Unterkünfte in Kalifornien

San Simeon State Park Campground
500 San Simeon Creek Rd., SR 1, 5 Meilen südl. von Hearst Castle
Cambria, CA 93428
✆ (805) 927-2020 und 1-800-444-7345
www.parks.ca.gov
Einfach, ganzjährig: 115 Plätze für RVs und Zelte, Duschen, Toiletten, Brennholz, Strandzugang, Schwimmen und Angeln.

Santa Barbara

Canary Hotel
31 W. Carrillo St., Santa Barbara, CA 93101
✆ (805) 884-0300
www.canarysantabarbara.com
Luxuriöses Boutique-Hotel, zentral gelegen in unmittelbarer Nähe zur State Street. Lounge auf dem Dach mit tollen Blicken über die Stadt. Restaurant **Coast**, Rooftoppool, Spa und Fitness. $$$$

Four Seasons Biltmore
1260 Channel Dr.
Santa Barbara, CA 93108
✆ (805) 969-2261
www.fourseasons.com/santabarbara
Eine der besten Hoteladressen Kaliforniens: schöne Gärten, kolonialspanische Architektur, traumhafte Lage am Meer. Gegenüber, direkt am Pazifik: der Coral Kasino Club, der neben Sauna und anderen Wellnessangeboten einen Superpool *(Olympic size)* bietet. $$$$

Four Seasons Biltmore Hotel, Santa Barbara

The Upham Hotel
1404 De la Vina (De la Vina & Sola Sts.)
Santa Barbara, CA 93101
✆ (805) 962-0058, www.uphamhotel.com
Geschmackvoller Viktorianer von 1871 inmitten blühender Gärten. 50 Zimmer und Suiten. Gutes kalifornisches Bistro **Louie's**. Frühstück. $$$$

Beach House Inn & Apartments
320 W. Yanonali St., Santa Barbara, CA 93101
✆ (805) 966-1126
www.thebeachhouseinn.com
Familiär und sehr angenehm in ruhiger Lage: 12 Zimmer, Studios und Apartments (mit Küche), zentraler Garten – in Strand- und Hafennähe. Kleines Frühstück inkl. $$$–$$$$

Franciscan Inn
109 Bath & Mason Sts.
Santa Barbara, CA 93101
✆ (805) 963-8845
www.franciscaninn.com
Spanisches Ranchhaus von 1929, 53 Zimmer, strandnah beim Pier. Pool, Spa, kleines Frühstück inkl. $$$–$$$$

Hotel Oceana Santa Barbara
202 W. Cabrillo Blvd.
Santa Barbara, CA 93101
✆ (805) 965-4577
www.hoteloceanasantabarbara.com
Ansprechende Anlage mit schöner Wiese: 122 freundliche Zimmer direkt am Strand in Pier-Nähe, Fitnessraum, Whirlpool, zwei Pools. Kleines Frühstück inkl. $$$–$$$$

Carpinteria State Beach
5361 Sixth St., Carpinteria, CA 93103
✆ (805) 968-1033
Direkt am Meer: 85 Plätze, Duschen, bewachter Badestrand. Anfahrt: von Los Angeles kommend via US 101, Ausfahrt Casitas Pass Rd. (= S 224), nach Westen fahren bis Carpinteria Ave., dort rechts und bis zum Ende der Palm Ave. Von Santa Barbara kommend Ausfahrt Linden Ave. und den braunen Schildern folgen.

Santa Cruz

Babbling Brook Inn
1025 Laurel St., Santa Cruz, CA 95060
✆ (831) 427-2437
www.babblingbrookinn.com
Idyllisch gelegener, hübscher B & B von 1909 mit 13 Zimmern. Frühstück und Wein am Nachmittag inkl. $$$$

Dream Inn
175 W. Cliff Dr., Santa Cruz, CA 95060
✆ (831) 426-4330
www.dreaminnsantacruz.com

Design-Hotel in Strandlage (Cowell's Beach). Strandblick von jedem Zimmer. Pool, Restaurant **Aquarius**. $$$$

Surfside Apartments
311 Cliff St., Santa Cruz, CA 95060
℡ (831) 423-5302
www.scsurfside.com
Strandnah: einfache, bequeme Cottages mit Küche. $-$$

Seacliff State Beach
201 State Park Dr., 5,5 Meilen südl. von Santa Cruz (SR 1, Exit State Park Ave.)
Aptos, CA 95003
℡ (831) 685-6442
www.parks.ca.gov
Staatlich, ganzjährig: 49 Plätze für RVs, Duschen, Brennholz, Maximum 7 Nächte. Am Strand kann man schwimmen, vom Pier aus angeln.

KOA Santa Cruz/Monterey Bay
1186 San Andreas Rd.
Watsonville, CA 95076
℡ (831) 722-0551
www.santacruzkoa.com
50 Blockhütten und 230 Plätze in Strandnähe, gute Lage und Ausstattung, teils schattig, großer Pool. Möglichkeit zur Beobachtung von Walen und Seelöwen.

Santa Maria

Historic Santa Maria Inn
801 S. Broadway, Santa Maria, CA 93454
℡ (805) 928-7777
www.santamariainn.com
Haus von 1917 und moderner Annex mit Pool und Fitnesscenter; beliebtes Restaurant **Garden Room** ($$) und Cocktail Lounge. $$$-$$$$

Santa Monica
Vgl. Los Angeles.

Sequoia and Kings Canyon National Park
Vgl. auch Three Rivers, Fresno, Visalia.

John Muir Lodge
Grant Grove Village
Sequoia National Park, CA 93262
℡ (559) 335-5500 und 1-866-522-6966
www.nps.gov./seki
Rustikale Herberge im Wald mit 36 Zimmern. $$-$$$

Wuksachi Village & Lodge
64740 Wuksachi Way
Sequoia National Park, CA 93262
℡ 1-888-252-5757

Unterkünfte in Kalifornien

www.visitsequoia.com
Nähe Südeingang des Parks und Lodgepole: schön gelegen (2200 m) mit Ausblicken auf die Berge, 102 Zimmer, Restaurant, Lounge. Sommer $$$$, Winter $$-$$$

Sentinel Campground
Hwy. 180 (¼ Meile vom Cedar Grove Village)
Cedar Grove, CA 93628
℡ (559) 565-3341
www.visitsequoia.com
April-Okt. geöffnet
Im Kings Canyon liegen verschiedene Campingplätze, von denen der Sentinel (82 Plätze) besonders schön ist. Abgesehen von der Lage unter den Bäumen mit Blick auf die sich verengende Schlucht. Fußläufig zum Visitor Center und zur Lodge; vom Parkplatz vor der Lodge gibt es einen direkten Zugang zum Kings River, der eine herrliche Badestelle bietet. Keine Reservierungen. *First come, first served.*

Sausalito

Hotel Sausalito
16 El Portal (Bridgeway), Sausalito, CA 94965
℡ (415) 332-0700
www.hotelsausalito.com
Boutiquehotel: angenehm, geschmackvoll, gleich beim Schiffsanleger. $$$-$$$$

HI Marin Headlands Hostel
Fort Barry Building 941, Sausalito, CA 94965
℡ (415) 331-2777
www.norcalhostels.org
Zimmer für Einzelpersonen, Familien und Gruppen. Selbstbedienungsküche, Waschsalon. $

Solvang

Petersen Village Inn Solvang
1576 Mission Dr., Solvang, CA 93463
℡ 1-800-321-8985
www.peterseninn.com
Angenehmer Familienbetrieb: 40 Zimmer, Shops, Bäckerei und Restaurant unter einem Dach. Kleines Frühstück inkl. $$$-$$$$

Sonoma

El Dorado Hotel
405 First St. W., Sonoma, CA 95476

Unterkünfte in Kalifornien

✆ (707) 996-3030
www.eldoradosonoma.com
Historische Herberge an der Plaza, geschmackvoll eingerichtet. Zimmer mit Balkon und Frühstück unterm Feigenbaum. Beachtliches Restaurant **El Dorado Kitchen**. Pool. $$$$

Sonoma Hotel
110 W. Spain St., Sonoma, CA 95476
✆ (707) 996-2996
www.sonomahotel.com
Komfort und Geschichte (Baujahr 1872) vereint der historische Adobe-Bau an der Plaza mit 17 Zimmern, handgeschnitzter Bar, Kamin und vielen Antiquitäten. Französisch inspirierte Küche im **The Girl and the Fig**. Kleines Frühstück. $$$–$$$$

Sonora/Arnold

Gunn House Hotel
286 S. Washington St., Sonora, CA 95370
✆ (209) 532-3421
www.gunnhousehotel.com
Gut geführter historischer Inn. $$

Mother Lode Fair
220 Southgate Dr., zwei Blocks südl. von Downtown, Nähe SR 49
Sonora, CA 95370
✆ (209) 532-7428
www.motherlodefair.org
Gute Ausstattung, ganzjährig geöffnet; RV und Zelte.

Three Rivers

Western Holiday Lodge
40105 Sierra Dr. (Hwy. 198, am Ortsrand)
Three Rivers, CA 93271
✆ (559) 561-4119
www.westernholidaylodge.net
Simples Motel am Kaweah River. Pool. $–$$$

Twentynine Palms

Vgl. auch Joshua Tree National Park.

29 Palms Inn
73950 Inn Ave., 29 Palms, CA 92277
✆ (760) 367-3505
www.29PalmsInn.com
Wunderbare Oase mit Adobe-Bungalows in der Nähe zum nordöstlichen Eingang des Joshua-Tree-Nationalparks. Außerdem sehr nettes Restaurant (Frühstück, Lunch, Dinner). Pool. $$–$$$

Ventura

Best Western Plus Inn of Ventura
708 E. Thompson Blvd., Ventura, CA 93001
✆ (805) 648-3101
Zentral gelegen. Guter Best-Western-Standard. $$–$$$

Victorian Rose B&B
896 E. Main St., Ventura, CA 93001
✆ (805) 641-1888
www.victorianroseventura.com
Die ehemalige, mehr als 120 Jahre alte Kirche dient heute als B&B. Frühstück inkl. $$–$$$

Emma Wood State Beach
W. Pacific Coast Hwy. (4 Meilen von Ventura, westl. auf Pacific Coast Hwy., Exit State Beach; von Santa Barbara aus kommend, Exit Seacliff)
Ventura, CA 93003
✆ (805) 968-1033, www.parks.ca.gov
Bewachter Badestrand, Schwimmen, Surfen, Angeln. Radwege. 90 Plätze, keine Zelte, sehr einfache Ausstattung (chemische Toiletten, keine Duschen, kein Trinkwasser, Reservierung nur Mitte Mai bis Sept.

Visalia

The Spalding House Bed & Breakfast Inn
631 N. Encina St. (Downtown)
Visalia, CA 93291
✆ (559) 739-7877
www.thespaldinghouse.com
Ehemals Traumhaus eines Holzbarons (1901), heute B&B mit drei geschmackvollen Gästezimmern und schöner Veranda. $$

Yosemite National Park

Vgl. auch Fish Camp, Lee Vining, Mariposa, Midpines und Groveland.

Generelle Info zu Unterkunft für die nachfolgenden Hotels:
✆ (801) 559-4884, www.yosemitepark.com
Zur Reservierung weiterer **Campingplätze** im Park (z.B. Tuolumne Meadows): ✆ 1-877-444-6777.

Ahwahnee Hotel
1 km östl. vom Village, Yosemite Valley
CA 95389
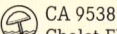Chalet-Eleganz (von 1927) am Granitfelsen mit 123 Zimmern und 24 Cottages. Besonders eindrucksvoll: der Speisesaal des Restaurants ($$$) und die opulente Lobby. Bar, Pool, Tennisplätze, Reservierung ratsam. Wer einen Zusatztag im

> **Unterkünfte in Kalifornien/ Colorado**

Park einlegt, kann hier eventuell frühstücken. Ideale Bleibe auch an Wintertagen, wenn es im Tal ruhiger ist – Gourmettreffs, Weinabende und klassische Musikprogramme. $$$$

Wawona Hotel
P.O. Box 2005 (S 41, 43 km südl. vom Yosemite Valley)
Yosemite National Park, CA 95389
Weiß und grün getüncht, geruhsam, schattige Veranden – seit 1859. Restaurant ($$), Pool, Golf- und Tennisplatz. Kein Telefon.
Shuttle zur nahen Mariposa Grove, im Sommer Bus zum Yosemite Village. Zwischen Thanksgiving und Mitte Dez. geschl.; Jan.–März nur an Wochenenden geöffnet. Beliebt: von der Terrasse aus dem Sonnenuntergang zusehen. $$$–$$$$

Yosemite Lodge at the Falls
9004 Yosemite Lodge Dr.
Yosemite Valley, CA 95389
Am Fuß der Yosemite Falls. Urige Cabins im Motelstil, Cafeteria, Pool, Radverleih. $$$

Curry Village
Yosemite Valley
Yosemite National Park, CA 95389
18 Motelzimmer, 56 Cabins mit und 14 Cabins ohne privates Bad. Außerdem Zelte, Cafeteria und ein Pool. Lagerfeuer sind nicht erlaubt. $$–$$$

Wawona Campground
S 41, 43 km südl. von Yosemite Valley
Yosemite National Park, CA 95389
✆ 1-877-444-6777, www.nps.gov/yose
Ganzjährig – im Sommer nach dem Prinzip *first come, first served*.

COLORADO

Cortez

Holiday Inn Express
2121 E. Main St., Cortez, CO 81321
✆ (970) 565-6000 und 1-800-626-5652
www.coloradoholiday.com
Einwandfreie Unterkunft mit Bar, Indoor Pool, Sauna, Fitnesscenter und kleinem Frühstück. $$–$$$

American Garden Inn
2040 E. Main St., Cortez, CO 81321
✆ (970) 565-3738
Älteres kleines Motel (40 Zimmer) am Ostausgang der Stadt mit Pool, Whirlpool; kleines Frühstück. $

Baymont Inn & Suites
2321 E. Main St., Cortez, CO 81321
✆ (970) 565-3400

www.baymontinns.com
140 Zimmer, Pool, Whirlpool, Münzwäscherei. Kleines Frühstück inkl. $–$$

Cortez/Mesa Verde KOA
27432 E. Hwy. 160, Cortez, CO 81321
✆ (970) 565-9301 und 1-800-562-3901
www.koa.com/campgrounds/cortez
1. April–15. Okt. geöffnet
Groß und privat, etwa 3 km östl. von Cortez und 12 km westl. des Mesa Verde National Park; 78 Plätze, 28 *full hookups*, beheizter Pool.

Denver

The Brown Palace Hotel
321 17th St., Denver, CO 80202
✆ (303) 297-3111 und 1-800-321-2599
www.brownpalace.com
Nobles Downtownhotel mit prachtvoller Lobby von 1892. 241 Zimmer und Suites, Edelrestaurant **Palace Arms**, Fitnessraum. $$$$

Courtyard Marriott Denver Downtown
934 16th St., Denver, CO 80202
✆ (303) 571-1114, Fax (303) 571-1141
www.marriott.com
Angenehm und zentral: 177 Zimmer und Suiten, Restaurant, Cocktailbar, Pool, Whirlpool, Fitnessraum, Waschsalon. $$$–$$$$

Hotel Monaco
1717 Champa St., Denver, CO 80202
✆ (303) 296-1717 und 1-800-990-1303
www.monaco-denver.com
Neu erbautes Downtownhotel mit eleganter Atmosphäre und freundlichen 178 Zimmern und 11 Suiten. Italienisches Restaurant **Panzano** ($$), Fitnessraum. $$$–$$$$

Denver East/Strasburg KOA
1312 Monroe St.
Strasburg, CO 80136
/Fax (303) 622-9274 und 1-800-562-6538
www.koa.com/where/co/06124, ganzjährig
Stellplätze für RVs und Zelte; Cabins. Snackbar, Pool, Sauna, Kabel-TV, Fahrradverleih. (I-70, Exit 310 Strasburg, nördliche Frontage Rd. nach Osten). $

Durango

Historic Strater Hotel
699 Main Ave. & 7th St., Durango, CO 81301

Unterkünfte in Colorado/Nevada

© (970) 247-4431 und 1-800-247-4431
www.strater.com
Seit 1887: viktorianischer Prachtbau mit 93 gemütlichen Zimmern, zünftigem **Diamond Belle Saloon** (Honky-Tonk-Männer spielen Ragtime am Klavier), gediegenem Restaurant **Mahogany Grille** und kleinem Vaudeville Theater. $$-$$$$

Iron Horse Inn
5800 N. Main Ave., Durango, CO 81301
© (970) 259-1010 und 1-800-748-2990
www.ironhorseinndurango.com
141 Suiten mit Kamin. Restaurant, Pool, Sauna, Whirlpool, Fitnessraum, Waschsalon. Kleines Frühstück inkl. $-$$

Durango KOA
30090 S. Hwy. 160 E., Durango, CO 81301
© (970) 247-0783 und 1-800-562-0793
www.koa.com/where/co/06150
1. Mai–15. Okt. geöffnet
Privater Campground für RVs und Zelte. Cabins, Snackbar, Pool. (7 Meilen östlich von Durango via Hwy. 160.) $

Mesa Verde National Park
Vgl. auch Cortez, Mancos.

Far View Lodge
Mile Marker 15
Mesa Verde National Park, CO 81328
© (602) 331-5210 und 1-800-449-2388
www.visitmesaverde.com, Mitte April–Mitte Okt.
Im Nationalpark: einfache Zimmer (mit Balkon und Blick, kein TV, kein Telefon), gutes Restaurant **Metate Room**. $$-$$$

Mancos

Sundance Bear Lodge
38890 Hwy. 184, Mancos, CO 81328
© (970) 533-1504 und 1-866-529-2480
www.sundancebear.com
Sympathischer B & B in günstiger Lage zu Mesa Verde, Durango und Silverton. Heißer Pool und viel frische Luft. $$-$$$

Ouray

Saint Elmo Hotel
426 Main St., Ouray, CO 81427
© (970) 325-4951 und 1-866-243-1502
www.stelmobonton.com

Neun Zimmer, Restaurant, Sauna, Whirlpool. $$-$$$

 Best Western Twin Peaks Lodge & Hot Springs
125 3rd Ave. (an der Straße zu den Box Canyon Falls), Ouray, CO 81427-0320
© (970) 325-4427 und 1-800-207-2700
April–Okt. geöffnet
49 Räume, großes Grundstück. Heiße Mineralquellen speisen die Warmwasserpools. Waschsalon. $-$$

Silverton

Grand Imperial Hotel
1219 Greene St., Silverton, CO 81433
© (970) 387-5527 und 1-800-341-3340
www.grandimperialhotel.com
Viktorianisches Grandhotel (1882) mit **Gold King Dining Room**. $-$$$

Telluride

New Sheridan Hotel
231 W. Colorado Ave., Telluride, CO 81435
© (970) 728-4351 und 1-800-200-1891
www.newsheridan.com
Charmantor altor Kaoton mitten in der Stadt. 26 Zimmer und Suiten, Restaurant, urige Bar, Jacuzzi, Fitnessraum, Waschsalon. Frühstück inkl. $-$$$

Victorian Inn
401 W. Pacific Ave.
Telluride, CO 81435
© (970) 728-6601 und 800-611-9893
www.victorianinntelluride.com
Zweistöckiges Motel, einfach und sauber und ganz zentral in der Innenstadt. $-$$

NEVADA

Las Vegas

 Caesars Palace
3570 Las Vegas Blvd. S., Las Vegas, NV 89109
© 1-866-227-5938, www.caesarspalace.com
Das 1966 als erstes Themenhotel in Las Vegas eröffnete Haus umfasst Kasinos, Pools, Tennisplätze, Wellness- und Fitnessangebote, diverse Restaurants und eine aufwendige Shopping Mall. $$$-$$$$

 Rio All-Suite Hotel & Casino
3700 W. Flamingo Rd., Las Vegas, NV 89103
© 1-866-746-7671
www.riolasvegas.com

> **Unterkünfte in Nevada/Utah**

Romantische Bleibe für Flitterwöchner: 2500 luxuriöse Suiten, Pool mit echtem Sandstrand, Kasino, Restaurants. Die Cocktail-Serviererinnen könnten glatt als Showgirls auftreten. Und: angeblich das beste All-you-can-eat-Buffet in Las Vegas. $$$–$$$$

Aria
3730 Las Vegas Blvd. S., Las Vegas, NV 89109
✆ (702) 590-7757 und 1-866-359-7757
www.arialasvegas.com
Elegant, technisch perfekt und ökobewusst: ein schickes Kasinohotel der neuesten Generation. $$–$$$$

Cosmopolitan
3708 Las Vegas Blvd. S., Las Vegas, NV 89109
✆ (702) 698-7000 und 1-877-551-7778
www.cosmopolitanlasvegas.com
Ultrachic und ganz zentral am Strip. 3000 Zimmer, teils mit Blick auf die Wassershow im Bellagio nebenan. Hervorragende Restaurants, Pool und Spa. $$–$$$$

Flamingo Las Vegas
3555 Las Vegas Blvd. S.
Las Vegas, NV 89109
✆ (702) 733-3111
www.flamingolasvegas.com
Kasinohotel mit 3565 Zimmern. Alle Spuren des berüchtigten Gründervaters »Bugsy« Siegel sind getilgt. Fitnessräume, klasse Pool, Restaurants. $$–$$$

Las Vegas Hotel
3000 Paradise Rd., Las Vegas, NV 89109
✆ (702) 732-5111 und 1-888-732-7117
www.thequadlv.com
3174 Zimmer, Superpool und ein Dutzend Restaurants. Abseits des Strip, aber gut für Kongressbesucher. $$–$$$$

The Quad Resort & Casino
3535 Las Vegas Blvd. S.
Las Vegas, NV 89109
✆ 1-800-351-7400
www.thequadlv.com
Asiatisches Dekor; 2700 Zimmer, 10 Restaurants, Pool mit Wasserfall, Fitnesszentrum, hauseigene Klinik, Heiratskapelle. $$–$$$

Circus Circus Las Vegas Hotel, Resort and Casino

2880 Las Vegas Blvd. S., Las Vegas, NV 89109
✆ (702) 734-0410 und 1-877-434-9175
www.circuscircus.com
Grell, aber preiswert und familienorientiert (3770 Zimmer). Heiratskapelle. $$

El Cortez Hotel & Casino
600 E. Fremont St. (6th St.)
Las Vegas, NV 89101
✆ (702) 385-5200 und 1-800-634-6703
www.elcortezhotelcasino.com
1940er-Jahre-Hotel mit 308 Zimmern und Suiten. Ordentlich. $–$$

Circus Circus KOA
500 Circus Circus Dr., Las Vegas, NV 89109
✆ (702) 733-9707 und 1-800-562-7270
www.koa.com/where/nv/28138
400 Plätze mit *full hookups*, Pool, Jacuzzi, Kiosk, Waschsalon beim Circus Circus Kasino.

Stateline
Vgl. auch Lake Tahoe.

Harrah's Lake Tahoe
15 US 50 (Staatsgrenze), Stateline, NV 89449
✆ (775) 588-6611 und 1-800-427-7247
www.harrahslaketahoe.com
Nummer eins der Hotel- und Kasinobranche vor Ort. 24-Stunden-Betrieb mit acht Restaurants/Coffee Shops (u. a. **The Summit**). $$$–$$$$

Harvey's Casino & Resort
US 50 & Stateline Ave., Stateline, NV 89449
✆ (775) 588-2411 und 1-800-427-7247
www.harveystahoe.com
Kasinohotel (740 Zimmer), Restaurants und Coffee Shop – rund um die Uhr. Pool, Whirlpool, Fitnessraum, Waschsalon. $$$–$$$$

UTAH

Arches National Park
Vgl. Moab.

Bicknell

Sunglow Motel & Restaurant
91 E. Main St., Bicknell, UT 84715
✆ (435) 425-3821
Einfach und sehr preiswert. $

Aquarius Inn
240 W. Main St., Bicknell, UT 84715-0304
✆ (435) 425-3835 und 1-800-833-5379
www.aquariusinn.com
Motel, Restaurant, Campingplatz, Waschsalon. $

Bryce Canyon National Park
Vgl. auch Panguitch, Hatch und Tropic.

Unterkünfte in Utah

Bryce Canyon Lodge
Hwy. 63
Bryce Canyon National Park, UT 84764
℗ (435) 834-8700 und 1-877-386-4383
April-Okt. geöffnet
Lodge (Baujahr 1924) im Nationalpark mit 114 Motelzimmern, rustikalen Cabins und Suiten; großer Speisesaal in schwerer Holz- und Steinarchitektur, Souvenirshop, Tourangebote, Ausritte (zweistündig zum Canyongrund, 9-14 Uhr; Halbtagsritt durch den Canyon einschließlich **Peek-a-Boo**, 8-13 Uhr). Waschsalon. $$$

Best Western Ruby's Inn
26 S. Main St. (2 km vor dem Parkeingang)
Bryce Canyon, UT 84764
℗ (435) 834-5341 und 1-866-866-6616
www.rubysinn.com
Ganzjähriges Ferienmotel mit Restaurant, Pool, Campingplatz (*hookups*, Duschen und Waschsalon: April-Okt.). Preise je nach Saison. $$-$$$

Bryce Canyon Pines Motel & RV Park/Campground
Hwy. 12 Milepost 10
Bryce Canyon, UT 84764
℗ 1-800-892-7923
www.brycecanyonmotel.com
Solides Motel einige Minuten nördlich des Parkeingangs. Restaurant, Kiosk, Waschsalon, Pferdeverleih. Campground. $-$$

Ruby's Inn RV Campground
1280 SR 63, Bryce Canyon, UT 84764
℗ (435) 834-5301 und 1-866-878-9373
www.rubysinn.com
April-Okt. geöffnet
Großer Privatplatz am Parkeingang.

Canyonlands National Park
Vgl. Moab, Monticello.

Capitol Reef National Park
Vgl. Bicknell, Torrey.

Cedar Breaks National Monument
Vgl. Hatch.

Hatch

Riverside Resort
594 US 89, Hatch, UT 84735
℗ (435) 735-4223 und 1-800-824-5651
www.riversideresort-utah.com

Einfaches Motel mit Campingplatz am Fluss. 1,5 km nördl. von Hatch. Gut ausgestattet mit Badegelegenheit, Spielplatz, Waschautomaten, Shop. $

Mexican Hat

Valley Of The Gods Bed & Breakfast
Valley of the Gods Rd., 1/2 Meile von SR 261
Mexican Hat, UT 84531
℗ (970) 749-1164
Hübscher Inn in altem Ranchhaus. Mit Frühstück. Picknick für Touren erhältlich. $-$$

San Juan Inn & Trading Post
US 163, Mexican Hat, UT 84531
℗ (435) 683-2220 und 1-800-447-2022
www.sanjuaninn.net
Ordentliche 37 Zimmer am gleichnamigen Fluss an der Brücke. Restaurant, Cocktails, Fitnessraum, Waschsalon. $

Moab

Sunflower Hill
185 N. 300 East, Moab, UT 84532
℗ (435) 259-2974 und 1-800-662-2786
www.sunflowerhill.com
Gefälliges historisches Landhaus mit Garten. Whirlpool. Kein Telefon. Mit Frühstück. $$$-$$$$

Best Western Greenwell Inn
105 S. Main St., Moab, UT 84532
℗ (435) 259-6151
www.bestwesternmoab.com
Zentral: 72 Zimmer, Restaurant (chinesisch), Pool, Whirlpool, Fitnessraum, Atomschutzbunker (!), Waschsalon. (Nov.-April $). $$-$$$

Castle Valley Inn
424 Amber Lane, Moab, UT 84532
℗ (435) 259-6012
www.castlevalleyinn.com
Landschaftlich reizvoll und ruhig gelegener B & B. Rasen und Obstgärten vor spektakulärer Bergszenerie. Acht Zimmer, einige mit Küche. Whirlpool. Frühstück inkl. $$-$$$$

Kokopelli Lodge
72 S. 100 E. (Downtown), Moab, UT 84532
℗ (435) 259-7615 und 1-888-530-3134
www.kokopellilodge.com
Einfach: acht Zimmer, Whirlpool. $

Lazy Lizard International Hostel
1213 S. Hwy. 191, Moab, UT 84532
℗ (435) 259-6057
www.lazylizardhostel.com
18 Räume, Duschen, Gemeinschaftsküche, Waschautomaten. Auch Einzelzimmer. $

> **Unterkünfte in Utah**

Canyonlands National Park
2282 S.W. Resource Blvd., Moab, UT 84532
℡ (435) 259-4351, (435) 719-2313
www.nps.gov/cany
Campgrounds im nördlichen Teil (Island In The Sky) Willow Flat, im südlichen Teil Squaw Flat.

Fisher Towers Recreation Site
SR 128, zwischen Cisco und Moab
℡ (435) 259-2100
Gut angelegter Campground am Ende einer Stichstraße, Wasseranschluss, Startplatz für Wander- und Klettertouren.

Moab KOA
3225 S. Hwy. 191 (südl. der Stadt)
Moab, UT 84532
℡ (435) 259-6682 und 1-800-562-0372
www.koa.com, März–Okt. geöffnet
Schattig und friedlich, Pool.

Monticello

Rodeway Inn
649 N. Main St., Monticello, UT 84535
℡ (435) 587-2489
Modernes Kettenmotel am Nordende der Stadt, mit Pool und kostenlosem WLAN. $$

The Grist Mill Inn
64 S. 3rd East, Monticello, UT 84535
℡ (435) 587-2597
Ehemalige Getreidemühle aus der vorletzten Jahrhundertwende – fein hergerichtet: sieben Zimmer, Whirlpool, großes Frühstück. $

Mountain View RV Park
632 N. Main St., nördl. der US 666 an US 191
Monticello, UT 84535
℡ (435) 587-2974
35 Plätze für RVs und Zelte, einige im Schatten. Waschautomaten.

Monument Valley
Vgl. auch Kayenta.

Goulding's Trading Post & Lodge
1000 Main St. (2 Meilen westl. von US 163, nahe der Grenze zu Arizona)
Monument Valley, UT 84536
℡ (435) 727-3231, Fax (435) 727-3344
www.gouldings.com
Mit Monument-Valley-Panorama. 73 Zimmer, Pool, Waschsalon, Restaurant, Museum, Multi-Media-Show. Auch Campingplatz: **Goulding's Monument Valley RV Park**, ℡ (435) 727-3235. $$–$$$$

Mitten View Campground
P.O. Box 93, Monument Valley, UT 84536
℡ (435) 727-5870

Etwas staubiger Reservatscampingplatz mit grandiosen Ausblicken, direkt neben dem Visitor Center. Im Sommer Wochen vorher reservieren.

Natural Bridges National Monument
Vgl. Mexican Hat.

Panguitch

Marianna Inn
699 North Main St., Panguitch, UT 84759
℡ (435) 676-8844
www.mariannainn.com
Individuell geführtes Motel an der Hauptstraße, einige Zimmer im Blockhausstil. Dazu für alle Gäste ein Gemeinschaftsgrill fürs selbstgebrutzelte Steak. $–$$

Color Country Motel
526 N. Main St. (US 89), Panguitch, UT 84759
℡ (435) 676-2386 und 1-800-225-6518
Fax (435) 676-8484
www.colorcountrymotel.com
Sauber, einfach und preiswert: 26 Zimmer, Pool (Juni–Okt.), Whirlpool. $

Lamplighter Lodge
581 N. Main St., Panguitch, UT 84759
℡ (435) 676-8362 und 1-800-322-6966
Einfach und preiswert. $

Springdale

Under The Eaves
980 Zion Park Blvd., Springdale, UT 84767
℡ (435) 772-3457
www.undertheeaves.com
Einfach, aber gemütlich. Kleiner Garten, großes Frühstück. $$–$$$

Cliffrose Lodge & Gardens
281 Zion Park Blvd., Springdale, UT 84767
℡ (435) 772-3234 und 1-800-243-8824
www.cliffroselodge.com
Schöner Garten und Wiese, 40 Zimmer, Pool, Whirlpool, Waschsalon. Kurzer Fußweg zum Parkeingang und Shuttlebus. $–$$$

Driftwood Lodge
1515 Zion Park Blvd., Springdale, UT 84767
℡ (435) 772-3262
www.driftwoodlodge.net
Still und angenehm in Flussnähe: 47 geräumige

Unterkünfte in Utah

Zimmer, Pool, Whirlpool. Kleines Frühstück inkl. $$

Desert Pearl Inn
707 Zion Park Blvd., Springdale, UT 84767
✆ (435) 772-8888 und 1-888-828-0898
www.desertpearl.com
61 schicke Zimmer mit Kitchenette. $$

 Flanigan's Inn & Spotted Dog Cafe
450 Zion Park Blvd., Springdale, UT 84767
✆ (435) 772-3244 und 1-800-765-7787
www.flanigans.com
Ruhig, 33 Zimmer und Suiten, Pool, Whirlpool und Restaurant ($). Fahrradverleih. Kleines Frühstück inkl. $-$$

 Zion Canyon Campground
479 Zion Park Blvd., Springdale, UT 84767
✆ (435) 772-3237
Schön gelegener privater RV Park und Zeltplatz mit Duschen, Pool, Waschautomaten, Spielplatz und Pizzarestaurant. Motelzimmer, Cabins (Quality Inn, $-$$).

 Zion River Resort RV Park & Campground
551 E. Hwy. 9, P.O. Box 790219
Virgin, UT 84779
✆ (435) 635-8594 und 1-888-822-8594
www.zionriverresort.com
Gepflegt und sauber am Highway und Fluss zwischen Virgin und Zion: *full hookups*, Pool, Spielplatz, Waschautomaten, 84 RV-Plätze, Zelte, Cabins.

Torrey

 Rim Rock Inn
2523 Hwy. 24 E., Torrey, UT 84775
✆ (435) 425-3398 und 1-888-447-4676
www.therimrock.net
Schön älteres, aber renoviertes Motel in grandioser Lage mit 360-Grad-Rundblick über die Westseite des Capitol Reef. Restaurant und Terrasse. $$

 Capitol Reef Inn & Cafe
360 W. Main St., Torrey, UT 84775
 ✆ (435) 425-3211
www.capitolreefinn.com

Kleines, angenehmes Motel mit Restaurant und Buchhandlung. $-$$

Tropic

Stone Canyon Inn
Stone Canyon Lane, Tropic, Utah 84776
✆ (435) 679-8611 und 1-866-489-4680
www.stonecanyoninn.com
Gepflegter Country-Inn mit nur sechs Zimmern am Fuß der Klippen von Bryce Canyon. $$$

America's Best Value Inn
199 N. Main St., Tropic, Utah 84776
✆ (435) 679-8813 und 1-888-315-2378
www.brycevalleyinn.com
Einfaches Kettenmotel, sauber und gut geführt. $$

Bryce Point Bed & Breakfast
61 N. 400 W., Tropic, UT 84776-0096
✆ (435) 679-8629 und 1-888-200-4211
Familiärer B & B Inn mit sechs Zimmern und großer Terrasse; ruhige Lage am Fuß der Pink Cliffs. Mitte Nov.–Mitte April geschl. $$

 Bryce Pioneer Village
80 S. Main St., Tropic, UT 84776
✆ (435) 679-8546
www.brycepioneervillage.com
Mehrere Western-Cabins im rustikalen Blockhüttenstil, die auf einem schön begrünten Gelände verteilt sind. Restaurant mit abendlicher Wildwest-Show im Sommer. $-$$

Doug's Country Inn Motel
141 N. Main St., Tropic, UT 84776
✆ (435) 679-8632
28 Zimmer: einfach und preiswert. $

Zion National Park

Vgl. auch Springdale.

 Zion Lodge
Zion National Park, UT 84767
✆ (435) 772-7700 und 1-888-297-2757 (Reservierung)
www.zionlodge.com
Begehrte schattige Parkherberge (ganzjährig), rustikale Hütten, geräumige Zimmer, Restaurant (Frühstück, Lunch und Dinner), Pferdeverleih. In der Hauptreisezeit Reservierung der Lodge 4–6 Monate im Voraus empfohlen. Gäste dürfen auch in der Hochsaison mit dem eigenen Auto anreisen. $-$$$

Service von A bis Z

An- und Einreise 285	Öffentliche Verkehrsmittel 290
Auskunft 286	Post 290
Auskunft vor Ort 286	Reisezeiten 290
Autofahren 286	Reservierungen 291
Automiete 287	Restaurants, Essen und Trinken 291
Diplomatische Vertretungen 287	Sicherheitshinweise 293
Feiertage und Feste 288	Sprachgebrauch im Südwesten 293
Geld, Kreditkarten, Reisekosten 288	Strom 294
Hinweise für Behinderte 289	Telefonieren, Internet 294
Kinder 289	Trinkgeld 295
Klima, Kleidung 289	Unterkunft 295
Maße und Gewichte 289	Zeitzonen 296
Medizinische Versorgung 290	Zoll 296
Notfälle 290	

An- und Einreise

Zur Einreise in die USA benötigen Besucher aus Deutschland, Österreich und der Schweiz **(auch Babys und Kinder)** einen **maschinenlesbaren Pass**, der mindestens bis zum Ende der geplanten Reise gültig sein muss. Für deutsche Staatsangehörige ist nur der rote Europapass zulässig. Vorläufige Reisepässe, Kinderausweise, -pässe oder Einträge in den Reisepässen der Eltern werden nicht mehr akzeptiert. Das gilt jedoch nicht für Reisende, die ein US-Visum besitzen.

Seit Januar 2009 müssen USA-Reisende, die ohne Visum in die USA einreisen, mindestens 72 Stunden vor Reiseantritt online eine sogenannte **ESTA-Genehmigung** *(Electronic System for Travel Authorization)* beantragen, dies gilt auch für Kinder. Dafür ist ein Fragebogen mit persönlichen und anderen Daten im Internet auszufüllen, der bisher während des Flugs ausgeteilt wurde. Die daraufhin erteilte ESTA-Genehmigung ist bis zu zwei Jahre oder bis zum Ablauf des Passes für mehrere Reisen gültig. Seit September 2010 ist die Registrierung kostenpflichtig ($ 14). Es wird empfohlen, einen Ausdruck der Genehmigung bei der Einreise mitzuführen.

Die Details der Einreisebestimmung können sich kurzfristig ändern, so dass empfohlen wird, sich vor Reiseantritt auf der Homepage der US-Botschaft (www.usembassy.de) oder des Auswärtigen Amtes (www.auswaertiges-amt.de) zu informieren. Häufig gestellte Fragen zur Einreise (FAQs) werden auch unter www.usvisa-germany.com beantwortet.

Der Beamte der Einwanderungsbehörde *(immigration officer)* nimmt bei der Einreise einen Fingerabdruck ab und ein digitales Passfoto auf. Er erkundigt sich nach Zweck *(vacation)* und Dauer der Reise und setzt die Aufenthaltsdauer fest. Manchmal wird nach dem Rückflugticket oder der finanziellen Ausstattung gefragt.

Ein weiterer Hinweis, der mit den strengeren Sicherheitsbestimmungen seit dem 11.09.2001 in den USA zu tun hat: Sie sollten Ihr **Gepäck bei der Aufgabe am Flughafen nicht verschließen**, da es sonst mit großer Wahrscheinlichkeit von den Behörden mit Gewalt aufgebrochen wird.

Direktflüge nach Kalifornien und in den Südwesten können mehrere Zielflughäfen ansteuern: San Francisco, Los Angeles, Las Vegas, aber auch

Service von A bis Z

Denver oder Phoenix. Am Flughafen von **San Francisco** (SFO, www.flysfo.com) fährt der **AirTrain** zu den Autovermietstationen und das lokale Metro-System **BART** (Bay Area Rapid Transit) transportiert Passagiere in 28 Minuten in die Innenstadt. In **Las Vegas** liegt der **McCarran International Airport** (✆ 702-261-5211, www.mccarran.com) nur wenige Autominuten von Strip und Downtown Las Vegas entfernt. Busse fahren in die Innenstadt. Taxis vom Flughafen zum Strip kosten $ 6–12, nach Downtown Las Vegas $ 8–16.

Am **Los Angeles International Airport** (LAX, ✆ 310-646-5252, www.airport-la.com) stehen, wie an den anderen Airports auch, die Shuttle-Vans der Flughafenhotels bereit. Taxis und Limousinen fahren in die ca. 25 km entfernte Innenstadt. Der Taxifahrpreis beträgt ca. $ 40–60. Kostenlos verbindet ein Shuttlebus den Flughafen mit der Metro Green Line, der LAX Fly Away-Bus fährt nonstop zur Union Station in Downtown oder nach Westwood/UCLA. Und schließlich befördern auch die Busse des öffentlichen Verkehrsunternehmens MTA (Metropolitan Transportation Authority) die Passagiere in alle Himmelsrichtungen.

Wer sich ein Mietauto bestellt hat, wird die Hinweise auf die Autoverleihfirmen *(car rentals)* nicht übersehen. Deren Vans (Car Rental Shuttle) bringen Sie zu den Verleihstationen der Anbieter.

Auskunft

Über die Websites der **Deutschlandvertretungen** einzelner Staaten und Städte kann man kostenlose Vorabinformationen wie Unterkunftsverzeichnisse, Stadtpläne etc. bestellen:

Arizona Office of Tourism
www.arizonareise.de

Colorado Tourism Office
c/o Get It Across, Neumarkt 33, D-50667 Köln
✆ (02 21) 233 64 07
www.colorado.com

Las Vegas Convention & Visitors Authority
c/o Aviareps Tourism GmbH
Josephspitalstr. 15, D-80331 München
✆ (089) 55 25 33 55, www.visitlasvegas.de

Touristische USA-Informationen:
www.magazinusa.com

www.usatourist.com/deutsch
www.usa.de
Touristische Daten u.a. auch für die Route:
www.travel-library.com
US National Parks: www.nps.gov
Nationalparks und Campingreservierung:
www.recreation.gov

Arizona: www.arizonareise.de
Colorado: www.colorado.com
Kalifornien: www.gocalif.ca.gov und
www.visitcalifornia.de
Las Vegas: www.visitlasvegas.de
Los Angeles: www.discoverlosangeles.com
San Diego: www.sandiego.org
San Francisco: www.sanfrancisco.travel
Santa Monica: www.santamonica.com
Utah: www.utah.gov

Auskunft vor Ort

Die Adressen sowie Telefon- und Faxnummern der regionalen **Chambers of Commerce** bzw. **Convention & Visitors Bureaus** in den USA finden Sie bei den entsprechenden Orten in diesem Buch.

Autofahren

Europäische Autofahrer können sich auf den US-Highways erst mal entspannt zurücklehnen. Man fährt dort vergleichsweise rücksichtsvoll und vor allem – langsamer. Meistens jedenfalls. Landkarten und Stadtpläne bekommt man an vielen Tankstellen, in Drugstores und Buchhandlungen.

Einige **Verkehrsregeln** und Verhaltensweisen unterscheiden sich von denen in Europa:
– Die **Höchstgeschwindigkeit** ist ausgeschildert: auf Interstate Highways in der Regel 65 m.p.h. (Meilen pro Std., d.h. 105 km/h), in Ortschaften 25–30 m.p.h. (40–48 km/h).

Service von A bis Z

– An **Schulbussen** mit blinkender Warnanlage, die Kinder ein- und aussteigen lassen, darf man auf keinen Fall vorbeifahren. Das gilt auch für Fahrzeuge aus der Gegenrichtung!
– **Rechtsabbiegen** an roten Ampeln ist erlaubt, nachdem man vollständig angehalten und sich vergewissert hat, dass weder ein Fußgänger noch ein anderes Fahrzeug behindert wird.
– Außerhalb von Ortschaften muss man zum **Parken oder Anhalten** mit dem Fahrzeug vollständig von der Straße herunter.
– **Fußgänger**, besonders Kinder, haben immer Vorfahrt!

Die **Farben an den Bordsteinkanten** bedeuten Folgendes:

Rot: Halteverbot
Gelb: Ladezone für Lieferwagen
Gelb: und Schwarz: LKW-Ladezone
Blau: Parkplatz für Behinderte
Grün: 10–20 Minuten Parken
Weiß: 5 Minuten Parken während der Geschäftszeiten.

Wenn keine Farbe aufgemalt ist, darf man unbegrenzt parken, aber nie an Bushaltestellen oder vor Hydranten.

An **Tankstellen** muss man manchmal im Voraus bezahlen (PAY FIRST) bzw. eine Kreditkarte hinterlegen. Die Preise variieren: Gegen Barzahlung und/oder bei Selbstbedienung (SELF SERVE) gibt es mehr Sprit als auf Kreditkarte und/oder beim Tankwart (FULL SERVE).

Bei **Pannen** sollte man sich als Erstes mit seiner Mietwagenfirma in Verbindung setzen, um die weiteren Schritte abzusprechen. In Notfällen wendet man sich an die Highway Patrol. Diese informiert dann Abschleppdienste, Notarzt usw. Auch die AAA (American Automobile Association) unterhält einen eigenen Pannendienst, den man als Mitglied des ADAC, ÖAMTC und anderer Clubs in Anspruch nehmen kann. In allen Südweststaaten herrscht Gurtpflicht für jeden im Auto.

Automiete

Bei der Landung in San Francisco haben Sie sicher die Frage PKW- oder Campermiete längst beantwortet. **So oder so sollten Sie den Wagen bereits angemietet und vor Antritt der Reise bezahlt haben.** Das ist preislich günstiger. – Wer erst einmal ein paar Tage in San Francisco bleiben möchte, sollte für diese Zeit auf einen Wagen verzichten und ihn erst zu Beginn der Rundreise mieten, denn vieles in der Stadt ist gut zu Fuß, mit (effizienten) öffentlichen Verkehrsmitteln oder (preisgünstigen) Taxis erreichbar. Außerdem spart man Parkgebühren (auch in den Hotels, die diese meist zusätzlich in Rechnung stellen), Stress, Strafzettel und vor allem Zeit. Zwischen Airport und Innenstadt verkehren Taxis und Shuttlebusse.

Mit dem PKW ist man besonders in den Städten flexibler, an Bord eines Wohnwagens dagegen häufiger an der frischen Luft, beweglicher (was die Zeiteinteilung angeht) und insgesamt – vor allem bei der Verpflegung – ein bisschen billiger dran. Anfragen (Wochenpauschalen, Freimeilen und Überführungsgebühren) richtet man an das Reisebüro oder direkt an die internationalen Autovermieter.

Bei der Anmietung des Fahrzeugs vor Ort muss man den nationalen **Führerschein** und eine **Kreditkarte** vorlegen. Wer keine besitzt, muss, wenn er keinen Gutschein (Voucher) hat, im Voraus bezahlen und eine Kaution hinterlegen. Achtung vor verdeckten Kosten! Die Autovermieter jubeln dem Besucher gern weitere Versicherungen unter. Prüfen Sie daher vorher, ob diese nicht anderweitig (Haftpflicht, Kreditkarten) oder bereits mit dem Gutschein für die Automiete abgedeckt sind.

Den Wagen sollte man bei Übernahme zunächst genau überprüfen (Reserverad, Automatikschaltung) und sich insbesondere beim Camper alles genau erklären lassen.

Diplomatische Vertretungen

Botschaft der Vereinigten Staaten von Amerika in Deutschland
Clayallee 170, D-14191 Berlin
✆ (030) 830 50, www.usembassy.de

Botschaft der Vereinigten Staaten von Amerika in Österreich
Bolzmanngasse 16, A-1090 Wien
✆ (01) 313 39-0
www.usembassy.at

Botschaft der Vereinigten Staaten von Amerika in der Schweiz
Sulgeneckstr. 19, CH-3007 Bern

Service von A bis Z

✆ (031) 357 70 11
http://bern.usembassy.gov

Generalkonsulate der Bundesrepublik Deutschland
– 6222 Wilshire Blvd., Suite No. 500
Los Angeles, CA 90048
✆ (323) 930-2703
www.los-angeles.diplo.de

– 1960 Jackson St.
San Francisco, CA 94109
✆ (415) 775-1061
www.san-francisco.diplo.de

Honorarkonsulate der Bundesrepublik Deutschland
4815 W. Russell Rd., Suite 10 J
Las Vegas, NV 89118
✆ (702) 873-6717
consul@vegasresidences.com

– 1007 E. Missouri Ave.
Phoenix, AZ 85014-2663
✆ (602) 264-2545
GermanConsulAZ@aol.com

Österreichisches Generalkonsulat
11859 Wilshire Blvd., Suite 501
Los Angeles, CA 90025
✆ (310) 444-9310
los-angeles-gk@bmeia.gv.at

Schweizer Generalkonsulat
11766 Wilshire Blvd., Suite 1400
Los Angeles, CA 90025
✆ (310) 575-1145
www.eda.admin.ch/la

Feiertage und Feste

An den offiziellen Feiertagen quellen die Strände an der Küste über – besonders im Sommer. Da viele *holidays* auf einen Montag fallen, entstehen lange Wochenenden und dann oft Staus. Das *Superbowl Weekend* im Januar z.B. ist stets besonders fest in amerikanischer Hand: Das gilt erst recht für die Wochenenden von Memorial Day (Beginn der Reisesaison) und Labor Day (Ende der Reisezeit). Banken, öffentliche Gebäude und viele Sehenswürdigkeiten sind feiertags geschlossen.

Offizielle Feiertage:

New Year's Day (1. Januar)
Martin Luther King Day (3. Montag im Januar)
Presidents' Day (3. Montag im Februar)
Memorial Day (letzter Montag im Mai, Beginn der Hauptsaison)
Independence Day (4. Juli)
Labor Day (1. Montag im September)
Columbus Day (2. Montag im Oktober)
Veterans Day (11. November)
Thanksgiving (4. Donnerstag im November)
Weihnachten (25. Dezember)

Für den Zaungast sind die inoffiziellen, lokalen (und ethnischen) Feste meist viel ergiebiger, denn auf den Fiestas, Rodeos und Festivals geht es bunt her. Es gibt immer was zu essen und trinken, viel zu sehen und oft gute Musik zu hören, und jeder findet schnell Anschluss, weil Kind und Kegel mit von der Partie sind. Am 1. Weihnachtstag sind in den USA fast alle Restaurants dicht.

Geld, Kreditkarten, Reisekosten

Die Reisekasse verteilt man am besten auf zwei Zahlungsmittel: **US-Dollar-Bargeld** und eine oder mehrere **Kreditkarten** (Mastercard, Visa oder American Express). Bis zu $ 10 000 in bar oder anderen Zahlungsmitteln dürfen Sie in die USA mitbringen. Euro-Reiseschecks und Bargeld in Euro werden in den Großstädten nur am internationalen Flughafen und – zu normalen Banköffnungszeiten – in einigen wenigen Wechselstuben umgetauscht.

Der US-Dollar ist in 100 *cents* unterteilt. Es gibt **Münzen** zu 1 *cent* (penny), 5 *cent* (nickel), 10 *cent* (dime), 25 *cent* (quarter), 50 *cent* (half dollar) und 1 Dollar. Vorsicht: die **Dollar-Scheine** *(bills, notes)*, die im Wert von 1, 2, 5, 10, 50 und 100 Dollar kursieren, sind alle gleich groß.

Größere Geldscheine und Reiseschecks (z.B. schon Hunderter) werden ungern gesehen und in manchen Läden und Tankstellen (vor allem nachts) nicht akzeptiert. Lieber im Hotel wechseln lassen oder von zu Hause bereits Reiseschecks und Bargeld in $-20- und $-50-Stückelung mitnehmen. In den Großstädten geben die Banken Bargeld gegen Vorlage von Kreditkarte und Reisepass ab.

In den USA ist es üblich, Preise ohne Umsatzsteuer anzugeben, d.h. man zahlt grundsätzlich mehr, als ausgewiesen ist. **Zu allen ausgezeichneten Beträgen kommen, je nach Region und Kommune, meistens 6,25 % und 8,25 % *(sales tax)* hinzu!** Bei den meisten Hotels in den Großstädten fallen zusätzliche Parkgebühren an, die locker $ 20 pro Übernachtung betragen können.

Service von A bis Z

Hinweise für Behinderte

Einrichtungen für Rollstuhlfahrer sind in den USA erheblich häufiger anzutreffen und besser ausgestattet als z.B. in Deutschland. Allgemein kann man sich darauf verlassen, dass alle öffentlichen Gebäude (z.B. Rathäuser, Postämter) mit Rampen versehen sind. Das gilt auch für die meisten Supermärkte, Museen, Sehenswürdigkeiten und Vergnügungsparks. Durchweg sind Bordsteine an den Fußgängerüberwegen abgesenkt. In vielen Hotels und Hotelketten gibt es spezielle Rollstuhlzimmer. Die Firma AVIS z.B. vermietet Autos mit Handbedienung.

Kinder

Amerikaner sind kinderfreundlich. Kindermenüs, eigene Sitzkissen und Kindertische in den Restaurants, preiswerte, wenn nicht gar kostenlose Unterbringung in Hotels und Motels sind selbstverständlich. Besonders mit dem Camper macht den Kindern die Rundfahrt Spaß: Grillen oder auch kleine Wanderungen lassen keine Langeweile aufkommen. Auch die Amerikaner reisen häufig mit Kind, so dass Kontaktmöglichkeiten nicht ausbleiben. Das zuständige Visitors Bureau und die Hotels in den Städten vermitteln Babysitter.

Klima, Kleidung

Wer in den Großstädten schick ausgehen will, braucht formale Garderobe. Insgesamt aber passt man sich am besten mit lockerer Freizeitkleidung (Jeans, T-Shirts und Turnschuhe) dem amerikanischen Alltag an.

Für Frühjahr und Herbst (erst recht für den Winter) sind warme Pullover und Jacken gefragt, besonders in den Höhenlagen und in den trockenen Wüstenzonen, die nachts stark abkühlen. Je heißer es draußen ist, umso eisiger wirken viele Klimaanlagen, was für Europäer immer noch ungewohnt ist und Probleme schaffen kann. Deshalb sollte man darauf mit zusätzlicher Kleidung vorbereitet sein. Besonders im Sommer muss man im unmittelbaren Küstenbereich Kaliforniens häufig auf Nebel gefasst sein.

Maße und Gewichte

Es bleibt in den USA bei *inch* und *mile*, *gallon* und *pound*. Man muss sich also wohl oder übel umstellen. Die nachfolgende Aufstellung soll dabei helfen:

Längenmaße:	1 *inch (in.)*	= 2,54 cm
	1 *foot (ft.)*	= 30,48 cm
	1 *yard (yd.)*	= 0,9 m
	1 *mile*	= 1,6 km
Flächenmaße:	1 *square foot*	= 930 cm^2
	1 *acre*	= 0,4 Hektar (= 4 047 m^2)
	1 *square mile*	= 259 Hektar (= 2,59 km^2)
Hohlmaße:	1 *pint*	= 0,47 l
	1 *quart*	= 0,95 l
	1 *gallon*	= 3,79 l
Gewichte:	1 *ounce (oz.)*	= 28,35 g
	1 *pound (lb.)*	= 453,6 g
	1 *ton*	= 907 kg
Temperatur:	32° Fahrenheit	= 0° Celsius
	104° Fahrenheit	= 40° Celsius

Umrechnung: Grad Fahrenheit minus 32 geteilt durch 1,8 = Grad Celsius

Service von A bis Z

Medizinische Versorgung

In den USA ist man automatisch Privatpatient, d.h. die Arzt- bzw. Krankenhauskosten sind horrend. Man sollte also tunlichst vorsorgen und sich zunächst bei seiner Krankenkasse nach einer Kostenerstattung im Ausland erkundigen. Falls nicht alle in den USA erbrachten Leistungen übernommen werden, ist dringend eine **Auslandskrankenversicherung** anzuraten, die für Urlaubsreisen äußerst preiswert zu haben ist. Aber Achtung: auch wenn Sie versichert sind, muss beim Arzt oder im Krankenhaus in den USA sofort bezahlt werden, meist im Voraus. Dafür erweist sich wiederum eine Kreditkarte als nützlich. Erkundigen Sie sich deshalb, welche Leistungen Ihre (oder eine) Kreditkarte im Krankheitsfall im Ausland einschließt.

Apotheken *(pharmacy)* findet man meist in *drugstores*, die auch Toilettenartikel und Kosmetika führen. Ständig benötigte Medikamente sollte man schon von zu Hause mitbringen (und möglichst ein Attest bei sich haben für den Fall, dass der Zoll Fragen stellt). Viele Medikamente, die in Europa rezeptfrei zu haben sind, können in den USA nur vom Arzt verschrieben werden.

Notfälle

In Notfällen kann man sich telefonisch an den Operator (0) wenden. Man nennt Namen, Adresse oder Standort und die Sachlage. Der Operator informiert dann Polizei, Rettungsdienst oder Feuerwehr. Bei Autopannen erweist es sich als Vorteil, Mitglied eines Automobilclubs zu sein. Der amerikanische Club AAA hilft auch den Mitgliedern europäischer Clubs (Ausweis mitbringen!). In den Nationalparks wird die Polizeigewalt von den Rangern ausgeübt, die auch für Notfälle zuständig sind.

Öffentliche Verkehrsmittel

Taxi-Rufnummern in den Städten entnehmen Sie den gelben Telefonbuchseiten bzw. dem Wissensstand der Hotelportiers. Nur in San Francisco und Las Vegas kann man Taxis durch Heranwinken an der Straße bekommen; andernorts geht das nur, wenn überhaupt, vor den Hoteleingängen oder per Telefon. Wirklich effiziente U- und Straßenbahnen verkehren in Kalifornien und dem Südwesten nur in **San Francisco** (die Metro BART und MUNI–Municipal Railway –, das sind Busse, Cable Cars, Straßenbahnen und Shuttles) und allenfalls noch in Santa Monica (Busse); ansonsten gibt es nur mehr oder weniger umständliche Buslinien.

Das Metro-System in **Los Angeles** hat zwar erstaunliche und jahrzehntelang nicht für möglich gehaltene Verbindungen geschaffen, bringt aber für den touristischen Alltag nur begrenzt Vorteile. Im Großraum **Phoenix** betreibt Valley Metro die öffentlichen Verkehrsmittel. Die 32 km lange Schnellbahnlinie METRO Light Rail verbindet diverse Sehenswürdigkeiten in der Region.

Post

Postämter gibt es sogar in den winzigsten Orten. Je kleiner das Nest, umso kürzer die Wartezeiten für die Aufgabe eines Päckchens z.B. oder den Briefmarkenkauf. Die Beförderung einer Postkarte nach Europa dauert oft länger als 1 Woche. Man kann sich postlagernde Sendungen nachschicken lassen, wie folgt adressiert:

Name (Familienname unterstreichen)
c/o General Delivery
Main Post Office
Las Vegas, NV.......(zip code)

In den USA hat das Telefonsystem mit der Post nichts zu tun, daher findet man in Postämtern auch keine Telefonzellen.

Reisezeiten

Der amerikanische Südwesten ist zum weitaus größten Teil ganzjährig befahrbar – ausgenommen Ziele rund um den Tioga Pass im Yosemite National Park, weil dieser lange Zeit im Jahr geschlossen ist, Cedar Breaks in Utah und einige hoch gelegene Zufahrtsstraßen, die verschneit sein können (wie z.B. die Straße nach Bodie). Im **Frühjahr**, wenn die Temperaturen und das Touristenaufkommen in der Regel noch erträglich sind, stehen die Kakteen in den Wüsten in Blüte. Im **Sommer** locken zwar die Bademöglichkeiten im Pazifik ebenso wie die Seen und Hotelpools, aber die extreme Hitze im Inland stellt bisweilen hohe Anforderungen an den mitteleuropäisch konditionierten Kreislauf.

Der ruhigere **Herbst** beginnt mit dem Labor Day Anfang September, wenn sich die meisten Touristen verzogen haben, Licht und Sicht klarer werden, und das Herbstlaub seine Farbenpracht entfaltet. Der **Winter** deckt die Höhenlagen der Rocky Mountains stets mit Regen und Schnee ein, den Süden allerdings mit milden Temperaturen, die Rockys und die Westküste oft mit dem besten Licht. Den Nachteil der kürzeren Tage und eingeschränkten Öffnungszeiten von Museen, Sehenswürdigkeiten und Naturparks kompensieren eine Fülle von Festivals, Festen und Fiestas.

Übrigens: »**Sommer**« bedeutet im touristischen Jahr der USA: **zwischen Memorial Day** (letzter Montag im Mai) **und Labor Day** (1. Montag im September); »**Winter**« heißt: **Rest des Jahres**.

Service von A bis Z

Reservierungen

Aufgrund der Klischees vom »typischen Amerikaner« denken viele, das tägliche Leben dort sei eine jederzeit jedermann zugängliche *drop-in culture*, in die man mir nichts, dir nichts reinplatzen kann, weil es schon irgendwie klappen wird. Tatsächlich sieht die Praxis anders aus. Ob Campingplatz oder Nobelrestaurant, Hotel oder Kanutrip – die bohrende Standardfrage lautet immer wieder »Haben Sie reserviert?«. Amerikaner sind geradezu besessen von Reservierungen; das gehört zu ihren Spielregeln.

Restaurants, Essen und Trinken

Die kulinarische Vielfalt der USA gart in ihren ethnischen Töpfen und Küchen. Die Empfehlungen in diesem Buch versuchen, einige dieser Deckel zu heben und Türen zu öffnen. Leckerbissen findet man vor allem in den individuell geführten Restaurants der Großstädte, in San Francisco, Las Vegas, Phoenix/Scottsdale, Tucson, San Diego und Los Angeles.

Die Southwest Cuisine zählt zu den prägnantesten Regionalküchen in den USA. Schärfe, dekorativer Look und Bodenständigkeit sind ihre Merkmale. Siedlungsgeschichte, Klima und lokale Zutaten wirken geschmacksbildend. An den Rezepten haben vor allem indianische und spanisch-mexikanische Köche mitgeschrieben. Der Beitrag der Anglos fällt bescheidener aus: allenfalls die Mehl-Tortilla (statt Mais) geht auf ihr Konto. Und natürlich die Angewohnheit, einfach alles zu grillen.

Essen im Südwesten: Da denkt man zuerst an die Standards. Schon bei der ersten Bestellung gibt's meist *chips and salsa*, d.h. Knuspriges mit einer köstlichen Al-lerweltssauce aus frischen Zwiebeln, Tomatenstückchen, Ko-riander, Limonensaft und Chile-Schoten.

Beliebt als **Vorspeise** *(entrada)* sind *quesadillas*, kleine gefaltete Tortillas, meist mit Käse oder einer anderen pikanten Füllung gespickt und kurz angebraten. In den verschiedensten Spielarten begegnet man den *enchiladas*. Besonders raffiniert sind die (im Unterschied zu frittierten *tacos*) weich gebackenen *blue corn enchiladas* aus blauem Maismehl. Sie werden in zahlreichen Varianten angeboten, mal mit Hühnerklein, gehacktem Rindfleisch oder einfach mit Käse gefüllt, roter oder grüner Chile-Sauce und reichlich Käse überbacken. Wird man vor die Wahl gestellt (»red or green chile«), sollten sich empfindliche Gaumen erst einmal an den milderen roten Chile halten.

Ganz im Zeichen des Chile stehen *chile rellenos*: große, mittelscharfe, grüne Chile-Schoten, die mit Käse gefüllt, in Eigelb getunkt und in heißem Fett gebacken werden. Bohnen sind unvermeidlich, und zwar in jeder Form; am liebsten *refried*, also vorgekochte und wieder aufgewärmte Pintobohnen (die südwestliche Spielart der auch in Europa beliebten *Kidney Beans*) in Form eines graubraunen Breis oder rotgescheckte Anasazibohnen. Dazu gibt es meist klein geschnittenen grünen Salat, Sauerrahm und Riesenberge *guacamole*, ein Potpourri aus Avocadostückchen, geschälten Tomaten, grünem Chile, Salatöl, Salz und Knoblauch.

Zum **Nachtisch** sind *sopapillas* gefragt, kleine, fett gebackene Teigtaschen, die man je nach Geschmack mit Zimt bestreut oder mit Honig beträufelt. Sie sollen die Schärfe der Chile-Samen mildern und den Magen beruhigen. Diese frittierten Spezialitäten gelten als mexikanische Fortschreibung des indianischen *fry bread*, Brotfladen, die seit Jahrtausenden, auf heißen Steinen ge-

Service von A bis Z

backen, *piki bread* (oder *paper bread*) hießen – bis die Spanier die bienenkorbförmigen Backöfen, die *hornos*, ins Land brachten, die in den diversen Pueblos auf dem Colorado Plateau noch heute zum Backen benutzt werden.

Unter dem jüngsten Einfluss kalifornischer Finessen und organisch-biologischer Einsichten erfahren viele Südwesten-Standards ein kulinarisches Upgrading in Richtung New Southwest Cuisine – vor allem in den Gourmet-Treffs von Sedona oder Scottsdale. Die Verfeinerung äußert sich in der ästhetischen Präsentation und in kleineren Portionen. Auch geschmacklich sind Läuterungen en vogue: pikanter Kaktussprossensalat, Designer-Enchiladas oder Shrimps-Fajitas.

Vom Küchendunst entfernt, gleichwohl nicht minder appetitanregend, findet man viele südwestliche Ingredienzen allenthalben auch als ästhetisches Deko-Material wieder: feurige rote Chile-Schoten *(ristras)*, die an den Häusern zum Trocknen baumeln, bunte Maiskolben an Lehmwänden und Holztüren, stilisierte Kürbisse als Motiv für Keramik und Schmuck – Southwest Cuisine als Augenschmaus.

Die neue amerikanische Kaffeehauskultur und ihre süßen Theken erstrecken sich inzwischen von Küste zu Küste, oft in Kombination mit Buchhandlungen oder Zeitungsständen. Diese Läden sind meist gemütlich, bunt und anheimelnd eingerichtet – ganz im Gegensatz zum Sanitärdekor vieler neudeutscher Bäckerei-Ketten.

Im Vergleich zu Europa essen die meisten Amerikaner früh zu Abend; in kleineren Städten heißt das: vor 21 Uhr. Selbst in den Großstädten fällt es mitunter schwer, nach 22 Uhr noch ein offenes Restaurant zu finden.

Fürs Picknick oder auch für die Abend-Vesper im Hotelzimmer empfiehlt es sich, gleich zu Beginn der Reise einen ausreichend geräumigen (ab 20 l) Cooler bzw. eine (billigere) Styropor-Eiskiste für den Kofferraum zu kaufen. Eis gibt's reichlich in Supermärkten, kleinen Läden und Tankstellen. Picknickfreunde und Selbstversorger sollten überdies wissen, dass man sich in den Restaurants grundsätzlich alles, was man einmal bezahlt hat, zum Mitnehmen einpacken lassen kann.

Für Kleinigkeiten und Zwischenmahlzeiten sind amerikanische Supermärkte meist wahre Fundgruben, weil sie Gemüse, Obst, Sandwiches, Gebäck usw. frisch und preiswert anbieten, und das oft zu jeder Tages- und Nachtzeit. Auch die Shops der Tankstellen sind als Versorgungsstationen nicht zu verachten.

Thema Lunch: Mittags sind die Gerichte in den Restaurants durchweg originell und angemessen portioniert und vor allem preisgünstig – im Gegensatz zu vielen Dinner-Angeboten, bei denen man nicht immer weiß, was einen erwartet, und die oft zu vollgepackt und inzwischen richtig teuer geworden sind. Nirgends ist es übrigens ein Problem, sich Hauptgerichte zu teilen!

Die im Buch aufgeführten Restaurants sind nach folgenden **Preiskategorien** für ein Abendessen (**ohne** Getränke, Vorspeisen, Desserts, Steuer und Trinkgeld) gestaffelt:

$ – bis 15 Dollar
$$ – 15 bis 25 Dollar
$$$ – über 25 Dollar

Die USA sind inzwischen ein **raucherfeindliches** Land geworden. Besonders rigoros zeigt sich das in Kalifornien, wo nur noch an der frischen Luft, in Parkhäusern, im Auto und zu Hause geraucht werden darf. Also nicht mehr in Büros, öffentlichen Gebäuden, Restaurants, vielen Bed & Breakfast Inns und Shopping Malls, ja teilweise auch nicht mehr am Strand (Santa Monica). Ausnahmen (noch): einzelne Bereiche von Hotel-Lobbys.

Nichtraucherzonen sind in den allermeisten Restaurants und Coffee Shops auch außerhalb Kaliforniens gang und gäbe. Die Missachtung des Nichtrauchergebots wird keineswegs als Kavaliersdelikt betrachtet.

Noch ein Wort zum Thema *booze*, den alkoholischen Getränken. In **Utah** fallen zwei Ungereimtheiten besonders ins Auge: Nur wenige Meter abseits der touristischen Pfade (die neuerdings in den Genuss der Liberalisierung der strengen Verbote gekommen sind) wird es tatsächlich staubtrocken. Aber, ausgerechnet in Utah ist Alkoholisches besonders preiswert – weil der Staat die Preise verbindlich festlegt! Ansonsten gelten in diesem Bundesstaat im Großen und Ganzen folgende Regeln:

– Alles über 3,2-Prozentige gibt es nur in »State Liquor Stores« zu kaufen, Bier (3,2 %) ist in Supermärkten zu haben.
– In lizenzierten Bars, Restaurants, Golfclubs oder *bowling alleys* wird Bier ausgeschenkt.
– Einige Restaurants haben auch Lizenzen für *mixed drinks* und Wein (Glas) im Zusammenhang mit dem Essen. Dasselbe gilt für Privatclubs und deren Mitglieder.
– Promillegrenze in Utah: 0,8!

P.S.: Moab besitzt als einzige Stadt eine legale Winzerei und eine von insgesamt vier legalen Brauereien im Staat.

Sicherheitshinweise

Trotz teilweise deprimierender Kriminalstatistik mancher US-Metropolen sind die USA insgesamt ein sicheres Reiseland. Tagsüber auf jeden Fall, aber auch abends.

Ethnische Wohnviertel und solche mit aktiven Straßengangs bergen die meisten Gefahren, für den Fußgänger auf jeden Fall, aber auch mit dem Auto kann es böse Überraschungen geben. In Städten wie Los Angeles, San Francisco, San Diego oder Phoenix sollte man sich deshalb im Wesentlichen in jenen Stadtbezirken aufhalten, die im Buch erwähnt sind. Nach dem Abendessen oder Barbesuch muss man nicht unbedingt noch einmal »um den Block« spazieren oder zu Fuß zum Hotel zurücklaufen. Nehmen Sie ein Taxi!

Für einem Ausflug nach **Tijuana, Mexiko**, benötigen Sie Ihren Reisepass, sofern sich der Aufenthalt auf die Grenzstadt beschränkt. Im Unterschied zu den Border Towns in Arizona gilt Tijuana weithin als sicher. Der Krieg zwischen kriminellen Oranisationen um die Kontrolle des Drogenhandels in Mexiko hat die Gewalt in den Grenzregionen verschärft. Man sollte aber am besten mit dem Trolleybus bis zur Grenze fahren und dann zu Fuß nach Mexiko gehen. Bei der Rückkehr muss man wegen der umfangreichen Sicherheitschecks mindestens 1 Stunde an der Grenze einplanen.

Bei **Erdbeben** in der Stadt sollte man sich von allen Fenstern und Glastüren fernhalten, unter einem Türrahmen oder in einer Ecke stehen, auf keinen Fall auf den Balkon gehen oder das Haus verlassen, weil die größte Gefahr während und nach einem Erdbeben herumfliegendes Glas, abfallendes Mauerwerk und abstürzende Hochspannungsleitungen sind. Keine Streichhölzer oder Feuerzeuge benutzen, wegen Gasexplosionsgefahr. Wenn die Erschütterungen aufhören, daran denken, dass weitere folgen können. Keine Aufzüge benutzen.

Auch die sogenannte **freie Natur** birgt Risiken, die viele der an Parks und Stadtwälder gewöhnten Mitteleuropäer unterschätzen. Die Wildnisregionen in den USA eignen sich nur bedingt zur Kaffeefahrt oder zum unbekümmerten Spaziergang! Skorpione, Klapperschlangen, Schwarze Witwen oder Moskitos können den Urlaub ebenso vermiesen wie unvorhergesehene Regengüsse und die in den Wüsten gefürchteten *washes* – plötzlich durch Regenfälle entstandene Sturzbäche, die alles mit sich reißen. Wenige wissen, dass in der Wüste mehr Menschen ertrinken als verdursten!

Informieren Sie sich bei den Rangern der Nationalparks über die potentiellen Gefahren und wie man ihnen vorbeugt! Achten Sie auch darauf, dass Sie im heißen Südwesten der USA stets genügend **Trinkwasser** mit sich führen. Festes Schuhwerk ist unumgänglich.

In einigen Nationalparks hat man für Menschen lebensbedrohliche Viren bei verschiedenen Nagetieren (Springmäusen, Eichhörnchen und Backenhörnchen) entdeckt. Generell wird vor ansteckenden Berührungen gewarnt; Campingfreunde sollten grundsätzlich in geschlossenen Zelten schlafen. Weitere Auskünfte erteilen die Parkranger.

Sprachgebrauch im Südwesten

Einige der folgenden Wörter und Ausdrücke wird man in Kalifornien und dem Südwesten häufiger als sonst in den USA hören oder lesen, z. B.:

adobe	–	spanisch für luftgetrocknete Ziegel aus Lehm, Wasser und Stroh (Baustoff)
arroyo	–	(spanisch) Wasserlauf
basin	–	Tal
barrio	–	spanisch für Stadtteil; Distrikt mit überwiegend spanisch sprechender Bevölkerung
Bay Area	–	Region rund um die Bay mit den städtischen Ballungszentren San Francisco, Richmond, Berkeley, Oakland und San Jose
bonanza	–	reiche Erzader, Glücksquelle, Goldgrube, glücklicher Griff
butte	–	Tafelberg (spanisch: *mesa*)
chaparral	–	(spanisch: *chaparro*) dickes Gestrüpp aus niedrigen Eichen; heute Bezeichnung für alle *shrubs*, die die Hügel undurchdringlich bewachsen
chile	–	(manchmal auch *chili*) scharfe Schote, die in keiner Soße der Südwestküche fehlt. Grüner und roter Chile sind übrigens ein und dieselbe Frucht – nur mit unterschiedlichem Reifegrad.
coyote	–	Präriewolf
dim sum	–	chinesische Appetizer
dope	–	jede Form von Rauschmittel
dot-commer	–	Unternehmer in der Internet-Branche
El Dorado	–	*(the gilded one)* zuerst im 16. Jh. spanische Bezeichnung für einen mythischen Indianer, der sich vor den Zeremonien mit Goldstaub be-

Service von A bis Z

Service von A bis Z

	deckte; später Name für ein goldenes Utopia (u.a. die Goldregion in Kalifornien)
flash flood –	plötzliche Wassermassen, die nach starken Regenfällen aus den Bergen abfallen und mit Gewalt über die Wüstenpisten zischen *(wash)*
foodie –	eine/r, die/der gern viel isst
gazebo –	Gartenlaube, kleiner Pavillon
hangout –	beliebter Treffpunkt, Bar etc.
hoodoo –	durch Erosion geformte Steinhälse (z. B. Bryce Canyon); manchmal auch *fins*, *pinnacles* oder *spires* genannt
jacuzzi –	Whirlpool, heißer (Mineral-) Pool
junk food –	Essen ohne Nährwert
mesa –	spanisch für Tafelberg, (englisch: *butte*)
mother lode –	goldführende Quarzschicht entlang dem American River zwischen Mariposa und Georgetown im »Gold Country«
pico de gallo –	Scharfe Soße aus klein geschnittenen Zwiebeln, *chile* und Tomaten, die gerade so groß sind, dass die Hühner sie aufpicken können.
pick up place –	wer Anschluss sucht: in Bars, Discos etc. auch: *singles bar*
placer –	Goldansammlung im Flussbett, hinter Felsen oder *riffles*, wo sich Gold wegen seines Gewichts konzentriert und liegen bleibt, während die Strömung »normale« Kiesel weitertreibt.
rancho –	kalifornischer Ausdruck für Hazienda, eine Farm mit Viehzucht, die sich auf einem *land grant* entwickelte; 666 spanische bzw. mexikanische Domänen machen heute Kaliforniens aus.
range –	Bergrücken, Gebirgszug (auch: nicht durch Zäune begrenztes, offenes Weideland)
spa –	von lateinisch *sanum per aqua*: Wellness-Einrichtung mit Pool und *jacuzzi*

Strom

Die Netzspannung beträgt in den USA 110 Volt, dabei kommt unser Fön ebenso wenig auf Touren wie herkömmliche Batterie- oder Akkuladegeräte. Besonders Ladegeräte von Handys oder Digitalkameras sind aber heute bereits mit Transformatoren ausgerüstet und stellen sich auf die vorhandene Spannung ein. Das sollte man vor der Reise prüfen und wenn dies nicht der Fall ist, evtl. ein entsprechendes Ladegerät kaufen.

Aber selbst wenn man ein auf 110 Volt umstellbares oder mit Transformator ausgestattetes Gerät hat, benötigt man noch einen Adapter für amerikanische Steckdosen, den man schon von zu Hause mitbringen sollte. Vor Ort muss man lange danach suchen.

Telefonieren, Internet

Das Telefonieren von öffentlichen Telefonen, sog. *payphones*, erfordert etwas Übung. Ortsgespräche *(local calls)* sind einfach. Man wirft 20 ¢ ein und wählt die siebenstellige Nummer. Wie man Ferngespräche *(long distance calls)* führt, wird meist in einer Aufschrift am Telefon erläutert. Hilfreich ist zu allen Zeiten der Operator (»0«), der Rufnummern vermittelt, Vorwahlnummern *(area codes)* und Preiseinheiten für Ferngespräche angibt. Um eine Nummer herauszufinden, ruft man die *directory assistance* an, die man im eigenen Vorwahlbezirk unter der Nummer »411« erreicht; für andere Bezirke wählt man die jeweilige Vorwahl und dann die 555-1212. Auskünfte über die gebührenfreien »1-800«-Nummern erhält man unter 1-800-555-1212. *Payphones* sind heute in den USA allerdings vielfach aus dem öffentlichen Leben verschwunden.

Die mit Abstand preiswerteste Art zu telefonieren sind **Calling Cards/Prepaid phone cards**. Man kann sie schon zu Hause im Internet bestellen, oder in den USA in fast jedem Supermarkt, *Drugstore* (z. B. bei Walgreens) oder Tankstelle eine solche Karte mit unterschiedlichen Kapazitäten (für $ 5–20) erwerben. Tarifbedingungen (z. B. *maintenance fee* und *rounding*) und Preise (ab 1c/Min.) variieren je Anbieter (bei einigen sind diese auf der Rückseite der Karte aufgedruckt), wobei Karten für *international calls* für Anrufe nach Europa meist die beste Alternative sind. Ein kritischer Vergleich verschiedener Anbieter lohnt sich.

Man wählt zuerst die auf der Karte angegebene, kostenlose 1-800- oder 1-888-Servicenummer. Meistens ist ein Computer am anderen Ende der Leitung und fordert die Eingabe des *Authorization Code* (diesen findet man in Form eines freizurubbelnden Feldes auf der Karte). Danach wie üblich: *country code, area code* (ohne die »0«) und die gewünschte Nummer. Zu Gesprächsbeginn und -ende erhält man in der Regel eine Information über das Restguthaben auf der Karte und die verbleibenden Gesprächsminuten. Gegenüber normalen Telefongesprächen (erst recht gegenüber solchen von Hotels aus) telefoniert man mit diesen Karten fürs gleiche Geld 4–6 mal so lange.

Europäische **Mobiltelefone/Handys** (*cell phone* oder *mobile phone*) funktionieren in den USA wie gewohnt, wenn es sich um sogenannte Mehrband-Mobiltelefone handelt (siehe Bedienungsanleitung oder beim Provider direkt erfragen). Allerdings zahlt man bei Benutzung in den USA eine höhere Minutengebühr. Grundsätzlich kann man von einem Handy aus auch **Telefonkarten** (s.o.) mit der kostenlosen Zugangsnummer benutzen oder alternativ auch eine Prepaid-SIM Karte eines US-amerikanischen Mobilfunkdienstleisters erwerben. Im Voraus sollte man sich bei seinem Provider erkundigen, ob man in den USA 1-800er Nummern kostenlos anwählen kann, denn dann hat man über die Kombination Telefonkarte mit eigenem Handy eine kostengünstige Möglichkeit, in den USA zu telefonieren.

Wer mit dem eigenen Notebook in die USA reist, sollte keine größeren Probleme haben online zu gehen. **High-Speed Internet** (per LAN-Anbindung) oder **WLAN** ist heute in vielen Hotels Standards – leider nicht immer gebührenfrei *(complimentary)*. In etwas älteren Hotels wird man manches Mal noch auf eine langsame Modemverbindung verwiesen. Einige Hotels haben eigene *Business Center*, d.h. in einem separaten Raum werden Gästen Computer-, Internet- und Faxnutzung ermöglicht, andere bieten Internetfunktionaliäten über das Fernsehen an.

Reisende können aber auch sog. **HotSpots** *(W-Lan Access Point)* in Cafés (z.B. kostenfrei in allen Starbucks Cafés), Bars oder an Flughäfen etc. nutzen. Die Modalitäten sind recht unterschiedlich. Einige bieten WLAN kostenlos an, andere verlangen Gebühren oder erlauben nur Kunden eines bestimmten Providers (z.B. AT&T) den Zugang.

Trinkgeld

Man gibt, man gibt: den *bellboys*, den Kofferträgern, je nach Hotelklasse etwa $ 1 pro großem Gepäckstück, Taxifahrern und Frisören etwa 15–20 % vom Rechnungsbetrag, in den Bars etwa 50 c je Drink und dem Zimmermädchen bei mehrtägigem Aufenthalt $ 3–4.

Restaurants sind ein Kapitel für sich. Hier lässt man rund 15 % des Rechnungsbetrages als *tip* auf dem Tisch liegen. Das ist allerdings kein hohes Trinkgeld, weil dieses in den USA nicht im Preis enthalten ist

Service von A bis Z

und die Bedienung im Wesentlichen davon lebt und nicht vom Gehalt. Im Klartext: 15 % sind die Untergrenze!

Unterkunft

Hat man nicht vorgebucht, sollte man grundsätzlich erst einmal nach der *lowest possible rate* **fragen** – und nicht einfach nur danach, was ein Zimmer kostet. Hotelpreise in den USA erweisen sich nämlich als äußerst verhandelbar.

Hotels und Motels sind in der Regel einwandfrei und zuverlässig. Als besonders preisgünstig, sauber und dazu noch meist verkehrsgünstig gelegen gelten die Motels der Kette **Motel 6**. Der Preis liegt zzt. um die $ 30–40 für eine Person; die zweite zahlt rund $ 6 extra. Außerdem: Für $ 1.50 kann man sich ein Zimmer im nächsten Zielort reservieren lassen, so dass man nicht zittern und sich beeilen muss.

Die weitaus meisten der hier empfohlenen Hotels oder Motels können von Europa aus reserviert werden. **In den USA selbst sollten Sie dazu die gebührenfreien Nummern nutzen (1-800 oder 1-888 u.a.)**, besonders in der Hauptreisezeit Juni, Juli, August, an Wochenenden und Feiertagen und für gewöhnlich überlaufene Gebiete: Zion, Bryce Canyon, Capitol Reef, Moab, Monument Valley (Kayenta), Grand Canyon (South Rim), Santa Monica (Los Angeles), Carmel und San Francisco. Zumindest aber sollte man an diesen Orten während der Hauptsaison einige Tage zuvor Zimmer bestellen. Die über die 1-800er-Nummern reservierten Zimmer kosten bei Hotelketten oft weniger, als sie beim Einchecken vor Ort kosten würden.

Auch bei der Hotelreservierung gilt: Ohne Kreditkartennummer läuft kaum etwas, an Wochenenden/Feiertagen gar nichts. Haben Sie eine, wird das Zimmer garantiert aufgehoben. Wird eine Reservierung ohne Kreditkarte akzeptiert, muss man bis **spätestens 18 Uhr** einchecken. Bei der kurzfristigen Zimmersuche sind die örtlichen Visitors Bureaus behilflich.

Die angegebenen Preise gelten jeweils für einen Double Room. Einzelzimmer kosten nur unwesentlich weniger, während man für ein zusätzliches Bett etwa $ 5–10 zuzahlt. Kinder, die im Zimmer der Eltern schlafen, kosten meist nichts. In den Motels/Hotels kann man zwischen Raucher- und Nichtraucherzimmern wählen. Allerdings überwiegt inzwischen bei Weitem die Zahl der Räume für Nichtraucher.

Service von A bis Z

Bed & Breakfast ist das angloamerikanische Pendant zum Hotel garni: Zimmer mit Frühstück also, und zwar meist in historischem Rahmen. In den USA stehen sie hoch im Kurs. Das im Preis eingeschlossene Frühstück (so mager das *continental breakfast* auch sein mag) erweckt den Anschein, als spare man Kosten. Deshalb schmücken sich neuerdings sogar Motelketten mit dem Zusatz »Inn« und servieren ein kostenloses *(complimentary)* Mini-Frühstück. Europäischen Besuchern bieten B&Bs allerdings den Vorteil, dass Gespräche und Kontakte gefördert werden.

Camping wird außerhalb der Städte allenthalben groß geschrieben. Die meist Plätze liegen ausgezeichnet und haben direkten Anschluss an Wanderwege, Strände und sportliche Aktivitäten. Der Wohnwagen befreit von den Hotel- und Restaurantritualen und bringt Abwechslung in die Speisekarte, weil man die preiswerten und hervorragenden Obst- und Gemüseangebote der Supermärkte nutzen kann. Außerdem fördert Camping die Bekanntschaft mit Gleichgesinnten.

Die staatlichen Campingplätze liegen meist in State Parks, haben Feuerstellen, Holzbänke und -tische sowie sanitäre Anlagen. Vorbestellung ist oft nicht möglich, daher sollte man daran denken, früh einzuchecken. Die privaten Plätze sind meist vorzüglich ausgestattet, mit sauberen Duschen, Grillplätzen und oft mit kleinem Laden. Die Übernachtungspreise schwanken zwischen $ 15 und 30 für zwei Personen pro Nacht. Wildcampen für mehrere Tage wird nicht gern gesehen, doch kann man durchaus über Nacht sein Motorhome auf einem Parkplatz oder – nach Rücksprache am *front desk* – im Einzelfall auch auf Hotel- und Motelparkplätzen, hinter Tankstellen und auf Supermarktparkplätzen abstellen, vorzugsweise auf solchen, die 24 Stunden geöffnet sind.

Beim **US National Park Service** gibt es eine zentrale und kostenlose Reservierungsnummer, unter der man für jeweils einen Tag im Voraus einen Campingplatz in einem der Nationalparks reservieren kann: ✆ 1-877-444-6777. Die Campground-Reservierung für ganz Utah erfolgt über ✆ 1-800-332-3770. Von Europa aus kann man ein bzw. mehrere der **KOA**-Campingplätze online reservieren: http://koa.com/reservations/.

Zeitzonen

Kalifornien und der Südwesten umfassen zwei Zeitzonen: *Mountain Time* und *Pacific Time* – MEZ minus 8 bzw. 9 Stunden. Zwischen Ende April und November herrscht Sommerzeit (*daylight saving time*, DST). Dann wird die Uhr um eine Stunde vorgestellt.

Zoll

Zollfrei in die USA mitbringen darf man außer der persönlichen Reiseausrüstung:
- 200 Zigaretten oder 100 Zigarren (möglichst nicht aus Kuba) oder 3 Pfund Tabak
- 1 Liter Alkohol
- Geschenke im Wert von bis zu $ 100.

Tierische und pflanzliche Frischprodukte (Obst, Wurst, Gemüse) dürfen nicht eingeführt werden. Die Zollbeamten sind da unerbittlich; Wurststulle und Orange werden konfisziert. Dagegen sind Gebäck, Käse und Süßigkeiten (keine Schnapspralinen!) erlaubt.

Den eigenen Wagen darf man (bis zu einem Jahr) mitbringen, was sich aber nur bei einer Aufenthaltsdauer von mindestens zwei Monaten lohnt. Bleibt man länger als 12 Monate, muss das Fahrzeug nach den amerikanischen Sicherheitsbestimmungen umgerüstet werden. Wenn man seinen Wagen nach einer Reise in den USA verkaufen möchte, heißt es ebenfalls umrüsten und zusätzlich Zoll bezahlen. Bei speziellen Fragen zu den amerikanischen Zollbestimmungen setzt man sich am besten mit dem nächsten US-Konsulat in Verbindung bzw. mit www.customs.gov/travel.

Bevor man den günstigen Dollar-Wechselkurs für Einkäufe nutzt, sollte man sich darüber im Klaren sein, dass Zigaretten, Alkohol, Parfüm nur bis zu einer bestimmten Grenze frei sind und alle übrigen Mitbringsel ab einem Wert von € 430 bei der Einfuhr verzollt werden. Infos unter ✆ (03 51) 448 34-510, www.zoll.de.

Orts- und Sachregister

Fett hervorgehobene Seitenzahlen verweisen auf ausführliche Erwähnungen, die *kursiv* gesetzten Begriffe und Seitenzahlen beziehen sich auf den Service am Ende des Buches.

Abkürzungen:
AZ – Arizona
CA – California
NM – New Mexico
NV – Nevada
UT – Utah

Ajo, AZ 171, 190, 258
- Organ Pipe Cactus National Monument 190
Alpine Meadows, CA 109
Altamont, CA 214
American River 15, 104, 107
Amerikanisch-Mexikanischer Krieg 15, 167
Anaheim, CA 20, 73, 269
An- und Einreise 285 f.
Anasazi State Park Museum, UT 141, 228, 229
Antelope Canyon, AZ 177, 237, 238
Antelope Pass, AZ 239
Anza, CA 245
Anza-Borrego Desert State Park, CA 120, **121 f.**, 244, 245
- Palm Canyon 121, 122, 244, 245
- Split Mountain 121, 122
Arches National Park, UT 140, **232 ff.**, 281
Arcosanti, AZ 191, 241
Arizona, Staat 13, 16, 18, **164–208**
Arizona-Kanal 196 f.
Arnold, CA 278
Auburn, CA 106, 265
Auskunft 286
Auskunft vor Ort 286
Autofahren 286 f.
Automiete 287
Aztec Ruins National Monument, NM 174, 236

Bakersfield, CA 96, 98, 265
Batiquitos Lagoon Ecological Reserve 92
Beaver Creek, AZ 174
Berkeley, CA 20, 34, 265
- University of California at Berkeley 34
Bicknell, UT 228, 222, 281
Big Oak Flat, CA 215
Big Pine, CA 217
Big Sur, CA 41 ff., 252, 136
- Pfeiffer Big Sur State Park 42 f.
Biosphere 2 Center 208
Bisbee, AZ 11, 171, 189, **192 f.**, 258 f.
Bishop, CA 114 f., 217
Bitter Springs, NV 239
Black Canyon, AZ 136
Black Canyon of the Gunnison National Monument, CO 154
Black Hills, AZ 171
Blue Diamond, NV 136

Bluff, UT 236
Blythe, CA 242, 243
Bodie State Historic Park, CA 11, **106 f.**, 216, 217
Bolinas-Lagune 35
Borrego Springs, CA 121, 122, 244, 245, 266
Boulder, UT 141, 228, 229
Boulder Beach, NV 135, 136
Boulder City, NV 135, 136
Boulder Dam vgl. Hoover Dam
Boulder Mountain, UT 229
Bryce Canyon National Park, UT **141 f.**, 225 ff., 281 f.
- Amphitheater 225, 227, 229
- Bryce Point 225, 227
- Inspiration Point 227
- Navajo Trail 142, 226, 227
- Queen's Garden Trail 142, 226, 227
- Sunrise Point 142, 227, 229
- Sunset Point 225, 226 f.
Butterfield Overland Stagecoach-Route 16, 121

Cabazon, CA 129
- Claude Bell's Dinosaurs 129
Caineville, UT 228, 231
Caineville Badlands, UT 233
California Aqueduct, CA 18
California Desert Conservation Area, CA 243
California Deserts 120–129
California Gold Country, CA 104 ff., 214
Calistoga, CA 36, 266
Cambria, CA 252, 266 f.
Camelback Mountain, AZ 196, 201
Cameron Trading Post, AZ 239
Camino Real vgl. Chihuahua Trail
Camp Verde, AZ 184
Canyon de Chelly, AZ 16 f., 164, 165, 174, 237
Canyonlands National Park, UT **142 f.**, 232, 233, 282
- Angel Arch 233
- Green River Overlook 142, 233
- Island In The Sky 142, 143, 233
- Needles 142, 233
Capitol Reef National Park, UT **144 f.**, 228, 229, 282
- Capitol Gorge 144, 145, 228
- Cathedral Valley 228, 233
- Hickman Bridge Trail 144
- Scenic Drive 144, 228
- Waterpocket Fold 228
Carefree, AZ 194
Carlsbad, NM **84**, 246, 247 f., 267
- Legoland California 84
Carmel, CA **44**, 252, 254, 267
- 17-Mile Drive 44, 252
- San Carlos Borroméo Rio Carmelo Mission 44, 252
Carpinteria, CA 276
Carson, CA 248
Casa Grande Ruins National Monument, AZ 202
Cataract Canyon, UT 231
Cedar Breaks National Monument, UT

145 f., 225, 226, 282
Cedar City, UT 146
Cedar Grove, CA 112, 113
Central Pacific Railroad 17
Central Valley, CA 96–103
Central Valley Project 17
Chaco Canyon, NM 154, 158
Channel Island National Park, CA 57
Chihuahua, Mexiko 13, 14
Chihuahua Trail 13, 40 f., 248
Chinese Camp, CA 215
Chinle, AZ 165, 237
Chiricahua National Monument, AZ 189, 193
- Bonita Canyon 193
Chiricahua Mountains, AZ 193
Clarkdale, AZ 171
Cleopatra Hill, AZ 171
Coachella Valley, CA 243, 245
Coloma, CA 104, 107
- Marshall Gold State Historic Park 107
- Sutter's Mill 107
Colorado, Staat 17, 154–163, 189
Colorado Plateau 17, 141, 144, 164, 166, 188
Colorado River 17, 18, 19, 135 f., 142 f., 146, 167 ff., 172, 177, 208, 222, 231, 233, 243
Colorado River Aqueduct, CA 18
Colorado-Wüste, CA 121, 124, 127, 245
Columbia, CA 107 f., 214, 267
- Columbia State Historic Park 107 f.
- William Cavalier Museum 108
Comstock Lode, NV 16
Coolidge, AZ 202
Corona del Mar, CA 68
Cortez, CO 154 f., 235
Cottonwood, AZ 240, 241
Cottonwood Springs, CA 125, 243
Crowley Lake, CA 217
Crystal, NV 221
Crystal Cove State Beach, CA 86

Dana Point, CA 275
Dead Horse Point State Park, UT 143, 233
Deadman Summit, CA 217
Death Valley National Park, CA 120, **122 ff.**, 218, 267 f.
- Artists Drive 123, 220
- Badwater 124, 220, 221
- Dante's View 123, 218
- Devil's Cornfield 123, 218
- Devil's Golf Course **123**, 124, 220, 221
- Furnace Creek 124, 220, 267 f.
- Furnace Creek Ranch 123, 218, 267
- Scotty's Castle 123
- Stovepipe Wells Sand Dunes 123 f., 218, 267 f.

297

Orts- und Sachregister

- Twenty Mule Drive 123, 218
- Twenty Mule Team Canyon 123
- Visitor Center 124, 218
- Zabriskie Point 123, 124, 218
Denver, CO 279
Desert Hot Springs, CA 242, 243
Diplomatische Vertretungen 287 f.
Disneyland vgl. Los Angeles
Dixie National Forest, UT 226
Durango, CO **155 ff.**, 235, 236, 279 f.
- Durango & Silverton Narrow Gauge Railroad Co. 156

Emerald Bay, CA 109
Escalante, UT 142, 228
Escalante River, UT 142, 229
Essen und Trinken 291 f.

Farmington, NM 236
Fayette, NY 138
Feiertage und Feste 288
Fish Camp, CA 268
Fisher Towers, UT 233
Flagstaff, AZ 164, **165 ff.**, 184, 240, 259
- Museum of Northern Arizona 166
Flat Rock, CA 247
Fort Ross, CA 14
Fort Sumner, NM 17, 165
Fremont, UT 228
Fremont River 144, 228, 231
Fresno, CA 96 f., 99, 268
- Forestiere Underground Gardens 99
- Tower Theatre 99
Fruita, UT 144

Gadsden Purchase 16, 189
Ganado, AZ 165
Gaviota Pass, CA 45, 253
Geld, Kreditkarten, Reisekosten 288 f.
Gila River, AZ 202
Glen Canyon Dam, AZ 17, 169, 177, 231, 237
Goblin Valley, UT 233
Goblin Valley State Park, UT 231
Gold Rush 15 f., 85, 104
Goosenecks State Park, AZ 236
Grand Canyon National Park, AZ 12, 18, 164, **167 ff.**, 186, 237, 239, 259 f.
- Bright Angel Trail 169, 237
- Desert View Point 239
- El Tovar Hotel 169, 259
- Grand Canyon Skywalk 169
- Grand Canyon Village 169, 240
- Grand Canyon Visitor Center 169, 239
- Hermit's Rest 169, 239
- IMAX Theater 169, 237
- Kaibab Trail 237
- Rim Nature Trail 169, 239
- West Rim Drive 169, 239

- Yaki Point 237, 239
- Yavapai Point 169, 239
Grand Canyon Village, AZ 260
Grand Staircase-Escalante National Museum 142
Great Basin, NV 15
Great Salt Lake, UT 15
Great Sand Dunes National Monument, CO 154
Green River, UT 11, 142, 168, 231
Groveland, CA 215, 268
Guadalupe, CA 45
Guadalupe Hidalgo Treaty 15
Guadalupe-Nipomo Dunes, CA 45
Gunnison River 154

Hanksville, UT 222, 231
Harmony, CA 253
Hatch, UT 226, 282
Hearst Castle, CA 49 f., 252, 253 f.
Heavenly, CA 109
Highway One, CA 35, **40 ff.**, 251, 256
Highway 49, CA 108, 111, 214
Hinweise für Behinderte 289
Hite Crossing, UT 231
Holebrook, AZ 164, 170, 260
- Navajo County Historical Museum 170
Hole N"The Rock, UT 148, 231
Hollywood vgl. Los Angeles
Hoover Dam, NV 17, 19, **135 f.**, 168
Hopi-Dörfer, AZ 170
Hubbell Trading Post, AZ 165
Huntington Beach, CA 85
Hurricane, UT 224

Independence, CA 217
Indian Wells, AZ 126
Internet 294 f.

Jalama Beach, CA 45
Jamestown, CA 109, 268
Jerome, AZ **171**, 184, 240, 241, 260
Joshua Tree National Park, CA 120, **124 f.**, 242, 243, 268
- Cholla Gardens 243
- Hidden Valley 125, 242, 243
- Jumbo Rock 125, 242, 243
- Ocotillo Patch 243
- Pinto Basin 243
Jubilee Pass, CA 221
Julian, CA 85, 244, 245, 268

Kachinas 200
Kaibito Plateau, AZ 239
Kalifornien, Staat 13, 16, 17, 20, 21
Kayenta, AZ 173, 175, 236, 237, 238, 260
Kinder 289
Kingman, AZ 164, 260 f.
Kings Canyon National Park, CA 106, 112 f., 277
Klima, Kleidung 289

Laguna Beach, CA 85 f., 269
La Jolla, CA vgl. San Diego
Lake Havasu, AZ 172

Lake Havasu City, AZ 172
Lake Mead, AZ 17, 135 f.
Lake Merritt, CA 37
Lake Powell, AZ 17, 150, 164, **176 f.**, 231, 237, 238, 261
- Rainbow Bridge Ntional Monument 177, 237
- Lake Powell Overlook 231
- Lake Shore Drive 238
Lake Tahoe, CA 104 f., **109 f.**, 269, 281
La Sal Mountains, UT 132, 146, 231, 233
Las Vegas, NV 11, 19, **130-135**, 220, 222, 280 f.
- Bellagio 131, 133
- Caesars Palace 132, 281
- Circus Circus 280
- City Center 134
- Cosmopolitan 134
- Flamingo Las Vegas 281
- Forum Shops 134
- Fremont Street 130
- Las Vegas Natural History Museum 134
- Luxor Las Vegas 132
- Mirage 132 f.
- New York-New York 133
- Paris-Las Vegas 133
- Springs Preserve 134
- Stratosphere Hotel 133
- The Venetian 133 f.
- Treasure Island 133
- Wynn Las Vegas 134
Lee Vining, CA 110, 216
Little Colorado River 187, 239
Livermore, CA 214
Lompoc, CA 45
Lone Pine, CA 114 f., 216, 117, 218, 269
Long Beach, CA 248
Long Valley, UT 226
Long Valley Junction, UT 225, 226
Los Alamos, NM 20, 21
Los Angeles, CA 10, 11, 13, **58-81**, 238, 240 ff., 261 f.
- Abbot Kinney Boulevard 63, 69
- Adamson House 65, 71
- Angels Flight 75, 76
- Beverly Hills 80 f., 261 f.
- Bottega Louie 75, 77
- Brentwood 64, 241
- Bunker Hill 77
- Burbank 72
- California Plaza 76
- Capitol Records Tower 72
- Chinatown 76, 77
- Craft and Folk Art Museum 78
- Disneyland 20, 81, 241
- Dolby Theatre (ehem. Kodak Theatre) 72
- Downtown 75 ff.
- Egyptian Theatre 72
- El Pueblo de Los Angeles State Historic Park 75 f., 77, 241
- Farmers Market 79
- Getty Center 21, 63 f., 69, 241
- Grand Central Market 59, 67

Orts- und Sachregister

- Hollywood 18, 72 ff., 262
- Hollywood Boulevard 72
- Hollywood Bowl 72, 74
- Hollywood Forever Cemetery 73 f.
- Hollywood Sign 72, 73
- Kodak Theatre vgl. Dolby Theatre
- L.A. County Museum of Art 78, 79, 241
- La Brea Tar Pits 78, 79
- Leo Carillo State Beach 65, 71
- Madame Tussauds 73
- Malibu 62, 65, 70 f., 242, 243, 262
- Merced Theatre 77
- Metro Red Line 66
- Mid-Wilshire 78 f.
- Mount Lee 72, 73
- Museum of Contemporary Art (MOCA) 75, 77, 241
- Musso & Frank 72, 74
- Ocean Front Walk Venice 62 f.
- Olvera Street 75 f., 77, 241
- Pacific Palisades 62, 64, 70 f., 241
- Page Museum 78, 79
- Palisades Park 65, 67
- Paradise Cove 65, 71
- Petersen Automotive Museum 79
- Rodeo Collection 81
- Rodeo Drive 80, 241
- Roxy Theatre 74
- Santa Monica 62, 65 ff., 238, 241, 242, 262
- Santa Monica Pier 62, 67
- Santa Monica Place 65, 68, 241
- Signal Hill 19
- Sunset Boulevard 64, 241
- Surfrider Beach 65, 67, 71
- TCL Chinese Theatre 72, 73, 241
- The Getty Villa 70
- The Grove 79
- The Paley Center for Media 81
- Third Street Promenade 65, 68, 241
- Union Station 75, 77
- Universal Studios Hollywood 72, 73, 241
- Venice 62 ff., 69 f., 241
- Venice Canals 63
- Walk of Fame 72, 73
- Walt Disney Concert Hall 75, 77, 241
- Warner Brothers Studios 72, 73
- Zuma Beach 65, 71, 243
Los Olivos, CA 56

Malibu, CA vgl. Los Angeles
Mancos, CO 157, 280
Mancos Shale Hills, UT 231
Mariposa, CA 270
Maße und Gewichte 289
Mayer, AZ 191
Medizinische Versorgung 290
Merced, CA 100, 271
Merced River 116 f.
Mesa Verde National Park, CO 11, **158 ff.**, 174, 235, 280
- Archeological Museum 158, 160, 235
- Balcony House 160, 235
- Cedar Tree Tower and Kiva 158
- Chapin Mesa 158, 160, 235
- Cliff Palace 158, 160 f.
- Far View Lodge 235, 280
- Far View Ruins 158
- Far View Visitor Center 160
- House of Many Windows 160
- Long House 160
- Morefield Village 160
- Oak Tree House 235
- Spruce Tree House 158, 160, 235
- Square Tower House 160, 235
- Step House 160
- Sun Temple 158 f., 235
- Wetherill Mesa 160, 235
Mesquite, NV 222, 224
Mexican Hat, UT 236, 282
Mexiko, Staat 14, 189
Mexico City, Mexiko 15
Midpines, CA 271
Mill Valley, CA 35
Mingus Mountain, AZ 171
Mission La Purísima, CA 45
Mission San Juan Capistrano, CA 95, 246
Mission San Luis Rey de Francia 86 f.
Mission San Xavier del Bac vgl. Tucson
Moab, UT **146 ff.**, 222, 231, 232, 233, 282 f.
- Dan O'Laurie Country Museum 147
- Moab Information Center 147
Modesto, CA 101, 271
Mogollon Rim, AZ 188
Mojave, CA 120
Mojave National Preserve, CA 120, 124
Mono Lake, CA 18, 110 f., 216, 217
- Mono Lake Tufa State Reserve 110 f., 216, 217
Montecito, CA 50, 253
- Butterfly Beach 50
Monterey, CA 41, **46**, 252, 254, 255, 256, 271
- Cannery Row 46
- Monterey Bay Aquarium 46 f., 255
- Ocean View Boulevard 46
- Pacific Grove 46, 255
- Point Pinos Lighthouse 56
- Monterey State Historic Park 46
Montezuma Castle National Monument, AZ 11, **174**, 240, 241
Monticello, UT 142, **148**, 231, 235, 283
Monument Valley, UT 164, **173**, 236, 283
- Hunt Mesa 173
- Monument Valley Navajo Tribal Park 148 f., 173, 236
Morro Bay, CA 252, 253
Moss Landing, CA 256
Mount Jacinto, CA 127, 243
Mount Laguna, CA 245
Mount Whitney, CA 114, 217
Mt. Carmel Junction, UT 225, 226
Muir Beach, CA 35
Muir Woods National Monument, CA 35

Napa Valley, CA 36
Natural Bridges National Monument, UT **149 f.**, 222, 231, 283
- Bridge View Drive 149
- Kachina Bridge Trail 149, 150
- Owachomo Bridge Trail 149 f.
- Sipapu Bridge Trail 149, 150
- Visitor Center 149
Navajo Canyon, UT 237
Navajo Mountain, UT 238
Navajo National Monument, AZ 174 f., 237
- Betatakin 174, 237
Nepenthe, CA 41, 42, 252, 254
Nevada, Staat 17, 19
New Mexico, Staat 13, 14, 16, 18, 189
New York City 21
Newspaper Rock Monument, UT 233, 235
Notfälle 290

Oak Creek Canyon, AZ 164, 182, 183
Oak Creek Canyon, AZ 240
Oakhurst, CA 111, 271
Oakland, CA 37, 214, 256, 272
- Oakland Museum of California 37
Oakville, VA 36
Oceanside, CA 86 f., 272
Öffentliche Verkehrsmittel 290
Oracle, AZ 208
Oraibi, AZ 170
Ouray, CO 161, 280
- Box Fall Canyon 161
Overton, NV 137
Overton Beach, NV 136
Owens River 218
Owens Valley, CA 18, 110, 217, 218
Oxnard, CA 251

Pacific Coast Highway **40-57**, 65, 251
Pacific Grove, CA 47, 271
Pacific Railroad Company 101
Page, AZ **176 f.**, 237, 238, 260
- John Wesley Powell Memorial Museum 177
Pahrump, NV 220, 221
Painted Desert vgl. Petrified Forest National Park
Palm Desert, CA 126, 244
Palm Springs, CA 10, 120, **125 ff.**, 242, 243, 244, 272
- Agua Caliente Indian Reservation 127 f.
- Andreas Canyon 126, 128
- Art Museum 127
- Indian Canyon 126, 128
- Murray Canyon 126, 128
- Palm Canyon 126, 128
- Palm Canyon Drive 126
- Palm Springs Aerial Tramway 127
- Tahquitz Canyon 126, 128
Palo Alto, CA 20

299

Orts- und Sachregister

Panamint Mountains, CA 122, 221
Panguitch, UT 225, 226, 283
Paradise Valley, AZ 201
Paria River 141, 142, 229
Parker Dam, CA 172
Pecks Lake, AZ 184
Petrified Forest National Park, AZ 164, 178
Phoenix, AZ 11, 189, **194–202**, 240, 241 f., 260 f., 290
- Arizona Center 196, 201
- Arizona Mills 201
- Desert Botanical Garden 200
- Echo Canyon Park 201
- Heard Museum 196 f., 200, 242
- Musical Instrument Museum 200
- Phoenix Art Museum 200
- Pueblo Grande Museum 200
- Tempe 194, 200
Pismo Beach, CA 45, 47, 271
Placerville, CA 111, 272 f.
Point Lobos, CA 43, 44, 254
Post 290
Prescott, AZ 179, 262 f.
- Sharlot Hall Museum 179
Promontory, UT 17

Quartzsite, AZ 203, 243

Ragged Point, CA 254, 275
Rancho Mirage, CA 126
Red Rock Canyon, NV 136, 220, 222
- Spring Mountain Ranch State Park 136, 222
Reisezeiten 290 f.
Reservierungen 291
Restaurants 291 f.
Rio Grande, CO 11, 12, 13, 14, 17, 190
Roosevelt Dam, AZ 196
Route 66 164, 170, 183, 186

Sacramento, CA 15, 96, **101 f.**, 273
- California State Railroad Museum 102
- Golden State Museum 102
- Sutter's Fort State Historic Park 101 f.
Sacramento River 15, 18, 96
Saguaro-Kakteen 188, 196, 206, 207, 231
Saint Helena, CA 36
Salinas, CA 48, 255
- National Steinbeck Center 48, 255
- Steinbeck House 48
Salinas-Tal, CA 256
Salsberry Pass, CA 221
Salt Creek Beach, CA 86
Salt Lake, UT 139
Salt Lake City, UT 15, 16, 21, 139
Salt River, AZ 17, 196 f.
San-Andreas-Spalte 35
San Diego, CA 11, 12, 13, **87–94**, 244, 245, 246, 273 f.

- Balboa Park 87 f., 91 f., 245
- Chicano Park 87
- Coronado Beach 245
- Coronado-Halbinsel 89, 244, 245
- Embarcadero 89, 245
- Gaslamp Quarter 87, 245
- Horton Plaza 87, 245
- Hotel Del Coronado 89, 273
- La Jolla 89, 90, 245, 246, 249, 273 f.
- Mission Beach 245
- Mission Basilica San Diego de Alcalá 90, 245
- Museum of Contemporary Art San Diego 89, 91
- Old Town San Diego State Historic Park 90
- San Diego Museum of Art 90
- Salk Institute 246
- San Diego Maritime Museum 90
- San Diego Zoo 91
- Sea World San Diego 89, 90, 245
- Seaport Village 89, 92, 245
San Fernando Valley, CA 72
San Francisco, CA 11, 12, 15, 16, 17 f., 19, **24–34**, **212 f.**, 255, 256, 274 f.
- Alcatraz 28, 30 f., 213
- Aquarium of the Bay 31
- Aquatic Park 213
- Asian Art Museum 31
- Bank of America Building 212
- Bank of Canton 28
- Broadway 29
- Cable Car 28, 212
- Cannery 212
- Chinatown 17, 27 f., 212
- City Lights (Bookshop) 29, 32
- Coit Memorial Tower 29, 31, 212
- Columbus Avenue 29
- Crocker Galleria 27, 212
- Embarcadero 28
- Exploratorium 31
- Farmer's Market 32
- Ferry Building 27, 32
- Filbert Steps 28, 212
- Fillmore Street 213
- Financial District 27, 212
- Fisherman's Wharf 212
- Fort Mason 213
- Fort Point 213
- Ghirardelli Square 28, 32, 212
- Glide Memorial Church 213
- Golden Gate Bridge 30, 213
- Grant Avenue 27, 28, 212
- Great American Music Hall 34
- Haight/Ashbury District 213
- Maiden Lane 212
- Maritime Museum 27, 28
- Market Street 27
- Mills Building 212
- Mission District 213
- Mission Dolores 13, 31, 213
- Montgomery Street 27
- Neiman Marcus 26
- North Beach 29, 212
- Pacific Avenue 212
- Palace of Fine Arts 213
- Portsmouth Square 27, 212
- Presidio National Park 13, 213
- San Francisco Museum of Modern Art (SFMOMA) 30
- San Francisco-Oakland Bay Bridge 37
- St. Francis Hotel 26
- Stockton Street 28, 212
- Telegraph Hill 28
- Twin Peaks 27
- Transamerica Pyramid 27, 212
- Union Square 26, 212
- Union Street 213
- Washington Square 29, 212
- Waverly Place 28, 212
- Wells Fargo History Museum 27, 31, 212
- Yerba Buena Gardens 13
Sangre de Cristo Mountains 154
San Francisco Bay 256
San Francisco Mountains 239
San Joaquin River 18, 96
San Jose, CA 13, 20, 255
- Tech Museum of Innovation 255
San Juan Capistrano 95
- Mission San Juan Capistrano 95, 275
San Juan River 236
San Luis Obispo, CA 41, 49, 252, 253, 275
- Madonna Inn 253
- Mission San Luis Obispo de Tolosa 49
San Rafael Swell, UT 233
San Simeon, CA 49, 252, 275
Santa Barbara, CA 41, **50 ff.**, 251, 252, 275 f.
- Arlington Theatre 50
- Butterfly Beach 253
- Cabrillo Bathhouse 50, 53
- Cabrillo Boulevard 51
- Casa de Covarrubias 51
- County Court House 51, 253
- East Beach 50, 253
- El Paseo 51, 253
- El Presidio State Historic Park 50, 51, 52
- Historic Adobe 51
- La Arcada 51, 253
- Lobero Theatre 51
- Lugo Adobe 51
- Mission Santa Barbara 52, 252, 253
- Paseo Nuevo 51, 251
- Santa Barbara County Court House 52
- Santa Barbara Museum of Art 52, 251
- State Street 51, 251
- Stern's Wharf 50, 51, 251
San Francisco Bay, CA 104
Santa Cruz, CA 13, 54 f., 255, 256, 276
- Boardwalk 54, 55, 255
- Santa Cruz Mall 255
- Surfing Museum 54 f.
Santa Cruz River 189
Santa Fe, NM 13, 14
Santa Fe Railroad, NM 13, 169
Santa Fe Trail, NM 14
Santa Maria, CA 253, 277
Santa Monica, CA vgl. Los Angeles

300

Orts- und Sachregister

Santa Ynez Mountains, CA 50
Santa Ynez Valley, CA 56
Sausalito, CA 38, 213, 277
Scottsdale, AZ 126, 189, **194–202**, 240, 241 f., 261 f.
- Cosanti Originals Inc. 198, 202
- Echo Canyon Park 201
- Frank Lloyd Wright Foundation – Taliesin West 196, 198, 200, 242
- Mayo Clinic 197
- Old Town Scottsdale 198, 201
- Paradise Valley 201
- Scottsdale Center for the Performing Arts 200
- Scottsdale Fashion Square 198, 200
- Scottsdale Mall 196, 198, 201, 242
- Scottsdale Museum of Contemporary Art 200
- Scottsdale Quarter 202
- Scottsdale Road 198
- Taliesin West vgl. Frank Lloyd Wright Foundation
- Visitor Center 199
Scott's Valley 256
Sedona, AZ 15, **180 ff.**, 240 f., 263
- Red Rock State Park 182
- Schnebly Hill Road 158, 240, 241
- Sedona Art Center 182, 240 f.
- Tlaquepaque Arts & Crafts Village 182
Seligman, AZ 164, 183
Sepulveda Pass, CA 64
Sequoia National Park, CA 17, 106, **112 f.**, 277
- Giant Forest 113
Sevier River, UT 226
Shiprock, NM 236
Shoshone, CA 220, 221
Sicherheitshinweise 293
Sierra Nevada, CA 15, 104-120, 215
Silicon Valley, CA 20
Silverton, CO 154, 161 f., 280
Slide Rock State Park, AZ 183, 240
Solvang, CA 56, 277
- Old Mission Santa Inés 56
Sonoma, CA 13, 277
Sonoma Valley, CA 38 f.
- Mission San Francisco Solano de Sonoma 38 f.
- Sonoma State Historic Park 38
Sonora, CA 114, 213 f., 215, 277
Sonora-Wüste, AZ 190, 241
- Sunset Point 241
Southern Pacific Railroad 17, 43, 190, 196
South Lake Tahoe, CA 109 f., 269
Spanish Mountain, CA 112
Sprachgebrauch im Südwesten 293 f.
Springdale, UT **153**, 223, 224, 225, 283 f.
- Worthington Gallery 153
Squaw Valley, CA 109
Stateline, NV 109, 281
St. George, UT 222, 224
Strom 294
Südkalifornien 83
Sun City, AZ 21, 194
Sun City West, AZ 21
Sunset Crater Vulcano National Monument, AZ 167

Teec Nos Pos, AZ 236
Telefonieren 294 f.
Telescope Peak, CA 221
Telluride, CO 154, 162 f., 280
- Sheridan Opera House 162
Tempe, AZ 194
Texas, Staat 14, 15
Three Rivers, CA 113, 277, 278
Tijuana, Mexiko 94, 245
Tomales Bay, CA 35
Tombstone, AZ 189, 203 f., 263
- Bird Cage Theatre 203, 204
- Boothill Graveyard 203
- O.K. Coral 203
Tonalea, AZ 175
Torrey, UT 145, 228, 222, 231, 284
Torrey Pines State Reserve, CA 84, 246 f.
Trinkgeld 295
Tropic, UT 229, 284
Tubac, AZ 204 f.
Tucson, AZ 11, 17, 189, **205 ff.**, 263 f.
- Arizona-Sonora Desert Museum 206
- Flugzeugfriedhöfe 206
- Mission San Xavier del Bac 206 f.
- Old Tucson Studios 207
- Saguaro National Park (East, West) 206, 207
- Tucson Museum of Art 206
Tumacacori, AZ 204 f.
- San José de Tumacacori 204 f.
- Tumacacori National Historical Park 204 f.
Tusayan, AZ 169
Tuzigoot National Monument, AZ 184, 240, 241
Twentynine Palms, CA 242, 278

Union Pacific Railroad 17
Unterkunft 295 f.
US 395, CA 106, 114 f.
US 89 226
Utah, Staat 15, 138-153

Valle Verde, CA 184, 241
Valley of Fire State Park, NV 137, 222, 224
- Beehives 137
- Mouse's Tank 137
- Petroglyph Canyon 137, 222, 224
- Rainbow Vista 137, 222, 224
- Seven Sisters 137, 224
Valley of the Sun, AZ 194, 198
Vandenberg, CA 45
Ventura, CA 57, 278
- Mission San Buenaventura 57
Vermilion Cliffs, AZ 238
Vergin, UT 284
Virgin River 151 f., 223, 224, 226
Visalia, CA 96 f., 103, 268, 278
- Visalia Fox Theatre 103

Walpi, AZ 170
Washington, D.C. 22
Watson Lake, AZ 179
- Granite Dells 179
Watsonville, CA 276
White Canyon, UT 231
Willcox, AZ 193
Williams, AZ 186, 264 f.
- Grand Canyon Railway 186
Willow Beach, AZ 135
Winchester Mystery House, CA 255
Window Rock, AZ 164
Winslow, AZ 164, 187, 265
- Old Trails Museum 187
Wupatki National Monument, AZ 166 f., 174

Yosemite National Park, CA 17, 106, **115 ff., 214 f.**, 278 f.
- Ahwahnee Hotel 117, 278 f.
- El Capitan 116
- Glacier Point 119, 215
- Mariposa Grove 119
- Mirror Lake 117, 118
- Nevada Falls 215
- Tioga Pass 119, 216, 217
- Tuolumne Meadows 119, 216, 217
- Valley Visitor Center & Museum 117, 118
- Vernal Falls 118 f., 215
- Wawona-Tunnel-Aussichtspunkt 215
- Yosemite Falls 116, 117
- Yosemite Valley Visitor Center und Museum 117, 118
- Yosemite Village 116, 215
Yountville, CA 36
Yucca Valley, CA 242
Yuma, AZ 208, 265
- Yuma Territorial Prison State Historic Park 208

Zeitzonen 296
Zion National Park, UT 151 ff., 222 ff., 284
- Angels Landing Trail 153, 223
- Canyon Overlook 225
- Checkerboard Mesa 225, 226
- Emerald Pools 152, 153, 222
- Gateway to the Narrows Trail 152, 223
- Giant Screen Theatre 153
- Great White Throne 151
- Hidden Canyon Trail 153, 223
- Temple of Sinawava 152
- West Temple 151, 226
- Zion Canyon Scenic Drive 223
Zoll 296

301

Namenregister

Adams, Ansel 115
Agua-Caliente-Indianer 10, 126, 128
Al Capone 30
Anasazi-Indianer 10, 137, 141, 150, 151, **158 ff.**, 165, 167, 174, 184
Austin, Mary 44

Basket Makers 137, 158
Beauvoir, Simone de 248
Becknell, William 14
Bell, Claude 128
Brando, Marlon 9
Bryce, Ebenezer 141
Buffalo Bill 6
Burciaga, José Antonio 8
Bush, George W., Präsident 21

Cabrillo, Juan Rodriguez 12
Cahuilla-Indianer 118
Carleton, Nordstaaten-General 16
Carson, Kit 16, 165
Cassidy, Butch 109, 146
Chavez, Cesar 20, 83
Chiricahua-Apachen 17, 194
Christensen, Albert 148
Chumash-Indianer 57, 65
Coronado, Francisco Vásquez de 12

Davis, Gray 21
Dean, James 9
Delgadillo, Angel 183
DeMille, Cecil B. 45, 72
Disney, Walt 19
Dominguez, Padre 143
Donner, Georg 15
Drake, Sir Francis 12

Earp, Wyatt 203
Eastwood, Clint 44
Elisabeth I., Königin von England 12
Esalen-Indianer 41
Escalante, Francisco Silvestre Vélez de 151, 229

Ferlinghetti, Laurence 29
Feuchtwanger, Lion 64
Flynn, Eroll 126
Fonda, Peter 6
Fontane, Theodor 6
Forty-Niners 96, 115
Fremont-Culture-Indianer 144
Frey, Albert 126

Gadsden, James 189
Garbo, Greta 126
Gehry, Frank O. 67, 75
Geronimo 17
Ginsberg, Allen 29
Grauman, Sid 73
Grey, Zane 146

Hall, Sharlot M 179
Havasupai-Indianer 167
Hearst, Patty 49, 253 f.
Hearst, William Randolph 49, 253 f.
Heilige der Letzten Tage (LDS) vgl. Mormonen
Hohokam-Indianer 184, 197, 200, 202
Hopi-Indianer 164, 170
Horn, Roy 131
Hualapai-Indianer 167
Hughes, Howard 134

Isozaki, Arata 75
Ives, Joseph 167

Jefferson, Thomas, Präsident 13
Jerome, Eugene 171

Kerouac, Jack 29
Kinney, Abbot 63
Kino, Pater Eusebio Francisco 13, 204, 205, 206
Kipling, Rudyard 24

Liberace, Walter Valentino 134
London, Jack 44
Lopez, Jennifer 73

Mann, Thomas 64
Marcuse, Herbert 246
Mark Twain (Samuel Clemens) 16, 104, 109, 110, 217
Marshall, James Wilson 15, 104, 107
May, Karl 6
McLowrey-Brüder 203
Meier, Richard 21, 64, 81
Mescalero-Apachen 16
Miwok-Indianer 118
Mogollon-Indianer 184
Möllhausen, Balduin 6
Montez, Lola 108
Mormonen 10, 15, **138 f.**, 141, 146, 151, 225
Moser, Werner M. 198
Muir, John 17, 116
Murrieta, Joaquin 7

Napoleon Bonaparte 14
Navajo-Indianer 10, 16 f., 148, 164, 165, 166, 170, 173, 176 f., 239

Neutra, Richard 126, 198
Nizza, Marcos de 12

Onofre, Eremit 248
Oñate, Don Juan de 12
Ordóñez Montalvo, Garci Rodríguez 12
Owens, Richard 217

Paiute-Indianer 118, 137, 141, 151
Papago-Indianer 206
Parker, Dorothy 58
Payne, Alexander 56
Pereira, William 79
Plains-Indianer 13
Powell, Major John Wesley 17, 167 f., 177
Pueblo-Indianer 12, 13

Roosevelt, Franklin D., Präsident 151
Roosevelt, Theodore, Präsident 17, 169

Salk, Jonas 246
Saroyan, William 97
Schindler, Rudolph 126, 198
Schnebly, Sedona 181
Schönberg, Arnold 64
Schwarzenegger, Arnold 21, 63
Scott, Winfield 196
Sequoyah 112
Serra, Junípero 13, 91, 95, 253
Simpson, O.J. 21
Sinagua-Indianer 167, 174, 184
Sinclair, Upton 44, 248
Smith, Jedediah S. 151
Smith, Joseph 138 f.
Soleri, Paolo 191, 198, 241
Steinbeck, John 19, 46, **48**, 96, 256
Sterling, George 44
Stevenson, Robert Louis 46
Strauss, Levi 9, 104
Sutter, Johann August 14, 15, 101 f., 107

Ute-Indianer 161

Vaca, Núñez Cabeza de 22
Vallejo, Mariano Guadalupe 7
Vargas, Don Diego de 13
Venturi, Robert 91

Washoe-Indianer 108
Wilson, Woodrow, Präsident 169
Wolfe, John Wesley 234
Wright, Frank Lloyd 27, 198, 201
Wynn, Steve 133, 134

Young, Brigham 139, 141

Textnachweis

Nach dem Tod von **Horst Schmidt-Brümmer** wurde der Reiseführer Kalifornien & Südwesten von **Carina Sieler** und **Karl Teuschl** für die vorliegende Auflage aktualisiert. Der Text zur Region 3 (Los Angeles) wurde von **Feelie Lee** gründlich überarbeitet; die Chronik basiert auf einem Text von **Siegfried Birle**.

Feelie Lee, Dr. phil., war Direktor an der University of California in Los Angeles (UCLA) und dort für Internationale Programme verantwortlich. Sie lebt seit Jahrzehnten in Los Angeles und ist anerkannte Expertin der kalifornischen Kunstszene und für kulinarische Themen.

Zeichenerklärung

In diesem Buch werden die folgenden Symbole verwendet:

- (i) Information
- Museum, Kunstgalerie
- Sehenswürdigkeit
- Nationalpark, Naturpark
- Tierpark
- Aquarium, Walbeobachtung
- Vogelschutzgebiet, -beobachtung
- Botanischer Garten, Park
- Theater, Festival
- Livemusik, Konzert
- Vergnügungspark
- Spielcasino
- Sport und Erholung, Wandern
- Hits für Kids
- Restaurant, Picknick
- Café, Bistro
- Bar, Nachtclub
- Weingut, -verkostung
- Brauerei, Pub
- Einkaufen, Shoppingcenter
- Öffentliche Verkehrsmittel
- Metro, U-Bahn
- Seilbahn
- Helikopter-, Rundflug
- Historische Eisenbahn
- Mietwagen
- Schiffsverbindung, -fahrt
- Badestrand
- Swimmingpool
- Hotel, Motel, B & B
- Campingplatz

Restaurants: Die Preiskategorien für ein Hauptgericht pro Person werden wie folgt angegeben (ohne Vor- und Nachspeise, Getränke, Steuer, Trinkgeld):

- $ – bis 15 Dollar
- $$ – 15 bis 25 Dollar
- $$$ – über 25 Dollar

Verwendete Abkürzungen:

Ave.	– Avenue	Rd.	– Road	W.	– West
B & B	– Bed & Breakfast	Rt.	– Route	N.E.	– Northeast
Blvd.	– Boulevard	Sq.	– Square	N.W.	– Northwest
Dr.	– Drive	St.	– Street	S.E.	– Southeast
Fwy.	– Freeway	N.	– North	S.W.	– Southwest
Hwy.	– Highway	E.	– East		
Pkwy.	– Parkway	S.	– South		

Bildnachweis
Impressum

Bildnachweis

Yannis Argyropoulos, Brüssel: S. 187
Arizona Biltmore Hotel, Phoenix: S. 261
Arizona Inn, Tucson: S. 264
Arizona Office of Tourism, Phoenix: S. 172, 178, 193, 199, 203 u., 205
Tom Bonner/Walt Disney Concert Hall/Photo Gallery: S. 75
California Tourism, Sacramento: S. 45, 50, 99 o., 99 u., 102 o., 125 o., 243, 248
Casa Cody, Palm Springs: S. 272
Fridmar Damm, Köln: S. 29, 33 u., 122, 144, 145, 150, 151, 152, 153, 209
Destination Grand Canyon: S. 168/169
El Paso Convention & Visitors Bureau: S. 207
Fotolia/Andy: S. 59 o., 73; DGrazG: S. 66 o.; Nikla: S. 80; Mike Norton: S. 115; L. Savinelli: S. 123
Four Seasons Biltmore, Santa Barbara: S. 51 o., 276
Mara K. Fuhrmann, Monreal: S. 140 o., 218 o.
J. Paul Getty Trust, Los Angeles: S. 64 u.
Peter Ginter, Köln: S. 27 o., 30, 33 o., 38 u., 39, 58 o., 95 o., 106, 121 u., 124 o., 125 u., 126, 134, 189, 213, 227, 249 u.
Christian Heeb, Bend, Oregon: S. 87, 132 o., 125 o., 166, 174/175, 180/181, 185, 190 o., 221
Hotel Del Coronado, San Diego: S. 94 o.
Hotel Santa Barbara: S. 51 u.
Hyatt Regency Hotel, Scottsdale: S. 195, 263
Island Packers, Inc., Ventura: S. 57
iStockphoto/Famke Backx: S. 63 o.; Bastien Burel: S. 82; Steve Cole: S. 63 u.; Danab: S. 74; Davel5957: S. 80/81; Davidf: S. 69 o., 69 u.; Jeremy Edwards: S. 160; Egdigital: S. 70 o., 70 u.; EHStock: S. 62 o.; Gimletup: S. 89; Holicow: S. 239 o.; Jgroup: S. 246; Jonmullen: S. 162/163; Kazmaniac: S. 67, 92 u.; Lpettet: S. 79; Nancy Nehring: S. 21 o.; Gregory Olsen: S. 28; S. Greg Panosian: S. 58 u., 66 u., 270; Pastorscott: S. 59 u., 71 u.; PatriciaPix: S. 83 o.; Chris Pritchard: S. 135; Rarpia: S. 72; Roc8jas: S. 65 u.; Stellalevi: S. 65 o.; David Sucsy: S. 78, 242; Ron and Patty Thomas Photography: S. 77; Tobyfraley: S. 128/129; Trekandshoot: S. 71 o.; Nick Tzolov: S. 62 u.
Karl Johaentges/Look, München: S. 22/23
Norbert M. Königstein, Frankfurt/M.: S. 44 o.
La Valencia Hotel, La Jolla: S. 274
Las Vegas News Bureau: S. 131, 132 u., 133 u., 136
Mark Müller, Volketswil, Schweiz: S. 140 u., 141
Museum of Contemporary Art, La Jolla: S. 93
National Steinbeck Center, Salinas: S. 48 (3)
Oakland Convention & Visitors Bureau: S. 37
Conrad Piepenburg/laif, Köln: S. 36 o., 42, 47, 110, 113, 116, 118, 254 o.
Rudolf Roszak, Köln: S. 257
Jochen Rothmann, Darmstadt: S. 139 O., 139 u., 149, 234, 237
Royal Palms Hotel, Phoenix: S. 262
San Francisco Convention & Visitors Bureau: S 24
San Francisco Museum of Modern Art: S. 27 u.
Santa Barbara Convention & Visitors Bureau: S. 53 u.
Horst Schmidt-Brümmer, Köln: S. 9, 11, 31, 32, 35, 36 o., 41, 43, 46 o., 52 u., 53 o., 54/55, 83 u., 84, 86, 90, 94 u., 95 u., 96 u., 97 o., 97 u., 98 u., 103, 107 u., 108, 109 u., 114, 127 o., 127 u., 137, 146, 147, 155 o., 156/157, 171, 174, 183, 184, 191, 192, 204 u., 212 u., 218 u., 219, 250, 253, 254 u., 256 u.
Andreas Schulz, Potsdam: S. 124 o.
SeaWorld San Diego: S. 91
Carl A. Smith, Atlanta: S. 117, 119, 173, 176, 217, 235, 256 o.
The Frank Lloyd Wright Foundation, Scottsdale: S. 197, 201
Vista Point Verlag (Archiv), Potsdam: S. 64 o.
Heike Wagner, Bernd Wagner, Duisburg: S. 155 u.
Wolfgang R. Weber, Darmstadt: S. 143, 159, 167, 226, 232
Frank Wermeyer, Brauweiler: S. 46 u.

Alle übrigen Abbildungen stammen aus dem Archiv des Autors.

Titelbild: Monument Valley, Foto: Fotolia/Peejay
Vordere Umschlagklappe (innen): Übersichtskarte von Kalifornien und Südwesten USA mit den eingezeichneten Regionen
Schmutztitel (S. 1): »Rangers of the Ole Southwest«, Foto: Horst Schmidt-Brümmer (Archiv), Köln
Haupttitel (S. 2/3): Steinbrücke im Arches National Park, Foto: Mark Müller, Volketswil, Schweiz
Hintere Umschlagklappe (außen): Golden Gate Bridge in San Francisco, Foto: Fotolia/Frédéric Prochasson

Konzeption, Layout und Gestaltung dieser Publikation bilden eine Einheit, die eigens für die Buchreihe der **Vista Point Reiseführer** entwickelt wurde. Sie unterliegt dem Schutz geistigen Eigentums und darf weder kopiert noch nachgeahmt werden.

© Vista Point Verlag GmbH, Birkenstr. 10, D-14469 Potsdam
10., aktualisierte und erweiterte Auflage 2014
Alle Rechte vorbehalten
Reihenkonzeption: Horst Schmidt-Brümmer, Andreas Schulz
Verlegerische Leitung: Andreas Schulz
Lektorat: Kristina Linke
Layout und Herstellung: Sandra Penno-Vesper
Kartographie: Borch GmbH, Fürstenfeldbruck; Kartographie Huber, München
Reproduktionen: ceynowa lithographie, Köln; Fröbus Firmengruppe, Köln; hrp reprotechnik, Essen; Henning Rohm, Köln
Druckerei: Colorprint Offset, Unit 1808, 18/F., 8 Commercial Tower, 8 Sun Yip Street, Chai Wan, Hong Kong

ISBN 978-3-86871-027-4